GRUNDRISS DER GESCHICHTSWISSENSCHAFT

HERAUSGEGEBEN VON ALOYS MEISTER

REIHE II · ABTEILUNG 4

# DEUTSCHE VERFASSUNGSGESCHICHTE
## VOM 15. JAHRHUNDERT BIS ZUR GEGENWART

VON

FRITZ HARTUNG

DRITTE BIS ZUR GEGENWART FORTGEFÜHRTE AUFLAGE

1 9 2 8
Springer Fachmedien Wiesbaden GmbH

# VERZEICHNIS DER ABKÜRZUNGEN IM GRUNDRISS DER GESCHICHTSWISSENSCHAFT.

| | |
|---|---|
| A. | Archiv, Archivio |
| Abh. | Abhandlung |
| AbhBAk. | Abhand. Bayr. Akad. |
| AdB. | Allg. deutsche Biographie |
| Ak. | Akademie |
| AkathKR. | Archiv f. kath. Kirchenrecht |
| ALitKgMA. | Archiv für Literatur u. Kirchengesch. d. Mittelalters |
| Ann. | Annalen |
| ANuG. | Aus Natur und Geisteswelt |
| AÖG. | Archiv für österreich. Geschichte |
| ASozW. | Archiv für Sozialwissenschaft |
| AU. | Archiv für Urkundenforsch. |
| AZ. | Archivalische Zeitschrift |
| B. | Bibliothek |
| BÉCh. | Bibl. de l'Ecole de Chartes |
| Ber. | Bericht |
| Bl. | Blatt (Bll.: Blätter) |
| Cbl. | Centralblatt |
| Chr. | Chronik |
| CIL. | Corpus Inscriptionum Latinarum |
| D. | Deutsch |
| DG. | Deutsche Geschichtsquellen |
| DGBl. | Deutsche Geschichtsblätter |
| DLbl. | Deutsches Literaturblatt |
| DLZ. | Deutsche Literaturzeitung |
| DWG. | Deutsche Wirtschaftsgeschichte |
| DWL. | Deutsches Wirtschaftsleben |
| DZG. | Deutsche Zeitschrift f. Geschichtswissenschaft |
| DZKR. | Deutsche Zeitschr. f. Kirchenrecht |
| F. | Forschungen |
| FDG. | Forschungen zur Deutschen Geschichte |
| FBPrG. | Forschungen zur Brandenburg. u. Preußisch. Gesch. |
| G. | Geschichte |
| GBll. | Geschichtsblätter |
| GGA. | Göttinger Gelehrte Anzeigen |
| GVer. | Geschichtsverein |
| Gw. | Geschichtswissenschaft |
| H. | Historisch |
| Hb. (Hdb.) | Handbuch |
| HWbStW | Handwörterbuch der Staatswissenschaften |
| HJb. | Historisches Jahrbuch |
| HTb. | Historisches Taschenbuch |
| HVSchr. | Historische Vierteljahrsschrift |
| HZ. | Historische Zeitschrift |
| Jb. | Jahrbuch |
| JB. | Jahresbericht |
| JBG. | Jahresbericht der Geschichtswissenschaft |
| JbGesVV. | Jahrbuch für Gesetzgebung, Verwaltung u. Volkswirtschaft |
| JbbNSt. | Jahrbücher der Nationalökonomie u. Statistik |
| Kbl. | Korrespondenzblatt |
| KblGV. | Korrespondenzblatt des Gesamtvereins |
| KG. | Kirchengeschichte |
| KR. | Kirchenrecht |
| KUiA. | Kaiserurkunden in Abbildungen |
| Lbl. | Literaturblatt |
| LCbl. (LZbl.) | Literarisches Centralblatt |
| LR. | Literarische Rundschau |
| M. | Mitteilg. |
| MHL. | Mitteilungen aus d. Hist. Literatur |
| MHV. | Mitteilg. d. Hist. Vereins |
| MIÖG. | Mitteilungen des Instituts für österreichische Geschichtsforschung |
| MA. | Mittelalter |
| MG. (MGH.) | Monumenta Germaniae historica |
| NA. | Neues Archiv |
| NF. | Neue Folge |
| NZ. | Neuzeit |
| PrJbb. | Preußische Jahrbücher |
| QE. | Quellen und Erörterungen |
| QF. | Quellen und Forschungen |
| R. | Revue, Rivista |
| RE. | Realenzyklopädie |
| RLGA. | Reallexikon der germ. Altertumskunde |
| Rg. | Rechtsgeschichte |
| RH. | Revue historique |
| RQH. | Revue des questions historiques |
| RQSchr. | Römische Quartalschrift |
| SB. | Sitzungsberichte |
| SBAk. | Sitzungsberichte der Akademie |
| St. | Studien |
| ThJb. | Theologisches Jahrbuch |
| ThJB. | Theologischer Jahresbericht |
| ThQ. | Theologische Quartalschrift |
| ThZ. | Theologische Zeitschrift |
| Ub. | Urkundenbuch |
| UStRg. | Untersuchungen zur Staats- und Rechtsgeschichte. |
| VSozWg. | Vierteljahrsschrift für Sozial- und Wirtschaftsgeschichte |
| Vf. | Verfassung |
| Vfr. | Verfasser |
| Vfg. | Verfassungsgeschichte |
| WbVW. | Wörterbuch der Volkswirtschaft |
| WZ. | Westdeutsche Zeitschrift |
| Z. | Zeitschrift |
| ZA. | Zeitalter |
| Zbl. | Zentralblatt |
| ZblB. | Zentralblatt für Bibliothekswesen |
| ZDA. | Zeitschrift für deutsches Altertum |
| Z ges StW. | Zeitschrift für die gesamte Staatswissenschaft |
| ZG. | Zeitschrift f. Geschichtswissensch. |
| ZGORh. | Zeitschrift für Geschichte des Oberrheins |
| ZKG. | Zeitschrift für Kirchengeschichte |
| ZKR. | Zeitschrift für Kirchenrecht |
| ZSavRg. | Zeitschrift der Savigny-Stiftung für Rechtsgeschichte |
| ZSozWg. | Zeitschrift für Sozial- und Wirtschaftsgeschichte |
| ZVerG. | Zeitschrift des Vereins für Geschichte |


Ursprünglich erschienen bei B.G. Teubner in Leipzig 1928
Softcover reprint of the hardcover 3rd edition 1928

ISBN 978-3-663-15571-3 ISBN 978-3-663-16143-1 (eBook)
DOI 10.1007/978-3-663-16143-1

# Vorwort zur zweiten Auflage

Die erste Auflage der deutschen Verfassungsgeschichte ist von der Kritik fast durchweg sehr freundlich aufgenommen worden; die Einwendungen haben sich weniger gegen das gerichtet, was ich gesagt hatte, als dagegen, daß so vieles nicht gesagt worden war. Die Wünsche nach Erweiterung meiner Darstellung sind allerdings so zahlreich gewesen, daß J. Hashagen in seiner lehrreichen Besprechung (Zeitschrift für Politik 1918) eine Teilung des Buches in zwei Bände vorschlug.

Eine solche Ausdehnung des Umfangs ist unter den gegenwärtigen Zeitumständen nicht möglich gewesen. Wenn die neue Auflage nicht allzu teuer werden sollte, so konnte der Verleger nicht mehr zugestehen, als daß die Fortsetzung bis zur Gegenwart, die infolge der erschütternden Ereignisse der letzten Jahre nicht mit wenigen Seiten abgemacht werden konnte, nicht auf Kosten der früheren Abschnitte vorgenommen würde. Ich will aber offen bekennen, daß auch ich mich nicht allzu sehr danach gedrängt habe, den alten Umfang des Buches etwa zu verdoppeln. Denn nicht nur der Verleger hat meiner Ansicht nach ein Interesse daran, daß die Bücher nicht zu dick und damit schwer verkäuflich werden; auch der Leser darf verlangen, daß es neben den gründlichen und erschöpfenden Büchern auch knapp gefaßte Darstellungen gebe, die nur das Wesentliche bringen. Ein „Grundriß zur Einführung in das Studium" darf mit einem vollständigen Handbuch nicht verwechselt werden. Er ist nicht für die Rezensenten geschrieben, die bereits alles wissen, auch nicht für die Fachgelehrten, die bei dem Mangel an zusammenfassenden Werken ein begreifliches Interesse haben, alle neuere verfassungsgeschichtliche Forschung hier vereinigt zu finden, sondern er wendet sich an den Lernenden, um ihm einen Weg durch unbekanntes Gebiet zu zeigen, von dem aus er dann je nach seinen Neigungen selbständig an der Hand der angeführten Literatur weitere Streifzüge unternehmen kann.

Wenn ich aber den alten Umfang nicht nennenswert überschreiten wollte, so war es ausgeschlossen, alle Anregungen der Kritik zu berücksichtigen. Das unbedingt Notwendige durfte nicht zugunsten des Wünschenswerten verkürzt werden. Als unbedingt notwendig erscheint mir aber vor allen Dingen die Darstellung des geschichtlichen Verlaufs. Die Verfassungsgeschichte ist ein Teil der allgemeinen Geschichtswissenschaft, keine Hilfsdisziplin der Staatsrechtslehre. Daß sie von der Rechtsgeschichte und von der staatsrechtlichen Betrachtung viel lernen kann und muß, gebe ich gern zu. Ich möchte hier überhaupt keine begrifflichen Scheidewände aufrichten, stimme vielmehr J. Hashagens Ausführungen über Verfassungsgeschichte und Staatsrecht (HVSchr., Bd. 20, 1921, S. 187ff.) durchaus zu. Aber bei dem Übergewicht, das die begrifflich-juristische Behandlungsweise vor der genetisch-historischen zumal in der neueren Verfassungsgeschichte lange Zeit gehabt hat, schien und scheint es mir vor allem notwendig, die geschichtliche Seite der Verfassungsgeschichte zu ihrem Recht kommen zu lassen. Die Systematik, die Beschreibung des Rechtszustandes, der sein sollte, kann für den Historiker immer nur in zweiter Linie kommen nach der Darstellung dessen, was gewesen ist.

Noch nach einer andern Seite hin scheint mir die Darstellung des wirklich Gewesenen im Vordergrund stehen zu müssen, für die Verteilung des Raumes zwischen den staatlichen Einrichtungen und den politischen Theorien. Es ist sowohl von Hashagen wie von A. Walther eine stärkere Berücksichtigung der

Theorien gewünscht worden. Aber ich habe mich doch nicht entschließen können, der Theorie auf Kosten der Beschreibung der Einrichtungen und ihrer Entwicklung größeren Raum zuzuweisen. Denn der Einfluß der Theorie auf die Praxis ist doch zumal für die ältere Zeit nur gering; für die jüngste Zeit hat die politische Theorie durch die Gestalt, die sie in den Parteien gewonnen hat, dagegen so stark auf das staatliche Leben eingewirkt, daß ich sie so ausgiebig wie möglich habe zu Wort kommen lassen.

Überhaupt habe ich mich nicht eigensinnig auf das versteift, was ich vor Jahren niedergeschrieben habe, sondern bin bemüht gewesen, den geäußerten Wünschen nach Möglichkeit Rechnung zu tragen. Wer sich die Mühe nimmt, die neue Auflage mit der alten zu vergleichen, wird das an vielen Stellen erkennen können. Dadurch, daß die beiden Paragraphen über die Landeshoheit, die künftig von A. Meister in der 3. Abteilung dieses Grundrisses behandelt werden sollen, ausscheiden konnten und ich den etwas zu lang geratenen Abschnitt über den brandenburgisch-preußischen Absolutismus durch Auslassung des § 20 (Tätigkeit des Staats) verkürzt habe, ist im ersten Teil zu mancher Verbesserung Platz gewonnen worden. Daß die Verkürzung der Darstellung des preußischen Absolutismus mit den heutigen politischen Stimmungen nichts zu tun hat, bedarf wohl keiner Versicherung. Ebensowenig hat mich die Waffenbrüderschaft der Kriegszeit und die gemeinsame Not unserer Tage zu einer ausführlicheren Darstellung der österreichischen Verfassungsgeschichte veranlassen können.

Die Verwaltungsgeschichte ist wie bisher berücksichtigt worden. Der Titel sagt aber auch jetzt nichts davon. Denn ich habe die Verwaltungsgeschichte eben nur so weit behandelt, wie sie als wesentliches Stück der Verfassungsgeschichte gelten kann. Eine vollständige Übersicht der Verwaltungseinrichtungen und ihrer Entwicklung findet man in meiner Darstellung nicht.

Unter der Not der Zeit hat auch das Literaturverzeichnis gelitten. Obwohl alle bibliographischen Hilfsmittel seit dem Kriege mehr oder minder versagen, habe ich den Versuch der ersten Auflage, alle seit der letzten Auflage des Dahlmann-Waitz erschienenen Schriften anzuführen, aus Raumnot aufgeben müssen. Doch ist die im Dahlmann-Waitz nicht verzeichnete Literatur noch immer etwas stärker berücksichtigt worden.

Auch das Register hat, um nicht zu viel Papier zu verschlingen, möglichst knapp gehalten werden müssen. Aber auch in dieser Form wird es wohl dankbar hingenommen werden, zumal da die erste Auflage eines solchen entbehrte.

So hoffe ich, daß die Verfassungsgeschichte auch in der neuen Gestalt Freunde finden und zur Lösung der schweren Aufgabe, die unserem Vaterlande gestellt ist, die Verbindung zwischen Altem und Neuem zu knüpfen, beitragen möge.

## Vorwort zur dritten Auflage

Die dritte Auflage ist im wesentlichen ein durchgesehener und in Einzelheiten verbesserter Abdruck der zweiten. Nur der Schlußabschnitt ist neu gearbeitet und bis zur Gegenwart fortgeführt worden.

Berlin, Juli 1928.

**Fritz Hartung**

# INHALTSVERZEICHNIS

# DEUTSCHE VERFASSUNGSGESCHICHTE VOM 15. JAHRHUNDERT BIS ZUR GEGENWART

VON FRITZ HARTUNG

## Vorbemerkung über die Literatur und die Hilfsmittel

Eine zusammenfassende Darstellung der deutschen Verfassungsgeschichte der neueren Zeit gibt es noch nicht. Die verschiedenen „Staats- und Rechtsgeschichten" (vgl. A. MEISTER, Grundriß, Bd. 2, 3. Abt., 2. Aufl. S. 1), auch die neuesten Rechtsgeschichten von R. SCHRÖDER (Lehrbuch der deutschen Rg., 6. Aufl. 1922) H. BRUNNER (Grundzüge der deutschen Rg., 7. Aufl. 1919), H. FEHR, Grundzüge der deutschen Rg., (1921) können dafür keinen Ersatz bieten, weil sie in der Regel bei der Schilderung der zu verschiedenen Perioden gültigen Rechtszustände stehen bleiben, die Entwicklung der Verfassungsformen im Zusammenhang mit der Gesamtentwicklung des staatlichen Lebens außer acht lassen, auch die neuere Zeit nur knapp behandeln. Auch bei A. HEUSLER, D. Vfg. (1905) und in dem verfassungsgeschichtlichen Teil von R. SCHMIDTS Allgemeiner Staatslehre (1903; in Betracht kommt die 2. Hälfte des 2. Bandes) wird die neuere deutsche Verfassungsgeschichte nur flüchtig gestreift. H. PREUSS, Verfassungspolitische Entwicklungen in Deutschland und Westeuropa (hrsg. von H. HINTZE, 1927) ist Fragment von mehr politischem als historischem Wert (vgl. R. HOLTZMANN H. Z., Bd. 136, 1927, S. 532ff.).

Es liegt in der Natur des Stoffes, der durch die Scheidung von Reich und Territorien und durch den Einschnitt des Jahres 1806 zwiefach geteilt ist, daß es keine allgemeinen Quellensammlungen für die ganze Zeit gibt. Eine Auswahl für die Reichsgeschichte bietet K. ZEUMER, Quellensammlung zur G. der deutschen Reichsverfassung in MA. und Neuzeit, 2. Aufl. 1913.

Zur Geschichte der Einzelstaaten im allgemeinen ist als Quelle zu nennen: H. SCHULZE, Die Hausgesetze der regierenden deutschen Fürstenhäuser (3 Bde. 1862/83), als Darstellung: H. SCHULZE, Das Recht der Erstgeburt in den deutschen Fürstenhäusern und seine Bedeutung für die deutsche Staatsentwicklung (1851).

Neuere Bibliographien besitzen: Baden: Badische Bibliothek, Systematische Zusammenstellung selbständiger Druckschriften über die Markgrafschaft, das Kurfürstentum und Großherzogtum Baden, 1. Bd., 1897, Staats- und Rechtskunde, 2. Bd., 1901, Landes- und Volkskund Hannover: V. LOEWE, Bibliographie d. hannov. u. braunschweig. G. (1908). Österreich: R. CHARMATZ, Wegweiser durch die Literatur d. österreich. G. (1912). Sachsen: R. BEMMANN, Bibl. der sächs. G. (2 Bde: 1921/23). Schlesien: V. LOEWE, Bibliographie der schles. G. (1927). Württemberg: Bibliographie d. württemberg. G., bearbeitet von W. HEYD, O. LEUZE u. TH. SCHÖN (4 Bde. 1895/1915). Die neuen Erscheinungen werden in der Regel in den Zeitschriften zur Landesgeschichte verzeichnet. Besonders sind hier zu nennen das NA. f. sächs. G., die FBPrG., die ZGORh., die ZVer. f. thür. G., die thür.-sächs. Z. f. G. u. Kunst (seit 1911), die Württemb. Vierteljahrshefte f. Landesg. Vgl. ferner V. LOEWE, Einiges über Bibliographien der Territorialgeschichte (KblGV., 1915, Nr. 5/6).

An Darstellungen ist zunächst die freilich noch nicht vollständige Abteilung „Deutsche Landesgeschichten" der „Allgemeinen Staatengeschichte" zu nennen; ferner sei auf die Neujahrsblätter verwiesen, die von mehreren Kommissionen und Gesellschaften (Baden, Franken, Provinz Sachsen, Württemberg) herausgegeben werden und oft gute Übersichten der inneren Zustände enthalten. Von den Bearbeitungen der Geschichte der einzelnen Länder können hier nur diejenigen angeführt werden, die für die Verfassungsgeschichte besonderen Wert haben:

Für Bayern: M. DÖBERL, Entwicklungsgeschichte Bayerns (2 Bde. bis 1825: 1906/1912; Bd. 1 in 3. Aufl. 1916). S. RIEZLER, G. Baierns (8 Bde. bis 1726: 1878/1914). E. ROSENTHAL, G. d. Gerichtswesens und der Verwaltungsorganisation Baierns (2 Bde. bis 1745; 1889/1906).

Für Brandenburg-Preußen: W. ALTMANN, Ausgewählte Urkunden z. Brandenb.-preuß. Vfg. u. Verwaltungsg. (2 Bde. 1897; Bd. 1 in 2. Aufl. 1914). C. BORNHAK, Preuß. Staats- u. Rg. (1903). F. GIESE, Preuß. Rechtsgesch. (1920; vgl. dazu O. HINTZE, HZ. 122, S. 515ff.). O. HINTZE, Das Werk der Hohenzollern (1915, 7. Aufl. 1916). F. HOLTZE, G. der Mark Brandenburg (1912) und G. des Kammergerichts in Brandenburg-Preußen (4 Bde., 1890/1904). S. ISAACSOHN, G. des preuß. Beamtentums vom Anfang des 15. Jhs. bis auf die Gegenwart (3 Bde. bis ins 18. Jh., 1874/84). E. LOENING, Gerichte und Verwaltungsbehörden in Brandenburg-Preußen (zuerst im Verwaltungsarchiv, Bd. 2 und 3, 1894/95; erweitert in den Abh. u. Aufs. Bd. 1, 1914). G. SCHMOLLER, Preußische Vfg.-, Verwaltungs- u. Finanzgesch. (1921); Umrisse und Untersuchungen zur Vfg., Verwaltungs- u. Wirtschaftsg. besonders d. preuß. Staates im 17. und 18. Jh. (1898). A. WADDINGTON, Histoire de Prusse (bis jetzt 2 Bde. bis 1740, 1911/22).

Für Hannover: E. v. MEIER, Hannov. Vfg. u. Verwaltungsg. 1680 bis 1866 (2 Bde., 1898/99). Für Mecklenburg: O. VITENSE, G. von Mecklenburg (1920).

Für Österreich, dessen einzelne Länder und dessen Entwicklung im 19. Jh. hier unberücksichtigt bleiben, liegen dank der auch von den Juristen eine gewisse Kenntnis der Staats- und Verfassungsentwicklung fordernden Studienordnung mehrere brauchbare Grundrisse vor, von denen genannt seien: A. Huber, Österreichische Reichsg. (2. Aufl. von A. Dopsch, 1901). A. Luschin v. Ebengreuth, Grundriß der österreichischen Reichsg. (2. Aufl. 1918). Österreich. Reichsgesch., Bd. 1² (1914), Bd. 2 (1896). Ferner A. Huber und O. Redlich, G. Österreichs (6 Bde. bis 1705; 1885/1921). Österreichisches Staatswörterbuch (mit gesch. Artikeln), hrsg. von E. Mischler und J. Ulbrich (2. Aufl., 4 Bde., 1905/09).

Für Württemberg: Quellensammlung: A. L. Reyscher, Sammlung der württembergischen

Für Schleswig-Holstein: O. Brandt, G. Schleswig-Holsteins (2. Aufl. 1926, mit Literaturangaben); P. v. Hedemann-Heespen, die Herzogtümer Schleswig-Holstein in der Neuzeit (1926). Für Württemberg: Quellensammlung: A. L. Reyscher, Sammlung der württembergischen Gesetze (19 Bde. bis 1848; 1828/51). Darstellungen: C. V. Fricker und Th. v. Gessler, G. der Verfassung Württembergs (1869). F. Wintterlin, G. der Behördenorganisation in Württemberg (2 Bde., 1904/06). K. Weller, Württemberg. Gesch. (2. Aufl. 1916).

Allgemeine Literatur zur Verfassungsgeschichte: Als Nachschlagewerk ist auch für den Historiker brauchbar das HdWbStW. (3. Aufl., 8 Bde., 1909/11; 4. Aufl. im Erscheinen). Sammlungen von Abhandlungen: Deutschrechtliche Beiträge, hrsg. von K. Beyerle (seit 1906). Untersuchungen zur deutschen Staats- und Rg., hrsg. von O. v. Gierke (seit 1878). Staats- und sozialwissenschaftliche Forschungen, hrsg. von G. Schmoller und M. Sering (seit 1878). Quellen und Studien z. Vfg. des Deutschen Reichs in MA. und Neuzeit, hrsg. von K. Zeumer (seit 1905).

Zeitschriften (außer den allgemeinen historischen wie HVSchr., HZ., MIÖG.): Schmollers JbGesVV. (seit 1877). VSozWG. (seit 1903). ZSavRg. (seit 1880, in Betracht kommen die Germanistische und die seit 1911 bestehende Kanonistische Abteilung). Tübinger Z. für die gesamte Staatswissenschaft (seit 1844).

Einzelne Werke: O. v. Gierke, Das deutsche Genossenschaftsrecht (Bd. 1—3, 1868/81, anastat. Neudruck 1914; Bd. 4, 1914). O. Hintze, Historische und politische Aufsätze (4 Bde., 1908); Die Entstehung der modernen Staatsministerien (HZ. Bd. 100, 1908); Der Commissarius und seine Bedeutung in der allgemeinen Verwaltungsgeschichte (in den Historischen Aufsätzen K. Zeumer zum 60. Geburtstag dargebracht, 1910). A. Lotz, G. des deutschen Beamtentums (1909). G. Schmoller, Über Behördenorganisation, Amtswesen und Beamtentum im allgemeinen und speziell in Deutschland und Preußen bis zum Jahre 1713 (Acta Borussica, Behördenorganisation, Bd. 1, 1894, Einleitung).

# Erster Teil: Die Zeit des alten Reiches

## Erster Abschnitt: Einleitung

### § 1. Quellen und Literatur zur Verfassungsgeschichte des alten Reiches

Im Vorwort zum ersten Bande seiner Quellen u. Studien zur Vfg. des Deutschen Reichs in MA. u. Neuzeit (1905) hat K. Zeumer mit Recht hervorgehoben, daß das Interesse an den Instituten der deutschen Reichsverfassung seit dem Ende der Stauferzeit stets nur gering gewesen ist. Die Geschichtsschreibung hat sich um das absterbende Reich kaum gekümmert, und die in der Regel landesgeschichtlich organisierte Forschung hat auch keine rechte Möglichkeit gefunden, sich mit den Fragen der Reichsverfassung zu befassen. Auch hat meist die rechte Einsicht in die Eigenart gefehlt, die mit der Fülle des Stoffes allen Aufgaben aus dem Gebiete der Reichsgeschichte von vornherein gegeben ist: der Grundsatz der Vollständigkeit der Quellensammlung und -veröffentlichung läßt sich hier, wo es nur darauf ankommen kann, das beharrende Sein aus einer erdrückenden Fülle von an sich meist recht gleichgültigen Aktenstücken herauszuheben, überhaupt nicht durchführen. Wo man, wie z. B. in den Reichstagsakten, trotzdem versucht hat, sich nach diesem angeblich bewährten, tatsächlich aber auch andern Unternehmungen zum Verhängnis gewordenen Muster zu richten, ist man auf Irrwege geraten. Darum stehen wir im großen und ganzen auch heute noch nicht viel besser als die Historiker des ausgehenden 18. Jhs., jedenfalls können wir die alten Quellen und Darstellungen noch immer nicht entbehren; auch der Wegweiser, den J. S. Pütter unter dem Titel: Literatur des Teutschen Staatsrechts (3 Bde., Göttingen 1776/83; 4. Bd. bearb. von J. L. Klüber, Erlangen 1792) herausgegeben hat, kann noch jetzt mit Nutzen verwendet werden.

Eine amtliche Sammlung der Reichsgesetze gibt es nicht; wohl aber wurden die einzelnen Reichsabschiede offiziell gedruckt. Gesamtausgaben der Reichsabschiede sind oft veranstaltet worden, vgl. J. Weizsäckers Einleitung zum 1. Bande der deutschen Reichstagsakten (1867), S. IIff.; am bekanntesten und brauchbarsten ist die „Neue und vollständigere Sammlung der Reichsabschiede“ (Frankfurt 1747, 4 Teile, häufig nach dem Verleger Koch genannt). Als Ergänzung sind zu nennen J. J. Pachner v. Eggenstorff, Vollständige Sammlung aller von Anfang des noch fortwährenden Reichstags de anno 1663 bis anhero abgefaßten Reichsschlüsse (4 Teile, Regensburg 1740/77), J. C. Lünig, Teutsches Reichsarchiv (24 Teile, Leipzig 1710/22) und C. F. Gerstlacher, Hb. der teutschen Reichsgesetze in systematischer Ordnung (11 Teile, Karlsruhe u. Stuttgart 1786/93).

Auch an einer brauchbaren Darstellung der neueren Entwicklung der Reichsverfassung fehlt es. A. Luschin v. Ebengreuth „Verfassung und Verwaltung der Germanen und des deutschen Reiches bis 1806“ (Teil der in der „Kultur der Gegenwart“ erschienenen „Allgemeinen Verfassungs- und Verwaltungsgeschichte“, 1911) ist unzulänglich. Wir sind deshalb noch heute auf die staatsrechtliche Literatur des 18. Jhs. angewiesen, von der genannt seien: J. J. Moser, Teutsches Staatsrecht (50 Teile, dazu Zusätze und Register, Leipzig 1738/54). J. F. Pfeffinger, Vitriarius illustratus (4 Teile, 2. Aufl. Gotha 1739/54). J. S. Pütter, Historische Entwickelung der heutigen Staatsverfassung des Teutschen Reichs (3 Teile, Göttingen 1786/87; 3. Aufl. 1798/99).

Von neueren Einzeluntersuchungen sind zu nennen:

F. v. Bezold, Das Bündnisrecht der deutschen Fürsten bis zum Westfälischen Frieden (1904). K. Brandi, Erbrecht u. Wahlrecht (HZ. Bd. 123, 1921). F. Frensdorff, Das Reich u. die Hansestädte (ZSavRg., Bd. 20, 1899); Reich u. Reichstag, ein Beitrag zur G. der deutschen Rechtssprache (Hansische GBll., 1910). J. Poetsch, Die Reichsacht im MA. u. besonders in der neueren Zeit (1911).

## § 2. Die Aufgabe der deutschen Verfassungsgeschichte

Literatur: G. v. Below, Der deutsche Staat des MA., 1. Band (2. Aufl. 1925; vgl. dazu A. Dopsch, MIÖG., Bd. 35, 1915, S. 8ff., R. Hübner, ZSavRg., Bd. 35, 1914, S. 484ff. und E. Rosenthal, HZ., Bd. 115, 1916, S. 372ff.); E. Keutgen, Der deutsche Staat des MA., 1918.

In jüngster Zeit ist die Frage nach dem staatlichen Charakter des alten Reiches stark in den Vordergrund gedrängt worden. G. v. Below hat sich in seinem oben angeführten Buch, dem er den Untertitel gegeben hat „ein Grundriß der deutschen Vfg.“, die Aufgabe gestellt, „den Nachweis für den staatlichen Charakter der deutschen Verfassung des MA. zu erbringen“. Der Beweis wird wesentlich negativ, in polemischer Auseinandersetzung mit früheren Arbeiten, vor allem mit K. L. v. Hallers Restauration der Staatswissenschaften geführt. Dabei hat Below mit kritischer Schärfe vieles Einzelne richtiggestellt; auch im ganzen kann man seiner Auffassung vom staatlichen Charakter des alten Reiches zustimmen. Aber für die allgemeinen Fragen der deutschen Vfg. wird durch diese Betrachtungsweise doch nur wenig gewonnen. Namentlich die Festlegung auf einen allgemein gültigen formalen Staatsbegriff, der für das ganze MA. und noch darüber hinaus maßgebend sein soll, läßt die eigentlichen Probleme nicht recht zur Geltung kommen, die für die Reichsvfg. mit dem Aufkommen der Territorien als neuer Mittelpunkte staatlichen Lebens gegeben sind.

Durch die Entstehung der Landesherrschaften wird die deutsche Verfassungsgeschichte vor zwei Hauptaufgaben gestellt. Sie muß erstens zeigen, wie das Reich sich mit diesen Gebilden abfindet; oder um das Ergebnis gleich vorweg zu nehmen, sie muß zeigen, wie das Reich, unfähig seine Verfassung den neuen tatsächlichen Verhältnissen anzupassen, erstarrt und schließlich zerstört wird. Auf der andern Seite ist zu betrachten, wie die Territorien teils dadurch, daß sie dem Reich Befugnisse entziehen, teils dadurch, daß sie die neuen Aufgaben des modernen Staatslebens seit dem 15. Jh. freiwillig übernehmen, immer stärker werden und zuletzt an Stelle des Reichs die staatlichen Funktionen ausüben.

Diese Besonderheit der deutschen Verfassungsgeschichte, das Gegenspiel von Reich und Einzelstaaten, erlaubt es nicht, sie ohne weiteres in den Rahmen der allgemeinen Verfassungsgeschichte einzuspannen. Dieser Rahmen ist ja überhaupt literarisch noch nicht so fest gefügt, daß er als etwas Allgemeingültiges angesehen werden könnte. Ein Schema von Perioden der neueren Verfassungsgeschichte, in das wir alle Kulturstaaten Europas eingliedern könnten, gibt es einstweilen nicht; und ob es je gefunden werden wird, ist problematisch.[1]) Und selbst wenn man die Vergleichung auf die französisch-burgundisch-spanische Kulturwelt beschränkt, kann man wohl Analogien feststellen, die kaiserliche Gewalt in Deutschland und die monarchische Staatsgewalt Frankreichs und Spaniens, die Stände hier und dort miteinander in Beziehung setzen, aber die Dimensionen sind doch so verschieden, vor allem die innere Struktur der einzelnen Faktoren ist so ungleich, daß im großen und ganzen nur gesagt werden kann: die deutsche Verfassungsgeschichte hat, wenn auch Berührungen mit dem Ausland stattgefunden haben, doch im wesentlichen ihren in der Eigenart des Reiches begründeten selbständigen Verlauf genommen. Die ausländischen

1) Ich behalte mir vor, an anderer Stelle auf diese Frage zurückzukommen, die etwas vorzeitig anzuschneiden ich durch J. Hashagens Besprechung der 1. Aufl. dieses Buchs (Z. f. Politik, Bd. 11, 1918, S. 369) veranlaßt worden bin.

Staaten wachsen räumlich und rechtlich aus kleinen Anfängen zu mächtigen Reichen heran; das Deutsche Reich der neueren Zeit ist ein bereits erstarrtes Gebilde, das den Widerspruch zwischen Theorie und Praxis nicht mehr hat überwinden können. Selbst im Elementarsten, Greifbarsten, das keinerlei Theorie verträgt, sondern feste Realität sein muß, in der Frage nach der räumlichen Grundlage des Reiches zeigt sich diese Eigentümlichkeit der Reichsverfassungsgeschichte.

## § 3. Das Reichsgebiet

Literatur: H. CONRING, De finibus imperii Germanici (1654). J. J. MOSER, Teutschland u. dessen Staatsvfg. (Neues deutsches Staatsrecht, Bd. 1, 1766, Kap. 2: Von Teutschlands jetzigen Gränzen). D. SCHÄFER, Die deutsch-französische Sprachgrenze (Internat. Monatsschrift 1912, auch in seinen Aufsätzen, Vorträgen u. Reden, Bd. 2, 1913); Deutsche Reichsgrenzen (Deutschlands Erneuerung, Bd. 2, 1918).

Das Reich, mit dem es die deutsche Verfassungsgeschichte bis 1806 zu tun hat, ist kein deutsches, sondern ein römisches Reich. Heiliges römisches Reich, so lautet die amtliche Bezeichnung, ein römischer König steht an seiner Spitze, und die Krönung durch den Papst erhebt diesen zur Würde des römischen Kaisers. An dieser Verbindung Deutschlands mit dem römischen Reich ist grundsätzlich nichts geändert worden, bis das Reich selbst sich auflöste; nur die Krönung durch den Papst kam in der neueren Zeit außer Gebrauch, und der Titel „erwählter römischer Kaiser“ wurde zuerst von Maximilian I., dann regelmäßig seit Ferdinand I. ohne Mitwirkung des Papstes geführt, so daß sich der Titel des römischen Königs auf den zu Lebzeiten eines Kaisers von den Kurfürsten gewählten Nachfolger einschränkte.

Die Machtbefugnis dieser römischen Kaiser ging allerdings schon seit dem 14. Jh. nicht mehr wesentlich über den Bereich der deutschen Nation hinaus. Die meisten Staaten Italiens hatten sich so gut wie unabhängig gemacht, und von dem alten burgundischen Königreich waren große Stücke an Frankreich gelangt. Und so wenig sich auch im allgemeinen die Kanzleisprache der Wirklichkeit anzupassen verstand, diesen Verhältnissen trug sie doch seit der Mitte des 15. Jhs. Rechnung. Die sogenannte Reformation König Friedrichs III., das Landfriedensgesetz von 1442, ist das erste Reichsgesetz, das zwischen dem römischen Reich und den deutschen Landen unterscheidet. Später trat an die Stelle der Bezeichnung deutsche Lande die deutsche Nation, und 1486 ist zum erstenmal die bald allgemein gebräuchliche Form „römisches Reich deutscher Nation“ in einem Reichsgesetz angewendet worden.

Dieser Zusatz „deutscher Nation“ ist im 17. u. 18. Jh. von den Staatsrechtslehrern dahin ausgelegt worden, als bedeute er die Herrschaft der deutschen Nation über das römische Reich. Auch die spätere Geschichtsschreibung hat ihn meistens so aufgefaßt und hat ihn mit Vorliebe verwendet, um mit ironischem Beigeschmack den Widerspruch zwischen dem hochtrabenden Titel und der kläglichen Wirklichkeit zu kennzeichnen. So hat z. B. A. BRABANT seiner Geschichte des Reichskriegs gegen Friedrich den Großen den Titel gegeben: das Heilige Römische Reich teutscher Nation im Kampf gegen Friedrich den Großen (1904).

Erst die neueren Forschungen von A. WERMINGHOFF und K. ZEUMER[1]) haben gezeigt, daß der Zusatz als Beschränkung entstanden ist und nur besagen will: das Reich, soweit es deutscher Nation ist. Das Gefühl der nationalen Gemeinschaft, wie es sich während des 15. Jhs. auch in den Versuchen, eine Einung gegen fremde Gezünge zustande zu bringen, kundgetan hat, liegt ihm ganz unverkennbar zugrunde. Auf dieses deutsche Gebiet allein erstreckt sich auch seit dem 15. Jh. die kaiserliche Gewalt, die Wirkung der Reichsgesetzgebung, die Anteilnahme am Reichstag.

Freilich hat das Nationalitätsprinzip niemals ausgereicht zur festen Begrenzung der Staaten. Damals wie heute haben die geschichtlichen und geographischen Ver-

---

1) A. WERMINGHOFF, Deutsches Reich und Deutsche Nation (Königsberger Univ.-Rede, 1909). K. ZEUMER, Heiliges römisches Reich deutscher Nation (1910).

hältnisse ebenfalls mitgesprochen. Deshalb blieben auch einzelne nichtdeutsche Gebiete, die seit alters zum Reich gehörten, beim Reich deutscher Nation; das gilt vor allem für die Westgrenze des Reichs[1]), während im Osten das deutsche Volkstum weit über die Reichsgrenze hinaus sich erstreckte.

Im einzelnen die Reichsgrenze anzugeben, ist jedoch kaum möglich. Eine gesetzliche Festlegung hat sie nie erfahren, und gerade im 15. Jh., wo sich der Sprachgebrauch ausbildete, wurde das Reich deutscher Nation durch die Entwicklung der Grenzlande in seinem Bestande gefährdet; Böhmen machte sich fast selbständig, und zeitweise bestand auch die Gefahr einer Entfremdung der burgundischen Lande.

Den besten Anhaltspunkt für die Feststellung der Gebiete, die um das Jahr 1500 zum Reich deutscher Nation gezählt werden konnten, bietet die Kreiseinteilung von 1500 mit der Erweiterung von 1512. Danach lagen an der Westgrenze die Niederlande, soweit sie nicht wie Westflandern und Artois französische Lehen waren, Lothringen, die Freigrafschaft Burgund und Savoyen, dessen Anteil am Leben des Reichs und dessen Beteiligung an den Reichstagen freilich immer geringer wurde; die Südgrenze des Reichs umging in weitem Bogen die seit dem Baseler Frieden von 1499 vom Reich gelösten Lande der Eidgenossen, um sich dann mit Tirol und dem Bistum Trient weit nach Süden zu strecken. Die Ostgrenze fiel ungefähr mit der späteren Grenze Österreichs gegen Ungarn zusammen, ließ weiterhin Böhmen, Schlesien und die Lausitzen aus; Brandenburg und Pommern bildeten die Nordostgrenze gegen Polen. Im Norden wurde die Reichsgrenze durch das Meer und durch die Eider bezeichnet.

Dies war der tatsächliche Bestand des Reiches. Weitergehende Ansprüche, z. B. die Lehnshoheit über Mailand und andere italienische Gebiete hatten praktisch keinerlei Bedeutung. Auch der Umfang von 1512 konnte nicht lange behauptet werden. Der erste schwere Verlust war die Trennung der Niederlande vom Reich, die durch den Vertrag von 1548 eingeleitet[2]), durch die Verbindung der Niederlande mit der spanischen Linie des Hauses Habsburg und den Unabhängigkeitskrieg verschärft und 1648 förmlich anerkannt wurde. 1552 erfolgte dann der erste Einbruch Frankreichs in die deutsche Westgrenze, von der zumal im Lauf des 17. Jhs. unter verschiedenen, z. T. sehr umstrittenen Rechtsformen noch weitere Gebiete abgetrennt wurden. Diesen Verlusten stand im Osten ein formeller Gewinn gegenüber, indem Böhmen mit seinen Nebenländern, seit 1526 habsburgisch und durch das Kurrecht mit dem Reich stets verbunden, 1708 im Zusammenhang mit der durch den spanischen Erbfolgekrieg entstandenen politischen Lage wieder als vollberechtigter Reichsstand in den Reichstag aufgenommen wurde. Preußen hat dagegen stets außerhalb des Reichsverbands gestanden.

## Zweiter Abschnitt: Das Reich im 15. Jahrhundert

Literatur: E. MOLITOR, Die Reichsreformbestrebungen des 15. Jhs. bis zum Tode Kaiser Friedrichs III. (1921). Daneben behält C. HÖFLERS Rede über die politische Reformbewegung in Deutschland im 15. Jh. und den Anteil Bayerns an derselben (München 1850) durch das mitgeteilte Aktenmaterial auch heute noch Wert. Die zusammenfassenden Darstellungen von V. v. KRAUS (Deutsche G. im Ausgange des MA., Bd. 1 [1438—1486], 1905) und A. BACHMANN (Deutsche Reichsgeschichte im Zeitalter Friedrichs III. und Maximilians I., 1884/94) bieten dagegen der Vfg. nur wenig.

1) Vgl die von L. BITTNER im 34. Bde. (1913) der MIÖG., S. 526f., mitgeteilte Urkunde Karls V. für Cambray vom 2. Juni 1556, wo es heißt, daß das Bistum Cambray „quamvis lingua Germanica illis vernacula non sit, sed gallico idiomate utantur", zum römischen Reich „Germanicae nationis" gehöre u. den gleichen Anspruch auf den Schutz der Stände „ipsius imperii Germanicae nationis" habe „quam Leodienses, Metenses, Verdunenses et Tullenses episcopi et alii nonnulli eiusdem generis haberi consueverunt".

2) Schärfer wird man sich trotz den Feststellungen von F. RACHFAHL, Die Trennung der Niederlande vom deutschen Reiche (WZ., Bd. 19, 1900, S. 96ff.), nicht aussprechen dürfen.

Über die Reichsfinanzen vgl. O. SCHMIDT, Die Reichseinnahmen Ruprechts von der Pfalz (Leipziger Diss. 1912), A. NUGLISCH, Das Finanzwesen des deutschen Reiches unter Kaiser Sigmund (JbbNSt. Bd. 76, 1901) und A. WERMINGHOFF, Die deutschen Reichskriegssteuergesetze von 1422 bis 1427 u. die deutsche Kirche (1916; vgl. dazu F. HERRE, HVSchr. Bd. 19, 1919).

Über die Reichsgerichtsbarkeit im 15. Jh. vgl. J. A. TOMASCHEK, Die höchste Gerichtsbarkeit des deutschen Königs und Reichs im 15. Jh. (SBAk. Wien 1865); O. FRANKLIN, Das Königliche Kammergericht vor dem Jahre 1495 (1871) und J. LECHNER, Reichshofgericht und kgl. Kammergericht im 15. Jh. (MIÖG., Ergbd. 7, 1904).

## § 4. Die kaiserliche Gewalt

Literatur: F. KERN, Die Reichsgewalt des deutschen Königs nach dem Interregnum, zeitgenössische Theorien, HZ. Bd. 106 (1911).

Es ist nicht leicht, in kurzen Zügen ein Bild von dem Stande der deutschen Reichsverfassung im 15. Jh. zu zeichnen. Denn das deutsche Staatsrecht ist nach HEGELS „Kritik der Verfassung Deutschlands"[1]) nicht eine Wissenschaft von Grundsätzen, sondern ein Urbarium der verschiedensten Rechte. Die systematische Darstellung, wie sie 1460 zum erstenmal durch den Baseler Professor HERMANN PETER aus Andlau[2]) versucht worden ist, versagt also; aber der Historiker darf hoffen, durch die Schilderung der Entstehung den Zustand des 15. Jhs. verständlich zu machen: die Reichsverfassung des 15. Jhs. ist das Ergebnis eines lange dauernden Zersetzungsprozesses, den keine allgemeine Reichsgesetzgebung aufgehalten hat. Die Goldene Bulle, das einzige nicht zeitlich begrenzte Reichsgesetz jener Zeit, regelt nur eine einzelne Frage, die Königswahl; nirgends ist der Versuch gemacht worden, den neuen Zuständen die Gesetzgebung anzupassen. Noch blieb in der Theorie der deutsche König ein so gut wie unumschränkter Herr; ja je mehr das römische Recht in die Staatstheorie eindrang, desto mehr wurden dem Könige alle Rechte des römischen Imperators zuerkannt. Aber in der Wirklichkeit war der königlichen Gewalt die Grundlage entzogen worden durch die Territorien. Sie haben das alte Reich zersetzt. Sie sind so selbständige Gewalten geworden und haben eine solche Bedeutung namentlich für die Entstehung des modernen Staates erlangt, daß ihre innere Struktur in besonderen Abschnitten (5—8) zusammenhängend betrachtet werden muß. Hier soll nur die Wirkung festgestellt werden, die das Aufkommen der Territorien auf die Reichsverfassung ausgeübt hat. Die Territorien sind auf Kosten des Reiches, der königlichen Gewalt sowohl wie besonders des Reichsgutes und der Reichsfinanzen, entstanden. Wenn J. J. MOSER vom 18. Jh. sagt, daß der deutsche Kaiser „keines Schuhes breit Land und Leute hat, noch ein Land in seinem Namen regieret wird, noch er die Einkünfte daraus ziehet", so gilt das schon seit etwa 1400. Und da auch die übrigen Einnahmequellen des Reiches fast ganz versiegt oder verpfändet waren, so konnte Sigmund mit Recht sagen, daß er nicht mehr als 13 000 fl. jährlich aus dem Reiche ziehe. Nun wurde zwar seit dem 15. Jh. gelegentlich versucht, dem Mangel der Reichsfinanzen durch allgemeine Reichssteuern, durch „gemeine Pfennige", abzuhelfen. Aber mit Ausnahme weniger rein theoretischer Reformschriften waren alle diese Pläne nur auf kurze Zeit zur Abwehr vorübergehender Gefahren berechnet, und sie wurden nur selten und nur mit kümmerlichem Erfolg verwirklicht. Das Reich war nach den treffenden Worten des Hans von Hermansgrün[3]) verarmt und mußte im Kriege betteln gehen. Denn auch die Verfügung über den Heerbann des Reiches war dem Könige nicht unbestritten geblieben,

1) Geschrieben etwa 1801, zuerst veröffentlicht von G. MOLLAT (1893), neu hrsg. unter dem Titel „Die Verfassung Deutschlands" in den Sämtl. Werken, hrsg. von G. LASSON, Bd. 7 (1913), S. 1ff. Vgl. dazu F. ROSENZWEIG, Hegel u. der Staat, Bd. 1 (1920), S. 104ff.

2) Libellus de Cesarea monarchia, hrsg. von J. HÜRBIN, ZSavRg., Bd. 12 und 13 (1891/92).

3) Vgl. H. ULMANN, Der Traum des Hans v. Hermansgrün, eine politische Denkschrift aus dem Jahre 1495 (FDG., Bd. 20, 1880), S. 83: „privatim potenciam et opulenciam, publice egestatem habetis; exanguis respublica, si in quemvis belli metum incidat, pro viris, equis, armis, pecunia ad vos [ordines imperii] mendicatum veniat, necesse est."

auch hier hatten sich die Territorien eingedrängt, die überall darauf ausgingen, den König von der unmittelbaren Berührung mit den steuer- und wehrfähigen Schichten der Bevölkerung abzusperren. Die große Masse der Einwohner des Reiches war zu mittelbaren Untertanen geworden; mit wenigen Ausnahmen — die Stellung der Reichsritterschaft ist im 15. Jh. noch unklar — waren nur noch die Territorien, zu denen in diesem Zusammenhang außer den Fürstentümern auch die Gebiete der Reichsgrafen, der Reichsprälaten und der Reichsstädte zu rechnen sind, reichsunmittelbar, und nur mit ihnen, den Reichsständen, nicht mit dem deutschen Volke hat es die Geschichte der Reichsverfassung bis 1806 zu tun.

Wohl besaß der König trotz dieser Entwicklung der Territorien noch allerhand wertvolle Rechte. Er war oberster Richter und oberster Lehnsherr, und daß diese Rechte auch in der Praxis noch Bedeutung hatten, das zeigen die territorialen Erwerbungen, die fast jeder König von Rudolf v. Habsburg bis zu Friedrich III. gemacht hat. Aber diese Rechte haben dem Reiche und der königlichen Gewalt nicht zum Vorteil gereicht. Sowohl die allgemeine Anschauung, daß der König erledigte Reichslehen nicht über Jahr und Tag für sich behalten dürfe, sondern wieder verleihen und damit der unmittelbaren Nutzung für das Reich entziehen müsse, wie auch der Mangel einer festen Erblichkeit der Krone haben bewirkt, daß keine der Erwerbungen dem Reiche zugefallen ist; sie alle haben vielmehr dazu gedient, die Hausmacht der Dynastie, aus der der König stammte, zu vermehren oder auch erst zu begründen. Als die Reichsstände zuerst in der Maximilian I. 1495 aufgedrungenen Handhabung Friedens und Rechts, dann in den Wahlkapitulationen versuchten, dieser unheilvollen Entwicklung Einhalt zu tun und alles, was in Reichskriegen gewonnen wurde oder an Lehen heimfiele, dem Reich zuzuwenden, war es zu spät. So ist die königliche Gewalt immer mehr ihrer materiellen Unterlage beraubt worden; schon im 15. Jh. war es ganz deutlich, daß sie nur noch durch die Verbindung mit einer starken Hausmacht haltbar war, daß nur noch mächtige Territorialfürsten zu Königen gewählt werden konnten. Der Gegensatz zwischen Reichs- und Hausmachtinteresse hat nicht etwa dadurch aufgehört, daß das Königtum im Hause der Habsburger tatsächlich erblich wurde; die Nachteile sind sogar immer schärfer hervorgetreten: das Königtum ist in territoriale Interessen verstrickt worden und hat auch seine Befugnisse im Reich diesen Interessen dienstbar gemacht. Das hat auffallend klar der Abschluß der kirchenpolitischen Streitigkeiten der vierziger Jahre des 15. Jhs. gezeigt: das Reich ist dabei leer ausgegangen, aber König Friedrich III. hat für seine Erblande wertvolle Rechte davon getragen, die die Geistlichkeit seiner landesherrlichen Gewalt unterordneten. Es sind nicht etwa moderne Begriffe, die wir in jene Zeit hineintragen, wenn wir Reichsinteresse und Hausinteresse unterscheiden. Auch die Zeitgenossen waren sich des Unterschiedes, ja des Gegensatzes bewußt. Schon 1379 wird z. B. in einem Bündnisvertrag zwischen Frankreich und dem Herzog von Jülich scharf getrennt zwischen dem König als Inhaber einer Hausmacht mit territorialen und europäischen Interessen und dem König als solchem „in hiis, quae concernunt imperium". So verändert die Formel „Kaiser und Reich" allmählich ihre Bedeutung.[1]) Während die beiden Begriffe ursprünglich identisch gewesen sind, nur daß der Kaiser das individuelle Oberhaupt, das Reich die allgemeine und dauernde Organisation ist, tut sich im 15. Jh. ein Gegensatz auf, der später zur vollen Trennung des Kaisers und des Reiches als der Gesamtheit der Stände ohne den Kaiser geführt hat.

---

1) Vgl. R. Smend, Zur G. der Formel Kaiser und Reich in den letzten Jahrhunderten des alten Reiches (Histor. Aufsätze für Zeumer, 1910, S. 439ff.), wo aber der Bedeutungswandel des 15. Jhs. nicht erkannt ist (vgl. meine Bemerk. HVSchr. 1913, S. 52, Anm. 1).

Natürlich sind Reichspolitik und Hausmachtpolitik nicht etwa absolute Gegensätze. Karl IV. hat bewiesen, daß eine kluge und erfolgreiche Vertretung des Familieninteresses einer energischen Wahrnehmung der kaiserlichen Pflichten gegen das Reich nach außen und im Innern keineswegs entgegenstand. Gerade die ungeregelten deutschen Verhältnisse und die Rivalitäten unter den Territorialfürsten machten es einer tatkräftigen und zielbewußten Persönlichkeit leicht, Einfluß und Macht zu gewinnen. Die Landfriedenseinungen, wie sie Karl IV. in ganz Deutschland zustande brachte, waren nicht bloß Mittel, um den inneren Frieden zu sichern, sondern auch um die königliche Gewalt zur Geltung zu bringen. Daß es an solchen Persönlichkeiten auf dem deutschen Königsthron während des 15. Jhs. fehlte, daß Friedrich III., dessen Regierung mehr als die Hälfte des Jahrhunderts erfüllte, eine durchaus passive Natur war, die Dinge an sich herankommen ließ, statt sie zu leiten, hat den Gang der deutschen Verfassungsgeschichte stark beeinflußt. Ferner muß auf die Gestaltung der Machtverhältnisse im Osten des Reiches, auf die tschechische Reaktion gegen die deutsche Oberherrschaft in Böhmen, auf das Entstehen der magyarischen Großmacht unter Matthias Corvinus, auf das Wachsen der osmanischen Macht wenigstens hingewiesen werden, denn diese Ereignisse haben die Kaiser und Könige des 15. Jhs. stärker als ihre Vorgänger von den deutschen Verhältnissen abgelenkt und dadurch deren Entwicklung mitbestimmt.

Persönliches und Allgemeines wirkte also dahin zusammen, daß es während des 15. Jhs. an einer kräftigen königlichen Gewalt im Reiche fast dauernd fehlte. Schon die ersten Jahrzehnte zeigten als Folge eine wachsende Zerrüttung des Reiches, die im Innern in dem Verfall der Rechtspflege und der Zunahme der Fehde, nach außen hin in der beschämenden Wehrlosigkeit gegenüber den Hussiten zutage trat.

### § 5. Der Reichstag und der Kurverein

Literatur: Zum Reichstag: E. Zickel, Der deutsche Reichstag unter König Ruprecht von der Pfalz (Straßburger Diss. 1908). H. Wendt, Der deutsche Reichstag unter König Sigmund (bis 1431; 1889). R. Bemmann, Zur G. des deutschen Reichstags im 15. Jh. (1431—1497; 1907).

Zum Kurverein: Th. Lindner, Der Binger Kurverein (MIÖG., Bd. 13, 1892). E. Brandenburg, Der Binger Kurverein in seiner verfassungsgeschichtlichen Bedeutung (DZG., Bd. 11, 1894). W. Auener, Die Kurvereine unter der Regierung Sigmunds (MIÖG., Bd. 30, 1909).

Das Versagen der königlichen Gewalt wurde für das Reich deshalb verhängnisvoll, weil es nirgends ein Organ gab, das sie hätte ersetzen können. Wohl bestand eine Vertretung aller Reichsstände im Reichstag, aber ihm fehlte die feste Geschlossenheit, ohne die er zur dauernden Ausübung der Regierungsgewalt nicht fähig sein konnte. Der Reichstag des 15. Jhs. ist mit seiner lockeren Verfassung bezeichnend für die Unsicherheit der deutschen Verfassungszustände überhaupt. Er ist allmählich entstanden als eine Organisation der neuen territorialen Gewalten im Reiche; aber seine Rechte und Pflichten, seine Zusammensetzung, seine Zuständigkeit, sein Verfahren sind nie fest geregelt worden. So vermögen wir die Fragen, die der Systematiker naturgemäß an einen derartigen Organismus stellt, nicht zu beantworten. Wir wissen weder genau, wer im 15. Jh. berechtigt war zu erscheinen, noch ob der Berechtigung auch eine Pflicht zum Erscheinen entsprach, ob der König verpflichtet war, alle Berechtigten zu berufen, oder ob er die Freiheit besaß, nur die einzuladen, deren Beteiligung er für wünschenswert hielt, endlich ob der Reichstag sich auch ohne königliche Berufung versammeln durfte; auch über das Verfahren, namentlich die Abstimmung, über die Verbindlichkeit der Reichstagsbeschlüsse für die nicht anwesenden Stände, die der König behauptete, aber in der Regel nicht durchsetzen konnte, sind wir nicht ausreichend unterrichtet. Es ist zu hoffen, daß die weitere Forschung, wenn sie einmal lernt, andere Fragen an die Reichstagsakten zu stellen als die nach der Trennung der drei Kurien und nach der Reichsstandschaft der Städte, hier noch manches aufklären wird. Aber in der Hauptsache wird sie wohl nur die leidige Tatsache bestätigen können, daß es dem Reichstag im 15. Jh. an jedem festen System gefehlt hat. Nur für die Äußerlichkeiten des Verfahrens hatten sich einige Gewohnheiten herausgebildet; die Proposition des Königs wird von allen Anwesenden gemeinsam angehört; dann beraten die einzelnen Kurien — meistens sind die Kurfürsten und die Fürsten vereinigt — für sich, die dem Könige zu erteilende Antwort wird dagegen häufig in gemeinsamer Sitzung festgestellt und dann durch den Kurfürsten von Mainz als den Sprecher des Reichstags dem Könige übermittelt. Aber der Einfluß des Reichstags auf die Geschicke des Reichs, seine Stellung gegenüber dem Könige wechselte je nach den politischen Verhältnissen, hing namentlich von der Einigkeit unter den Ständen selbst ab, und diese ging in der Regel über die Abwehr von königlichen Forderungen nicht hinaus, brach bei allen Versuchen zu positiven Leistungen rasch auseinander. In den zwanziger Jahren war der Reichstag gegenüber Sigmund der selbständige Vertreter der Reichsinteressen, forderte Friede und Recht im Reiche und energische Wehr nach außen, überließ es freilich in der Hauptsache dem Könige, diese Forderungen auszuführen. Dagegen versagte der Reichstag unter Friedrich III. vollständig. Friedrich konnte mit dem Reichstage machen, was er wollte, er berief ihn jahrelang überhaupt nicht, er schloß die Gegner seiner Politik vom Reichstage gänzlich aus, und endlich störte er die Freiheit der Beratungen und Abstimmungen, indem er persönlich an den Verhandlungen teilnahm und jeden einzelnen Stand selbst nach seiner Stellung fragte.

Aber auch der engere Kreis der Kurfürsten war trotz der Praeeminenz, die sie als die Grundsäulen des heiligen Reiches für sich in Anspruch nahmen, nicht imstande, das Reich zu leiten. Sie hatten wohl gelegentlich (1338, 1399, 1424) Anläufe gemacht, um sich als „Kurverein" zusammen zu schließen und die Regierung des Reiches an Stelle eines tatsächlich oder vermeintlich unfähigen Herrschers selbst zu übernehmen. Aber die Sonderinteressen der einzelnen Kurfürsten waren stets größer gewesen als die Gesamtinteressen des Kollegiums und fanden ihren Vorteil weit eher im Zusammengehen mit dem Könige als im Festhalten am Kurverein. Deshalb sind alle diese Kurvereine jeweils nach kurzer Zeit auseinandergefallen, und kein besseres Schicksal hatten die Erneuerung des Kurvereins im Jahre 1446 und die Versuche der Kurfürsten während der fünfziger Jahre, den Kaiser, der seit 1444 überhaupt nicht mehr ins Reich gekommen war, zur Verantwortung zu ziehen oder gar abzusetzen. Auch für Friedrich III. ist es trotz seiner Passivität sehr leicht gewesen, die Einheitlichkeit des kurfürstlichen Kollegiums zu sprengen. An eine Durchführung der Bestimmung der Goldenen Bulle, daß die Kurfürsten regelmäßige Tagungen abhalten sollten, ist überhaupt nie gedacht worden.

## § 6. Die Reichsreformversuche vor 1486

Reformschriften: Avisamentum pro reformatione sacri imperii (aus der Zeit des Konstanzer Konzils), hrsg. von C. Höfler (A. f. Kunde österr. GQuellen, Bd. 12, 1854, S. 363f.). Nicolaus de Cusa, De concordantia catholica libri tres (aus der Zeit des Baseler Konzils; oft gedruckt, z. B. bei S. Schardius, De iurisdictione imperii, Basileae 1566, die für das Reich wichtigsten Stellen im Auszug bei Zeumer, Quellensammlung², Nr. 162, S. 246ff.). Wegen der Schriften H. Tokes vgl. R. Smend, Ein Reichsreformprojekt aus dem Schriftenkreise des Baseler Konzils (NA., Bd. 32, 1907, S. 746ff.; Auszug bei Zeumer aaO., S. 265f., Nr. 167) und Molitor, aaO., S. 50. Eine Zwischenstellung zwischen Theorie und Praxis nimmt eine Trierische Denkschrift um 1454 ein (gedruckt als Abschied zwischen Geistlichen Kurfürsten bei L. v. Ranke, Deutsche G. im Zeitalter der Reformation, Bd. 6⁷, S. 9ff., Auszug bei Zeumer, Nr. 169, S. 269f.

Darstellung: Th. Stumpf, Die politischen Ideen des Nikolaus v. Cues, ein Beitrag zur G. der deutschen Reformbestrebungen im 15. Jh. (1865). Im übrigen sind die allgemeinen Bearbeitungen der Zeit, vor allem Molitor aaO., heranzuziehen.

Es ist wohl eine Folge der konziliaren Bewegung, daß während des Konstanzer und während des Baseler Konzils das Verlangen nach einer umfassenden Reichsreform laut geworden ist. Es fehlt noch an einer vollständigen Sammlung der einschlägigen Schriften[1]); wir kennen nur einzelne, ohne zu ahnen, wie viele noch in Archiven und Bibliotheken ruhen. Aber schon das, was wir heute haben, genügt, um die Richtung zu erkennen, in der sich die Gedanken der Zeit bewegten. Selbstverständlich gehen die Vorschläge der Reformschriften sehr viel weiter als die gleichzeitigen Versuche der Reichstage, Friede und Recht herzustellen; sie greifen den Kern der Reichsverfassung, die Organisation der königlichen Regierung an. Es sind Geistliche, die hier zu Wort kommen, zum Teil schreiben sie unter dem Eindruck der kirchlichen Verfassungskämpfe; daraus erklärt es sich, daß sie die Regierung des Reiches mit der der Kirche vergleichen und den aristokratischen Elementen im Reiche eine ähnliche Stellung zu verschaffen suchen, wie sie die entsprechenden Kräfte in der Kirche für sich beanspruchten. Wie der Papst mit den Kardinälen regieren sollte, so sollte auch der Kaiser an ein Ratskollegium gebunden werden, dessen Zusammensetzung zwar verschieden vorgeschlagen wird, aber doch immer eine Vertretung der territorialen Gewalten darstellen soll. Das ausführlichste Reformprogramm, die Concordantia catholica des Nicolaus v. Cues will den Einfluß der Reichsstände auf die Regierung des Reichs noch weiter sichern durch jährliche Reichstage, die zur Vermeidung von Unkosten aber nur in besonders wichtigen Fällen von allen Reichsständen, in der Regel bloß von den Kurfürsten und einem Ausschuß der übrigen Stände besucht werden sollen; man sieht, hier ist der Plan der ständischen Reichsreform von 1495, die Gliederung von Regiment, großem Regimentstag und Reichstag, vorgebildet.[2]) Ebenso einstimmig sind die Reformschriften in der Forderung, dem Hauptgebrechen des Reichs, dem Mangel der Rechtspflege, durch die Errichtung eines ständigen Gerichts mit einem festen Sitz im Reiche abzuhelfen und diesem Gericht ausreichende Handhaben zur Vollstreckung seiner Urteile zur Verfügung zu stellen, endlich die Durchführung aller Reformen durch die Bewilligung der erforderlichen Geldmittel für alle Zeit zu sichern.

Nachweisbaren Einfluß auf die Praxis hat keine dieser Reformschriften gewonnen. Die deutschen Reichstage mußten sich auf das Nächstliegende beschränken. Lange Zeit beschäftigten sie sich bloß mit der unmittelbar dringenden Frage, wie Friede und Recht im Reiche zu schützen wäre, ohne daß an eine Änderung der Regierungsweise im Reich gedacht wurde. Aber eine mittelbare Einwirkung der Reformideen, die selbst zum Teil durch die Gestaltung der Behörden in den besser verwalteten, gerade damals reformierten Staaten wie Savoyen, Frankreich und England bestimmt waren, läßt sich doch bei den Reichstagsverhandlungen der Jahre 1434 bis 1438, besonders zu Eger 1437 und zu Nürnberg 1438, spüren.[3]) Die alten Bestrebungen nach einem Landfrieden wurden hier von den Fürsten wieder aufgenommen und mit dem Versuch einer Neuordnung des Gerichtswesens verbunden. Die Grundgedanken der Vorschläge, wie sie zuletzt auf dem Nürnberger Reichstag vom Juli 1438 von den kurfürstlichen Räten aufgestellt worden waren, waren gut und brauchbar: vollständige Beseitigung der Fehde, feste Ordnung der Gerichte, Dezentralisierung der Rechtsprechung, der Urteilsvollstreckung und der Landfriedensbegung durch eine Teilung des Reiches in vier Kreise; aber alle diese Bestimmungen, die nichts schlechthin Neues bedeuteten, sondern alte Projekte wiederholten und weiterbildeten, waren einseitig darauf zugeschnitten, die Autorität der großen Fürsten-

---

1) Auf Anregung G. Beckmanns wird eine Sammlung der Schriften von der Historischen Kommission in München vorbereitet.

2) Auch die Bestimmung, daß der jährliche Reichstag mindestens einen Monat dauern soll, findet sich schon bei Nikolaus v. Cues.

3) Vgl. Reichstagsakten ältere Reihe, Bd. 11—13; die wichtigsten Akten des Reichstags vom Juli 1438 auch bei K. Zeumer, Quellensammlung², Nr. 165, S. 252ff.

tümer über den niederen Adel und die Städte zu verstärken und den Einfluß des Königs auf die kleineren Reichsstände möglichst auszuschalten. Deshalb gestalteten die Vertreter des Königs den kurfürstlichen Entwurf unter voller Wahrung seiner Grundlagen doch soweit um, daß die Gewalt des Königs und die Selbständigkeit des niederen Reichsadels und der Reichsstädte bestehen blieb. Aber den Kurfürsten lag nichts an einer Reichsreform, die der Entwicklung ihrer Territorialmacht Schranken setzte; und gegen den Willen der Kurfürsten und Fürsten konnte der König eine so einschneidende Reform um so weniger durchsetzen, als diejenigen Kräfte, zu deren Gunsten der neue königliche Entwurf in erster Linie berechnet war, die Reichsstädte, sich ganz versagten. Der erste Versuch einer gründlichen Neuordnung des Reiches ist bereits auf dem Nürnberger Reichstag vom Oktober 1438 vollständig gescheitert. Es ist zwar in den folgenden Jahren noch weiter darüber verhandelt worden, und Friedrich III. hat am 14. August 1442 ein Landfriedensgesetz[1]) erlassen, aber dieses blieb trotz dem volltönenden Namen „Reformation König Friedrichs“ weit hinter den Plänen der Jahre 1437 und 1438 zurück, indem es weder eine neue Ordnung der Gerichtsverfassung, noch eine gesicherte Exekutive schuf, ja nicht einmal die Fehde beseitigte.

In den beiden folgenden Jahrzehnten ist von einer Reichsreform, überhaupt von einer Betätigung der Reichsgewalt im Interesse von Frieden und Recht nicht die Rede gewesen. Es sind die Jahre, in denen sich Friedrich III. kaum noch um das Reich gekümmert hat. Und die mächtigeren Fürsten benutzten diese Zeit, um das mit Gewalt durchzusetzen, was sie 1437 und 1438 auf gesetzlichem Wege nicht hatten erreichen können, die Unterordnung von Adel und Städten unter ihre Oberhoheit. Damals wurden, wie im 6. Abschnitt näher auszuführen sein wird, die Grundlagen für die neuere staatliche Ordnung in Deutschland geschaffen. Für das Reich brachten diese Jahre viel Unruhe und Kampf; es fehlte eine überragende, die vielen Einzelkräfte bindende Gewalt, mit Recht spricht Ranke von einem Chaos. Die Folgen waren Verluste von Grenzländern und zahlreiche Fehden; in Süddeutschland kam es sogar zu großen allgemeinen Kriegen, 1449/50 zwischen den Fürsten und den Reichsstädten, 1461/62 zwischen den Hohenzollern und den Wittelsbachern. Aber das Ergebnis war doch eine Klärung und Beruhigung der Machtverhältnisse. Die Reichsstädte hatten sich zwar fast in ihrem vollen Bestande behauptet, aber ihre politische Rolle war ausgespielt; das Territorialfürstentum ist seit der Mitte des 15. Jhs. der ausschlaggebende Faktor in der Reichsgeschichte. Unter den Territorien selbst aber war keines zur Vormacht aufgestiegen, keines war stark genug, um sich ganz allein in der Welt zu behaupten, die meisten, zumal die geistlichen, waren sogar auf eine gesicherte Rechtsordnung im Reiche angewiesen. Deshalb erneuerte sich der Ruf nach Herstellung von Friede und Recht, sobald Friedrich III. auf den Reichstagen von 1466 und 1467 um eine Reichshilfe gegen die Türken und Ungarn warb. Friedrich versuchte es ungefähr zwanzig Jahre mit Halbheiten, mit Verkündigung von Landfrieden, um deren Handhabung er sich nicht kümmerte, mit der Bestellung eines Kammergerichts, das der Mehrzahl der Reichsstände und ihrer Untertanen räumlich viel zu fern lag; er verzichtete lieber auf ausgiebige Reichshilfen, als daß er sich auf Verhandlungen über eine Reichsreform einließ. Aber er erreichte damit nichts anderes, als daß er seine Erblande an die Ungarn verlor und doch alle Reichsstände gegen sich aufbrachte, daß auch seine Anhänger die Notwendigkeit einer festen und dauernden Reichsordnung einsahen. Daraus entstand um die Mitte der achtziger Jahre eine neue Reichsreformbewegung.

---

1) Der großen Schätzung entsprechend, der sich das Gesetz als das für lange Zeit letzte Landfriedensgesetz erfreute, gibt es Drucke bereits seit 1474 in Verbindung mit der Goldenen Bulle (Hain Nr. 4077f.), neuere Drucke bei Altmann und Bernheim, Ausg. Urk. z. Vfg. Deutschlands im MA. (4. Aufl. 1909), Nr. 130, S. 277ff. und bei Zeumer, Quellensammlung, Nr. 166, S. 260ff.

## Dritter Abschnitt: Die Entwicklung der Reichsverfassung von 1486 bis 1648

Literatur: G. Mentz, Deutsche Geschichte 1493—1648 (1913). F. v. Bezold, G. der deutschen Reformation (1890) und Staat und Gesellschaft des Reformationszeitalters (in der Kultur der Gegenwart, Teil II, Abt. V, 1, 1908). H. v. Schubert, Reich und Reformation (Heidelberger Prorektoratsrede 1911).

### § 7. Die ständische Reichsreform 1486—1500

Quelle: Außer den unten bei § 12 genannten Reichstagstheatren ist für den Reichstag des Jahres 1495 unentbehrlich J. B. Datt, Volumen rerum Germanicarum novum sive de pace publica (Ulm 1698). Die Gesetze sind oft gedruckt worden und in allen Quellensammlungen zur Reichsgeschichte, auch bei Zeumer zu finden.

Literatur: G. v. Below, Die Reichsreform (in dem Sammelwerk „Im Morgenrot der Reformation", von J. v. Pflugk-Harttung, 1912). E. Bock, Der Schwäbische Bund und seine Verfassungen (1927). E. Gothein, Der gemeine Pfennig auf dem Reichstag zu Worms (Breslauer Diss. 1877). F. Hartung, Die Reichsreform von 1485—1495 (HVSchr. Bd. 16. 1913). K. Kaser, Deutsche G. im Ausgange des MA., Bd. 2 (1912). V. v. Kraus, Das Nürnberger Reichsregiment (1883). J. Poetsch, Die Reichsjustizreform von 1495, insbesondere ihre Bedeutung für die Rechtsentwicklung (1912). H. Ulmann, Kaiser Maximilian I. (2 Bde., 1884/91).

Die Gleichgültigkeit Friedrichs III. gegen das Reich, an das er sich nur dann erinnerte, wenn er zum Schutz seiner Hausmacht Geld oder Truppen brauchte, und sein hartnäckiger Widerstand gegen alle Reformen haben bewirkt, daß die Reichsreformbewegung der Jahre 1486 bis 1500 sich von Anfang an gegen den Kaiser richtete. Sie begann damit, daß sich die Stände zu gemeinsamem Widerstand gegen die kaiserlichen Forderungen und zum Schutz gegen die Gefahren, die ihnen aus der Unterstützung des Kaisers erwachsen konnten, verbanden. Die Führung der Reichsstände lag dabei in den Händen des Mainzer Kurfürsten Berthold v. Henneberg (1484 bis 1504). Der erste Schritt zur Organisation der Stände gegenüber dem Kaiser war der sich in den Jahren 1485 bis 1497 vollziehende Ausbau der Reichstagsverfassung, die der Willkür des Kaisers gänzlich entzogen wurde. In der Ausschließung des Kaisers von den Verhandlungen, noch stärker in den Reichsabschieden, die als Verträge zwischen dem Kaiser und der Gesamtheit der Stände ausgefertigt wurden, kommt die veränderte Stellung der Reichsstände deutlich zum Ausdruck (vgl. § 12).

Der Zusammenschluß der Reichsstände im Reichstag bewährte sich zum erstenmal in den Jahren 1486 und 1487 bei der Ablehnung der vom Kaiser erbetenen Reichshilfen; schon damals trat aber die Tendenz zutage, auch positive Erfolge zu erzielen, namentlich den Kaiser zur Errichtung eines ständigen Gerichts im Reiche zu zwingen. Unter Maximilian I. steigerte sich diese Tendenz bis zum Streben, eine gründliche Reform des Reiches durch die Einsetzung einer zentralen Reichsgewalt, die sowohl dem Kaiser wie den Reichsständen übergeordnet sein sollte, zu sichern. Maximilian versuchte vergebens, sich dieser ständischen Neuordnung des Reiches, die ihn nicht nur an der Verwendung der Kräfte der Reichsstände für seine Hausmachtpolitik verhindern, sondern ihm überhaupt jede selbständige auswärtige Politik unmöglich machen sollte, zu widersetzen. Gleich auf seinem ersten Reichstage, zu Worms, im Jahre 1495, mußte er wesentliche Zugeständnisse machen.

Das bekannteste Gesetz des Wormser Reichstags, der ewige Landfriede, bildet die Grundlage der geplanten Reichsreform. Indem er das Fehderecht gänzlich aufhebt und nicht nur dem einzelnen Bewohner, sondern auch jedem Reichsstand jede Selbsthilfe verbietet und nur das ordentliche Gerichtsverfahren offen läßt, macht er das Reich zu einer Rechtsgemeinschaft, schafft er die Voraussetzungen einer staatlichen Entwicklung auch für die Gesamtheit.

Seine Durchführung war freilich in erster Linie davon abhängig, daß für eine sichere Rechtspflege gesorgt wurde. Zu diesem Zweck zwangen die Stände den König, die bisher an seinem Hof ausgeübte höchste Gerichtsbarkeit einem im Reiche, zunächst in Frankfurt, ständig tagenden Kammergericht zu übertragen, über dessen Bedeutung für die Rechtsentwicklung im Reiche unten (§ 13) im Zusammenhang gehandelt werden wird.

Zur Deckung der Unkosten des Gerichtes und der Maximilian bewilligten Reichshilfe sollte eine dauernde allgemeine Reichssteuer, ein gemeiner Pfennig, erhoben werden. Aber sie wurde von vornherein wegen des Widerstandes der Reichsstände, zumal der Reichsstädte, auf vier Jahre beschränkt, und ihre Durchführung glückte nicht. Es fehlte dem Reich an eigenen Beamten, die die Steuer hätten erheben können; die Territorien erwiesen sich fast ohne Ausnahme als widerwillig. An dem Mangel einer eigenen Verwaltungsorganisation scheiterte auch das 1500 beschlossene allgemeine Volksaufgebot. Deshalb kehrte der Reichstag zuerst 1505, dauernd seit 1521 zu dem seit dem 15. Jh. üblichen System der Matrikularbeiträge zurück. Auch dieses hatte freilich schwere Mängel; die Matrikel, die 1521 für den geplanten Romzug Karls V. aufgestellt und dann aus Bequemlichkeit als Grundlage ständig beibehalten wurde, war ungenau und vielfach ungerecht, ihre Neuordnung wurde oft versucht, aber nie erreicht.[1]) Erträglich wurde das für die Reichsstände nur dadurch, daß es ständige Beiträge für die Aufgaben des Reiches nicht gab. Nur das Reichskammergericht wurde aus einer dauernden Steuer der Stände, den sogenannten Kammerzielern, unterhalten; denn an ihm als einer vom Kaiser unabhängigen Gerichtsinstanz waren die Stände selbst interessiert.

Ihren Abschluß sollte die Reichsreform bereits 1495 in einer ständigen Reichsregierung, einem „Regiment", finden. Aber Maximilian weigerte sich, die Regierung dauernd aus der Hand zu geben. Statt dessen kam es zunächst zu einem Kompromiß, der Handhabung Friedens und Rechts. Diese ist ein Vertrag zwischen Maximilian und den Ständen und enthält zweierlei, ein Versprechen des Königs, die beschlossenen Ordnungen im Reiche und in seinen Erblanden durchzuführen, und eine entsprechende Zusage der Stände, ferner die Verpflichtung, jährlich einen Reichstag zu halten und mindestens einen Monat lang tagen zu lassen. Auf diese Weise glaubten die Stände ihren Einfluß auf die Durchführung der neuen Reichsgesetze genügend gesichert zu haben. Aber der Besuch der vielen langwierigen Reichstage wurde den Ständen sehr bald lästig; auch war die Reichstagsverfassung zu schwerfällig, als daß der Reichstag die Regierung wirklich hätte übernehmen können. Deshalb benutzten die Stände auf dem Augsburger Reichstag des Jahres 1500 die politische Notlage Maximilians, um die bereits 1495 vorgeschlagene Regimentsordnung mit wenigen, vor allem den Anteil der Fürsten gegenüber den Kurfürsten verstärkenden Änderungen durchzusetzen.

Nach der Regimentsordnung vom 2. Juli 1500 bestand das Reichsregiment zu Nürnberg unter dem Vorsitz Maximilians oder eines von ihm zu ernennenden Stellvertreters aus zwanzig Mitgliedern, und zwar sollte nach bestimmtem Turnus stets ein Kurfürst persönlich anwesend sein, während die übrigen durch Räte vertreten wurden. Dazu kamen ein geistlicher und ein weltlicher Fürst, die ebenfalls vierteljährlich abgelöst wurden, je ein Abgeordneter der österreichischen und der burgundischen Lande, der Prälaten, der Grafen, zwei Abgeordnete der Reichsstädte und je ein Vertreter der neu geschaffenen sechs Kreise, in die das Reich, soweit es nicht kurfürstlicher oder habsburgischer Besitz war, damals eingeteilt wurde. Diesem Regiment hatte Maximilian die gesamte Regierungsgewalt übertragen müssen; was er ohne dessen Zustimmung verfügte, wurde von vornherein für ungültig erklärt; das Regiment dagegen konnte alle Angelegenheiten des Reiches nach innen und außen ohne Zuziehung des Königs erledigen. Für wichtige Fälle war die Mitwirkung aller Kurfürsten und der zwölf Fürsten, die abwechselnd am Regiment teilnehmen sollten, vorgesehen; auch hatte das Regiment das Recht, einen Reichstag einzuberufen. Maximilian mußte in diesem Fall benachrichtigt werden, aber seine Beteiligung an dem Reichstag war nicht erforderlich.

Damit war also an die Stelle der monarchischen eine ständische Reichsregierung getreten, aber sie war ebenso unzulänglich wie jene und wie die jährlichen Reichstage

1) Vgl. J. Sieber, Zur G. des Reichsmatrikelwesens im ausgehenden MA. (1910). J. Müller, Veränderungen im Reichsmatrikelwesen um die Mitte des 16. Jhs. (Z. d. hist. Ver. f. Schwaben, Bd. 23).

der Jahre 1496—1499. Das Reichsregiment litt unter der Gleichgültigkeit der größeren Territorien gegenüber dem Reiche; nicht einmal seine regelmäßige Besetzung ließ sich erreichen. Es litt aber noch mehr unter dem Fehlen jeder realen Macht. Es hatte kein Geld, um seine Mitglieder und die des Kammergerichts ausreichend zu besolden; es hatte keine eigenen Beamten, um die ihm übertragenen Aufgaben, die Aushebung des 400. Mannes und die Wahrung des Landfriedens, auszuführen. Deshalb war es auch nach außen hin machtlos; es konnte nicht einmal Maximilian daran hindern, eine selbständige auswärtige Politik zu treiben. Unter dem Eindruck der Erfolglosigkeit aller seiner Bemühungen löste sich das Regiment zu Anfang des Jahres 1502 auf.

Aber wenn auch Maximilian die ständischen Organisationen hatte zu Fall bringen können, so hatte er doch mit seinen Versuchen einer monarchischen Reichsreform kein Glück. Weder die Gegenorganisationen, die er 1498 im Hofrat und der Hofkanzlei gegen die vom Kurfürsten von Mainz geleitete Reichskanzlei, dann wieder 1501 und 1502 in einem königlichen Regiment und Kammergericht gegen das Reichsregiment und das Reichskammergericht schuf, noch die 1505 und von 1510/12 auf Reichstagen zu Köln, Augsburg und Trier versuchte Umbildung der ständischen Reformgedanken im habsburgischen und kaiserlichen Interesse hatten Erfolg. Zwar ist es auf dem zuerst in Trier, dann in Köln gehaltenen Reichstage von 1512 zu einer wesentlich auf Vorschlägen Maximilians aufgebauten, zunächst auf sechs Jahre berechneten Reichsordnung gekommen. Danach sollten zu den bereits bestehenden sechs Kreisen, die 1500 als Grundlage für die Besetzung der Stellen im Reichsregiment geschaffen und 1507 mit dem dauernden Recht zur Präsentation der Assessoren des Kammergerichts ausgestattet worden waren, vier neue aus den kurfürstlichen und habsburgischen Gebieten, die im Regiment und Kammergericht ihre eigene Vertretung hatten, gebildet werden. Für jeden dieser zehn Kreise sollten ein Hauptmann und mehrere Zugeordnete ernannt werden, die die Wahrung des Landfriedens und die Verteidigung nach außen zu übernehmen hatten. Aber diese ganze Ordnung blieb unausgeführt. Maximilian kam über den Sorgen seiner auswärtigen Politik in den Jahren nach 1512 kaum dazu, sich um das Reich zu kümmern, geschweige denn eine monarchische Reichsreform durchzusetzen. So erscheint der Ausgang seiner Regierung wenig anders als die letzten Jahre Friedrichs III.; zahlreiche Fehden erfüllten das Reich, der Kaiser und die Reichsgerichtsbarkeit versagten. Nicht durch die kaiserliche Gewalt oder richterlichen Spruch, sondern durch gütliches Abkommen wurde die dem Landfrieden widersprechende Fehde Sickingens gegen Worms beigelegt, und den Überfall Reutlingens durch den Herzog Ulrich von Württemberg strafte nicht das Reich, sondern ein freies Bündnis von Reichsständen, der schwäbische Bund.

## § 8. Das zweite Reichsregiment

Quellen: Außer der bei § 12 genannten jüngeren Reihe der Deutschen Reichstagsakten vgl. die Berichte des Hans von der Planitz aus dem Reichsregiment in Nürnberg 1521/23, hrsg. von E. Wülcker und H. Virck (1898).

Literatur: E. F. Wyneken, Die Regimentsordnung von 1521 in ihrem Zusammenhang mit dem Kurverein (FDG. Bd. 8, 1868). A. Grabner, Zur G. des zweiten Nürnberger Reichsregiments 1521/23 (1903).

So wenig also die in den Jahren von 1495—1500 geschaffene neue Ordnung des Reiches dauernden Bestand gehabt und unmittelbare Erfolge gezeitigt hat, so gilt sie doch mit Recht als die eigentliche Reichsreform. Denn von ihr ist ein starker Impuls ausgegangen; sie hat die Notwendigkeit einer festen Abgrenzung der Rechte zwischen Kaiser und Ständen, das Bedürfnis nach engerem Zusammenschluß der Stände untereinander erst zum Bewußtsein gebracht, sie hat die Idee der Zusammengehörigkeit der Stände, des ewigen Landfriedens, im Reiche geweckt. So konnten die neuen Bestrebungen nach einer Reichsreform, welche die ersten Jahre Karls V. erfüllen, unmittelbar an die Pläne von 1495 und 1500 anknüpfen. Zeitlich und sachlich ist an erster Stelle die Wahlkapitulation Karls V. zu nennen. Den Hauptanlaß dieser ersten Wahlkapitulation eines deutschen Kaisers bildeten freilich die besonderen Umstände, unter denen die Kaiserwahl stattfand, sowohl die günstige Stellung der Kurfürsten zwischen den beiden Kandidaten, die auf die ihnen vorgelegten Bedingungen eingehen mußten, wie auch die gewaltige Hausmacht Karls V., deren Interessen von denen des Reichs vielfach abwichen. Deshalb ist auch ein großer Teil der Wahlkapitulation dazu bestimmt, den Kaiser an der Verwendung seiner Hausmacht zur Unterdrückung der deutschen Libertät zu verhindern, andererseits ihm die Ausnutzung der Kräfte des Reiches für die besonderen Aufgaben seiner Erblande zu erschweren. Gegenüber den Versuchen der ersten Reichsreform, auch die Erblande des Kaisers und dessen gesamte Politik unter die Reichsgesetze zu stellen, bedeuten diese Bestimmungen schon ein gewisses Zurückweichen der Stände, das für die unaufhaltsam fortschreitende Trennung der kaiserlichen Hausmacht vom „Reiche" im engeren Sinn bezeichnend ist. Aber für dieses „Reich" nimmt die Wahlkapitulation die Forderungen der Reichsreform wieder auf; ähnlich wie die Handhabung des Jahres 1495 setzt sie fest, daß der Kaiser das Reich nach den Reichsgesetzen regieren, daß er wichtige Beschlüsse nur unter Zustimmung der Stände fassen soll. Und wie die erste Reichsreform gipfelt die Kapitulation in der vom Kaiser zugestandenen Errichtung eines Reichsregiments, dem die Abstellung aller Gebrechen, die Herstellung einer dauerhaften Ordnung im Reiche übertragen wird.

Mit der Ausführung der in der Wahlkapitulation als erforderlich bezeichneten Reichsreform befaßte sich zunächst der Wormser Reichstag des Jahres 1521.[1]) Er erneuerte die beiden wichtigsten Schöpfungen des Jahres 1495, den ewigen Landfrieden und das Kammergericht, mit unerheblichen Änderungen. Ferner wurde hier das verheißene Reichsregiment errichtet. Seine Zusammensetzung entsprach ganz der Ordnung von 1500; zu den bisherigen Mitgliedern traten bloß zwei Vertreter des Kaisers hinzu. Schon darin zeigte sich die im Vergleich zu Maximilian stärkere Stellung Karls V. gegenüber den Ständen. Noch deutlicher aber prägte sich die Zurückdrängung der alten Bestrebungen nach dauernder Umwandlung der kaiserlichen Reichsregierung in eine ständische darin aus, daß das neue Reichsregiment auf die Stellvertretung des Kaisers während seiner Abwesenheit aus dem Reiche beschränkt wurde. Praktisch wurde dieser Unterschied zunächst freilich nicht bemerkbar, da der Kaiser von 1521—1530 nicht in Deutschland weilte. Das Regiment fühlte sich auch durchaus berufen zu einer ständischen Reichsreform im alten Sinne, es trat als Reichsgewalt über den Ständen auf. Es unternahm auch ernsthafte Reformversuche, es entwarf eine Exekutionsordnung, die nach dem Vorbild der unausgeführten Ordnung von 1512 die Wahrung des Landfriedens den Kreisen übertrug, es ließ eine Münzordnung abfassen, es erwog eine finanzielle Sicherstellung des Reiches zuerst auf direktem Wege durch eine Erneuerung des gemeinen Pfennigs, dann auf indirektem Wege durch die Errichtung eines Reichszollwesens, es plante endlich eine dauernde Kriegsverfassung des Reiches.[2])

1) Die wichtigsten Gesetze finden sich im Auszug bei Zeumer, Quellensammlung², S. 313ff.

2) Von diesen Entwürfen sind gedruckt die Exekutionsordnung (Auszug bei Zeumer S. 326ff.) und die Münzordnung häufig, z. B. in der Neuen Sammlung der Reichsabschiede Bd. 2 (1747), S. 229 und S. 261, die Zollordnung bei Ranke, Deutsche G. im Zeitalter der Reformation, Bd. 6 (7. Aufl. 1894), S. 26ff., der Entwurf zur beharrlichen Türkenhilfe bei A. Neukirch, Der niedersächs. Kreis und die Kreisverfassung bis 1542 (1909), S. 197ff. Wegen der Steuerprojekte vgl. A. Teicke, Reichssteuerbestrebungen unter Karl V. bis zum Sturze des zweiten Nürnberger Reichsregiments (Leipziger Diss. 1910).

Aber mit allen diesen Projekten hat das zweite Reichsregiment ebensowenig Erfolg gehabt wie das erste. Denn es litt unter dem gleichen Mangel an realer Macht. Es konnte sich den Territorien gegenüber nicht durchsetzen, keine der von ihm aufgestellten Ordnungen ist in Kraft getreten. Noch viel weniger war das Regiment imstande, die großen allgemeinen Bewegungen der Zeit, die Erhebung Sickingens und der Ritterschaft überhaupt, den Bauernkrieg, endlich die religiöse Bewegung zu meistern; auf allen Gebieten mußte es die Herstellung der Ordnung den Territorien überlassen. Damit war der Versuch einer vom Kaiser unabhängigen, über den Territorien stehenden Reichsgewalt endgültig gescheitert. Nachdem das Regiment auf dem Reichstage zu Speier 1526 auch die Ordnung der religiösen Frage aus seiner Hand gegeben hatte, war es ganz bedeutungslos; sein Aufhören im Jahre 1530 bei der Rückkehr des Kaisers vollzog sich daher ohne Aufsehen.

## § 9. Der Augsburger Reichsabschied des Jahres 1555

Quellen: F. Hortleder, Handlungen und Ausschreiben von Rechtmäßigkeit ... des teutschen Krieges (2. Ausg. 1645); Chr. Lehenmann, Acta publica de pace religionis (1631, auch später aufgelegt) und V. Ernst, Der Briefwechsel des Herzogs Christoph von Wirtemberg, Bd. 3 (1902).

Literatur: F. Hartung, Karl V. und die deutschen Reichsstände von 1546—1555 (1910). O. A. Hecker, Karls V. Plan zur Gründung eines Reichsbundes (1906). M. Ritter, Der Augsburger Religionsfriede (H. Tb. 1882). J. Müller, Entstehung der Reichsexekutionsordnung 1555 (MIÖG, Bd. 40, 1925).

Die Reformation hat auf den Zusammenbruch der ständisch-zentralistischen Reichsreform keinen Einfluß gehabt; sie wirkt vielmehr erst seit dem Jahre 1529 auf die Entwicklung der Reichsverfassung ein. Der von der katholischen Mehrheit der Reichsstände unterstützte Versuch Karls V., auf dem zweiten Speierer Reichstage die evangelische Bewegung unter Aufhebung des ihr günstigen ersten Speierer Reichsabschieds durch ein Reichsgesetz zu unterdrücken, hatte nicht nur zur Folge, daß einige evangelische Stände gegen die Verbindlichkeit dieses durch die Mehrheit beschlossenen Gesetzes formell protestierten, sondern führte darüber hinaus zu grundsätzlichen Erwägungen über das Wesen und die Grenzen der kaiserlichen Macht. Recht im Gegensatz zu der tatsächlichen Entstehung der deutschen Territorialherrschaft, aber ganz im Geiste der ständischen Libertät begannen die Protestanten, die erbliche fürstliche Gewalt gegenüber der durch freie Wahl übertragenen kaiserlichen Gewalt auszuspielen. Auf diese Weise glaubten sie die dauernde Gehorsamsverweigerung gegenüber dem Kaiser und dem Reichstag, die bald auch auf das Kammergericht ausgedehnt wurde, rechtfertigen zu können. Aber wenn auch dadurch die alte ständische Opposition gegen das Kaisertum verschärft und vertieft wurde und sich schließlich im schmalkaldischen Bunde förmlich gegen die Reichsgewalt organisierte, so führte die Reformation doch zugleich zur Spaltung und damit zur Schwächung der Stände gegenüber dem Kaiser. Sie zwang die katholischen Stände zum engen Anschluß an den Kaiser, und dadurch wurde es diesem möglich, die Schmalkaldener niederzuwerfen. Aber als der Kaiser auf dem Augsburger Reichstag der Jahre 1547 und 1548 versuchte, den Sieg über die Protestanten zu einer Stärkung der kaiserlichen Gewalt gegenüber allen Ständen auszunutzen, da bildete sich sofort die alte geschlossene Gruppierung der Reichsstände gegenüber dem Kaiser wieder aus, und an ihr scheiterte die kaiserliche Reaktion. Auch als sich die Protestanten zu Beginn des Jahres 1552 unter der Führung des Kurfürsten Moritz von Sachsen erhoben, blieb der Kaiser allein; aus Furcht vor seinen absolutistischen Neigungen ließen ihn die Bundesgenossen von 1546 im Stich, keiner ging über eine unsichere Neutralität hinaus. So errangen die protestantischen Fürsten den entscheidenden Sieg über Karl V. und seine mittelalterlich-imperialistischen Ideen. Darüber hinaus aber das Gefüge des Reiches zu zerstören, gelang ihnen nicht. Die überwiegende Mehrzahl der Reichsstände, sowohl der katholischen wie der protestantischen, trat im Gefühl der eigenen Schwäche für die Erhaltung der alten Verfassung und des alten Rechtszustandes im Reiche ein, in denen allein sie eine Gewähr der eigenen Existenz sahen. Schon bei den Verhandlungen, die zum Passauer Vertrage vom 2. August 1552 führten, waren sie um einen Ausgleich bemüht, der sie sowohl vor dem Druck der kaiserlichen Gewalt wie vor Angriffen der Fürstenpartei sichern sollte; zwischen Karl V. und Moritz vermochten sie freilich keine entscheidende Rolle zu spielen. Erst nachdem Karl infolge der Niederlage vor Metz das Reich aufgegeben hatte — der förmliche Verzicht zog sich noch bis 1556 hinaus — und die Fürstenpartei durch den Tod Moritzens und die Niederlage Albrechts von Brandenburg-Kulmbach aufgelöst worden war, hatten diese friedens- und ruheseligen Stände die Entscheidung in ihrer Hand. Sie gaben den Verhandlungen des Augsburger Reichstages vom Jahre 1555 ihr Gepräge, sie verschuldeten mit ihrer Tatenscheu auf der einen, ihrer Begehrlichkeit auf der andern Seite die vielen Unklarheiten und bewußten Halbheiten des Augsburger Reichsabschieds vom 25. September 1555[1]); aber sie haben doch mit den beiden Hauptteilen dieses Abschieds, dem Religionsfrieden und der Exekutionsordnung, dem Reiche die dauernde Ordnung verliehen.

Die Grundlage dieser Ordnung bildet der ewige Landfriede vom Jahre 1495 in seiner zuletzt 1548 erweiterten Fassung. Denn der Religionsfriede bedeutet nichts anderes als die ausdrückliche Ausdehnung des Landfriedens auf die religiösen Streitigkeiten; auch im Wortlaut lehnt er sich an diesen an. Wie der Landfriede den weltlichen Besitzstand aller Reichsstände gegen jede gewalttätige Anfechtung sichert und alle wirklichen oder vermeintlichen Ansprüche auf den Rechtsweg verweist, so schützt der Religionsfriede nicht nur das religiöse Bekenntnis der Reichsstände und der reichsunmittelbaren Ritterschaft — die mittelbaren Reichsuntertanen blieben auch hier fast ganz unbeachtet — sondern auch deren Besitz an kirchlichen Gütern und Rechten, und zwar in dem Umfange, wie er zur Zeit des Passauer Vertrages gewesen war. Ein unüberwindlicher Mangel freilich war das Fehlen einer unparteiischen Instanz zur Schlichtung von Streitigkeiten über die kirchlichen Gerechtsame, wie sie für die weltlichen Dinge im Kammergericht bestand; das bildete für das folgende Jahrhundert eine stetige Quelle von Unruhe und Zwist.

Auch die neue Exekutionsordnung[2]) war bloß eine Ergänzung des Landfriedens. Sie betraute mit der Aufsicht über die Erhaltung des Landfriedens, der Unterdrückung und Bestrafung aller Friedensbrüche und der Vollstreckung der Urteile des Kammergerichts die zehn Reichskreise. Sie nahm damit den Grundgedanken der nicht ausgeführten Ordnungen von 1512 und 1522 wieder auf, aber in vielen Einzelheiten blieb sie in einer für die Entwicklung des Reiches bezeichnenden Weise hinter diesen zurück. Während gemäß den alten Ordnungen die Kreishauptleute nach der Analogie des Reichsregiments über den Kreisständen stehen und unmittelbar über Reichstruppen verfügen sollten, wurde jetzt das neu gegründete Amt des Kreisobersten durch ausdrückliche Empfehlung dem vornehmsten weltlichen Kreisstand übertragen, und die Kreishilfe wurde lediglich auf die in jedem Falle besonders einzuberufenden Kontingente der Stände gegründet. Noch deutlicher zeigte sich die Tendenz, die Stände unter Ausschaltung des Kaisers zu Trägern der Exekutive im Reich zu machen, bei der Festsetzung des Verfahrens für die Aufbietung aller Kreise: bei großen Friedensbrüchen, denen selbst fünf Kreise vereint nicht gewachsen zu sein glaubten, sollte der

1) Gedruckt bei Zeumer, Quellensammlung² Nr. 189, S. 341 ff.; der Religionsfriede auch in den Briefen und Akten zur G. des 16. Jhs., Bd. 4 (1896), S. 722 ff.

2) Vgl. dazu V. Ernst, Die Entstehung der Exekutionsordnung von 1555, erster (einziger) Teil, die Entstehung der Frankfurter Ordnung von 1554 (Württ. Vierteljahrshefte f. Landesgesch. NF., Bd. 10, 1901).

Kurfürst von Mainz einen Deputationstag nach Frankfurt berufen, zu dessen Mitgliedern die Kurfürsten, sechs Fürsten, ein Prälat, ein Graf und zwei Vertreter der Reichsstädte bestimmt wurden; der Kaiser hatte nur das Recht, Kommissare zu schicken.

Im Vergleich mit den Zielen, welche die reichsständische Reformpartei in den Jahren 1495—1500 verfolgt hatte, scheint der Augsburger Reichsabschied von 1555 ein sehr kümmerliches Ergebnis zu sein. Das Reich war arm und schwach wie zuvor; es besaß weder eigene Einkünfte noch ein eigenes Heer, und nur die Kreise, nicht das Reich, waren berechtigt, sich einen Kriegsschatz, einen „Vorrat" anzulegen. Deshalb war auch die Schwäche des Reiches gegenüber dem Ausland unverändert geblieben; immer weniger war es imstande, seine Grenzgebiete festzuhalten. An eine tatkräftige Unterstützung der Deutschen im Auslande, der Hanse oder des Schwertordens in Livland, war erst recht nicht zu denken. Aber auch wenn man nur das Reich deutscher Nation betrachtet, kann man sagen, daß das Ziel der Reichsreform, eine feste Reichsgewalt zu schaffen, überhaupt verfehlt worden war. Nicht nur die Unterordnung des Kaisertums unter eine Organisation der Stände, sondern auch die Unterordnung des einzelnen Reichsstands unter die Gesamtheit war gescheitert. Auch war es nicht geglückt, ein leistungsfähiges Organ der Stände auszubilden. Seit dem Scheitern des zweiten Reichsregiments hatten sie keine andere Vertretung als den Reichstag, aber dieser war, abgesehen von der Umständlichkeit seiner Beratungsformen, schon dadurch, daß er nicht regelmäßig tagte, außerstande, die laufenden Geschäfte der Gesamtheit zu erledigen. Und der religiöse Zwiespalt, die Anerkennung des Protestantismus als einer gleichberechtigten Partei, machte auch für die Zukunft eine starke Zentralgewalt unmöglich.

Aber wenn man nicht die Ziele von 1495 mit dem Ergebnis von 1555, sondern die Zustände vor 1495 mit denen nach 1555 vergleicht, so muß doch anerkannt werden, daß die Verfassungsentwicklung des Reiches in jenen Jahrzehnten Fortschritte gemacht hat. Der Auflösung, der das Reich im 15. Jh. anheimzufallen drohte, ist durch die Aufstellung von Grundgesetzen Halt geboten worden. Die Bezeichnung Grundgesetz findet sich zwar in der Gesetzessprache des Reiches erst im Westfälischen Frieden (Instr. Pacis Osnabrug. Art. XVII § 2), nachdem sie während des Dreißigjährigen Krieges in der Publizistik und in den Reichstagsakten geläufig geworden war, die Sache selbst aber ist in der Zeit von 1495—1555 entstanden. Es sind die bereits in der Wahlkapitulation Karls V. namentlich genannten Gesetze, die Goldene Bulle und der Landfriede, die wir als die ersten Grundgesetze des Reiches bezeichnen dürfen; zu ihnen treten dann die beiden Hauptgesetze des Jahres 1555, der Religionsfriede und die Exekutionsordnung. Diese Friedensordnungen bilden auch den Ersatz für die zu Beginn der Reichsreform geplante, aber nicht zustandegekommene Einung der Reichsstände untereinander. Daß die Stände miteinander in Frieden zu leben und sich gegenseitig zu schützen hätten, setzte bereits der ewige Landfriede von 1495 fest; nun bestimmte die Exekutionsordnung noch ausdrücklich, daß die Verpflichtung zum Schutze auch gegenüber Angriffen fremder Mächte bestehe, und sicherte jedem vom Auslande angegriffenen Reichsstand, sofern er vor dem Kammergericht Recht nahm, die volle Unterstützung der Kreise zu. Der Kaiser blieb freilich auch hier außerhalb der ständischen Organisation, sowohl weil er seine eigenen Lande ihr nicht unterstellen wollte und bei der Bedingung der Unterordnung unter das Kammergericht auch nicht konnte, als auch weil die Stände fürchteten, daß der Kaiser ihre Pflicht zur Unterstützung gegen Landfriedensbrüche für seine Kriege ausnutzen werde.

## § 10. Bis zum Westfälischen Frieden

In der Literatur wird die Zeit von 1555—1648 vorwiegend unter dem Gesichtspunkt des Kampfes der Religionsparteien betrachtet, das verfassungsgeschichtliche Moment bleibt im Hintergrund. Deshalb brauchen hier die einzelnen Arbeiten, z. B. über Kaiserwahlen und Reichstage, nicht verzeichnet zu werden; es genügt ein Hinweis auf die Gesamtdarstellung von M. RITTER, Deutsche G. im Zeitalter der Gegenreformation und des Dreißigjährigen Krieges 1555—1648 (3 Bde., 1889/1908).

Der Text des Westfälischen Friedens ist gedruckt bei K. ZEUMER, Quellensammlung², Nr. 197/198, S. 395ff. Zur Vorgeschichte J. G. v. MEIERN, Acta pacis Westphalicae publica (6 Bde., Hannover 1734/36). Eine noch heute brauchbare Übersicht des Inhalts gibt J. S. PÜTTER, Geist des Westphälischen Friedens (Göttingen 1795).

Wie die politische, so ist auch die Verfassungsgeschichte des Reiches seit dem Jahre 1555 durch die Tatsache bestimmt worden, daß der Augsburger Religionsfriede nicht aus der Überwindung der Gegensätze hervorgegangen war, sondern daß die Parteien ihn aus Erschöpfung und mit dem Vorbehalt geschlossen hatten, späterhin das Verlorene wiederzugewinnen oder das Aufgegebene doch noch zu erobern. Das universale Kaisertum freilich, wie es Karl V. noch einmal hatte herstellen wollen, war dauernd beseitigt; die kirchliche Einheit, die seine Voraussetzung bildete, war zerstört, auch hatte das Reich rechtlich oder auch nur tatsächlich seine außerdeutschen Besitzungen und Rechte aufgegeben, war wirklich zum „Reich deutscher Nation" geworden. Der neue, rein deutsche und weltlich autonome Charakter des Reiches gab sich in dem dauernden Verzicht auf die Kaiserkrönung durch den Papst kund. Trotzdem behielt das Kaisertum eine gewisse Bedeutung für das Reich; es war wie in den Zeiten Friedrichs III. ein wichtiges Attribut der habsburgischen Hausmacht. So wenig auch die Nachfolger Karls V. versuchten, eine oberste Gewalt im Reiche über die Territorien auszuüben, so nutzten sie doch ihre Stellung als Kaiser zugunsten ihrer Hausmacht aus; namentlich die Türkenkriege gaben häufig Anlaß zu militärischen und finanziellen Anforderungen an die Stände, die nicht allein auf dem verfassungsgemäßen Wege des Reichstags, sondern auch durch unmittelbare Bitte an den einzelnen Stand gestellt wurden.[1])

Mit dieser Politik erzielten die Kaiser lange Zeit gute Erfolge, weil die reichsständische Opposition wie in den Jahren von 1529—1546 so auch jetzt durch den konfessionellen Gegensatz gespalten war. Der Augsburger Religionsfriede setzte der Ausbreitung der Konfessionen wohl rechtlich gewisse Schranken, tatsächlich konnte er sie natürlich nicht hindern. So drangen trotz dem geistlichen Vorbehalt die Protestanten zunächst siegreich vor und gewannen die norddeutschen Stifter fast ohne Ausnahme. Seit dem letzten Viertel des 16. Jhs. setzte sich aber der durch die Gegenreformation innerlich erneute Katholizismus zur Wehr und ging bald dazu über, seine Verluste wieder einzubringen. Da sich die katholischen Stände dabei auf den Wortlaut der Reichsgesetze berufen konnten, durch ihre Mehrheit zugleich die Organe des Reichs, den Reichstag und das Reichskammergericht, beherrschten und den katholischen Kaiser für sich hatten, blieb den Protestanten zur Verteidigung ihres Besitzstandes nichts anderes übrig, als wie in den Zeiten des Schmalkaldischen Bundes die gesamte Reichsverfassung lahmzulegen. Zunächst begnügten sie sich damit, die vom Kaiser geforderten Türkenhilfen nur bei Entgegenkommen in der religiösen Frage zu bewilligen und die Verbindlichkeit von Mehrheitsbeschlüssen auch in den Steuerfragen zu bestreiten; seit 1601 machten sie aber schon jede Rechtsprechung des Kammergerichts in den Angelegenheiten der geistlichen Güter unmöglich, und als die Katholiken auf dem Regensburger Reichstage des Jahres 1608 die Erneuerung des Religionsfriedens von der Rückgabe aller seit 1555 in den Besitz von Protestanten übergegangenen geistlichen Güter abhängig machen wollten, sprengten sie den Reichstag und schlossen sich mit ihren Anhängern in einer „Union" nach der Art des Schmalkaldischen Bundes zusammen. Durch die im folgenden Jahre erfolgte Gründung eines katholischen Gegenbundes, der Liga, wurde die konfessionelle Spaltung im Reiche ganz offenbar.

---

1) Vgl. A. H. LOEBL, Eine außerordentliche Reichshilfe und ihre Ergebnisse in reichstagsloser Zeit 1592/93 (SBAk. Wien, Bd. 153, 1906).

So wenig wie unter Karl V. gelang es jetzt, diese Spaltung durch ein Mittel der Verfassung zu überbrücken; vielmehr kam es auch jetzt zum Kriege. Der Dreißigjährige Krieg bildet, freilich in einem zeitlich wie räumlich sehr viel größeren Rahmen und mit sehr viel stärkerer Einmischung fremder Mächte, eine Wiederholung der Geschichte der Jahre 1546—1555. Auch er begann damit, daß der Kaiser mit Hilfe der katholischen Stände die Protestanten besiegte; und wie damals versuchte der Kaiser den Sieg nicht bloß zur Unterdrückung der Protestanten, denen im Restitutionsedikt vom 6. März 1629[1]) die Rückgabe aller seit 1552 eingezogenen geistlichen Güter anbefohlen wurde, und zur Verhinderung einer Lahmlegung der Reichsverfassung, sondern ganz allgemein zur Stärkung der kaiserlichen Stellung gegenüber den Reichsständen überhaupt auszunutzen.

Die kaiserliche Reaktion drückte sich nicht nur in einzelnen Handlungen aus, wie in der Umgehung der nach dem Wortlaut der Reichsgesetze und der Wahlkapitulation erforderlichen Zustimmung der Kurfürsten zur Ächtung des Kurfürsten von der Pfalz und zu der weiteren Ausdehnung des Krieges über die Pfalz hinaus; sie ging auch grundsätzlich auf eine Herabdrückung der Stände aus. Ihnen allen, auch den Katholiken, sollte eine selbständige Politik für die Zukunft unmöglich gemacht werden; deshalb verbot der Kaiser ihnen unbedingt, Bündnisse untereinander zu schließen, und bestritt sogar, daß sie ohne seine Genehmigung das „Ius armorum", das längst geübte Recht, eigene Truppen zu halten, besäßen.[2]) Noch einmal unternahm es der Kaiser, allein das Reich zu repräsentieren, die Reichsstände in die Stellung von Untertanen zu versetzen. Er nahm für die von ihm ohne Befragen des Reichstags eingeschlagene Politik ihre Mittel an Geld und Mannschaften in Anspruch, er verletzte sogar ihre territorialen Rechte, indem er ohne Rücksicht auf die landesherrlichen Obrigkeiten wie einst Karl V. während des Schmalkaldischen Krieges Gebote und Verbote unmittelbar an die landsässigen Ritterschaften und Städte richtete und mit ihnen über die Aufbringung der von den Landesherrn geschuldeten Reichssteuern verhandeln ließ.[3])

Aber wie 1547 waren auch jetzt die Stände ohne Rücksicht auf den konfessionellen Gegensatz darin einig, der Gefahr eines kaiserlichen Absolutismus entgegenzutreten. Die Protestanten, die schon im Jahre 1623 im niedersächsischen Kreis die Behauptung der Neutralität durch eigene Rüstung versucht hatten, schlossen am 12. (2.) April 1631 ein Bündnis zur Verteidigung ihres Besitzes; aber auch die katholischen Bundesgenossen des Kaisers wendeten sich je länger je mehr gegen dessen Bestrebungen, die Stände „zu Sklaven zu machen".[4]) Der Regensburger Kurfürstentag des Jahres 1630 bildet den Höhepunkt der katholischen und kurfürstlichen Opposition gegen den Kaiser. Angelehnt an Frankreich, das auch jetzt wieder die Reichsstände gegen das habsburgische Kaisertum stützte, redete sie dem Kaiser nicht allein in die Leitung der auswärtigen Politik hinein, sondern sie versuchte ihm auch die freie Verfügung über seine im Reiche stehenden Truppen zu entziehen und ihn in der Ernennung des

---

1) Gedruckt bei LONDORP, Acta publica, Bd. 3 (Ausgabe von 1668), S. 1048ff.

2) Vgl. besonders die kaiserliche Instruktion für Hegenmüller vom 6. Mai 1631 bei LONDORP, Bd. 4, S 147ff.

3) Vgl. den bei J. H. GEBAUER, Kurbrandenburg in der Krisis des Jahres 1627 (1896), S. 103 erwähnten Bericht der brandenburgischen Geheimen Räte über die Verhandlungen eines kaiserl. Gesandten mit der Ritterschaft; über Arnims Verhandlungen mit pommerschen Landständen vgl. J. O. OPEL, Der niedersächs.-dän. Krieg, Bd. 3 (1894), S. 429; vgl. ferner das kaiserl. Mandat vom 24. Juni 1631 bei LONDORP, Bd. 4, S. 159. Dagegen bezieht sich die in der Literatur zur Charakterisierung der kaiserlichen Politik häufig angeführte Äußerung der kaiserlichen Replik auf dem Regensburger Kurfürstentag vom 20. Juli 1630, daß „weder des h. Reichs Ordnung noch auch Herkommen derselben [Majestät] einige Maß vorschreiben", nur auf die Ernennung von Offizieren.

4) Aus einem bayrischen Memorandum von 1629 bei M. DOEBERL, Bayern und Frankreich, Bd. 1. (1900), S. 21.

Feldherrn und in der Festsetzung der Heeresstärke an die Zustimmung des kurfürstlichen Kollegiums zu binden; indem die Kurfürsten dem Kaiser zugleich die Aufstellung eines von ihrem Einfluß ganz unabhängigen Heeres in den Erblanden anheimgaben, wurde der Zwiespalt zwischen Kaiser und Reich wieder scharf betont.[1])

Die Absetzung Wallensteins war ein deutlich sichtbarer Erfolg dieser Opposition. Ihn weiter zu benutzen, wurde durch den Wiederausbruch des Krieges nach dem Eingreifen der Schweden zunächst unmöglich. Die Protestanten schlossen sich den Schweden an, die Katholiken waren mehr als je zuvor auf ein Zusammengehen mit dem Kaiser angewiesen. So bedeutete der Sieg von Nördlingen abermals einen Sieg des Kaisers nicht bloß über seine Feinde und deren Verbündete, sondern zugleich über die eigenen Bundesgenossen, die Reichsstände. Der Prager Friede vom 30. Mai 1635[2]) versuchte das neu hergestellte Übergewicht des Kaisers gerade in den Fragen der Reichsverfassung dauernd festzulegen; während der Kaiser in der Frage des Besitzes der geistlichen Güter den Protestanten wenigstens auf die Zeit von vierzig Jahren Zugeständnisse machte, hielt er das für alle Stände erlassene Verbot von Bündnissen und selbständigen Rüstungen uneingeschränkt aufrecht und nahm für den weiteren Verlauf des Krieges die Verfügung über die gesamten Kräfte des Reiches für sich und sein Heer in Anspruch.

Je länger aber der Krieg dauerte und je mehr er allgemein europäischen Charakter annahm, desto tiefer wurde die Kluft zwischen dem Kaiser und dem Reich. Der Reichstag, der vom September 1640 bis zum Oktober 1641 zu Regensburg tagte[3]), nahm die Politik des Kurfürstentags von 1630 wieder auf, er erneuerte die Beschwerden über die Mißachtung, die den Ständen von seiten des kaiserlichen Heeres widerfahre, über die unerschwinglichen Lasten, die den Ständen, als ob sie „tributarii“ wären, auferlegt würden; er schlug zur Abhilfe wiederum vor, das ausschließlich kaiserliche Heer durch die Verwendung bloß reichsdeutscher Offiziere und durch die Bindung des Oberfeldherrn an einen aus den Reichskreisen zu bestellenden Kriegsrat in ein Reichsheer umzuwandeln. Und als alle diese Wünsche des Reichstags und der Kurfürstentage nichts fruchteten, gingen die Stände zur Selbsthilfe über. Wie in den Kämpfen der Jahre 1552/54 bildete sich eine dritte Partei aus den Ständen, die keiner der kriegführenden Mächte, weder dem Kaiser, dessen Krieg auch die katholischen Stände immer mehr als einen den Interessen des Reiches fernliegenden „spanischen Partikularkrieg“ ansahen, noch den verbündeten Schweden und Franzosen folgen wollten, sondern Friede und Ruhe ersehnten. Sie lernten allmählich, daß ohne eigene Truppen die Neutralität nicht behauptet werden könne. Mit dem Ende der dreißiger Jahre begannen, zuerst in Niedersachsen, wo sich die Stände schon 1623 die Verwicklung in den Krieg nicht ohne Widerstand hatten gefallen lassen, dann auch in Franken, Bayern und am Rhein, die Versuche dieser Stände, sich zu förmlichen Verteidigungsbündnissen zusammenzuschließen und „Defensionen“ zum Schutz gegen die dauernden Einquartierungen und Geld- und Proviantforderungen der Armeen aufzustellen. Das einzelne ist noch nicht genügend erforscht[4]), aber die Hauptsache ist klar. Der Zweck war überall, sich gegen die Hineinziehung in den Krieg zu wehren; das Mittel war die

1) Zum Regensburger Kurfürstentag vgl. O. Heyne, Der Kurfürstentag zu Regensburg 1630 (1866), M. Ritter aaO., Bd. 3, S. 449ff., ferner die Akten bei Londorp, 4, S. 45ff., besonders die kurfürstl. Erklärung vom 16. Juli, S. 52ff.

2) Gedruckt bei Londorp, Acta publica, Bd. 4, S. 458ff., auch in der Neuen Sammlung der Reichsabschiede, Bd. 3, S. 534ff.

3) Die Akten bei Londorp, Bd. 4, S. 863ff. u. 5, S. 1ff.

4) W. Langenbeck. Die Politik des Hauses Braunschweig-Lüneburg in den Jahren 1640 und 1641 (1904). Für Süddeutschland G. Mentz, Johann Philipp v. Schönborn, Kurfürst von Mainz. Bd. 1 (1896), S. 24ff. und C. Wild, Johann Philipp v. Schönborn (1896), S. 30ff.

Kreisverfassung, weil die Exekutionsordnung von 1555 den Kreisen erlaubte, zur Erhaltung des Landfriedens Truppen aufzustellen und untereinander in Verbindung zu treten, und damit gegenüber den kaiserlichen Warnungen und Verboten von Rüstungen und Bündnissen eine unanfechtbare Rechtsgrundlage darbot.

Im Zusammenhang mit diesem Streben nach „Defensionen" in den Kreisen und nach „Conjunktion" der Kreise standen die Bemühungen der Stände, für das „Reich" bei den Friedensverhandlungen eine besondere Vertretung durchzusetzen. In beiden Richtungen war Johann Philipp von Schönborn, seit 1642 Bischof von Würzburg, seit 1647 auch Erzbischof und Kurfürst von Mainz, ihr Führer. Freilich überschätzte er die Bedeutung, die seiner friedliebenden „dritten Partei" inmitten der großen Mächte zukam. Noch weniger als die Neutralen der Jahre 1552—1554 konnte sie das Zünglein an der Wage bilden. Ihr fehlte die Macht; und Mangel an Mut, an Opferbereitschaft, an gegenseitigem Vertrauen brachte auch die schwachen Anfänge von Defensionen zum Scheitern. So gewann diese Gruppe weder auf den Verlauf des Krieges noch auf die Friedensverhandlungen Einfluß; gerade ihr ist vielmehr die Zahlung der für die „Satisfaktion" der schwedischen Soldaten bestimmten Gelder auferlegt worden.

Aber nicht nur die einzelnen Stände, auch das Reich als Gesamtheit hatte beim Abschluß des Friedens unter seiner militärischen und politischen Ohnmacht zu leiden. Während es 1552 und 1555 gelungen war, den Einfluß fremder Mächte von den Friedensverhandlungen fernzuhalten, und die Ordnungen des Augsburger Reichstags allein dem freien Entschluß der deutschen Stände und des Königs Ferdinand entsprungen waren, war das Reich als Ganzes bei den Beratungen zu Münster und Osnabrück überhaupt nicht vertreten und nahm auch am Friedensschluß nicht teil. Das Schicksal Deutschlands wurde vielmehr durch die großen Mächte, Frankreich und Schweden, bestimmt. Deshalb bedeutete der Westfälische Friede vom 24. Oktober 1648 vor allem eine Schwächung des Kaisertums. Um die Habsburger zu verhindern, auch in Zukunft die Mittel des Reiches und der einzelnen Reichsstände zugunsten ihrer Hausmacht zu verwenden, wurde der Kaiser in allen Angelegenheiten des Reiches, in der Gesetzgebung, in der Kriegführung und allem, was mit dem Heerwesen zusammenhing, und im Abschluß von Friedens- und Bündnisverträgen an die Zustimmung des Reichstags gebunden. Und damit diese Bestimmung nicht bloß auf dem Papier stehe, sondern eine kraftvolle Opposition gegen den Kaiser möglich sei, wurde die Libertät der Reichsstände, die schon 1555 die eigentlichen Sieger gewesen waren, noch einmal verstärkt. Ihre Staatsgewalt gegenüber ihren Untertanen, ihr „ius territoriale" oder wie der französische Entwurf sagte, ihr „droit de souveraineté" wurde unbeschränkt anerkannt, aber auch nach oben hin, gegen Kaiser und Reich wurden sie fast unabhängig, indem ihnen das bisher vom Kaiser bestrittene Bündnisrecht mit alleiniger Ausnahme der förmlich gegen Kaiser und Reich gerichteten Bündnisse gewährt wurde. In bezug auf die Reichsverfassung dagegen war der Friede im wesentlichen negativ. Er ließ zwar das Reich und seine Verfassung in den Grundzügen unverändert, das Wahlkaisertum, die Kurfürsten, deren Zahl auf acht erhöht wurde, um dem Pfalzgrafen einen Ersatz für die an Bayern übertragene altpfälzische Kur zu geben, den Reichstag. Aber die Schwächen der Reichsverfassung wurden nicht behoben. Die längst notwendigen, aber bei dem Mangel einer die Einzelwillen der Territorien zwingenden Gewalt stets gescheiterten Reformen der Reichsmatrikel, des Reichsjustizwesens, der Kreisverfassung, die Entscheidung der Frage nach der Verbindlichkeit von Mehrheitsbeschlüssen des Reichstags wurde dem nächsten Reichstage zugewiesen. Nur eine Frage wurde durch den Frieden selbst gelöst, die religiöse. Die Idee der Protestation von 1529 siegte, Katholiken und Protestanten wurden als gleichberechtigt anerkannt, und jede Überstimmung der einen Religionspartei durch die andere auf dem Reichstage wurde dadurch unmöglich gemacht, daß in allen die Religion berührenden Fragen der Reichstag in zwei Kurien, das Corpus Catholicorum und das Corpus Evangelicorum, auseinandertreten und zwischen diesen nur die gütliche Vereinbarung zulässig sein solle.

## Vierter Abschnitt: Die Organe des Reichs

### § 11. Der Kaiser

Quellen: Die älteren Wahlkapitulationen sind gesammelt von Chr. Ziegler, Wahlkapitulationes, welche mit denen röm. Kaisern und Königen, dann des heil. Reichs Churfürsten ... seit Carolo V. her bis auf Ferdinand IV. vor sich und folglich bis auf Josephum I. zugleich vor sämtliche ... Stände verglichen (Frankfurt 1711). Weniger geschickt ist die Ausgabe aller Kapitulationen bis 1764 von J. A. v. Riegger, Harmonische Wahlkapitulation Josephs II. (Prag 1781/82). Die letzten Kapitulationen von 1790 und 1792 liegen nur in Einzeldrucken vor. Die Wahlkapitulation Karls V. und der Entwurf der beständigen Wahlkap. auch bei Zeumer, Quellensammlung.

Literatur: Th. Reinkingk, Tractatus de regimine seculari et ecclesiastico (Basel 1619). J. J. Moser, Von dem römischen Kaiser (Neues teutsches Staatsrecht, Bd. 2, 1767). F. Hartung, Die Wahlkapitulationen der deutschen Kaiser und Könige (HZ. Bd. 107, 1911). U. Kühne, G. d. böhm. Kur in den Jahrhunderten nach der Gold. Bulle (AU., Bd. 10, 1925).

Die altgermanische Auffassung, daß der König nicht Eigentümer, sondern Organ des Reichs sei und diesem gegenüber Pflichten habe, hat für das Kaisertum zu allen Zeiten gegolten. Bei der Krönung hatte der neugewählte König (ebenso später die „erwählten Kaiser") feierlich zu versprechen, das Recht zu schützen und das Unrecht zu wehren und das Reich zu mehren und nicht ärmer werden zu lassen. Eine dauernde Vernachlässigung dieser Aufgabe seitens des Herrschers gab den Kurfürsten das Recht, ihn wegen Pflichtverletzung zur Rechenschaft zu ziehen und sogar abzusetzen. Seit Wenzel ist es freilich zu einer Absetzung nicht mehr gekommen, wenn auch unter Friedrich III. der Gedanke noch einmal ernsthaft erwogen worden ist.

Aber schon das Wahlrecht der Kurfürsten, das bestehen blieb, auch nachdem die Krone im Hause der Habsburger faktisch erblich geworden war, genügte, um den Grundsatz, daß der Kaiser ein übertragenes Recht ausübe, lebendig zu erhalten. An den Formen der Wahl änderte sich seit der Goldenen Bulle nichts Wesentliches, nur daß die Zahl der Kurfürsten 1648 auf 8, 1692 durch Verleihung der Kurwürde an Hannover auf 9 stieg und 1777 durch die Vereinigung der pfälzischen und bayrischen Kur wieder auf 8 zurückging.

Mit der Wahl und der ihr folgenden Königskrönung, die statt zu Aachen in der Regel am Wahlort zu Frankfurt vorgenommen wurde, trat der neue Kaiser in den Vollbesitz seiner Herrschaftsrechte. Sie umfaßten, wenn wir den Theoretikern, etwa Reinkinkg, glauben wollen, den ganzen Umfang der alten Rechte des römischen Imperators. Der Wortlaut der Reichsakten scheint diese Ansicht zu unterstützen. Denn aus römisch kaiserlicher Macht ergehen alle Gesetze und Verfügungen. Dem Kaiser als dem Reichsoberhaupt gegenüber sind alle Reichsangehörigen, auch die Reichsstände, Untertanen; selbst Kurfürsten werden vom Kaiser in Kanzleischreiben mit „Du" angeredet und antworten ihm „alleruntertängist". In Wirklichkeit aber ist die kaiserliche Machtvollkommenheit wesentlich eingeschränkt durch das Herkommen, das 1519 in der Wahlkapitulation eine genaue Umschreibung erfahren hat.

Die Wahlkapitulation ist ein Erzeugnis der ersten Reichsreformperiode und nimmt deren Tendenzen, wie sie in der Handhabung Friedens und Rechts von 1495 und der Regimentsordnung von 1500 zum Ausdruck gelangt waren, wieder auf. Wie diese will sie den Herrscher im Wege des Vertrags auf gewisse Bestimmungen verpflichten. Sie trägt die Form einer einseitigen Urkunde des Monarchen, in der die von den Kurfürsten aufgestellten Bedingungen als bindend anerkannt werden. Die Bedingungen werden vor der Wahl formuliert, die Urkunde selbst aber erst nach vollzogener Wahl ausgefertigt und feierlich beschworen. An ihrer Abfassung sind lediglich die Kurfürsten beteiligt. Die Bestimmung des Westfälischen Friedens, daß die Kapitulation vom ganzen Reichstag beschlossen werden müsse, ist nicht praktisch geworden, wenn auch die Kurfürsten seit 1711 den zwischen ihnen und den Fürsten vereinbarten Entwurf einer beständigen Kapitulation zugrunde legten.

In der Kapitulation wird der Kaiser verpflichtet, das Reich nach den bestehenden Gesetzen zu regieren und für alle wichtigen Regierungshandlungen die Zustimmung der Kurfürsten oder der gesamten Reichsstände einzuholen. Vor allem gilt das für die Gesetzgebung, mit gewissen Einschränkungen aber auch für die auswärtige Politik. Bei dieser wird zwischen der Politik des Kaisers als Reichsoberhaupt und der als Herrn der Erblande sorgfältig geschieden. Es soll nicht nur eine Einbeziehung des Reichs in die Händel der kaiserlichen Hausmacht, sondern auch eine Verwendung der Machtmittel der Erblande im Reich verhütet werden.

Seit Karl V. hat jeder Kaiser eine Wahlkapitulation beschwören müssen, und jedesmal sind die alten Bedingungen wiederholt, zum Teil sogar verschärft worden. Auf diese Weise ist die kaiserliche Machtvollkommenheit, die Plenitudo potestatis, auf die Reservatrechte zusammengeschrumpft. Zu diesen gehört vor allen Dingen die Verleihung von Gnaden und Privilegien, Standeserhöhungen u. dgl., ferner die Lehnshoheit und die mit ihr zusammenhängende Lehnsgerichtsbarkeit.[1])

## § 12. Der Reichstag

Quellen: Die Reichstagsakten von 1378—1555 werden, einer Anregung RANKES zufolge, von der Historischen Kommission in München seit 1867 herausgegeben. Davon sind bis jetzt erschienen: von der älteren Reihe Bd. 1—13 [1378—1438] und 15—16, 1. Hälfte [1440—1442], von der jüngeren Reihe (seit 1893) Bd. 1—4 [1519—1524]. Für die Jahre 1438—1519 bietet die von J. JANSSEN herausgegebene Reichskorrespondenz Frankfurts (Freiburg 1863/72) vielfach einen Ersatz. Für die Reichstage der Jahre 1546—1555 sind zahlreiche Akten und Korrespondenzen mitgeteilt von A. v. DRUFFEL und K. BRANDI in den Briefen und Akten zur G. des 16. Jhs., Bd. 1—4 (1873/1896), für die Reichstage von 1603—1613 von F. STIEVE und A. CHROUST in den Briefen und Akten zur G. des Dreißigjährigen Krieges Bd. 5, 6 und 11 (1883, 1895 und 1908). Unentbehrlich sind aber immer noch die freilich mangelhaften älteren Sammlungen, J. J. MÜLLERS Reichstagstheatrum Friedrichs V. (III.) für 1440—1493 (3 Bde., Jena 1713), desselben Reichstagstheatrum Maximilians I. für 1486—1500 (2 Bde., Jena 1718/19) und sein Reichstagsstaat unter Maximilian I. für 1500—1508 (Jena 1709). Für die Reichstage des 17. Jhs. und den ewigen Reichstag kommen in Betracht M. C. LUNDORP (auch LONDORP), Acta publica (von 1608—1640, 4 Bde., Frankfurt 1668; Fortsetzung bis 1690, 13 Bde., ebenda 1668/1719). CASSANDER THUCELIUS, Reichsstaatsacta (von 1700—1718, 1715ff.) und ANTON FABER, Europäische Staats-Cantzley (seit 1697, mit Fortsetzung bis 1781), ferner J. C. REUSS, Teutsche Staatskanzley (1783—1801).

Zur Geschäftsordnung des Reichstags vgl. den „Traktat über den Reichstag im 16. Jh.", hrsg. von K. RAUCH (ZEUMERS Quellen und Studien Bd. 1, 1905). Über die Zusammensetzung des Reichstags vgl. die von F. SALOMON bearbeitete Liste in ZEUMERS Quellensammlung[2] Nr. 220 (Verbesserungen FBPrG. Bd. 26, S. 309).

Eine neuere Geschichte der Reichstagsvfg. fehlt. Die Darstellungen der einzelnen Reichstage bieten dafür keinen Ersatz, da sie in der Regel nur die besonderen Verhältnisse der jeweiligen Tagung, nicht das Gemeinsame der Reichstagsvfg. behandeln; so muß also auch hier wieder auf J. J. MOSER (Neues teutsches Staatsrecht, Bd. 5 u. 6, 1774, Von denen teutschen Reichstägen) verwiesen werden. An neuerer Literatur ist nur zu nennen: W. DOMKE, Die Virilstimmen im Reichsfürstenrate von 1495—1654 (1882). A. MEISTER, Die Entstehung der Kuriatstimmen. HJb. 34, 1913, S. 828ff.

Es ist bereits oben (S. 12) erwähnt worden, daß die Reichstagsverfassung in der Zeit der Reichsreform zu einem gewissen Abschluß gekommen ist. Der Reichstag stellt die Vertretung der deutschen Reichsstände gegenüber dem Kaiser dar, seine Zusammensetzung ist dem Belieben desselben entzogen. Dabei blieb freilich noch manche Frage zweifelhaft. Eine feste Grundlage für das Stimmrecht der Reichsfürsten wurde nicht gefunden. Ursprünglich war jeder vom Kaiser unmittelbar belehnte Reichsfürst für seine Person stimmberechtigt; deshalb wurden bei Landesteilungen die Stimmen vermehrt, während die Stimmen ausgestorbener Linien wegfielen. Je wichtiger aber die Reichstage wurden, desto mehr Wert wurde auf den Besitz des Stimmrechts gelegt; so kam in der ersten Hälfte des 16. Jhs. der Brauch auf, die Stimmen ausgestorbener Linien, als ob sie zum Lande gehörten, auf die Erben zu übertragen. Zu einer festen Regel ist diese Übung aber nicht geworden; namentlich wurde die Konsequenz, daß nun umgekehrt bei einer Landesteilung keine neue Stimme entstehen könne, nicht immer gezogen. Daß dem Jahr 1582 keine besondere Bedeutung für

1) Eine ausführliche Aufzählung der Reservatrechte findet sich u. a. bei J. J. MOSER, Compendium iuris publici moderni regni Germanici (1731; 2. Aufl. 1735, S. 124ff.).

diese Frage zukommt, hat DOMKE gegen die Annahme früherer Forscher nachgewiesen. Wichtiger war der Beschluß des Reichstags von 1641, daß der Kaiser Reichsfürsten nur mit Zustimmung des Reichstags ernennen dürfe und daß solche neuen Reichsfürsten nur dann die Rechte der Reichsstandschaft ausüben dürften, wenn sie im Reiche ein dem Fürstenstand entsprechendes Territorium erworben hätten.

Sehr lange Zeit strittig war das Stimmrecht der Städte. Sie wurden vereinzelt bereits im 13., regelmäßig im 14. Jh. bei all den Angelegenheiten herangezogen, bei denen ihre Mitwirkung nicht entbehrt werden konnte, also namentlich bei allen Reichshilfen. Aber ihre Zustimmung zu Reichsschlüssen galt als entbehrlich, wie sie denn auch 1486 überhaupt nicht zum Reichstag geladen worden sind. In der Folgezeit wurden sie wohl regelmäßig berufen, aber ihr Stimmrecht blieb unklar. Der Westfälische Friede erkannte ihnen das Votum decisivum zwar zu (J. P. O. Art. VIII, § 4), aber beendete den Streit noch nicht, weil die oberen Stände dem Städtevotum dann keine Bedeutung beilegen wollten, wenn es allein ins Gewicht fallen konnte, bei Meinungsverschiedenheiten zwischen dem Kurfürsten- und Fürstenrat.

Die Formen der Beratung liegen seit 1489 fest. Der Kaiser teilt den versammelten Ständen seine Proposition mit, ist aber von den Verhandlungen ausgeschlossen und muß „vor der Türe stehen“. Die Kurfürsten, Fürsten und Städte beraten in getrennten Räten. Unter der Leitung des Kurfürsten von Mainz wird dann versucht, eine Übereinstimmung zwischen diesen Kurien herbeizuführen. Erlangt der Beschluß die Zustimmung des Kaisers, so ist er gültig. Seit 1497 ist es üblich, die gesamten Beschlüsse eines Reichstags in einem Reichsabschied, der die Form eines Vertrags zwischen dem Kaiser und den Ständen trägt, zusammenzufassen. Doch ist der ältere Brauch, daß der Kaiser die einzelnen Vereinbarungen als kaiserliche Patente verkündet, gelegentlich — z. B. für die Halsgerichtsordnung von 1532 — auch später noch geübt worden. Der einzelne Reichsstand ist als Untertan des Reichs grundsätzlich zur Befolgung der Reichsgesetze verpflichtet. Aber diese Auffassung hat sich niemals durchsetzen lassen.[1]) Die Versuche des Kaisers und der katholischen Reichsstände während der Reformationszeit, die Glaubensfrage durch Mehrheitsbeschluß zu entscheiden, führten zur grundsätzlichen Bekämpfung des Mehrheitsprinzips, zur offenen Protestation. Auch nachdem im Westfälischen Frieden endgültig festgesetzt worden war, in allen die Religion berührenden Fragen nur gütliche Vereinbarung gelten zu lassen, war eine Entscheidung nicht zu erzielen. Der auf dem Regensburger Reichstag von 1653/54 gemachte Vorschlag, für „notwendige“ Leistungen Mehrheitsbeschlüsse als ausreichend zu erklären und nur für „freiwillige“ an der Forderung der Einstimmigkeit festzuhalten, drang nicht durch. Die Frage blieb unentschieden, und in der Praxis ließen sich Mehrheitsbeschlüsse wenigstens gegen bedeutende Reichsstände nicht durchführen.

Die Zuständigkeit der Reichsgesetzgebung war grundsätzlich unbeschränkt, wie die Reichsabschiede und die selbständigen Mandate beweisen. Das Reich ordnete die Rechtspflege (Zivilrecht, Strafrecht, Prozeßgang), erließ ausführliche Polizeiordnungen und griff auch mit der Münzordnung und zahlreichen Edikten über die Wollausfuhr und ähnliche Dinge in das Wirtschaftsleben ein. Freilich mußte sich das Reich auf allen diesen Gebieten mit der Aufstellung von Grundsätzen begnügen; die Durchführung hing von dem guten Willen der Territorien ab.[2]) Denn sie allein bildeten die Organe für eine moderne staatliche Verwaltung aus, während das Reich in den alten Formen des Lehnstaats erstarrte.

1) Vgl. meinen Nachweis in der HVSchr. 1913, S. 35f. und RAUCH, Traktat, S. 108.
2) Das scheint mir in dem sonst beachtenswerten Aufsatz von R. HÄPKE, Reichswirtschaftspolitik und Hanse (Hans. Gbll. 1926) nicht genügend berücksichtigt zu sein.

## § 13. Die Zentralbehörden des Kaisers und des Reiches

Literatur: Allgemeines: A. H. LOEBL, Beiträge zur G. der kaiserlichen Zentralverwaltung im ausgehenden 16. Jh. (MIÖG., Bd. 27, 1906). Zur Reichskanzlei: H. KRETSCHMAYR, Das deutsche Reichsvizekanzleramt (A. f. österr. G., Bd. 84, 1898). G. SEELIGER, Erzkanzler und Reichskanzleien (1889), vgl. auch A. WALTHER, AU., Bd. 2 (1909), A. HASENCLEVER, AU. Bd. 7 (1921) und L. GROSS, HVjS. 1924. Zum Reichshofrat: J. C. HERCHENHAHN, G. des Reichshofrats, 3 Bde., Mannheim 1792/93). Zum Reichskammergericht: R. SMEND, Das Kammergericht (bis jetzt nur Bd. 1, G. und Verfassung, 1911) und H. SPANGENBERG, Die Entstehung des Reichskammergerichts und die Anfänge der Reichsverwaltung (ZSavRG. Bd. 46, 1626).

Im Zusammenhang mit dem Abschluß des Ringens zwischen dem Kaiser und den Ständen steht die endgültige Organisation der Behörden am kaiserlichen Hof, denen die Ausübung der dem Kaiser noch zustehenden Rechte im Reiche übertragen war, der Reichs(hof)kanzlei und des Reichshofrats; sie ist fast gleichzeitig im Jahre 1559 erfolgt. In der Reichskanzleiordnung vom 1. Juni 1559 wirkt die mainzische Tradition nach, einen durch den Gebührenanteil auch finanziell vorteilhaften Einfluß auf die Besetzung der Kanzlei zu erlangen und durch die Beherrschung der Kanzlei zugleich die kaiserliche Politik, mindestens soweit sie sich auf das Reich bezog und durch die Reichskanzlei besorgt werden mußte, zu überwachen. Da die noch von Berthold v. Henneberg versuchte persönliche Leitung der Reichskanzlei durch den Erzkanzler immer weniger möglich wurde, je seltener der Kaiser im Reich seinen Aufenthalt nahm, lag es nahe, einen Vertrauensmann des Erzkanzlers an den kaiserlichen Hof abzuordnen. Schon im Jahre 1519 war es dem Kurfürsten von Mainz einmal gelungen, die Ernennung eines ständigen Vertreters, eines Vizekanzlers, in seine Hand zu bekommen. Aber erst nach dem Siege der Stände über den Kaiser und nach dem Passauer Vertrag, der die Abstellung der unter anderm auch die Besetzung der Reichskanzlei mit Ausländern rügenden Gravamina der Stände verhieß, setzte der Kurfürst von Mainz seinen Anspruch endgültig durch und erlangte als ein dauerndes Recht die Ernennung des Reichsvizekanzlers; in der Praxis schwächte sich diese Befugnis zu einer bloßen Zustimmung zu einem Vorschlag des Kaisers ab. Der Einfluß des Reichsvizekanzlers auf die Politik der Kaiser hing zum guten Teil natürlich von den Persönlichkeiten ab, über die wir freilich noch nicht viel wissen, war aber bis auf Ferdinand II. im allgemeinen recht bedeutend. Seit der im Jahre 1620 erfolgten Errichtung einer besonderen österreichischen Hofkanzlei war jedoch der österreichische Hofkanzler ein wichtiger, zeitweise überragender Rival des Reichsvizekanzlers, weil die erbländischen Interessen für den Kaiser wichtiger waren als die des Reiches.

Im Gegensatz zur Reichshofkanzlei ist der Reichshofrat stets eine ausschließlich kaiserliche Behörde geblieben. Eine feste Organisation hat er zum erstenmal im Jahre 1498 im Gegensatz gegen die Bestrebungen der ständischen Reformpartei durch Maximilian I. erhalten; aber erst Ferdinand I. hat ihn durch die Ordnung vom 3. April 1559 zu einer ständigen Reichsbehörde gemacht. Die Ernennung der Reichshofräte blieb dauernd dem Kaiser allein vorbehalten: nur mußten sie Deutsche sein, und seit dem Westfälischen Frieden war der Kaiser auch verpflichtet, einige evangelische Räte anzustellen. Die Zuständigkeit des Reichshofrats erstreckte sich unter Maximilian unterschiedslos auf alle Angelegenheiten des Reiches und der Erblande, seit Ferdinand I. fast nur noch auf Reichssachen, zumal auf die Verleihung der Lehen und die Erteilung von Privilegien. Die Wichtigkeit des Reichshofrats beruhte aber je länger je mehr auf seiner ausgedehnten Gerichtsbarkeit, die er zum Teil, in Lehens- und Privilegiensachen, in Kriminalklagen gegen Reichsunmittelbare und in den Angelegenheiten der kaiserlichen Reservatrechte ausschließlich, im übrigen in Konkurrenz mit dem Kammergericht ausübte. Bei der völligen Abhängigkeit des Reichshofrats vom Kaiser besaß diese Rechtsprechung über die Lehen der Stände große politische Bedeutung, und seit dem Donauwörther Handel versuchten die protestantischen Stände, diese kaiserliche Gerichtsbarkeit einzuschränken. Aber mit allen Bestimmungen von Reichsabschieden, der Wahlkapitulationen und des Westfälischen Friedens, daß der Reichshofrat sich nach der Prozeßordnung des Kammergerichts zu richten habe, daß die Reichshofratsordnung nur mit Zustimmung der Stände erlassen werden dürfe, daß dem Kurfürsten von Mainz das Recht zur Visitation zustehe, wurde doch nichts erreicht. Der Reichshofrat hing nach wie vor allein vom Kaiser ab, und auch die letzte, bis zum Ende des Reiches gültige Reichshofratsordnung vom 16. März 1654[1]) war vom Kaiser ohne Befragung der Reichsstände gegeben worden.

Die Gerichtsbarkeit des Reichshofrats, die übrigens erst seit den achtziger Jahren des 16. Jhs. einen nennenswerten Umfang annahm, war ein Rückschlag gegen die Tendenz der Reichsreform, die unmittelbare Einwirkung des Kaisers auf die Rechtsprechung zu beseitigen und die höchste Gerichtsbarkeit einem wesentlich ständischen Reichskammergericht zu übertragen. Denn obwohl das Reichskammergericht im Namen des Kaisers Recht sprach und obwohl der Kaiser den Präsidenten ernannte, war es doch ein überwiegend ständisches Gericht. Es war räumlich vom kaiserlichen Hof dauernd getrennt, hatte seinen Sitz nach mehrfachem Wechsel von 1527—1688 in Speier, seit 1693 in Wetzlar. Die Beisitzer wurden ähnlich wie die Räte des Reichsregiments fast ganz von den Ständen ernannt; seit 1507 war das Verfahren der Präsentation, zu der die Kurfürsten, die habsburgischen Erblande und die sechs 1500 errichteten Kreise berechtigt waren, fest geregelt. Auch bei den Visitationen des Kammergerichts gaben die Reichsstände den Ausschlag.

Nach der ersten Kammergerichtsordnung, der vom 7. August 1495, war das Kammergericht in erster Instanz nur für Reichsunmittelbare und bei Rechtsverweigerung zuständig; die Gerichtshoheit der Territorien sollte wenigstens in der ersten Instanz unangetastet bleiben. Die großen weltlichen Territorien behielten sich sogar ihre Appellationsprivilegien vor. Auch weigerten sich die Fürsten, vor dem Kammergericht Recht zu nehmen, und verwiesen auf ihre besonderen Austräge. Wegen des materiellen Rechtes wurde festgesetzt, daß die Hälfte der Beisitzer „der recht gelert und gewirdiget", d. h. des römischen Rechtes kundig sein müsse, und daß das Kammergericht „nach des reichs gemainen rechten", unter denen ebenfalls das römische Recht verstanden wurde, zu urteilen habe. Auf diese Weise ist das römische Recht als gemeines deutsches Recht offiziell rezipiert worden; und vom Kammergericht aus ist es, obwohl neben ihm die Geltung der territorialen Ordnungen und Gewohnheitsrechte anerkannt worden war, in die Rechtsprechung und die Gesetzgebung der Territorien eingedrungen.

Diese Grundlagen des Kammergerichts sind in den späteren Ordnungen von 1521, 1548 und 1555, in dem zwar nicht als Gesetz veröffentlichten, aber doch dauernd beachteten Entwurf von 1603 und im jüngsten Reichsabschied von 1654 zwar weiter entwickelt, aber nicht wesentlich verändert worden. Freilich haben alle diese Bestimmungen auch daran nichts geändert, daß die Umständlichkeit des Verfahrens und die Zahl der Prozesse zu der Zahl der Beisitzer in einem Mißverhältnis stand, dem weder durch die 1521 erfolgte Einführung einer allmählich bis auf 400 Taler gesteigerten Appellationssumme noch durch die Erhöhung der Beisitzerzahl von 16 auf 50 abgeholfen wurde. Von Anfang an war das Kammergericht außerstande, alle Prozesse zu erledigen, und die Dauer der Prozesse wie die Zahl der überhaupt nicht erledigten Prozesse wuchs rasch. Besonders schlimm stand es, seitdem gegen das Ende des 16. Jhs. unter der Einwirkung der Verschärfung des religiösen Zwiespalts die regelmäßigen

1) Gedruckt in der Neuen Sammlung der Reichsabschiede, Bd. 4, Zugabe S. 44ff.; Auszug bei ZEUMER, Quellensammlung² Nr. 199, S. 443.

Visitationen aufhörten und der Brauch aufkam, gegen mißliebige Urteile beim Reichstag Revision einzulegen. Eine Beseitigung dieser Mängel ist nicht mehr erreicht worden, und wie so manche Einrichtung des alten Reiches verfiel auch das Kammergericht dem Spott. Aber über diesen Gebrechen darf die große Bedeutung, die es für die Rechtseinheit im Reiche gehabt hat, nicht vergessen werden. Durch seine bloße Existenz wie durch die an seine Rechtsprechung anknüpfende territoriale Gesetzgebung und wissenschaftliche Literatur hat es für die Einheitlichkeit des Zivil- und Prozeßrechts gewirkt, die das alte Reich nicht mehr hatte herstellen können. Dagegen ist die Einheitlichkeit des Strafrechts durch ein Reichsgesetz, die peinliche Halsgerichtsordnung Karls V. vom Jahre 1532, geschaffen worden.

Von einer Reichsfinanzverwaltung weiß die Reichsverfassungsgeschichte fast nichts zu sagen. Wohl gab es einen Reichspfennigmeister, der die dem Kaiser bewilligten Reichssteuern von den Ständen einzunehmen hatte. Aber regelmäßige Steuern für den Kaiser und für das Reich gab es nicht. Nur das Kammergericht wurde durch ständige Beiträge der Stände, die Kammerzieler, unterhalten.

## § 14. Die Reichskreise

Quellen und Literatur: Die Geschichte der deutschen Reichskreise gehört zu den am wenigsten durchforschten Gebieten der Reichsverfassung. An Quellen besitzen wir nur die älteren Sammlungen F. C. Mosers: Sammlung sämtlicher Crays-Abschiede (3 Bde., bis 1600, Leipzig 1747/8); des fränkischen Crayses Abschide u. Schlüsse vom Jahr 1600 bis 1748 (2 Bde., Nürnberg 1752) und „des obersächsischen Crayses Abschide" (1 Bd. für 1601 bis 1681; Jena 1752). Die neuere Veröffentlichung „Geschichte des fränkischen Kreises, Darstellung u. Akten" ist bis jetzt über den 1. Band (1910; für 1521—1559) nicht hinausgekommen. An neueren Darstellungen seien genannt: R. Fester, Franken und die Kreisverfassung (1906). F. Hartung, G. d. fränk. Kreises, Bd. 1 (für 1521—1559, mit allgemeiner Einleitung, 1910). A. Neukirch, Der niedersächsische Kreis und die Kreisverfassung bis 1542 (1909). B. Rode, Das Kreisdirektorium im westfäl. Kreise 1522 /1609 (1916). So bleibt auch hier J. J. Moser unentbehrlich mit seiner Darstellung der „teutschen Craysverfassung" (Neues teutsches Staatsrecht, Bd. 10, 1773).

Die Kreisverfassung, die Vereinigung einer Gruppe von landschaftlich zusammengehörigen Reichsständen zur Durchführung von Aufgaben, die das Reich aus Mangel an einer eigenen Verwaltungsorganisation, der einzelne Stand aus Mangel an Macht nicht übernehmen konnte, ist nur eine besondere Form des Einungswesens, wie es im Reiche seit dem Interregnum herrschte, ein Versuch, die Sonderbünde organisch in das Reich einzugliedern. Ihre wichtigste Grundlage sind Landfriedensbündnisse, wie sie im 14. und beginnenden 15. Jh. fast in allen Landschaften mit oder ohne Zuziehung des Kaisers geschlossen wurden; an diese knüpften auch die ersten Versuche an, durch Reichsgesetz eine Kreisverfassung zur Handhabung des Landfriedens zu schaffen (1383,1415,1438). Die Reichsreform, beherrscht von dem Gedanken der allgemeinen Reichseinung, der einheitlichen Reichsregierung, lehnte es wohl bewußt ab, derartige Teilorganisationen zu errichten. Denn die sechs Kreise (Franken, Bayern, Schwaben, Oberrhein, Westfalen, Niedersachsen), die durch die Regimentsordnung von 1500 (s. oben S. 13) gebildet wurden, hatten überhaupt keine Aufgabe, sie waren bloß geographische Bezirke, aus denen ein Teil der Regimentsräte ernannt werden sollte; erst 1507 wurde den Ständen der Kreise das Recht verliehen, die Beisitzer des Kammergerichts zu wählen. Maximilians Versuch vom Jahre 1512 (oben S. 14), die Kreise zu Trägern der Exekutive des Landfriedens zu machen, scheiterte an der Abneigung der Stände, auf dem Umwege des Landfriedens und der Kreisverfassung die auswärtige Politik Maximilians zu unterstützen; seine einzige bleibende Folge war, daß auch die 1500 nicht in die Kreisverfassung einbezogenen Gebiete der Habsburger und der Kurfürsten nunmehr in vier Kreise, den österreichischen, burgundischen, kurrheinischen und obersächsischen, eingeteilt wurden. Das Mißtrauen gegen den Kaiser verhinderte auch nach Maximilians Tode lange Zeit eine Ausgestaltung der Kreisverfassung; nur in einzelnen Fällen wurde den Kreisen die Ausrüstung von Türkenhilfen (1530, 1532, 1542) übertragen. Erst nach der Niederlage Karls V. und nach den Wirren der Jahre 1553/54, die die Notwendigkeit einer festen Ordnung bewiesen hatten, gelang es auf dem Augsburger Reichstag des Jahres 1555, in der Exekutionsordnung die Kreise mit der Wahrung des Landfriedens zu betrauen (oben S. 17f.).

Damit begann das selbständige Leben der Kreise; weitere Aufgaben, z. B. die Aufsicht über das Münzwesen, wurden ihnen bald durch das Reich zugewiesen, andere, wie die Aufsicht über das Wirtschaftsleben und die Durchführung der Polizeiordnungen, übernahmen sie aus eigener Initiative. Wie sie sich im einzelnen damit abgefunden haben, ist noch nicht erforscht; so kann über die Bedeutung der Kreise für die landschaftliche Geschichte noch nichts gesagt werden. Aber das steht wohl schon jetzt fest, daß die Bedeutung der Kreise bis zu der später zu erwähnenden Einführung der Reichskriegsverfassung im Jahre 1681 über den Bezirk ihrer Landschaften nicht hinausgeht; nur gelegentlich spielten sie eine Rolle in der allgemeinen deutschen Geschichte, in den Jahren nach 1594, wo sie dem Kaiser in Geld und Mannschaften viele Türkenhilfen leisteten, dann vereinzelt während des Dreißigjährigen Krieges.

Die Organisation der Kreise war der des Reiches nachgebildet. Das Organ des Kreises war der Kreistag, eine dem Reichstag entsprechende Versammlung von Gesandten aller Kreisstände; er unterschied sich vom Reichstag dadurch, daß auch die kleinen Herrschaften, die Grafen, Herren und Reichsstädte, je eine eigene Stimme hatten, ferner daß die Gültigkeit der Mehrheitsbeschlüsse unbedingt feststand. Der oder die (meist zwei) kreisausschreibenden Fürsten führten die gesamte Korrespondenz und beriefen auch die Kreistage, waren aber ebensowenig eine Obrigkeit für die Kreisstände wie der Kreisoberst, der für die Erhaltung des Landfriedens und für die Verfolgung aller Friedensbrecher zu sorgen hatte.

In dem Wesen der Kreisverfassung als einer Verbindung vieler einzelner Stände zu einer Einheit lag es begründet, daß sie nur dort Leben gewinnen konnte, wo kein übermächtiger Stand war, der die den Kreisen gestellten Aufgaben selbst durchführen konnte und in der Verbindung mit den kleineren Ständen nur eine Hemmung empfand. Nur in den „vorderen Reichskreisen", den klassischen Ländern der Kleinstaaterei, faßte sie wirklich Boden.

## Fünfter Abschnitt: Die Territorien des Mittelalters

Die wichtigsten Quellen zur Entstehungsgeschichte der Territorien sind die Urkunden und die Urbarien; jedoch können die Urkundenbücher, Regestenwerke und Veröffentlichungen von Urbarien wegen ihrer Masse hier nicht aufgezählt werden. An kurzen Zusammenstellungen der wichtigsten Quellen seien genannt: für die Gesamtentwicklung W. ALTMANN und E. BERNHEIM, Ausgewählte Urkunden zur Erläuterung der Vfg. Deutschlands im MA., Abschnitt VI, Territorien und Städte (4. Aufl. 1909) und P. SANDER und H. SPANGENBERG, Urk. z. G. d. Territorialverfg. (1922ff.); für Bayern G. v. LERCHENFELD, Die altbayer. landständischen Freibriefe mit den Landesfreiheitserklärungen (1853); für Brandenburg W. ALTMANN (oben S. 1); für Österreich E. v. SCHWIND u. A. DOPSCH, Ausgewählte Urkunden zur Vfg. der deutsch-österreich. Erblande im MA. (1895); für Württemberg E. SCHNEIDER, Ausgewählte Urkunden zur württemb. G. (1911).

Literatur: G. v. BELOW, Territorium und Stadt (2. Aufl. 1923). H. SPANGENBERG, Landesherrliche Verwaltung, Feudalismus und Ständetum in den deutschen Territorien des 13. bis 15. Jhs. (HZ. Bd. 103, 1909); Vom Lehnstaat zum Ständestaat (1912, mit vielen Literaturangaben). H. WOPFNER, Landeshoheit und landesherrliche Verwaltung in Brandenburg und Österreich (MIÖG., Bd. 32, 1911).

### § 15. Die Verwaltungsorganisation

Literatur: Die gesamte Behördenorganisation behandeln: O. HERKERT, Das landesherrliche Beamtentum der Markgrafschaft Baden im MA. (Freiburger Diss. 1910). W. RADLOFF, Das landesfürstliche Beamtentum Mecklenburgs im MA. (Kieler Diss. 1910). Für die Zentralverwaltung im allgemeinen: G. SEELIGER, Das deutsche Hofmeisteramt im späteren MA. (1885); für einzelne Territorien: H. B. MEYER, Hof- und Zentralverwaltung der Wettiner 1248—1379 (1902). H. SPANGENBERG, Hof- und Zentralverwaltung der Mark Brandenburg im MA. (1908). Für die Finanzverwaltung: A. DOPSCH, Beiträge zur G. der Finanzverwaltung Österreichs im 13. Jh. (MIÖG. Bd. 14 u. 18, 1893/97). E. LÖBE, Die oberste Finanzkontrolle des Königreichs Sachsen in ihrer organischen Entwicklung von den ältesten Zeiten bis auf die Gegenwart (Finanzarchiv Bd. 2, 1885). Für die Lokalverwaltung: A. GÜNDEL, Landesverwaltung und Finanzwesen in der Pflege Groitzsch-Pegau von der Mitte des 14. bis zur Mitte des 16. Jhs. (1911). R. IHDE, Amt Schwerin, G. seiner Steuern, Abgaben u. Verwaltung bis 1655 (Jbb. Ver. mecklenburg. G., Bd. 77, Beiheft, 1913). TH. ILGEN, Quellen z. inneren G. d. rhein. Territorien, Hzgtum. Kleve, I: Ämter u. Gerichte (1912/25). M. KRIEG, Entstehung u. Entwicklung d. Amtsbezirke in Lüneburg (1922). E. v. LEHE, Grenzen u. Ämter im Hzgt. Bremen (1926). V. PAULS, Die holst. Lokalverwaltung im 15. Jh. (Z. d. G. f. schleswig-holstein. G., Bd. 38 u. 43, 1908/13).

Die Verwaltungsorganisation der Territorien vom 13.—15. Jh. entspricht in ihrer Einfachheit den Anfangsstadien der Territorialbildung überhaupt. Der Mittelpunkt der gesamten Verwaltung ist der Fürst und sein Hof; und wie der Begriff des Fürsten sich früher ausgebildet hat als der des Landes, so kennt das mittelalterliche Territorium ursprünglich wohl eine Hofverwaltung, nicht aber eine besondere Landesverwaltung.

Die Hofverwaltung liegt in den Händen der vier vom Königshofe her bekannten Hofbeamten, des Marschalls, Truchseß, Kämmerers und Schenks; wo diese Ämter wie am Königshofe als erbliches Lehen in den Besitz einzelner Familien gelangt waren, wurden die Funktionen meist durch Ministeriale ausgeübt. In den kleinen Territorien sind sie schwerlich jemals alle besetzt gewesen; aber auch in den großen Territorien haben der Truchseß, der Kämmerer und der Schenk keine Bedeutung für die territoriale Verwaltung erlangt. Auch der Marschall spielt keine Rolle in der Verwaltung; nur in der Mark Brandenburg ist er wenigstens zeitweise, um die Wende des 15. und zu Anfang des 16. Jhs., als der Führer des reisigen Gefolges und allgemeiner als der Leiter des Kriegswesens der wichtigste Beamte des Hofes gewesen; in Österreich und Braunschweig ist er durch die Beaufsichtigung des Lehnsaufgebots in enge Beziehungen zur Ritterschaft getreten und der Vorsitzende des Lehnsgerichts und des Landtags geworden, aber gerade dadurch dem Hofe entfremdet worden.

Das wichtigste Amt der territorialen Verwaltung ist vielmehr das seit der Mitte des 13. Jhs. neu aufkommende Hofmeisteramt geworden. Die Aufgaben des Hofmeisters sind schwer anzugeben, denn zu einer festen Umschreibung seiner Funktionen ist es nirgends gekommen. Er hat eben den Fürsten überall zu vertreten, in der Beaufsichtigung des Hofhalts wie in dem Vorsitz im Gericht.

Wegen der großen im Sprachgebrauch noch heute nachwirkenden Wichtigkeit der fürstlichen „Kammer" sei wenigstens kurz erwähnt, daß sich aus der Kammer, unter der ursprünglich vielfach der fürstliche Hof überhaupt verstanden wurde, zwei ganz verschiedene Geschäftszweige entwickelt haben, die persönliche Bedienung des Fürsten, die den Kämmerern (Kammerherrn) oblag, und eine Geldverwaltung, die einem Kammermeister unterstellt war. Aus der letzteren ist dann der engere Begriff der Kammer als einer Finanzbehörde entstanden. Es ist aber dabei zu beachten, daß die fürstliche Kammerkasse in der Regel nicht die Zentralkasse des Territoriums oder auch nur des später sogenannten Kammerstaats bildete, sondern nur für die besonderen persönlichen Einnahmen und Ausgaben des Fürsten etwa im Sinne der späteren Schatullen zuständig war.

Neben der Hofverwaltung finden sich aber schon in den ersten Zeiten der Territorialbildung Ansätze von Behörden für die Landesverwaltung. Die früheste ist überall die Kanzlei; es bestand natürlich von Anfang an das Bedürfnis nach schriftlicher Aufzeichnung der wichtigsten Regierungshandlungen, namentlich der Belehnungen. Daß die Stellen des „scriptor" oder „notarius" zunächst mit Geistlichen besetzt wurden, erklärt sich ohne weiteres aus den Bildungsverhältnissen des MA., die sich auch in dem Bedeutungswandel des Wortes „clerc" im Französischen und Englischen widerspiegeln. Mit der wachsenden Arbeitslast, die mit der Erweiterung der landesherrlichen Gewalt gegeben war, wuchs auch die Zahl der in der Kanzlei beschäftigten Personen, und seit dem Ende des 13. Jhs. war die Kanzlei in der Regel eine förmliche Behörde, an deren Spitze ein, seit dem 14. Jh. meist als Kanzler bezeichneter Protonotarius stand. Dessen Aufgabe ging natürlich über die bloße Leitung und Beaufsichtigung des schriftlichen Verkehrs am Hofe, zu dem auch die Anlegung von Registerbüchern, Lehensverzeichnissen, Urbarien und dergl. gehörte, weit hinaus. Da er das Siegel verwahrte und alle Willenserklärungen des Landesherrn in urkundlicher Form auszufertigen hatte, nahm er an der gesamten Regierung lebhaften Anteil. Zu seinem Geschäftskreis gehörte auch die Kontrolle des Rechnungswesens. Die laufende Geldverwaltung dagegen war bereits früh von der Kanzlei abgezweigt und einer besonderen Behörde, der Rentei, übertragen worden, deren erster Beamter in der Regel als Landschreiber bezeichnet wird und so im Titel noch den alten Zusammenhang mit der Schreibstube, der Kanzlei, andeutet.

Endlich fällt schon in diese Zeit die Entstehung desjenigen Organes, das sich im 16. Jh. zur eigentlichen Regierungsbehörde der Territorien ausgebildet hat, des fürstlichen Rates. Ursprünglich war wie im Reiche so auch in den Territorien jeder Vasall verpflichtet, seinem Lehnsherrn auf Erfordern seinen Rat zu erteilen; aber schon im 13. Jh. erschien diese Verpflichtung als nicht mehr ausreichend, und die Fürsten begannen damit, einzelne Persönlichkeiten zu Räten (consiliarii) zu ernennen, die ihnen einen besonderen Diensteid zu leisten hatten und für die befristete oder unbeschränkte Dauer ihres Amtes ein bestimmtes Entgelt erhielten. Neben „wesentlichen", d. h. ständig am Hofe anwesenden Räten, zu denen in erster Reihe die Hofbeamten gehörten, gab es auch „Räte von Haus aus", d. h. Vasallen, die auf ihren Gütern wohnten und nur auf besondere Aufforderung, namentlich dann, wenn der Fürst in ihrer Nähe weilte, am Hofe erschienen. Diese Räte von Haus aus stellten eine Verbindung dar zwischen dem Landesherrn und dem Lande; aber sie als Vertreter des Landes oder gar bestimmter Bezirke aufzufassen, wie Spangenberg geneigt ist[1]),

---

1) Hof- und Zentralverwaltung der Mark Brandenburg S. 31 ff. und S. 69; auch in dem Buche „Vom Lehnstaat zum Ständestaat" S. 64. Spangenberg vertritt hier auch die im Text bekämpfte Ansicht von dem überwiegend ständischen Charakter des Rates.

dürfte zu weit gehen. Überhaupt wird man den Einfluß der Stände des Landes auf den fürstlichen Rat nicht überschätzen dürfen. Sie sind wohl bemüht gewesen, auf dessen Zusammensetzung bestimmend einzuwirken und alle Fremden von ihm fernzuhalten; aber sie sind damit auf die Dauer nirgends durchgedrungen. Daß die Fürsten bei der Wahl ihrer Räte den politisch wichtigsten Stand ihrer Territorien, die Ritterschaft, stark berücksichtigten, ist selbstverständlich; aber Vorschriften über den Kreis ihrer Berater ließen sie sich nicht machen oder sie umgingen sie wie Albrecht I. von Österreich, der sich von dem ständischen Rat der Landherrn völlig freimachte und mit einem frei ernannten Rat von „Heimlichen", von Männern seines Vertrauens, zu denen auch Landfremde gehörten, regierte. Auch darf die Bedeutung des Rates für die Zeit vom 13. bis zum Ende des 15. Jhs. nicht übertrieben werden; selbst da, wo von einem consilium iuratum gesprochen wird, ist der Rat noch keine Behörde im technischen Sinn mit fest übertragenem Wirkungskreis, sondern er ist die Vereinigung der jeweils anwesenden Räte des Landesherrn, berät diesen in den Dingen, nach denen er fragt, und führt die ihm jeweils übertragenen Aufgaben aus.

Diese lockere Organisation hängt mit der geringen Ausbildung der Zentralverwaltung und mit dem Fehlen einer festen Residenz zusammen, und ihr entspricht die wenig entwickelte Tätigkeit des mittelalterlichen Territoriums. Wohl finden sich in einzelnen Territorien während des 13. Jhs. Ansätze zu einer obrigkeitlichen Ordnung des ganzen wirtschaftlichen Lebens[1]), aber im Zusammenhang betrachtet überwiegt doch die Regelung einzelner Verhältnisse durch besondere Privilegien bei weitem über diese Versuche allgemeiner Ordnungen. Auch lag der Gedanke einer staatlichen Leitung und Bevormundung des individuellen Lebens dem MA. noch fern; die Aufgabe des Territoriums beschränkte sich in der Hauptsache auf die Erhaltung des Landfriedens und der Rechtsprechung als der Voraussetzungen für die gedeihliche Entwicklung des Lebens, und das war naturgemäß in erster Reihe die Sache der lokalen Behörden. In ihnen ruht deshalb der Schwerpunkt der mittelalterlichen Verwaltungsorganisation.

Auf dem Gebiete der Lokalverwaltung ist das mittelalterliche Territorium nach zwei Richtungen hin schöpferisch gewesen, in der Schaffung einer neuen Gebietseinteilung und in der Ausbildung eines nicht auf dem Lehnrecht ruhenden Beamtentums. Die neue Einteilung, die an die Stelle der alten, durch vielfältige Exemtionen durchlöcherten Grafschafts- und Hundertschaftsteilung trat, knüpft oft an die von den Landesherrn erworbenen oder neu gegründeten Burgen an. An der Spitze einer Burg und der mit ihrer Bewachung betrauten Burgmannschaft stand ein Burgvogt, der aber nicht bloß militärischer Befehlshaber war, sondern zugleich mit der Sorge für den Landfrieden, d. h. der Handhabung der Polizeigewalt, und der Verwaltung der übrigen Rechte des Landesherrn, auch der Einkünfte beauftragt war. So entstand eine geographisch geschlossene Bezirkseinteilung, in die auch spätere Erwerbungen eingegliedert wurden; sie hat sich in vielen Gegenden Deutschlands bis ins 19. Jh. gehalten. Die Bezeichnungen für den Bezirk und seinen Vorsteher wechseln nach Zeit und Ort; im 14. Jh. überwiegt aber bereits Amt und Amtmann, ein Beweis für das Zurücktreten der militärischen hinter die verwaltende Tätigkeit. In der Regel wurden auch die ursprünglich vom Amte unabhängigen Beamten der grundherrlichen Verwaltung, die Kastner, Kellner usw., dem Amte ein- und untergeordnet. Auch die Gerichtsverwaltung, die wenigstens in Altdeutschland lange Zeit den Zusammenhang mit den alten Grafschaftsgerichten festhielt, wurde allmählich mit den Ämtern verbunden, je mehr sich die alte Unterscheidung der Gerichte nach Sachen in die nach Personen umwan-

1) Vgl. die Zusammenstellung in SPANGENBERGS Aufsatz über die landesherrl. Verwaltung, HZ. Bd. 103, S. 490ff.

delte; das niedere Gericht für die nicht privilegierten Kreise wurde entweder dem Amtmann oder einem von ihm abhängigen Richter übertragen.

Die Vereinigung aller landesherrlichen Rechte in der Hand eines einzigen Beamten, die für die Lokalverwaltung wenigstens Altdeutschlands bis ins 19. Jh. charakteristisch geblieben ist, war aber nur dadurch möglich, daß es in dem kleineren Rahmen der Territorien gelang, die Feudalisierung des Beamtentums, an der das Reich zugrunde gegangen war, hintanzuhalten oder, wo sie begann, rechtzeitig rückgängig zu machen. Das Werkzeug war die Ministerialität (vgl. MEISTER, Grundriß, Bd. 2, 3. Abt., 2. Aufl., S. 116 ff.); sie gab dem Landesherrn das Mittel, ein Amt auf Widerruf zu übertragen und auf diese Weise die Erblichkeit der Amtsnutzung zu verhindern. Und das Vorbild des sizilischen Beamtenstaates, wie ihn Friedrich II. straff organisiert hatte[1]), mag dazu beigetragen haben, daß das deutsche Fürstentum an diesem sich am schärfsten in der Absetzbarkeit ausprägenden Amtsbegriff festgehalten hat, auch als das Ministerialenverhältnis sich lockerte und schließlich ganz verschwand. Allerdings handelt es sich zunächst nur um Anfänge moderner Verwaltung. Lange Zeit hindurch wirkten noch privatrechtliche Anschauungen stark ein. Das Amt wurde vor allem als eine nutzbare Einnahmequelle betrachtet; vielfach wurde es ja auch durch Verpfändung übertragen, und die Unsicherheit der rechtlichen Stellung des Beamten brachte es mit sich, daß er sein Hauptstreben dahin richtete, rasch zu seinem Gelde zu kommen. Unredlichkeiten gegenüber dem Landesherrn und Übergriffe gegenüber den Amtsuntertanen ereigneten sich um so leichter, als die von den Landesherrn auf ihren Reisen ausgeübte Kontrolle wenig wirksam war. Besondere Zwischenbehörden zwischen den Landesherrn und den Ämtern gab es nur in wenigen Territorien, in Bayern die Vitztumämter, in Brandenburg die Landvogteien[2]), in Österreich seit dem 15. Jh. die Viertel. Aber trotz allen Mängeln der Amtsverwaltung ist doch der große Fortschritt gegenüber dem Lehnswesen unverkennbar: der Amtmann der deutschen Territorien übt öffentlich-rechtliche Funktionen kraft Auftrags aus; mit Recht nennt SCHMOLLER dieses ministeriale Beamtentum „Vorläufer des modernen Beamten- und Offizierstandes".[3])

## § 16. Die Finanzen

Literatur: Baden: E. CHRISTOPHEL, Die direkten Staatssteuern in Baden bis zum 16. Jh. (Freiburger Diss. 1911). Bayern: E. BAASCH, Die Steuer im Herzogtum Bayern bis zum ersten landständischen Freiheitsbrief 1311 (Marburger Diss. 1888). L. HOFFMANN, G. der direkten Steuern in Bayern bis zum Beginn des 19. Jhs. (1883). Brandenburg-Preußen: G. SCHMOLLER, Die Epochen der preußischen Finanzpolitik (in den Umrissen und Untersuchungen). Jülich - Berg: G. v. BELOW, G. der direkten Staatssteuern in Jülich und Berg (Z. berg. GVer. Bd. 26, 28 und 29, 1890/93). Pfalz: A. THOELKE, Die Bede in Kurpfalz bis ins 16. Jh. (Freiburger Diss. 1912, auch Neue Heidelberger Jbb. Bd. 17, 1912). Sachsen: J. FALKE, Bete, Zins und Ungeld im Kurfürstentum Sachsen bis 1485 (M. d. sächs. Ver. f. Erforschung . . . d. vaterl. G., Bd. 19, 1860). Württemberg: V. ERNST, Die direkten Steuern in der Grafschaft Wirtemberg (Württ. Jbb. f. Statistik, 1904).

Wie die Entwicklung der landesherrlichen Gewalt, der Verwaltung und des Beamtentums, so zeigt auch die des territorialen Finanzwesens bereits die Keime moderner Staatsbildung. Das Finanzsystem entspricht der Zusammensetzung des Territoriums aus gerichtsherrlichen und grundherrlichen Rechten. Überall spielen die grundherrlichen Einkünfte des Landesherrn, die Erträge des landwirtschaftlichen Betriebs

---

1) Das bestreitet H. NIESE, Die Verwaltung des Reichsgutes im 13. Jh. (Innsbruck 1906) S. 152f., wie mir scheint nicht ganz mit Recht, aber auch er gibt zu, daß die schärfere Ausbildung des Beamtenwesens erst ins 13. Jh. fällt. Vgl. auch A. SCHULTE, MIÖG., Bd. 7 (1886), S. 513ff.

2) SPANGENBERG (FBPrG., Bd. 22, 1909, S. 262f.) denkt hier an bayrische Einflüsse, da die Landvogteien erst zur Zeit der wittelsbachischen Herrschaft erwähnt werden und den bayrischen Vitztumämtern entsprechen.

3) G. SCHMOLLER, Straßburgs Blüte und die volkswirtschaftliche Revolution im 13. Jh. (1875) S. 28.

der in seinem Besitz befindlichen Güter wie die verschiedenen Abgaben der grundhörigen oder leibeigenen Bauern eine große Rolle im landesherrlichen Hofhalt; sie werden zum Teil bis ins 19. Jh. in Naturalien erhoben und in der älteren Zeit unmittelbar zur Deckung des Bedarfs des umherziehenden fürstlichen Hofes verwendet.

Dazu treten dann die öffentlich-rechtlichen Einnahmen des Landesherrn, die Erträge der Regalien und Gebühren, die er aus ausdrücklicher Verleihung oder durch Usurpation vom Reich hatte, der Zölle, der Münze, des Salz- und Bergregals, des Judenschutzes und endlich der Gerichtsbarkeit und der Kanzlei. Sie alle werden durchaus als Geldquelle betrachtet und rein fiskalisch ohne jede Rücksicht auf die Bedürfnisse des Handels etwa verwaltet.

Außerdem sind die Untertanen von Anfang an zu gewissen Leistungen für den Landesherrn verpflichtet gewesen. Auch diese werden zunächst in natura, durch persönlichen Dienst im Kriege, im Gericht, durch Bau- und Wegefronden, durch Stellung von Vorspann usw. erfüllt. Aber frühzeitig ist zu ihnen eine Steuerpflicht hinzugekommen; in allen Territorien wird im 13. Jh. eine Steuer, die Bede, erhoben (vgl. Meister a. a. O. S. 131). Die starke Ausnutzung des Bederechts führt jedoch schon im 13. Jh. zu einem Rückschlag seitens der Stände; überall müssen die Landesherrn gegen eine einmalige Abfindung oder gegen eine mäßige Jahresabgabe auf das Recht, Beden nach Belieben zu erheben, verzichten. Nur in Ausnahmefällen, wie bei der Vermählung einer Tochter, bei Kriegsgefangenschaft oder bei schwerer Landesnot, über deren Vorhandensein die Stände sich häufig die Entscheidung vorbehalten, bleibt dem Landesherrn das Recht, seine Untertanen um eine Steuer anzugehen.

Diese Beschränkung des landesherrlichen Besteuerungsrechtes ist für die Entwicklung der deutschen Territorien verhängnisvoll geworden, hat sie nicht nur gehemmt, sondern sogar zu einer Rückbildung geführt. Denn der Geldbedarf, der die Steigerung der Bedeforderungen und dann die Reaktion der Stände hervorgerufen hatte, ließ sich nicht zurückdrängen, ja, er nahm sogar zu. Die Ausgaben des Landesherrn wuchsen, nicht nur die privaten wie die für die fürstliche Familie und den Hofhalt, sondern auch die öffentlichen für die Verwaltung und zumal für das Heerwesen, da infolge des Verfalls des Lehnswesens Kriege nur noch mit Hilfe von Söldnern geführt werden konnten. Namentlich stieg der Bedarf an barem Geld. Die Einnahmen dagegen stagnierten, weil die grundherrlichen Abgaben nicht gesteigert und auch nicht leicht in Geldabgaben umgewandelt werden konnten, die Regalien und Gebühren auch nicht über ein gewisses Maß zu erhöhen waren und seit der Regulierung der Bede auch die Steuerkraft des Landes den Landesherrn verschlossen war. So blieb zur Deckung des wachsenden Bedarfs nur die Ausnutzung des Kredits übrig, aber sie war ein kostspieliges Aushilfsmittel, denn sie mußte meistens mit der Verpfändung einer Einnahmequelle verbunden werden, schmälerte so die Einnahmen dauernd und führte oft genug zum bleibenden Verlust des Pfandes. Und diese Entwicklung wirkte besonders dadurch schädlich, daß sie sich nicht auf die privatrechtlichen Einnahmen beschränkte, sondern auch nutzbare Hoheitsrechte in starkem Umfang berührte. Die Verpfändung und Veräußerung von Hoheitsrechten, namentlich von Gerichten, aber auch von Steuern, von Münzstätten, den Ansprüchen auf Frondienste der Untertanen und ähnlichem geschah fast in allen Territorien des 14. und 15. Jhs. Der Grad der Ausdehnung ist natürlich im einzelnen sehr verschieden gewesen; am weitesten ist wohl der deutsche Osten, zumal die Mark Brandenburg in dieser Hinsicht gegangen. Hier ist die alte Vogteiverfassung, die der Amtsverfassung im übrigen Deutschland entsprach, durch die Exemtion der Ritterschaft dauernd aufgelöst und die ganze Lokalverwaltung patrimonialisiert worden; das Rittergut als Gerichts- und Polizeibezirk für die ritterschaftlichen Hintersassen ist dem landesherrlichen Amt seither gleichgeordnet. Auf diese umfassenden Verpfändungen im Osten mag die im Vergleich zu den altdeutschen Gebieten geringere Kulturentwicklung des Koloniallandes eingewirkt haben. Aber die viel günstigere Gestaltung der Dinge in Preußen, wo infolge der unpersönlichen Organisation des Deutschen Ordens eine solche privatrechtliche Auffassung und Verwendung der Hoheitsrechte nicht aufgekommen ist, zeigt doch, daß das ausschlaggebende Moment der Mangel eines festen staatlichen Bewußtseins gewesen ist. Das deutsche Fürstentum des 14. Jhs. hatte vergessen, daß seine Herrschaft aus dem gräflichen Amt herausgewachsen war. Es sah in ihr nur ein Eigentum des eigenen Hauses und schaltete damit nach privatrechtlichen Gesichtspunkten. Aus diesem Grunde ist auch auf dem alten deutschen Boden die Ausbildung der Territorien durch weitgehende Teilungen, durch Verkäufe und Verpfändungen und durch Schenkungen namentlich zugunsten der Kirche aufs schwerste geschädigt worden, sind auch hier nicht nur landesherrliche Grundstücke, sondern auch die Hoheitsrechte über sie, als ob sie Bestandteile von Grund und Boden gewesen wären, vielfach an Untertanen veräußert worden. Und wenn sich auch einzelne Ausnahmen finden, so bleibt doch als allgemeine Erscheinung für das 14. Jh. ein Rückgang der landesherrlichen Gewalt; er gab sich nicht nur in der Patrimonialisierung der Rechtspflege, sondern auch in dem Aufhören der Bestrebungen nach einheitlicher Ordnung des wirtschaftlichen Lebens in den Territorien kund.[1])

## § 17. Die Entstehung der Landstände

Literatur: Als allgemeine Darstellung ist vor allem H. Spangenberg, Vom Lehnstaat zum Ständestaat (1912) zu nennen, ferner A. Luschin v. Ebengreuth, Die Anfänge der Landstände (HZ., Bd. 78, 1897). Für einzelne Territorien: G. v. Below, Die landständische Verfassung in Jülich und Berg bis zum Jahre 1511 (Z. berg. GVer. Bd. 21 u. 22, 1885/86). C. Hegel, G. d. mecklenb. Landstände bis 1555 (1856). A. Jäger, G. d. landständischen Vfg. Tirols (2 Bde. bis 1519; 1881/85). F. Wintterlin, Die Anfänge der landständ. Vfg. in Württemberg (Württ. Vierteljahrshefte, NF. 23, 1914).

Die Schwächung der landesherrlichen Gewalt wurde gesteigert durch die sich innerhalb des Landes vollziehende, in dem Unabhängigkeitsdrang des MA. begründete Emanzipation von Ritterschaft, Städten und Geistlichkeit. Sie versuchten sich in ähnlicher Weise von den Landesherrn frei zu machen, wie diese sich vom Könige frei gemacht hatten. Die Ritterschaft ist zum größten Teil aus der Ministerialität hervorgegangen. Der altfreie Adel in den Territorien war wenig zahlreich gewesen, die Kreuzzüge hatten ihn in seinem Bestande noch mehr geschwächt, der Rest trat im Laufe des 13. Jhs. fast ausnahmslos in die Ministerialität ein. Sowohl durch diese Verbindung mit Freien wie durch die Wichtigkeit ihrer Dienste im Kriege und in der territorialen Verwaltung hob sich aber die Stellung der Ministerialen; vor der ritterlichen Beschäftigung verschwand der Makel der unfreien Geburt, so bildete sich in der Ritterschaft ein Berufsadel aus, der sich freilich bald wieder als Geburtsstand nach unten abschloß. Je mehr sich nun diese Ritterschaft korporativ zusammenschloß, desto lockerer wurde ihre Verbindung mit dem früheren Dienstherrn; schon 1237 sind in Österreich und Steiermark die ministeriales ducis zu ministeriales terrae geworden. Und im Laufe des 14. Jhs. wurden die letzten Reste der Unfreiheit abgestreift; auch die alten Bezeichnungen verschwanden, der ministerialis wurde zum miles, der Dienstmann zum freien Herrn.

Von Anfang an hat der territoriale Adel einen gewissen Einfluß auf die territoriale Regierung ausgeübt. Schon ein Reichsspruch vom Jahre 1231 bestimmt, daß es den Landesherrn nur mit der Zustimmung „meliorum et maiorum terrae" gestattet sei, „constitutiones vel nova iura facere" [2]) Und ähnlich erlaubt das Landfriedens-

---

1) Einzelheiten in dem genannten Aufsatz Spangenbergs, HZ. Bd. 103, S. 506ff.

2) Gedruckt MGConst. Bd. 2 Nr. 305, S. 420; auch bei Altmann-Bernheim, 4. Aufl. Nr. 157, S. 321f. und Zeumer, Quellensammlung[2] Nr. 48, S. 52. Zur Erläuterung dieses Reichsspruchs, dessen bisher übliche Auslegung von Spangenberg (Vom Lehnstaat zum Ständestaat, S. 13 Anm. 2)

gesetz des Reiches vom Jahre 1287 den Landesherrn nur unter Zuziehung der „Landherrn“ Änderungen vorzunehmen. Der neue ritterschaftliche Adel ist in diese Rechte und Ansprüche des Lehnsadels ohne weiteres eingerückt. Es ist bereits darauf hingewiesen worden (S. 31), wie er versuchte, den landesherrlichen Rat zu beherrschen. Und wenn auch auf diesem Gebiete der Erfolg in der Hauptsache ausblieb, so wuchs doch die Bedeutung der Ritterschaft, je mehr infolge der geschickten Benutzung der finanziellen Verlegenheiten der Landesherrn oder anderer, namentlich kriegerischer Notlagen oder von Vormundschaftsregierungen und Thronstreitigkeiten die einzelnen Ritter oder die gesamte Ritterschaft die landesherrlichen Gerechtsame, zumal die Gerichtsbarkeit über die Hintersassen in ihre Hand brachten; auf diese Weise wurden in vielen Territorien die Landesherrn von der unmittelbaren Berührung mit der breiten Masse der ländlichen Bevölkerung überhaupt abgeschnitten. Dagegen stieg der Einfluß der Ritterschaft auf die lokale Verwaltung; viele Ämter gelangten durch Verpfändung in die Hand des Adels, auch beanspruchte dieser eine Mitwirkung bei der Ernennung der Amtmänner, schloß Fremde von diesen Stellen grundsätzlich aus, zwang den Fürsten, sie mit Adligen zu besetzen. Auf diese Weise wurde die Ritterschaft im Laufe des 14. Jhs. fast unabhängig von den Landesherrn und schuf sich eine selbständige Herrschaft auf dem Lande.

Ganz ähnlich entwickelte sich die Autonomie der Städte. Der Stadtrat (vgl. Meister a. a. O. S. 152) erwarb allmählich die meisten Rechte, die ursprünglich dem Landesherrn als dem Stadtherrn zugestanden hatten, das Marktrecht, oft auch das Münzrecht, das Recht der Steuererhebung, während der Landesherr auf die Besteuerung des einzelnen Bürgers verzichten mußte, das Recht, Polizeiordnungen zu erlassen. Am wichtigsten für das Verhältnis der Stadt zum Territorium wurde es, daß auch die Gerichtsbarkeit, in manchen Städten sogar die hohe Gerichtsbarkeit auf den Stadtrat überging. Durch alle diese Rechte wurde der Stadtrat zur alleinigen Obrigkeit über die Bürgerschaft wie der Ritter über seine Hintersassen und stand dem Landesherrn fast unabhängig gegenüber. Und besonders auf dem Gebiete der Wirtschaftspolitik, in der einseitig auf den Nutzen der Stadt zugeschnittenen Ordnung der Stadtwirtschaft (vgl. Kötzschke, Grundriß, Bd. 2, Abt. 1, 2. Aufl. S. 123 ff.) haben die Städte diese Autonomie rücksichtslos ausgenutzt.

Endlich hat auch die Geistlichkeit sich früh eine Sonderstellung innerhalb der Territorien erworben und die Einmischung der landesherrlichen Beamten in die geistlichen Besitzungen durch Erlangung von Immunitäts- und Exemtionsprivilegien verhindert. Aber als die Träger der Wehrverfassung und der Geldwirtschaft, im Osten Deutschlands auch als die lokalen Obrigkeiten sind die Ritterschaft und die Städte überall die ausschlaggebenden Faktoren für die Ausbildung der landständischen Verfassung geworden, deren Grundlagen eben damals im 14. Jh. durch die Erweiterung der Selbständigkeit der Ritter und Städte gelegt worden sind. Dagegen möchte ich von dem Vorhandensein eines Ständestaats in dieser Zeit noch nicht sprechen. Es haben sich zwar die Elemente des Ständestaats damals gebildet, aber zu einer landständischen Verfassung, die nach F. Rachfahls zutreffender Definition[1]) ein „dauerndes Verfassungsinstitut zur Vertretung des Landes“ darstellt, haben sie sich noch nicht zusammengefügt. Wohl schlossen sich schon seit dem Ende des 13. Jhs. in vielen Territorien, am häufigsten in Bayern, die Stände in Einungen zusammen, um sich gemein-

---

und H. Rachel (FBPrG. Bd. 26, 1913, S. 318) mit guten Gründen angefochten worden ist, führt F. Keutgen (Der deutsche Staat des MA., 1918, S. 122) eine Stelle des Sachsenspiegels (Landrecht III, 91, § 3) an, in der von Gebot, Herberge, Bede, Dienst und Recht gesprochen wird.

1) In seinem Aufsatz über „Alte und neue Landesvertretung in Deutschland“ in Schmollers JbGesVV., Bd. 33, 1909, S. 92.

sam gegen die Steuerforderungen des Landesherrn, gegen Münzverschlechterungen oder gegen die Schädigungen durch Thronstreitigkeiten zu schützen. Sie haben sich durch ihr energisches Auftreten gegenüber der häufig nur die Interessen des fürstlichen Hauses oder einzelner seiner Mitglieder berücksichtigenden Politik der Fürsten viele Verdienste um das ganze Land erworben; sie haben überhaupt erst den Begriff des Landes als eines Gemeinwesens mit selbständigen Interessen gegenüber dem privatrechtlichen Eigentumsbegriff des Fürstenhauses gefunden. Trotzdem darf man den Einfluß, den diese Anfänge der ständischen Bewegung auf die spätere Entwicklung des Territorialstaats und der landständischen Verfassung gewonnen haben, nicht allzu hoch anschlagen. Es hat sich dauernd fühlbar gemacht, daß die Territorialbildung vom Fürstentum, nicht vom Lande und seinen Vertretern ausgegangen ist; gerade da, wo es wie in der Mark Brandenburg lange Zeit an einer starken oder auch nur allgemein anerkannten fürstlichen Gewalt fehlte, versagten auch die Stände. Auch in den Territorien, die wie Bayern sich ruhiger entwickelt haben, ist die Bedeutung der Stände mehr negativ als positiv gewesen. Sie haben sich gegen Belastungen und Benachteiligungen seitens des Fürstentums gewehrt, aber sie haben nichts Neues geschaffen. Es hat ihnen in der Regel genügt, wenn sie keine Steuern zu zahlen brauchten, wenn die Beamten des Landesherrn sich nicht in ihre Gebiete eindrängen durften, überhaupt fest verpflichtet wurden, die Freiheiten des Landes zu beachten; auch das gelegentlich erlangte Recht zum Widerstande gegen jede Verletzung der Landesfreiheiten durch den Landesherrn geht darüber nicht hinaus. Selbst da, wo die Stände höhere Forderungen erhoben und durch Bestimmung der fürstlichen Räte oder sonst Anteil an der Regierung erstrebten, blieb ihr Ziel mehr negativ als positiv. Sie wollten den Landesherrn beschränken, ihn an Maßregeln verhindern, die das eigene Interesse schädigen könnten; deshalb beanspruchten sie, vor dem Abschluß von Bündnissen und vor der Erklärung von Kriegen gefragt zu werden. An eine ständige Beeinflussung der Regierung dachten sie nicht; sie standen durchaus auf dem Boden der mittelalterlichen Autonomie.

Aber das Ständetum litt nicht nur unter dem Fehlen positiver Ziele. Noch mehr wurde seine Bedeutung dadurch abgeschwächt, daß ihm die innere Geschlossenheit abging, die es befähigt hätte, seine Stellung im Lande konsequent weiter zu bauen. Der Begriff des Landes als der Gesamtheit aller Stände wurde dem Landesherrn wohl gelegentlich entgegengehalten, aber lebendig empfunden wurde diese Gemeinschaft nicht. Die Einungen, die die Stände unter sich abschlossen, brachen immer wieder rasch auseinander; jeder Stand fühlte sich eben in erster Reihe berufen, die eigenen Interessen zu wahren, fühlte sich mit den Standesgenossen der Nachbarterritorien sehr viel enger verbunden als mit den andern Ständen des eigenen Landes.

So ist das Ständetum in doppelter Weise der Entwicklung der Territorien gefährlich geworden. Es hat einmal den Gedanken der Autonomie, namentlich die Ausschaltung der landesherrlichen Gerichtsbarkeit übertrieben und damit zuletzt alle staatliche Ordnung aufgelöst. Nicht nur für das Reich als Ganzes, sondern auch für die einzelnen Territorien ist das ausgehende MA. eine Zeit der Friedlosigkeit. An die Stelle eines unbedingten Landfriedens und einer obrigkeitlichen Rechtsprechung sind vereinbarte und befristete Landfrieden und ein privates Austragsverfahren getreten, und im Fehdewesen war das Recht auf Selbsthilfe ausdrücklich anerkannt. Auf die Auswüchse des Fehdewesens in dem Raubrittertum sei hier bloß hingewiesen. Und zweitens hat der Selbständigkeitsdrang der Stände zu einer Überspannung der Gegensätze unter ihnen geführt, die schließlich die Einheit der Territorien zu sprengen drohte. Um sich gegen die wachsende Geldmacht der Städte zu verteidigen, schlossen sich die Ritterschaften ohne alle Rücksicht auf die Landesgrenzen in großen Standesgenossenschaften zusammen; und das gleiche taten die Städte, um ihre Stadtwirtschaft zu behaupten und zu erweitern. Auch den Landesherrn traten diese Standeseinungen oft feindselig gegenüber. Das Einungswesen konnte den Territorien auch gefährlich werden; strebten diese Einungen doch oftmals offen nach vollständiger Lösung aus dem Territorialverbande, nach Erringung der Reichsunmittelbarkeit. Aber nicht auf diesem Wege, nicht durch Steigerung der Autonomie der Stände war eine Lösung der Konflikte zu finden, sondern nur dadurch, daß das Fürstentum den Niedergang des 14. Jhs. überwand und als überragende Gewalt den Adel und die Städte in eine feste staatliche Ordnung hineinzwang, daß es das Territorium des MA. zum Territorialstaat fortbildete.

## Sechster Abschnitt: Der Territorialstaat von der Mitte des 15. bis zur Mitte des 17. Jahrhunderts

Die Quellenpublikationen zur mittelalterlichen Geschichte, die Urkundenbücher und Regestenwerke, brechen wegen der Massenhaftigkeit des Stoffes in der Regel schon vor dem Jahre 1500 ab. Für den Territorialstaat der neueren Zeit sind zwei Gruppen von Quellenveröffentlichungen zu nennen:

1. Zur Behördenorganisation: die freilich weder zuverlässige noch ergiebige, von A. Kern veranstaltete Ausgabe der Deutschen Hofordnungen des 16. und 17. Jhs. (2 Teile, 1905/07). Th. Fellner und H. Kretschmayr. Die österreich. Zentralverwaltung, 1. Abt. (1498—1749); 3 Teile, 1907). Für Brandenburg: Acta Brandenburgica (Akten des Geh. Rats, einstweilen 1. Bd. 1604/05; 1927).

2. Landtagsakten: Über die neueren Ausgaben im allgemeinen vgl. F. Kaphahn, Landtagsaktenpublikationen (DGbll., Bd. 20, 1920; mit weiteren Literaturangaben). Im einzelnen: Baierische Landtagshandlungen 1429—1513, hrsg. von F. Krenner (18 Teile, 1803/05). Brandenburg: Kurmärkische Ständeakten aus der Regierungszeit Kurfürst Joachims II., hrsg. von W. Friedensburg, 2 Bde. (1535—1571; 1913/6). Hessische Landtagsakten, hrsg. von H. Glagau, 1. Bd. (1508—1521; 1901). Landtagsakten von Jülich-Berg 1400—1610, hrsg. von G. v. Below (vorläufig 2 Teile bis 1589; 1895/1907): für 1624—1653, hrsg. von G. Küch, (1. Bd. bis 1630, 1925). Sachsen: Ernestinische Landtagsakten, bearb. von C. A. H. Burkhardt, 1. Bd. (1487—1532; 1902). Württembergische Landtagsakten, 1. Reihe bearb. von W. Ohr und E. Kober (bis jetzt ein Band für 1498—1515; 1913), 2. Reihe bearb. von A. E. Adam (bis jetzt 3 Bde. für 1593/1620; 1910/20).

Als Quelle kommen ferner in Betracht die staatstheoretischen Schriften, Fürstenspiegel und ähnliche. Aus dieser bereits ziemlich stark vertretenen Gattung seien genannt: Melchior v. Osse, Politisches Testament (geschrieben 1555/56, neue Ausgabe in der von O. A. Hecker besorgten Auswahl der „Schriften“, 1922). G. Lauterbeck, Regentenbuch (1557). G. E. Löhneysz. Aulico-politica oder Hof-Staats- u. Regierungskunst (1622/4). V. L. v. Seckendorff, Teutscher Fürstenstaat (1656; oft aufgelegt). Vgl. dazu K. Zielenziger, Die alten deutschen Kameralisten (1914; mit ausführlichen Inhaltsangaben) und F. Fries, Die Lehre vom Staat bei den protestantischen Gottesgelehrten Deutschlands und der Niederlande in der zweiten Hälfte des 17. Jhs. (Berliner Diss. 1912).

Darstellungen: G. v. Below, Anfänge des modernen Staats (Terr. u. Stadt). E. Gothein, Die bad. Markgrafschaften im 16. Jh. (1910). L. Mollwo, Markgf. Hans von Küstrin (1926). F. Rachfahl, Die Organisation der Gesamtstaatsverwaltung Schlesiens vor dem Dreißigjährigen Kriege (1894). M. Spahn, Vfg. und Wirtschaftsgeschichte des Herzogtums Pommern 1478—1625 (1896). P. Steinmann, Finanz-, Verwaltungs-, Wirtschafts- und Regierungspolitik der mecklenburg. Herzöge im Übergang des MA. zur Neuzeit (Jb. Ver. meckl. G., Bd. 86, 1923). F. Tetzner, Landesfürstliche Verwaltungsrechtspflege in Österreich vom Ausgang des 15. bis zum Ausgang des 18. Jhs. (Grünhuts Z. für das Privat- und öffentl. Recht, Bd. 24 und 29, 1897 und 1902).

### § 18. Die Begründung der fürstlichen Gewalt und die Staatsauffassung

An Literatur sind außer den allgemeinen Darstellungen (vor allem K. Kaser, Deutsche Geschichte im Ausgang des MA., Bd. 2, 1912) und den neueren Biographien von einzelnen Fürsten (z. B. E. Brandenburg, Moritz von Sachsen, Bd 1, 1898; G. Mentz, Johann Friedrich der Großmütige, 3 Teile, 1903/08) zu nennen: H. Glagau, Anna von Hessen, eine Vorkämpferin landesherrlicher Macht (1899). F. Hartung, Der deutsche Territorialstaat des 16. und 17. Jhs. nach den fürstlichen Testamenten (DGBll., Bd. 13, 1912). F. Priebatsch, Die deutschen Städte im Kampfe mit der Fürstengewalt, Untersuchungen zur G. der Entwicklung der fürstlichen Landeshoheit, 1. (einziger) Band 1892.

Während die Entstehung und Entwicklung der deutschen Territorien im späteren MA. wenigstens in ihren Hauptzügen noch einheitlich betrachtet werden konnte, muß für die neuere Zeit darauf von vornherein verzichtet werden. Ein für allemal sei hier auf die große und entscheidende Trennung hingewiesen, die dadurch eingetreten ist, daß nicht alle mittelalterlichen Territorien den Fortschritt zum Territorialstaat mitgemacht haben. Die kleineren und kleinsten reichsunmittelbaren Herrschaften, die große Mehrzahl der Grafen und Herren, die Reichsstädte und die Reichsritterschaft sind im allgemeinen in den mittelalterlichen Zuständen stecken geblieben und immer mehr verkümmert, bis die Revolutionszeit ihnen gewaltsam ein Ende machte. Sie waren namentlich im Süden und Südwesten zahlreich und stark genug, um sich der Einordnung in die größeren Territorien zu widersetzen, zeigten sich auch, wie die wirtschaftliche Blüte der Reichsstädte beweist, noch im 16. Jh. lebenskräftig, aber sie waren doch zu klein, zu ohnmächtig, um auf die Dauer mit der steigenden Entwicklung der modernen Staaten Schritt halten zu können.

Aber auch in den größeren Territorien ist der Gang der Dinge nicht überall gleichmäßig gewesen. Nur selten ist die Grenze zwischen MA. und Neuzeit, zwischen Territorium und Territorialstaat so scharf ausgeprägt wie in der Mark Brandenburg, wo die Zollern auf den Trümmern der mittelalterlichen Verfassung ihren neuen Staat errichteten. Aber der Unterschied ist doch überall deutlich. Das MA. war die Zeit der Sonderrechte, der Zurückdrängung der Obrigkeit, der Autonomie; der Territorialstaat der Neuzeit suchte demgegenüber dem gemeinen Recht, der Obrigkeit Geltung zu verschaffen, alle autonomen Gewalten sich unterzuordnen. Die treibende Kraft bei dieser Umwälzung war das Fürstentum, im besonderen die großen Fürstenhäuser, die sich durch die Selbständigkeit der Ritterschaften und Städte am meisten beengt fühlten. Für ihr Streben nach Beherrschung aller kleineren Stände ist es bezeichnend, daß sie sowohl 1437 wie 1438 versucht haben, mit der ersehnten Herstellung einer geordneten Rechtspflege im Reiche deren Unterordnung unter ihre Gerichtsbarkeit zu erreichen (vgl. oben S. 10). Auch in den folgenden Jahrzehnten haben die Fürsten gelegentlich Kaiser und Reich für die Durchsetzung ihrer Gewalt gegenüber ihren Untertanen in Anspruch genommen; es sei an die Bestimmungen über das Recht der Besteuerung der Untertanen bei Reichshilfen und an die in den Wahlkapitulationen enthaltenen Verbote von unziemlichen Bündnissen der Untertanen gegen die Landesherrn erinnert. Aber diese im 17. Jh. noch einmal aufgenommenen Bemühungen der Fürsten um ein Eingreifen des Reiches zugunsten ihrer Macht sind bloß für ihre Tendenzen charakteristisch; praktischen Erfolg hatten sie kaum. Der Kaiser hatte kein Interesse daran, die Stellung der Fürsten, die ihm gegenüber weitgehende ständische Forderungen erhoben, gegen alle Angriffe ihrer Stände zu sichern. Auch fehlte es, wie oben bemerkt, gerade in den für die Zukunft der Territorien entscheidenden Jahrzehnten des 15. Jhs. an einer starken Reichsgewalt vollständig. Aus eigener Kraft mußten die deutschen Fürsten ihre Oberhoheit über die Ritterschaften und Städte durchsetzen.

Es gelang ihnen erst nach langen und heftigen Kämpfen. Kriege gegen die Städte erfüllten die ganze Zeit von 1442 an, wo Kurfürst Friedrich II. von Brandenburg seine Hauptstädte Berlin und Cölln unterworfen und alle seine Städte aus dem Städtebund der Hanse gelöst hat, über den großen Krieg der Jahre 1449 und 1450 hinaus bis zum Ende des Jahrhunderts, bis zur endgültigen Besiegung der märkischen Städte und zu dem Versuch Albrechts IV. von Bayern, der Reichsstadt Regensburg das Schicksal von Donauwörth und Mainz zu bereiten und sie zur Landstadt zu machen (1488), bis zur Unterwerfung von Rostock (1491) und zur großen Braunschweiger Stadtfehde (1492). Es waren grundsätzliche Kämpfe zwischen der fürstlichen Gewalt und dem mittelalterlichen Gedanken der politischen Autonomie der Städte; dagegen wurde die wirtschaftliche Stellung der Städte nicht angefochten. Nicht überall siegten die Fürsten; abgesehen von den süddeutschen Reichsstädten behaupteten auch einzelne norddeutsche Fürstenstädte, darunter Braunschweig, bis ins 17. Jh. eine wenn auch bestrittene Selbständigkeit. Aber im ganzen betrachtet sind doch die Fürsten Sieger geblieben; sie sind militärisch stärker, sie sind vor allem aber politisch überlegen gewesen und haben wenigstens in den wichtigsten Kämpfen zusammengehalten, während die Städte einander oft engherzig im Stich gelassen haben.

Wie die Städte, so ist auch der Adel durch die aufstrebende Fürstengewalt im 15. Jh. gezwungen worden, auf seine politische Unabhängigkeit zu verzichten. Nicht nur die Auswüchse, das Unwesen der Raubritter, sind gewaltsam unterdrückt worden, sondern der gesamte Adel hat das Fehderecht aufgeben und seinem unbeschränkten, oft auch gegen den eigenen Landesherrn benutzten Bündnisrecht entsagen, kurz, sich der fürstlichen Oberhoheit und deren sichtbarstem Merkmal, der fürstlichen Gerichtsbarkeit, unterordnen müssen. Auch hier ist das Ergebnis keineswegs einheitlich gewesen. Während in den meisten Territorien der Adel sich ohne Kampf in den Staat fest eingefügt hat, hat in Süd- und Südwestdeutschland, wo die landesherrliche Gewalt von Anfang an schwächer gewesen ist, in Trier, Pfalz, Baden, Württemberg, Ansbach, die Steigerung der landesherrlichen Ansprüche lediglich dazu geführt, daß der Adel den Zusammenhang mit den Territorien und jede über das bloße Lehnsverhältnis hinausgehende Verpflichtung gegen den Landesherrn bestritt und unterstützt von den Kaisern, die durch freiwillige Steuern (subsidia charitativa), eine von der Bewilligung des Reichstags unabhängige Einnahme, gewonnen wurden, sich als freie und unmittelbare Reichsritterschaft zusammenschloß.[1])

Da das Verhältnis von Staat und Kirche weiter unten (§ 20) im Zusammenhang besprochen werden soll, so muß hier ein kurzer Hinweis darauf genügen, daß die weltlichen Landesherrn um die gleiche Zeit wie gegenüber dem Adel und den Städten auch gegenüber der Geistlichkeit ihre Befugnisse, vor allem die Gerichtshoheit und Steuerhoheit wieder durchgesetzt haben. Am weitesten drangen auch hier die großen Territorien des Ostens, Österreich, Sachsen und Brandenburg, vor, die ihre Bistümer ganz oder so gut wie ganz zur Landsässigkeit herabdrückten; im Süden und Südwesten blieben dagegen nicht nur die Bistümer, sondern auch eine große Zahl von Abteien reichsunmittelbar.

In dem Kampf um die Durchsetzung ihrer Gewalt gegenüber den Städten, dem Adel und den Kirchen haben sich die Fürsten häufig auf das römische Recht und die in ihm enthaltene Auffassung vom Staate und den Hoheitsrechten berufen. Aber das römische Recht ist schwerlich das Motiv dieser Umbildung der fürstlichen Stellung gewesen, sondern nur ein Mittel, ein Vorwand.[2]) Ausschlaggebend war vielmehr das praktische Bedürfnis nach möglichst freier und umfassender Verwendung aller Kräfte des Landes; die theoretische Begründung der Ansprüche stand erst in zweiter Linie. Der politische Ehrgeiz der großen Fürstenhäuser war das Entscheidende bei der ganzen Bewegung, und er hörte nicht auf an der Grenze des Landes. Im Gegenteil, gerade die kräftigsten Fürsten des 15. Jhs., Friedrich der Siegreiche von der Pfalz, Ludwig der Reiche von Bayern-Landshut, Friedrich II. und Albrecht Achilles von Brandenburg strebten unablässig danach, ihren Machtbereich über die Nachbarlande auszudehnen; eine große Anzahl von Fehden und Kriegen ist daraus entstanden. All diese Kämpfe haben freilich die Machtverhältnisse der deutschen Territorien nicht mehr wesentlich verändert. Aber wenn sie auch zumeist aus dynastischem Ehrgeiz entstanden waren und die Macht der Territorien unmittelbar nicht vermehrten, so sind sie doch für die Territorien nicht vergeblich geblieben, denn sie haben mittelbar auf die Staatsbildung bedeutend eingewirkt. Sie haben einmal zu einer allseitigen Anerkennung des Besitzstandes, zu einem Verzicht auf weitere kriegerische Versuche geführt; auf das Geschlecht der kühnen Kriegshelden des 15. Jhs. folgten friedliche Fürsten, die von Krieg und Fehden nichts wissen wollten, sich statt dessen dem inneren Ausbau ihrer Territorien widmeten und die Macht der Dynastie lieber durch günstige Heiraten und durch Ausstattung der jüngeren Brüder und Söhne mit Bistümern förderten. Vor allem aber haben diese Kämpfe den deutschen Fürsten die Notwendigkeit einer straffen Zusammenhaltung der Hoheitsrechte gelehrt und so den entscheidenden Schritt von der privatrechtlichen Auffassung der Herrschaft, die in den letzten Jahrhunderten des MA. gegolten hatte, zur öffentlich-rechtlichen Anschauung vorbereitet. Die endgültige Übernahme des Begriffes eines unveräußerlichen Hoheitsrechtes in die Regierungspraxis erfolgte gegen das Ende des 15. Jhs. unter dem wesentlichen Einfluß der Juri-

1) Die Geschichte der Reichsritterschaft kann hier nicht behandelt werden. Hauptwerk ist noch immer K. A. Roth v. Schreckenstein, G. der ehemaligen freien Ritterschaft (2 Bde., 1859/71). Die neueren Arbeiten behandeln namentlich die Anfänge und das Ende. Genannt seien: O. Eberbach, Die deutsche Reichsritterschaft in ihrer staatsrechtlich-politischen Entwicklung bis 1495 (1913); R. Fellner, Die fränkische Ritterschaft von 1495—1524 (1905); G. Weicker, Die Haltung Kursachsens im Streite um die unmittelbare Reichsritterschaft (1906, mit statistischem Anhang); H. Müller, Der letzte Kampf der Reichsritterschaft um ihre Selbständigkeit, 1790—1815 (1910). Eine knappe Übersicht bietet P. Schnepp, Die Reichsritterschaft (DGbll., Bd. 14, 1913).

2) Vgl. G. v. Below, Die Ursachen der Rezeption des römischen Rechts in Deutschland (1906), S. 54ff. gegen P. Laband, Die Bedeutung der Rezeption des römischen Rechts für das deutsche Staatsrecht (Straßburger Univ.-Rede, 1880).

sten, die bereits zahlreich in den fürstlichen Räten saßen. Die Umwandlung beschränkt sich nicht etwa auf einzelne Befugnisse, sondern sie erfaßt die Gesamtheit der fürstlichen Rechte; diese werden als eine einheitliche obrigkeitliche Gewalt, als Staatsgewalt, empfunden und durchgesetzt. Dieser Staatsgewalt gegenüber ist jeder, sowohl die einzelne Stadt wie der adlige Vasall untertan und zum Gehorsam verpflichtet; niemand hat, das wird in den letzten großen Kämpfen zwischen Fürstentum und Ständen in Bayern, Brandenburg und Mecklenburg zwischen 1488 und 1492 durchgesetzt, das Recht, sich mit Berufung auf besondere Rechte und Freiheiten den allgemeinen Aufgaben zu entziehen.

Der Staatsgedanke ist das Neue, das im 15. Jh. allmählich aufkommt und das Wesen der alten fürstlichen Regierung umgestaltet, das uns berechtigt, vom Territorialstaat zu sprechen. Wohl wurde die Staatsauffassung noch durch Nachwirkungen der älteren Zeit beeinträchtigt; am deutlichsten lebte die alte patrimoniale Anschauung in den Landesteilungen nach. Die Regierungsnachfolge galt noch nicht als eine staatliche Thronfolge, zu der nur einer berufen sein kann, sondern noch durchaus als private Erbfolge, an der allen Söhnen des Fürsten ein gleiches Recht zugestanden wurde; sie führte daher, sobald mehrere Erben vorhanden waren, in der Regel sofort oder nach dem Scheitern von gemeinschaftlichen Regierungen zur Landesteilung. Nur in wenigen Staaten ist die für die Kurlande bereits durch die Goldene Bulle angeordnete Unteilbarkeit oder wenigstens eine Beschränkung der Teilbarkeit schon vor 1500 durch Hausgesetze festgelegt worden, in Baden bereits 1380, in den hohenzollernschen Landen durch die Dispositio Achillea[1]) 1473, in Württemberg 1482, im albertinischen Sachsen 1499; ihnen ist 1506 Bayern gefolgt. Diese Bestimmungen waren aber noch verfrüht; sie blieben nicht nur vereinzelt, sondern sie wurden auch in allen Territorien mit Erfolg angefochten. Erst gegen das Ende des 16. Jhs. ist die Primogeniturthronfolge in Bayern (1578) und in Brandenburg (Hausvertrag von Gera 1598, bestätigt 1603) endgültig angenommen worden. Im 17. Jh. sind dann die Schäden der fortgesetzten Landesteilungen so deutlich geworden, daß die meisten Fürstenhäuser die Unteilbarkeit und die Primogeniturfolge eingeführt haben (1621 Österreich, nachdem die steirische Linie, die für ihr Gebiet schon 1584 zur Unteilbarkeit übergegangen war, zur Regierung gelangt war, 1652 Sachsen, albertinische Linie, Bestätigung der gleichzeitig verletzten Bestimmung von 1499, 1680 Hannover); eine Reihe von Kleinstaaten hat mit dieser Festsetzung freilich bis ins 18. Jh., Sachsen-Meiningen sogar bis 1802 gewartet.[2])

Trotzdem ist der Fortschritt in der Staatsauffassung schon im 15. und 16. Jh. unverkennbar. Die Herrschaft wird nicht mehr als ein privatrechtlicher Besitz angesehen, sondern als ein von Gott übertragenes Amt, das Pflichten auferlegt. Das war freilich schon früher aus der Bibel, die (Weisheit Salomonis 6, 5) die Fürsten als Gottes Amtleute bezeichnet, gefolgert und gelegentlich auch von den Fürsten selbst anerkannt worden.[3]); aber erst jetzt übt diese Anschauung einen Einfluß auf die Regie-

1) Zur hohenzollernschen Hausgesetzgebung vgl. jetzt vor allem H. v. Cämmerer, Die Testamente der Kurfürsten von Brandenburg und der beiden ersten Könige von Preußen (1915) u. A. Werminghoff, Der Rechtsgedanke von der Unteilbarkeit des Staates in der deutschen und brandenburgisch-preußischen Geschichte (1915).

2) Wegen der Einzelheiten vgl. H. Schulze, Das Recht der Erstgeburt in den deutschen Fürstenhäusern (1851).

3) Am bekanntesten ist die Äußerung des Kurfürsten Friedrich I. von Brandenburg, daß er Gottes schlichter Amtmann am Fürstentum sei. Aber die betreffende Urkunde (für das Karthäuserkloster zu Frankfurt, vom 7. Nov. 1420, bei A. F. Riedel, Cod. dipl. Brandenburg., Abt. 1, Bd. 20, S. 18ff.) ist so erfüllt von biblischen Zitaten, daß ich sie eher für ein Erzeugnis des Klosters als der fürstlichen Kanzlei halten, keinesfalls aber als ein Zeugnis für den Geist des weltlichen Fürstentums ansehen möchte (vgl. dazu auch K. Wenck in der „Christl. Welt", Bd. 31, 1917, Sp. 348f.). Auch

rungstätigkeit aus. Die Fürsten selbst empfinden, während sie ihre Rechte steigern, zugleich immer stärker, daß sie ihren Untertanen gegenüber „schuldig und pflichtig" seien, „gemeines landes nutz und notdurft" zu fördern; und wenn sie einmal ihre Pflichten vernachlässigen, so werden sie wohl von ihren Landständen oder auch ihren Räten an ihre „Schuldigkeit" erinnert, Friede, Recht und Gerechtigkeit zu erhalten.[1])

Eine besondere Vertiefung hat dieser Gedanke des fürstlichen Amtes durch die Reformation erfahren, und zwar nicht allein bei den Protestanten, sondern auch bei den Katholiken; die Steigerung des religiösen Lebens, des Gefühls der Verantwortlichkeit gegenüber Gott, die Anerkennung des sittlichen Wertes der weltlichen Berufsarbeit, vor allem aber die Verantwortung für das Seelenheil der Untertanen, welche die protestantischen Fürsten mit dem Kirchenregiment unmittelbar, die katholischen mittelbar mit ihren Bemühungen um die Erhaltung und Wiederbelebung ihrer Kirche übernommen hatten, das alles hat dazu beigetragen, das Pflichtbewußtsein der Fürsten zu verstärken. Ohne Unterschied des Glaubens haben die deutschen Fürsten des 16. und 17. Jhs. ihre Regierung aufgefaßt als ein von Gott übertragenes Amt, das sie in seinem Namen und zu seiner Ehre zu führen hätten; in der Beförderung der zeitlichen und ewigen Wohlfahrt der ihnen von Gott anvertrauten Untertanen, nicht im Glanz der Dynastie haben sie das höchste Ziel ihrer Tätigkeit gesehen.

## § 19. Die Landes- und Polizeiordnungen

Die Gesetzgebung der deutschen Territorialstaaten während des 15. und 16. Jhs., soweit sie nicht rechtlichen Inhalts ist, ist bisher kaum gewürdigt worden. Einige Bemerkungen über sie finden sich bei M. Ritter, Deutsche G. im Zeitalter der Gegenreformation und des Dreißigjährigen Krieges, Bd. 1 (1889), S. 40f. und bei G. Schmoller, Zur G. der nationalökonomischen Ansichten in Deutschland während der Reformationsperiode, Z. f. d. ges. Staatswissenschaft, Bd. 16 (1860), S. 461ff., bes. S. 514ff. u. 535ff.; dagegen berücksichtigt der Artikel „Landesordnungen und Landhandfesten" von Motloch (Österreich. Staatswörterbuch Bd. 3², 1907, S. 331ff.) nur die Rechtssatzungen. Dieser Stand der Forschung erklärt es, daß keine neuere allgemeine Sammlung vorliegt; die folgenden Angaben machen daher auf Vollständigkeit keinen Anspruch, sondern wollen nur auf ein bisher nicht genügend bearbeitetes Gebiet hinweisen.

Sehr viel Material steckt in den Landtagsakten. Die Landesordnungen selbst sind meist gleichzeitig gedruckt worden; sie auch nur einigermaßen vollständig aufzuzählen, ist hier nicht möglich. Für Baden: R. Carlebach, Bad. Rechtsgeschichte (2 Bde., 1906/09). Für Bayern: Krenner, Landtagshandlungen. Für Hannover: Die churbraunschweig-lüneburgischen Landesordnungen und Gesetze (für Celle 5 Bde., Lüneburg 1741/45), desgl. für Calenberg und Grubenhagen, hrsg. von F. Willich (3 Bde., 1780/1801). Für Hessen: C. Kleinschmidt, Sammlung fürstlich-hessischer Landesordnungen und Ausschreiben (8 Bde., 1776/1816) und A. Schmidt, Gerichtsordnungen und Reformationen der Landgrafen Wilhelm II. und Wilhelm III., AhessG. NF., Bd. 7 (1910). Für Österreich: F. v. Krones, Die landesfürstlichen und landschaftlichen Patente der Herrscherzeit Maximilians I. und Ferdinands I. (1493—1564) mit bes. Rücksicht auf die Steiermark als Quelle der inneren G. (Regesten; Beitr. z. Kunde steiermärk. Gquellen, Bd. 18 und 19, 1882/83). Für Sachsen: Codex Augusteus oder Neuvermehrtes Corpus iuris Saxonici, hrsg. von J. C. Lünig (Dresden 1724; mit Fortsetzungen seit 1772). Für Württemberg: Reyscher (oben S. 2) Bd. 12.

Für die Rechtsordnungen ist unentbehrlich O. Stobbe, G. der deutschen Rechtsquellen, Bd. 2 (1864); vgl. ferner H. Schletter, Die Constitutionen Kurfürst Augusts von Sachsen von 1572 (1857). Die wichtigsten alten Ordnungen sind abgedruckt bei A. Saur, Fasciculus judiciarii ordinis singularis (Frankfurt 1588).

Zur Wirtschaftspolitik: G. v. Below, Der Untergang der mittelalterlichen Stadtwirtschaft (über den Begriff der Territorialwirtschaft), JbbNSt., Bd. 76 (1901; wieder abgedruckt in den Problemen der Wirtschaftsg. 1920). K. Bücher, Die Entstehung der Volkswirtschaft (1893; 11. Aufl.

---

die Urkunde der Herzöge von Lüneburg vom Jahre 1392 (bei Sudendorf, Ub. z. G. der Herzöge von Braunschweig u. Lüneburg, Bd. 7, S. 96f.), daß Gott die Fürsten darum über andere gesetzt habe, damit sie die Guten in Frieden halten und in ihren Rechten schützen, spricht nach ihrem ganzen Inhalt und ihrer Entstehungsgeschichte mehr eine Forderung der Stände als die Überzeugung der Fürsten aus.

1) Hinweise der Räte auf die „Schuldigkeit" der Fürsten finden sich z. B. in Bayern-Landshut im Jahre 1501 (bei Krenner, Landtagshandlungen, Bd. 13, S. 193f.), in Ansbach-Kulmbach im Jahre 1531 (bei K. H. Lang, Neuere G. des Fürstentums Baireuth, Bd. 2, 1801, S. 61 [2. Ausg. von A. Bayer, 1911, Bd. 1, S. 183]), in Bayern im Jahre 1557 (in den Abh.BAk. München, Bd. 21, 1898, S. 114ff.).

1919). G. SCHMOLLER, Das Merkantilsystem in seiner historischen Bedeutung, städtische, territoriale und staatliche Wirtschaftspolitik (JbGesVV., Bd. 8, 1884; auch Umrisse und Untersuchungen). J. SCHULTZE, Zur Getreidepolitik in Hessen unter Landgraf Philipp 1518—1567 (VSozWG., Bd. 11, 1913).

Der neue Staatsgedanke bewirkte durch seinen doppelten Inhalt, durch die Steigerung der fürstlichen Rechte wie durch die stärkere Betonung der fürstlichen Pflichten eine Umgestaltung des gesamten staatlichen Lebens, die sich äußerlich in der Wiederaufnahme der seit der Mitte des 14. Jhs. ganz ins Stocken geratenen landesherrlichen Gesetzgebung kundgab. Die territorialen Gesetze seit dem Ende des 15. Jhs. stehen zum Teil unter dem Einfluß der gleichzeitigen Reichsgesetze, aber viele sind auch ganz unabhängig von ihnen geblieben, ja, manche Reichsgesetze, namentlich eines der bekanntesten, die Halsgerichtsordnung des Jahres 1532, sind von den Territorien auf das Reich übergegangen. Die Reichs- und die Landesgesetzgebung haben eben eine gemeinsame Grundlage, das Streben der oft genug mit den mannigfaltigen Landesgewohnheiten nicht vertrauten Juristen, allgemein gültige Ordnungen zu schaffen. Der Wunsch nach fest bestimmten, schriftlich aufgezeichneten Ordnungen wurde zum Teil auch von der Bevölkerung vertreten und fand in den Landtagsakten seinen Widerhall; aber zum guten Teil richtete sich die Gesetzgebung auch gegen die von den Ständen eifrig festgehaltenen besonderen Gebräuche und Freiheiten; das gemeine Recht suchte sich gegenüber der mittelalterlichen Privilegierung durchzusetzen.

Der leitende Gedanke dieser Gesetzgebung ist es nicht, etwas schlechthin Neues zu schaffen, sondern das Bestehende zu kodifizieren und zu vereinheitlichen, die gesamten Gewohnheiten und Gesetze in großen „Landesordnungen" schriftlich festzulegen. Diese Landesordnungen[1]), die im letzten Drittel des 15. Jhs. aufgekommen sind, im 16. Jh. in den meisten Territorien erlassen, im 17. Jh. in der Regel durch einzelne Gesetze überholt, aber in den Kleinstaaten bis ins 18. Jh. noch neu aufgelegt worden sind, haben eine genaue Untersuchung noch nicht erfahren. Viele von ihnen sind untereinander verwandt oder auch einfach voneinander abgeschrieben; aber eine einheitliche Gruppe bilden sie nicht. Gemeinsam ist ihnen zwar die Absicht, alle für die Untertanen verbindlichen Gesetze und Verordnungen, zum Teil auch die ihnen zustehenden Rechte, z. B. das der Beschwerde über die Lokalbeamten öffentlich bekannt zu machen; sie sind daher frühzeitig durch den Druck verbreitet worden, gelegentlich sollten sie auch durch regelmäßige öffentliche Verlesung den des Lesens nicht kundigen Bevölkerungskreisen zur Kenntnis gebracht werden, eine Bestimmung, deren praktische Durchführung man sich bei dem oft recht großen Umfang der Landesordnungen nicht recht vorstellen kann. Aber diesen Übereinstimmungen stehen so viele Unterschiede sowohl hinsichtlich der Entstehung wie im Inhalt gegenüber, daß eine einheitliche Betrachtung zurzeit wenigstens noch nicht möglich ist. Ich bespreche daher die einzelnen Zweige der landesherrlichen Gesetzgebung für sich ohne Rücksicht darauf, ob es sich um Landesordnungen oder Einzelvorschriften handelt.

Einen wichtigen Teil nehmen in der Gesetzgebung aller Territorien, in Landesordnungen und zahlreichen Gerichts- und Rechtsordnungen, die Bestimmungen über das materielle Recht ein. Namentlich ist eine Vereinheitlichung des Erbrechts und des ehelichen Güterrechts als notwendig empfunden worden. Die Abfassung der Ordnungen wurde den juristisch geschulten Räten der Landesherrn auch da übertragen, wo die Anregung von den Landständen ausging; und schon damit hängt es zusammen, daß die meisten Rechtssatzungen von römisch-rechtlichem Geiste beeinflußt sind. Die Juristen waren mit dem alten deutschen Gewohnheitsrecht nicht bekannt; und auch da, wo wie in Württemberg ihnen dieses Gewohnheitsrecht schriftlich aufgezeichnet als Material für die neue Gesetzgebung vorgelegt wurde, wußten sie damit nichts anzufangen. Auf diese Weise ist

---

1) Die älteren sogenannten Landesordnungen für Kärnten von 1338 und für Tirol von 1352 (SCHWIND - DOPSCH, Ausg. Urk. z. Vfg. d. deutsch - österr. Erbl. im MA., Nr. 94, S 175ff. und Nr. 100, S. 184ff.) bezeichnen sich selbst nicht als Landesordnungen, enthalten auch überwiegend Rechtssatzungen nach Analogie der gleichzeitigen Landrechte anderer Territorien.

das römische Recht, schon bevor die Rücksicht auf die Rechtsprechung des Reichskammergerichts wirksam wurde (vgl. oben S. 27), in der Gesetzgebung und in der Praxis der Territorien als das maßgebende „gemeine Recht" anerkannt worden, entweder mit ausschließlicher Geltung (z. B. in Baden seit 1511) oder mit subsidiärer Geltung neben dem alten Gewohnheitsrecht.[1])

Neben den Rechtssatzungen pflegen bereits die frühesten Landesordnungen auch polizeiliche Vorschriften zu enthalten. Mit dieser Fürsorge für die „Polizei", die im eigentlichen Sinne des Wortes das gesamte bürgerliche Leben umfaßte, übernahm der Territorialstaat eine neue Aufgabe; er fühlte daher hin und wieder das Bedürfnis, sein Eingreifen in diese Dinge mit dem Hinweis auf die Unvernunft des gemeinen Mannes, der ohne besondere fürstliche Verbote die Sünde nicht vermeide, zu rechtfertigen.[2]) Die Städte waren darin freilich schon vorangegangen, aber der Territorialstaat dehnte seine Gesetzgebung auf das ganze Land aus. Die steigende Bedeutung dieser neuen fürstlichen Aufgabe läßt sich an dem wachsenden Umfang der polizeilichen Vorschriften, die schließlich die Geschlossenheit der Landesordnungen durchbrachen und in besonderen Polizeiordnungen zusammengefaßt wurden, erkennen. In der Aufstellung der einzelnen Bestimmungen ist das Reich in den Reichsabschieden seit 1495 und in den Reichspolizeiordnungen seit 1530 vielfach vorbildlich gewesen. Der Schwerpunkt liegt aber auch hier in den Territorien, denn ihnen ist nicht nur die Durchführung der Vorschriften übertragen worden, sondern sie haben diese auch vielfach selbständig ausgestaltet; z. B. hat Württemberg die Sanitätspolizei, die Fürsorge für Wundärzte, Hebammen und Apotheken übernommen, bevor das Reich sich darum kümmerte.

Wie die Gesetzgebung überhaupt, so wollen auch diese Polizeiordnungen vor allem das Bestehende erhalten. Die Kleiderordnungen sollen den althergebrachten Unterschied der Stände auch äußerlich hervortreten lassen, sie sollen zugleich dem überhandnehmenden Luxus steuern. Überhaupt soll die alte christliche Zucht und Ehrbarkeit gewahrt bleiben; Gotteslästerung, Trunksucht, Spiel, unsittliche Tänze, der übertriebene Aufwand bei Hochzeiten und den andern freudigen und traurigen Familienereignissen, die Verfälschung der Lebensmittel, der Wucher, alle diese der guten alten Zeit vermeintlich unbekannten Laster des modernen Lebens werden in den Ordnungen bekämpft. In dem Streben, das Leben der Bevölkerung, zumal der unteren Schichten möglichst in den Schranken der alten Sitte zu halten, greift die Obrigkeit tief in das Privatleben ein; nicht einmal die schwäbischen Fastnachtsküchlein entgehen dem scharfen Auge des bevormundenden Polizeistaates im 16. Jh.

Aus der gleichen Tendenz heraus, für die allgemeine Wohlfahrt zu sorgen, wird auch das wirtschaftliche Leben von oben her reglementiert. Für den Handel mit Lebensmitteln werden genaue Vorschriften erlassen, um jeden preissteigernden Vorkauf zu verhindern; er wird, soweit es angeht, nur auf offenen, allen zugänglichen und leicht zu kontrollierenden Märkten gestattet, die Ausfuhr von Lebensmitteln ins Ausland darf, wenn überhaupt, nur unter Beschränkungen stattfinden. Die Handwerker werden scharfer staatlicher Aufsicht unterstellt, teilweise werden sogar die Zünfte ganz aufgehoben, um allen Verabredungen über eine Erhöhung der Preise vorzubeugen. Auch hier zeigt sich eine weitgehende Bevormundung. Vielfach wird von der Obrigkeit das Maß der zu leistenden Arbeit und die Höhe des zu gewährenden Lohnes genau vorgeschrieben, jede Abänderung bei Strafe verboten. Gegen das Faulenzen schreitet der Staat gleichfalls ein; um den Klagen über den Mangel an Dienstboten und an Tagelöhnern abzuhelfen, zwingt er die Müßiggänger zum Dienst; er sorgt auch dafür, daß die Kinder von Bettlern zur Arbeit erzogen werden. Wirtschaftliche Motive sind auch

1) Wegen der Einzelheiten der Gesetzgebung und wegen der Geschichte der Rezeption des römischen Rechts muß auf die rechtsgesch. Literatur verwiesen werden. Vgl v. Schwerin, Rg.[2] 7f.

2) Vgl. den Entwurf einer kursächsischen Landesordnung vom Jahre 1498, Ernestin. Landtagsakten, Bd. 1, S. 35ff.

bei den Luxusgesetzen wirksam; es soll die Ausfuhr von Geld verhindert werden, es soll im Interesse der einheimischen Tuchindustrie der Verbrauch inländischer Tuche bevorzugt werden, der Preis der Wolle wird durch Ausfuhrverbote niedrig gehalten. Trotzdem scheint es mir übertrieben zu sein, wenn GOTHEIN[1]) von einer merkantilistischen Praxis spricht, die sich vor der merkantilistischen Doktrin ausgebildet habe. Nur scheinbar stimmt die Praxis des Territorialstaates mit der Doktrin und der Praxis des Merkantilismus überein; es bestehen äußere Anklänge, aber der Geist ist ganz verschieden. Der Territorialstaat des 16. und 17. Jhs. verpönt in der Regel den Handel überhaupt, weil er die Waren verteure, nicht nur den Handel der Fremden; ebenso mißbilligt er den Luxus als solchen, selbst den mit Landeserzeugnissen, nicht allein dann, wenn er zum Ankauf ausländischer Waren und damit zur Ausfuhr von Edelmetall führt. Und das Ziel seiner gesamten Wirtschaftspolitik ist nicht etwa wie beim Merkantilismus Steigerung der wirtschaftlichen und damit finanziellen Macht des Staates, sondern es ist die „Erhaltung eines jeden Standes Gebühr, Herkommen, Nahrung und Notdurft"[2]), ein gerechter Preis, bei dem die Erzeuger und die Verbraucher ihr Auskommen finden können, bei dem vor allem der gemeine arme Mann nicht überteuert wird, sondern wie die bayrische Landesordnung von 1553 sagt, „sein zimliche Narung dester baß gewinnen, auch Weib und Kind mit Gott und Ehren underhalten mög". Und ein solcher billiger Ausgleich aller Interessen wird auch zwischen Stadt und Land gesucht; das platte Land soll den Städten ihre Nahrung, zumal Brauerei, Handel und Handwerk nicht wegnehmen, aber die Städte sollen auch das platte Land nicht übervorteilen, sondern dafür sorgen, daß der Bauer alles, was er in der Stadt zu kaufen gezwungen ist, zu billigem Preise und in guter Beschaffenheit finde. Einzelne Gewerbe, die Leineweber, die Schmiede, werden auch auf dem Lande geduldet, der Kornhandel wird innerhalb des ganzen Territoriums in der Regel freigegeben, der Adel darf wenigstens das auf seinem Grund und Boden gewachsene Getreide auch außerhalb des Landes, unter Umständen sogar ohne Ausfuhrzoll bezahlen zu müssen, verkaufen. Diese Erlaubnis ist freilich mehr aus politischen als aus wirtschaftlichen Erwägungen erteilt worden. Das starke Vorwiegen der Rücksichten auf den Adel als den politisch wichtigsten Stand bei allen die Landwirtschaft berührenden Gesetzen wird namentlich dadurch bewiesen, daß für den politisch rechtlosen Bauernstand fast nichts geschehen ist.

Aber trotz diesen Unterschieden gegen den Merkantilismus bedeutet die territoriale Wirtschaftspolitik doch etwas Neues gegenüber der früheren Zeit; sie ist wie die gesamte Politik des Territorialstaats beherrscht von der Auffassung des Staates als einer Einheit, der sich der einzelne, auch die einzelne Stadt zu fügen hat. Mehr wird man aber kaum sagen dürfen; eine grundsätzlich neue Wirtschaftsperiode, eine Territorialwirtschaft, wie sie SCHMOLLER als Zwischenstufe zwischen der Stadt- und der Volkswirtschaft glaubte annehmen zu können, ist nicht begründet worden. Wohl bahnt sich eine solche an; mit Recht verweist H. RACHEL[3]) auf den Übergang, auf die noch wesentlich im Banne städtischer Interessen und stadtpolitischer Anschauungen stehende territoriale Handelspolitik des 16. Jhs. Aber gerade deren Erfolglosigkeit beweist, daß der Territorialstaat in der Regel zu klein war zu selbständigem Eingreifen in das neue, sich rasch ausdehnende Wirtschaftsleben; das Reich und die Kreise mußten erst die Grundlagen für eine Ordnung des Münzwesens, für die Durchführung der Wollausfuhrverbote usw. schaffen. Und nicht in den Territorialstaaten, sondern in den Reichs-

1) Die bad. Markgrafschaften im 16. Jh., S. 67.

2) Nach einem kurbrandenburgischen Mandat von 1572, bei MYLIUS, Corpus Constit. Marchicarum, Bd. 5, Abt. 2, S. 7ff.

3) Die Handels-, Zoll- und Akzisepolitik Brandenburg-Preußens bis 1713 (Acta Borussica, Handels-, Zoll- und Akzisepolitik, Bd. 1, 1911), S. 90.

städten ist die moderne Wirtschaftsform des Kapitalismus entstanden. Soweit die Territorialfürsten sich mit ihr befaßt haben, haben sie ihr durchaus feindselig gegenüber gestanden, freilich ohne ihr Herr werden zu können.

## § 20. Das landesherrliche Kirchenregiment

Da die Kirchenverfassung in besonderen Abteilungen (II, 6—8) dieses Grundrisses eingehend behandelt wird, habe ich in diesem Paragraphen nur so viel gesagt, wie mir unerläßlich schien, um ein Bild des Territorialstaats zu geben; auch die Literaturangaben habe ich möglichst beschränkt.

Für die Kirchen vor der Reformation: F. Gess, Akten und Briefe zur Kirchenpolitik des Herzogs Georg von Sachsen (2 Bde. für 1517—1527, 1905/17); B. Hennig, Die Kirchenpolitik der Hohenzollern in der Mark Brandenburg und die päpstlichen Privilegien des Jahres 1447 (1906). R. Lossen, Staat und Kirche in der Pfalz im Ausgang des MA. (1907); O. R. Redlich, Jülich-bergische Kirchenpolitik am Ausgange des MA. und in der Reformationszeit (2 Bde. 1400—1589, 1907/11). H. v. Srbik, Die Beziehungen von Staat und Kirche in Österreich während des MA. (1904). J. Wülk und H. Funk, Die Kirchenpolitik der Grafen von Württemberg bis zur Erhebung Württembergs zum Herzogtum 1495 (1912).

Für die protestantischen Landeskirchen. Quellensammlungen: A. L. Richter, Die evangelischen Kirchenordnungen des 16. Jhs. (2 Bde., 1846). E. Sehling, Die evangelischen Kirchenordnungen des 16. Jhs. (seit 1902, bis jetzt 5 Bde.; vgl. dazu M. Wehrmann in den Monatsbll. d. Ges. f. Pomm. G. u. Altert., Bd. 20, 1912, S. 82ff.). Darstellungen: auf die RE. für protest. Theologie und die zahlreichen Bearbeitungen des KR. sei nur allgemein verwiesen. O. Mejer, Die Grundlagen des lutherischen Kirchenregiments (1864). K. Müller, Kirche, Gemeinde und Obrigkeit nach Luther (1910; vgl. dazu K. Holl, Luther und das landesherrl. Kirchenreg., Z. f. Theol. u. Kirche, 1911 Ergheft). K. Rieker, Die rechtliche Stellung der evangel. Kirche Deutschlands in ihrer geschichtlichen Entwicklung (1893). Territoriales: E. Brandenburg, Zur Entstehung des landesherrl. Kirchenregiments im albert. Sachsen (HVSchr., Bd. 4, 1901); O. Hintze, Die Epochen des evang. Kirchenregiments in Preußen (HZ. Bd. 97, 1906; auch Histor. und polit. Aufsätze, Bd. 3).

Bei der Begründung des landesherrlichen Kirchenregiments spielen dogmatische Fragen keine Rolle, es handelt sich vielmehr um die Durchsetzung der Staatsgewalt gegenüber der politischen Unabhängigkeit der Kirche. Den Stein des Anstoßes bildet überall die geistliche Gerichtsbarkeit, zumal da sie bei der Reichsunmittelbarkeit der meisten deutschen Bischöfe ihren Schwerpunkt außerhalb der Territorien hatte. Schon im 12. und 13. Jh. versuchten daher einzelne Fürsten, die Gerichtsbarkeit der fremden Bischöfe durch die Gründung von Landesbistümern auszuschalten.[1]) Die andauernden und schließlich erfolgreichen Bemühungen der großen weltlichen Territorien wie Österreich, Brandenburg und Sachsen, ihre Bistümer landsässig zu machen, bilden die Fortsetzung jener Versuche. Diese großen Territorien benutzten auch die kirchlichen Verfassungskämpfe des 15. Jhs., um durch Vereinbarungen mit dem Papste ihre landesherrlichen Rechte über die Kirche auszudehnen; aber auch kleinere Territorien wie Cleve nahmen an der Erweiterung der fürstlichen Gewalt über die Kirche teil. Die geistliche Gerichtsbarkeit, die sich in der Zeit des Daniederliegens der weltlichen Gerichte auch auf rein weltliche Fragen wie Schuldsachen ausgedehnt hatte, wurde auf die geistlichen Angelegenheiten und das Gebiet der Kirchenzucht, zu der auch die Ehesachen gerechnet wurden, beschränkt; wo die Bischöfe nicht landsässig waren, wurde wohl auch gefordert und durchgesetzt, daß die Ausübung der Gerichtsbarkeit einem im Territorium ansässigen bischöflichen Beamten übertragen werde. Die Verleihung der wichtigsten Pfründen suchten die Landesherrn in ihre Hand zu bekommen. Der neubegründete Vorrang des Staates vor der Kirche fand auch darin seinen Ausdruck, daß die Landesherrn den Bischöfen das Recht zur Besteuerung der Geistlichkeit bestritten und sich vorbehielten, den Klerus ihrerseits zu den Landessteuern heranzuziehen.

Aber über diese Durchsetzung der Kirchenhoheit des Staates ging das Fürstentum schon während des 15. Jhs. hinaus. Es fühlte sich auch der Kirche gegenüber als Obrigkeit, deren Pflicht und Recht es sei, für das Wohl der Kirche zu sorgen, und leitete dar-

1) Vgl. H. Krabbo, Die Versuche der Babenberger zur Gründung einer Landeskirche (A. f. österr. G., Bd. 93, 1904).

aus ein umfassendes Aufsichtsrecht ab. Es kontrohierte nicht nur die Verwaltung des kirchlichen Vermögens, sondern es traf auch Anordnungen über Gottesdienste, Prozessionen und andere kirchliche Veranstaltungen, ja, es übernahm bereits die Sorge für die kirchliche Zucht, den Laien gegenüber in den Polizeiordnungen, dem Klerus gegenüber in den Visitationen. Schon vor der Reformation übten also die deutschen Landesherrn ein ausgedehntes Kirchenregiment aus; aber von Landeskirchen vor der Reformation zu sprechen, ist, wie H. v. Srbik mit Recht bemerkt hat, übertrieben. Denn keiner der Fürsten hat an eine Trennung von der allgemeinen Kirche auch nur im entferntesten gedacht; und die gelegentlich auftauchende Bezeichnung eines Fürsten als des „Papstes" seines Territoriums[1]) geht viel zu weit.

Die Landeskirchen sind vielmehr erst durch die Reformation geschaffen und vom Reiche im Augsburger Religionsfrieden anerkannt worden. Bei ihnen handelt es sich nicht mehr um eine einheitliche Kirche, die sich über mehrere Länder erstreckt, sondern jedes Territorium hat seine besondere Kirche, deren Machtbereich an der Landesgrenze aufhört, die aber innerhalb des Landes völlig autonom ist. An der Spitze der Landeskirche steht der Landesherr als summus episcopus. Darin verrät sich der Zusammenhang mit dem bereits im 15. Jh. begründeten Kirchenregiment der weltlichen Obrigkeit. Deshalb braucht hier auf die in den letzten Jahren viel erörterte Frage nach Luthers Anschauungen über das landesherrliche Kirchenregiment[2]) nicht eingegangen zu werden; es war von vornherein unmöglich, eine Kirchenverfassung ohne Rücksicht auf die weltlichen Obrigkeiten zu schaffen. Aber das Landeskirchentum ist nicht bloß eine Verstärkung der alten landesherrlichen Aufsicht über die Kirche, indem die konkurrierende Gewalt der Bischöfe beseitigt ist, sondern es bedeutet eine grundsätzliche Erweiterung. Der Landesherr übernimmt die gesamten Aufgaben der geistlichen Gewalt, die Feststellung der Lehre und des Kultus, die Ausübung der geistlichen Gerichtsbarkeit. Für die Durchführung dieser Aufgaben werden besondere Organe in den Konsistorien geschaffen; ihrem zwiefachen Wirkungskreis, dem Aufsichtsrecht der weltlichen Obrigkeit und der Handhabung der geistlichen Gewalt, entspricht ihre Zusammensetzung aus weltlichen und geistlichen Räten.[3])

In katholischen Ländern konnten Landeskirchen natürlich nicht begründet werden; hier blieb die geistliche Gewalt nicht nur in der Lehre, sondern auch in der Gerichtsbarkeit dauernd selbständig. Aber in der Praxis war der Unterschied zwischen dem protestantischen Landeskirchentum und dem Kirchenregiment der katholischen weltlichen Fürsten nicht allzu groß. Die Erhaltung des Katholizismus in Deutschland war weniger das Verdienst der Kirche und ihrer Organe als das der weltlichen Obrigkeiten, die vor den deutschen Bischöfen den Geist der Gegenreformation in sich aufnahmen. Sie führten in ihren Territorien bei den Untertanen und vor allem beim Klerus die Gegenreformation durch, sie sorgten unbekümmert um die Rechte der Bischöfe für Sitte und Zucht bei der Geistlichkeit, sie herrschten tatsächlich fast unumschränkt über die Kirchen ihrer Territorien. In Bayern wurde zur Ausübung dieses strengen Kirchenregiments eine eigene Behörde, ein Geistlicher Rat, eingesetzt, der in seinen Befugnissen, in seiner Zusammensetzung aus geistlichen und weltlichen Mitgliedern und in seiner engen Verbindung mit dem fürstlichen Rat viele Analogien zu den protestantischen Konsistorien aufweist.[4])

Gemeinsam ist den katholischen und protestantischen Territorien des 16. und 17. Jhs. auch die Durchdringung des ganzen Staatslebens mit religiösem Geist. Weltliches und geistliches Regiment läßt sich nicht trennen; wie die württembergische Visitationsordnung für die evangelische Lehre, christliche Zucht und gute Polizei sorgen

---

1) Die Stellen sind verzeichnet bei Werminghoff aaO. S. 89 Anm. 2. Vgl. dazu auch G. v. Below, Die Ursachen der Reformation (1917).

2) Vgl. die oben angeführten Arbeiten von K. Müller und Holl und die bei ihnen verzeichneten Schriften.

3) Wegen alles weiteren, namentlich wegen der verschiedenen Theorien sei auf Sehling (Grundriß II, Abt. 8) verwiesen.

4) Vgl. Riezler, G. Baierns, Bd. 6, S. 266ff. und F. Stieve, Das kirchliche Polizeiregiment in Bayern unter Maximilian I. (1876).

will und ausdrücklich vorschreibt, daß bei den Visitationen nicht nur die Lehre und der Wandel der Geistlichen, sondern auch die Amtsführung der Beamten zu untersuchen sei, so gibt umgekehrt die Landesordnung nicht nur Bestimmungen über das bürgerliche Leben, sondern auch über den Besuch des Gottesdienstes. Als das letzte Ziel des Staates erscheint überall die Ehre Gottes, die in der Erhaltung der reinen Lehre gesucht wird.

Damit erwächst nun dem deutschen Staate jener Zeit noch eine weitere Aufgabe. Er begnügt sich nicht mit der Vertreibung der Andersgläubigen, er sorgt vielmehr auch positiv für die reine Lehre, indem er sich des Schulwesens annimmt. In den vierziger und fünfziger Jahren des 16. Jhs. entstehen die ersten staatlichen Schulordnungen auf protestantischer und auf katholischer Seite; der leitende Gedanke ist dabei, die Jugend in der reinen und wahren Lehre zu unterrichten. Und die Staaten, die es sich einigermaßen leisten konnten, gründeten auch Landesuniversitäten, deren Professoren ohne Unterschied der Fakultäten auf das Bekenntnis des Landes verpflichtet wurden, damit auch die künftigen weltlichen Beamten im rechten Glauben zu ihrem Berufe herangebildet würden.

## § 21. Die Behördenorganisation

Allgemeine Literatur: G. v. Below, Die städtische Verwaltung des MA. als Vorbild der späteren Territorialverwaltung (HZ., Bd. 75, 1895); Die Neuorganisation der Verwaltung in den deutschen Territorien des 16. Jhs. (HTb. 1887; auch in Territorium und Stadt). G. Schmoller, Der deutsche Beamtenstaat vom 16.—18. Jh. (JbGesVV., Bd. 18, 1894; auch Umrisse und Untersuchungen). A. Stölzel, Die Entwicklung des gelehrten Richtertums in deutschen Territorien (2 Bde., 1872); Die Entwicklung der gelehrten Rechtsprechung, Bd. 1 (1901), Der Brandenburger Schöppenstuhl, Bd. 2 (1910), Billigkeits- und Rechtspflege der Rezeptionszeit in Jülich-Berg, Bayern, Sachsen und Brandenburg (zur Kritik vgl. E. Rosenthal, ZSavRg., Bd. 31, 1010, S. 522ff.; Stölzel, Geding und Appellation, Hof, Hofgericht und Räte, Abschied und Urteil, 1911; Hintze, FBPrG., Bd. 24, 1911, S. 1ff.; Rosenthal, VSozWG., Bd. 11, 1913, S. 415ff.).

Zur Frage nach den burgundischen Einflüssen auf Österreich und die deutschen Territorien: S. Adler, Die Organisation der Zentralverwaltung unter Kaiser Maximilian I. (1886), bes. S. 3ff. F. Rachfahl, Die niederländische Verwaltung des 15./16. Jhs. und ihr Einfluß auf die Verwaltungsreformen Maximilians I. in Österreich und Deutschland (HZ., Bd. 110, 1913). E. Rosenthal, Die Behördenorganisation Kaiser Ferdinands I. als Vorbild der Verwaltungsorganisation in den deutschen Territorien (A. f. österr. G., Bd. 69, 1887; vgl. auch VSozWG., Bd. 9, 1911, S. 406ff.). A. Walther, Die burgund. Zentralbehörden unter Maximilian I und Karl V. (1908), Anhang S. 168ff.; Die Ursprünge der deutschen Behördenorganisation im Zeitalter Maximilians I. (1913); vgl. dazu die Besprechungen von A. Dopsch, DLZ., 1914, S. 821ff., R. Holtzmann, ZSavRg., Bd. 34, 1913, S. 591ff. und K. Kaser, HZ., Bd. 113, 1914, S. 202f. F. Rachfahl, Der Ursprung der monarchischen Behördenorganisation Deutschlands in der Neuzeit (Jbb.NSt., Bd. 105, 1915). Th. Mayer, Die Verwaltungsorganisationen Maximilians I., ihr Ursprung und ihre Bedeutung (1920). F. Hartung, Zur Frage nach den burgund. Einflüssen auf die Behördenorganisation in Österreich (HZ., Bd. 124, 1921).

Einzelne Territorien: Bayern: M. J. Neudegger, G. des Geh. Rats u. Ministeriums in Bayern vom MA. bis zur neueren Zeit (1921). Für Brandenburg (ich gebe hier nur die Spezialliteratur für die Organisation des 16. Jhs. an, die allg. Lit. s. bei Abschn. 7): M. Hass, Die Hofordnung Kurfürst Joachims II. von Brandenburg 1910). O. Hintze, Hof- und Landesverwaltung in der Mark Brandenburg unter Joachim II. (Hohenzollern-Jb., Bd. 10, 1906; auch Hist. und pol. Aufs., Bd. 2); Ratstube und Kammergericht in Brandenburg während des 16. Jhs. (FBPrG., Bd. 24, 1911, S. 1ff.). M. Klinkenborg, Ratstube und Kanzlei in Brandenburg im 16. Jh. (FBPrG., Bd. 26, 1913, S. 413ff.); Die kurfürstliche Kammer u. die Begründung des Geheimen Rats in Brandenburg (HZ., Bd. 114, 1915, S. 473ff.). G. Schapper, Die Hofordnung von 1470 und die Verwaltung am Berliner Hofe zur Zeit Kurfürst Albrechts (1912). Für Braunschweig: B. Krusch, Die Entwicklung der herzoglich braunschw. Zentralbehörden (Z. d. HVer. f. Niedersachsen, 1893 und 1894) Für Cleve: K. Schottmüller, Die Organisation der Zentralverwaltung in Cleve-Mark vor der brandenburgischen Besitzergreifung im Jahre 1609 (1897). Für Mecklenburg: C. A. Endler, Hofgericht, Zentralverwaltung und Rechtsprechung der Räte in Mecklenburg im 16. Jh. (Meckl.-Strelitzer Gbll. 1925). Für Österreich: außer den oben genannten Arbeiten von Adler und Rosenthal sei nur noch auf den (darstellenden) ersten Band der oben S. 37 angeführten Veröffentlichung Fellners und Kretschmayrs über die österr. Zentralverwaltung hingewiesen. Für Sachsen: H. Haug, Die oberste sächs. Finanzbehörde (Finanzarchiv, Bd. 14, 1897). A. Lobe, Ursprung und Entwicklung der höchsten sächs. Gerichte (1905). A. Puff, Die Finanzen Albrechts des Beherzten (Leipziger Diss. 1911). Für Württemberg vgl. Wintterlin (oben S. 2).

Die in den vorhergehenden Paragraphen betrachtete gewaltige Ausdehnung der Staatstätigkeit hatte naturgemäß eine Erweiterung der Behördenorganisation zur Folge, und zwar berührte diese vor allem die Zentrale, den fürstlichen Rat. Zwei wesentliche Neuerungen wurden gegen das Ende des 15. und in dem ersten Drittel des 16. Jhs. durchgeführt, die Besetzung des Rates mit einer Anzahl von juristisch geschulten Berufsbeamten und die Umbildung des Rates zu einem festen Kollegium, zu einer Behörde im technischen Sinn. Die Anstellung von Juristen als täglichen oder wesentlichen, d. h. dauernd am Hofe tätigen Räten begann im 15. Jh. und war im 16. eine ganz allgemein verbreitete Sitte. Der Vorteil für den Fürsten bestand neben den juristischen Kenntnissen und der Regelmäßigkeit der Tätigkeit namentlich in der Unabhängigkeit dieser in der Regel bürgerlichen, meist auch landfremden Doktoren von dem heimischen Adel; deshalb fochten die Stände die Verwendung von Fremden grundsätzlich an, ohne sie jedoch ganz verhindern zu können. Freilich waren mit diesen Vorteilen auch Nachteile verknüpft, die sich zumal in der Übergangszeit störend bemerkbar machten; die Juristen waren ein heimatloses Geschlecht ohne Anhänglichkeit an den Fürsten oder das Land, dem sie dienten, sie arbeiteten um des Gewinnes willen, nutzten ihre Befugnisse zum eigenen Vorteil aus, verpflichteten sich häufig nebenher noch anderen Fürsten und verließen ihren Dienst, sobald sich ein besserer Posten bot.

Der Charakter des Rates als eines bloß beratenden, nur auf besonderen Auftrag des Fürsten in oftmals wechselnder Zusammensetzung tagenden Organs wurde dadurch nicht geändert; seine Tätigkeit hing also im wesentlichen von der Persönlichkeit des Fürsten ab. Und wo dieser versagte, aus Lässigkeit oder wegen Thronstreitigkeiten, da versagte auch der Rat und die durch die Räte geübte Rechtsprechung. Da traten dann wohl, z. B. in Tirol 1487, in Bayern und Cleve 1488, in Württemberg 1498, die Stände auf und sorgten dafür, daß die „geordneten Räte" nach bestimmten Formen unabhängig vom Fürsten die wichtigen Regierungsaufgaben erledigten. Aber die Regel war das nicht. Vielmehr wünschten die Stände, daß der Landesherr persönlich regiere, für Klagen und Beschwerden seiner Untertanen zugänglich sei und sie selbst, wenn auch unter Zuziehung seiner Räte, erledige. Auch der Festlegung der Residenz, die zwar die regelmäßige Tätigkeit der Zentralbehörden förderte, aber für die Mehrzahl der Untertanen den Zutritt zum Landesherrn erschwerte, widersetzten sich die Stände.

Wenn wir also von einzelnen durch besondere Umstände bestimmte Ausnahmen absehen, so darf behauptet werden: der entscheidende Fortschritt in der Regierungsverfassung, die Errichtung ständiger kollegialer Zentralbehörden, ist durch die Fürsten und ihr Beamtentum vollzogen worden. Er ist lange Zeit auf die Einwirkung des von Frankreich und Burgund gegebenen Vorbildes der Behördenorganisation, der hier längst verwirklichten Prinzipien der Ständigkeit, der Kollegialität und der Arbeitsteilung zurückgeführt worden. Diese Ansicht gründet sich vor allem auf die Tatsache, daß Maximilian I., der erste gemeinsame Herrscher der österreichischen und burgundischen Erblande, der erste gewesen ist, der ähnliche Einrichtungen in seinen deutschen Besitzungen durchgeführt hat, und daß um die gleiche Zeit eine Reihe von französisch-burgundischen Amtsbezeichnungen als Fremdworte oder in Übersetzung in die deutsche Amtssprache eingedrungen sind. Daß die deutschen Territorien ihre Behördenverfassung von Österreich, also mittelbar von Burgund übernommen haben, hat E. Rosenthal nachzuweisen versucht.

Über die Berechtigung dieser Auffassung ist, seitdem A. Walther sie 1909 zum erstenmal angefochten hat, ein lebhafter Streit entstanden, in dem sich vor allem Rachfahl als Verteidiger der alten Anschauung hervorgetan hat. Die Forschungen Th. Mayers scheinen mir einen gewissen

Abschluß gebracht zu haben. Das Ergebnis ist freilich hier wie in den meisten Fällen, wo einem Problem bis auf den Grund gegangen wird, keine Vereinfachung, sondern eher eine Verwicklung der Fragestellung. Deshalb gibt MAYER im entscheidenden Punkt, der burgundischen Einwirkung auf Österreich, überhaupt keine bestimmte Antwort, sondern begnügt sich mit der vorsichtigen Fassung: „Als eine notwendige Erklärung brauchen wir das burgundische Muster keineswegs, aber ebensowenig wird sich nachweisen lassen, daß eine Einwirkung nicht stattgefunden habe." Von unmittelbarer Übertragung burgundischer Einrichtungen auf Österreich, von einer förmlichen „Rezeption" kann in der Tat nicht die Rede sein; die bodenständigen Organisationen haben immer ihr Recht behauptet. Aber für die besondere Aufgabe, die der österreichischen Behördenorganisation mit der Vereinigung des gesamten habsburgischen Besitzes in der Hand Maximilians gestellt war, eine geeignete Verwaltungsform für diesen Länderkomplex zu finden, hat Maximilian doch aus der burgundischen Behördenverfassung Anregungen erhalten, die bei der Ausgestaltung der alten Behörden zu förmlichen Kollegien und bei der arbeitsteiligen Gliederung der Kollegien benutzt worden sind. Neben der zufälligen Erscheinung der Verbindung zwischen Burgund und Österreich haben darauf auch die allgemeinen geistigen Strömungen Einfluß gehabt. Die humanistisch gebildeten Berufsbeamten sind die Träger der Vermittlung gewesen. Darin, daß WALTHER auf den größeren geistigen Zusammenhang der sogenannten Rezeption hingewiesen hat, möchte ich den bleibenden Wert seiner Kritik erblicken; aber es erscheint mir allzu gekünstelt, die französisch-burgundische Einwirkung zu bestreiten und die auch in Einzelheiten, namentlich in der Terminologie deutlich die französische Herkunft verratenden Neuerungen in der österreichischen Behördenverfassung auf einen allgemeinen europäischen Brauch und auf italienische Einflüsse zurückzuführen.

Unberührt von der Antwort auf die Frage nach der Herkunft der österreichischen Einrichtungen bleibt der von ROSENTHAL geführte und von TH. MAYER ergänzte Nachweis des Einflusses, den die österreichische Behördenverfassung auf die andern deutschen Territorien ausgeübt hat. Denn deren Entwicklung richtet sich während des ganzen 16. und noch im 17. Jh. nach dem „Exempel anderer wohlbestellten Politica und Regimenten", auf das sich z. B. die brandenburgische Geheimratsordnung von 1604 ausdrücklich beruft. Auf allen Gebieten des staatlichen Lebens können wir einen lebhaften geistigen Austausch quellenmäßig feststellen. Wir finden ihn in der Gesetzgebung, selbst in den alle Landesgesetze und -gewohnheiten zusammenfassenden Landesordnungen, ferner in den landständischen Verhandlungen, endlich aber und zwar besonders stark auf dem Gebiet der monarchischen Behördenorganisation, in den Hof- und in den Hofrats- und vielen andern Ordnungen; und direkt oder indirekt führen die Spuren häufig auf Österreich zurück. Das erscheint mir also als unzweifelhaft, daß Österreich von den Tagen Maximilians I. an bis ins 17. Jh. für die Einrichtung der territorialen Behörden vielfach maßgebend gewesen ist.[1])

Die alte Auffassung scheint mir also durch WALTHERS Angriffe keineswegs erschüttert zu sein. Nunmehr gilt es, die Organisation selbst kennen zu lernen. Ich beginne mit Österreich, weil es nicht nur zeitlich die erste Stelle einnimmt, sondern auch ganz besondere Verhältnisse aufweist. Es setzt sich aus mehreren selbständigen Ländergruppen zusammen, der gemeinsame Herrscher ist zugleich Kaiser und wenigstens unter Maximilian I. Herr von Burgund, er ist ferner seit dem Tode Friedrichs III. nur selten im Lande. Das macht zunächst einmal nötig, daß in jeder der beiden deutschen Ländergruppen Niederösterreich und Oberösterreich[2]) die vom Landesfürsten und seinen Räten ausgeübten Funktionen der Landesregierung durch eigene Behörden verwaltet werden. In jeder Gruppe sind zwei Kollegien errichtet worden, ein Regiment (lange Zeit auch als Hofrat bezeichnet) für die allgemeine Verwaltung und die Justizpflege und eine Schatz- oder Raitkammer für Finanzverwaltung und Rechnungskontrolle; sie sollten zuerst nur vorübergehend die Vertretung des abwesenden Landesherrn übernehmen, sind aber zu dauernden Einrichtungen geworden. Auch am königlichen Hofe, im königlichen Rat stellte sich bald das Bedürfnis nach besserer Organisation, nach Entlastung des Herrschers, nach Sicherung des Geschäftsgangs auch während seiner Reisen heraus; doch ist Maximilian trotz mancherlei Anläufen, zumal im

---

1) Die Quellen können hier nicht verzeichnet werden, ich verweise daher auf die schon von ADLER, MENTZ (Joh. Friedrich, Bd. 3), RACHFAHL und ROSENTHAL u. a. beigebrachten Belege und mache nur auf zwei erst neuerdings bekannt gewordene Stellen aus brandenburgischen Akten aufmerksam: auf das Gutachten SCHLIEBENS (um das Jahr 1544; von M. HASS, FBPrG., Bd. 24, 1911 veröffentlicht), das S. 102 auf das Beispiel Braunschweigs und Sachsens Bezug nimmt (vgl. auch S. 93 Anm. 2), und auf die von W. KOCH (ebd. 26, 1913, S. 65ff.) mitgeteilte Denkschrift vom Jahre 1613, die sich auf Österreich beruft. Für die Abhängigkeit der Gesetzgebung vgl. die Beispiele bei J. C. SCHWARTZ, 400 Jahre deutscher Zivilprozeßgesetzgebung (1898), S. 31 u. 37ff.

2) Es sei darauf aufmerksam gemacht, daß diese Gruppen mit den heutigen Ländern Ober- und Niederösterreich nicht übereinstimmen.

Jahre 1498, wo er einen ständigen Hofrat und eine in Innsbruck dauernd tätige, für alle seine Besitzungen zuständige Hofkammer einsetzte, zu einer bleibenden Organisation nicht gelangt. Diese ist vielmehr erst das Werk Ferdinands I.; er übernahm nicht nur die dauernden Schöpfungen Maximilians, die kollegialen Behörden der Ländergruppen, sondern folgte auch in der Organisation der Zentrale im wesentlichen den Bahnen, die schon Maximilian befahren hatte. Er sicherte eine regelmäßige Tätigkeit durch die Errichtung ständiger Kollegien, eines Hofrats, der die oberste Instanz für die Rechtsprechung der deutschen Erblande und seit der Übernahme der Reichsregierung auch als Reichshofrat (s. oben S. 26) das für die Reichssachen zuständige Organ war, und einer Hofkammer, die nicht bloß die Kammern der Ländergruppen kontrollierte, sondern auch die für die Zentrale bestimmten Gelder verwaltete. Indem so ein Teil der fürstlichen Befugnisse dauernd an Behörden delegiert wurde, die sich immer stärker von der Person des Fürsten loslösten und ihre eigenen Präsidenten erhielten, indem andererseits das Staatsgebiet durch Böhmen und Ungarn erweitert wurde, wuchs auch die Notwendigkeit, Dinge vertraulicher Natur in einem kleineren Kreise zu behandeln. Deshalb ist über den alten Behörden ein besonderer Geheimer Rat gegründet worden. Das Jahr seiner Entstehung kann für Österreich so wenig wie für die meisten deutschen Territorien genau angegeben werden. Wenn Maximilian sich 1518 vorbehielt, „geheime und große Sachen“ nicht in dem damals geplanten, von den Ständen beherrschten Hofrat abzuhandeln, so leitete ihn wohl der Wunsch, diese vor den Ständen geheim zu halten; aber zur Errichtung eines besonderen Geheimrats ist es schwerlich gekommen, da auch der Hofrat unterblieb. 1527 wird dagegen der Geheime Rat als eine Behörde genannt.[1])

Wesentlich einfacher als in dem zusammengesetzten Gebilde der habsburgischen Erblande, aber doch in der gleichen Richtung nach Ausbildung fester Kollegien und nach Arbeitsteilung verlief die Entwicklung in den andern deutschen Territorien. Auch in ihnen wuchsen die vom Landesherrn zu erledigenden Geschäfte, auch in ihnen stellte sich das Bedürfnis heraus, die Erledigung von der Anwesenheit des Herrschers unabhängig zu machen. Überall wurde daher der Rat aus einem nach Belieben des Fürsten zusammentretenden Organ zu einer täglich oder doch regelmäßig tagenden Behörde, die nach Stimmenmehrheit Beschlüsse faßte und ein eigenes, wenn auch meist auf die unbedeutenden Sachen und auf die Vorbereitung beschränktes Verfügungsrecht hatte. Die Fürsten behielten sich meist das Recht vor, an den Sitzungen des Rates teilzunehmen; in vielen Territorien galt der Landesherr bis zum Beginn des 19. Jhs. als der Präsident des Rates, blieb ein Stuhl für ihn frei; die Verfügungen des Rates ergingen im Namen des Fürsten. Aber in der Regel blieben die Fürsten den Sitzungen des Rates fern und übertrugen die Leitung der Verhandlungen dauernd an einen der vornehmsten Beamten, den Kanzler oder den Marschall oder den Hofmeister. Genaue Ordnungen der Umfrage und der Abstimmung sicherten die Gründlichkeit der Beratungen. Einen festen Zeitpunkt für die Durchführung dieser Reformen können wir für die wenigsten Territorien angeben; die ersten Erwähnungen, die für Brandenburg z. B. aus dem Jahre 1537 stammen, fallen durchaus nicht immer mit der Entstehung selbst zusammen, andererseits ist bei den durch die Landstände im 15. Jh. „geordneten Räten“ oft ein Rückschlag eingetreten. Im allgemeinen läßt sich sagen, daß eine feste kollegiale Verfassung des Rates bis gegen das Ende des 15. Jhs. selten war, dann aber, in Sachsen 1499, in Bayern 1501 unter deutlicher

1) Auf die weitere Entwicklung der österreichischen Zentralverwaltung bin ich nicht eingegangen, weil sie unter wesentlich andern Voraussetzungen erfolgte als die der Territorien und sich von dieser immer mehr entfernte, auch in den oben S. 2 genannten Grundrissen der österreichischen Reichsgeschichte ausreichend dargestellt wird.

Einwirkung der von Maximilian 1498 erlassenen Ordnungen, seit der Wende des Jahrhunderts allmählich eingeführt und noch in der ersten Hälfte des 16. Jhs. überall üblich wurde. Damit war die Entwicklung beendet, die mit dem Eintreten der Juristen in den Rat begonnen hatte: er ist ein Kollegium von ständig tätigen Berufsbeamten geworden, das feudale Element, die Räte von Haus aus, ist ausgeschieden. Das bedeutete zugleich eine Verselbständigung des Rates gegenüber dem Fürsten und dem fürstlichen Hofe, und wir können in vielen Territorien verfolgen, wie sich die Hofbeamten von den Landesbeamten loslösten. In Süddeutschland wurde das alte Amt des Hofmeisters in ein Haus- und ein Landhofmeisteramt geteilt, auch in Norddeutschland traten die eigentlichen Hofbeamten in der Regel nicht in den neu organisierten Rat ein; in den meisten der uns bekannten Hofordnungen des 16. Jhs. ist die Trennung des Rates vom Hofe bereits vollzogen.

Die Zuständigkeit des Rates erstreckte sich anfangs unbeschränkt auf alle Angelegenheiten des Fürsten und des Landes; dazu gehört, wie gelegentlich ausdrücklich angegeben wird, die auswärtige Politik, soweit sie einem deutschen Territorium möglich war, also vor allem die Reichspolitik, die Justiz, die Aufsicht über die Finanzen, über das Lehn- und Kriegswesen und die gesamte innere Verwaltung. Der Schwerpunkt verlegt sich aber früh auf die Rechtsprechung, die ja auch in den großen außerdeutschen Staaten einen wesentlichen Teil der Geschäfte des Rates gebildet hatte. Sie konnte um so leichter dem Ratskollegium ausschließlich überlassen bleiben, als ein persönliches Interesse des Landesherrn bei den meisten Rechtshändeln nicht mitsprach. Das gilt auch für die Territorien, in denen neben dem Rat noch ein besonderes Hofgericht genannt wird. Denn einmal waren die Hofgerichte häufig nichts anderes als der zu förmlicher Gerichtssitzung versammelte Rat. Und dann lag selbst da, wo das Hofgericht vom Rate ganz getrennt war, dem Rate ebenso wie in den andern Territorien noch das ausgedehnte Gebiet der Billigkeitsrechtspflege, d. h. einer summarischen, nicht an die Formen und Fristen des ordentlichen Prozesses gebundenen Rechtsprechung ob; zu ihr sind auch die Supplikationen zu rechnen, die von den in Prozessen unterlegenen Parteien gegen die Gerichtsurteile häufig eingelegt und ebenfalls nach Billigkeit beschieden wurden.

Neben diesen Aufgaben der Rechtsprechung führte der Rat zugleich die allgemeine Landesverwaltung, zu der nicht bloß die Polizei im Umfang des 16. Jhs., sondern auch die Vorbereitung der Gesetzgebung und der Verkehr mit den Landständen gehörte. Diese Funktion erschien in manchen Territorien so wichtig, daß der Rat den Namen der Landesregierung erhielt; in Brandenburg dagegen überwogen die gerichtlichen Geschäfte so sehr, daß die alte Ratstube ihren Namen zugunsten des Kammergerichts verlor.

Die Finanzverwaltung ist dagegen vom Rate noch im 16. Jh. losgelöst und besonderen Hof-, Amts- oder Rentkammern übertragen worden. Diese sind entweder, wie sich für Bayern deutlich erweisen läßt[1]), unter Nachahmung der österreichischen Hofkammer geschaffen worden, oder sie sind wie in Brandenburg allmählich entstanden, da mit der Überwachung der Finanzverwaltung und der Prüfung der Rechnungen in der Regel von Anfang an nicht der ganze Rat, sondern nur ein Teil der Räte, die besonders bestimmten Kammerräte, beauftragt wurde. Daß solche Deputationen bald den Zusammenhang mit dem Ratskollegium verloren und dann unter eigenen Präsidenten zu selbständigen Kollegialbehörden erhoben wurden, erklärt sich leicht; die Finanzverwaltung brauchte weniger Rechtsgelehrte als Fachmänner, die auch die wirtschaftlichen Fragen zu beurteilen verstanden.

1) Vielleicht auch für Württemberg, da die seit 1534 nachweisbare Rentkammer (vgl Wintterlin, G. d. Beh. org. in Württ., Bd. 1, S. 34) möglicherweise auf eine Einrichtung der österreichischen Herrschaft zurückgeht.

Gegen das früher als typisch für die Entstehung der deutschen Behörden angesehene Bild ist M. KLINKENBORG aufgetreten, indem er (FBPrG., Bd. 26, 1913) für Brandenburg eine andere Entwicklung feststellen zu können meinte. Diese Frage kann hier im Rahmen einer allgemeinen Darstellung der deutschen Behördenorganisation des 16. Jhs. nicht ausführlich untersucht werden. Einwandfrei scheint mir von M. KLINKENBORG nachgewiesen zu sein, daß sich in Brandenburg gegen Ende des 16. Jhs. die allgemeine Ratstube bereits in das fast ausschließlich gerichtliche Funktionen ausübende Kammergericht umgewandelt hat, daß die allgemeine Landesverwaltung außerhalb dieser Ratstube vom Kurfürsten mit den in die Kammer geschworenen Personen ausgeübt worden ist, daß endlich diese von der Amtskammer der späteren Zeit wohl zu unterscheidende Kammer, nicht der Rat der Keim des späteren Geheimen Rats gewesen ist. Aber daran zweifle ich noch, daß diese Organisation schon um die Mitte des 16. Jhs. bestanden habe. Meine in der 2. Aufl. geäußerten Bedenken sind zwar durch KLINKENBORGS Bemerkung (FBPrG., Bd. 35, 1925, S. 263) widerlegt worden. Aber ein klares Bild der brandenburgischen Behördenorganisation des 16. Jhs. ist noch nicht gewonnen worden.

Es ist hier nicht der Raum, zu den Einzelheiten dieser Kontroverse Stellung zu nehmen; es ist auch nicht nötig. Denn trotz der Ungewißheit über die brandenburgische Entwicklung kann die allgemeine Darstellung, daß der im 16. Jh. fest formierte Rat die Wiege der Zentralbehörden gebildet habe, aufrechterhalten werden. In die Art und Weise, wie sich innerhalb des Rats zunächst feste Ressorts abgegrenzt haben, aus denen dann selbständige neue Behörden herausgewachsen sind, gibt das Testament des Herzogs Julius von Braunschweig vom Jahre 1582 Einblick. Hier wird empfohlen, „einen jeden rat, secretarien und andere diener auf etwas gewisses, als etliche auf haupt- und innerliche cammersachen, die andere auf ambt-, land- und haushaltung, die dritten uf bergwerk und so fortan auf reichs-, creis-, kriegs-, justiz- . . . und andere sachen mehr zu verordnen."

Diese Behörden bedeuteten gewiß einen großen Fortschritt in der Verwaltung, aber doch zugleich eine Beschränkung der Selbständigkeit des Fürsten, die in vielen Ländern dadurch besonders empfindlich wurde, daß die Stände auf die Besetzung der Stellen in den Kollegien einen gewissen Einfluß erlangten, namentlich die Ausschließung von Fremden erzwangen. Das führte nun in den meisten Territorien dazu, daß wie in Österreich die Aufgaben, die ihrer Natur nach eine besondere Verschwiegenheit erforderten oder das persönliche Interesse des Fürsten betrafen, also zumal die auswärtige Politik und die Angelegenheiten des fürstlichen Hauses, in der Regel nicht im vollen Rat, sondern vom Fürsten und einigen wenigen Räten behandelt wurden. Ob das bereits seit dem 14. Jh. üblich war und ob der Titel „Heimlicher" schon damals einen besonders vertrauten Rat zum Unterschiede von den andern Räten bezeichnete, ist nicht mit Sicherheit festgestellt.[1]) Im 16. Jh. aber wurden nachweisbar einzelne Räte als Geheime Räte vor der Menge der übrigen ausgezeichnet; sie waren die Vertrauensleute des Landesherrn, begleiteten ihn auf seinen Reisen, während die Kollegialräte bei ihren Behörden blieben, sie nahmen an den Sitzungen der Ratstube oder der Kollegien nur dann teil, wenn ihr Dienst beim Landesherrn es erlaubte; meist war ihnen auch ein besonderer Geheimer Sekretär zugeordnet. Daß es sich dabei um einen weitverbreiteten Brauch handelt, beweist außer den vielen einzelnen Erwähnungen auch das Testament Melchiors v. Osse, in dem (S. 362 der Ausgabe von O. A. HECKER) ganz allgemein empfohlen wird, aus dem weiten Rat drei bis vier Personen auszuwählen. Mit der Zunahme der von den Geheimen Räten zu bearbeitenden Geschäfte stellte sich natürlich die Notwendigkeit heraus, feste Geschäftsordnungen zu geben und wie vormals die Räte zum Rat, so jetzt die Geheimen Räte zum Geheimen Rat zusammenzuschließen; namentlich die Verwicklungen der auswärtigen Politik trugen dazu bei. Die Errichtung des Geheimen Rats als einer Kollegialbehörde erfolgte in Sachsen 1574, in Bayern 1582, in Brandenburg 1604, in Hessen-Cassel 1609, in Württemberg nach einer vorübergehenden Einrichtung unter Herzog Christoph im Jahre 1628. An dem persönlichen Verhältnis zwischen dem Fürsten und den

---

1) Vgl. darüber ROSENTHAL, G. des Gerichtswesens . . . Baierns, Bd. 1, S. 258 und ZSavRg., Bd. 29, 1908, S. 341 f.; SPANGENBERG, Hof- und Zentralverwaltung der Mark Brandenburg, S. 28 Anm. 4; SCHAPPER, Hofordnung von 1470, S. 176 Anm. 1

Geheimen Räten wurde dadurch aber nichts geändert; auch als Collegium formatum war der Geheime Rat stets bloß ein beratendes Organ des Fürsten.[1])

Die Lokalverwaltung blieb in ihrem Wesen unverändert. Ihre Grundlage bildete nach wie vor das Amt, dessen Vorsteher, der Amtmann, zugleich Richter und Verwaltungsbeamter war. Eine Neuerung erfolgte in vielen Landschaften dadurch, daß die adligen Amtshauptleute (Droste usw.) entweder ganz beseitigt oder auf ein Ehrenamt beschränkt wurden, während ihre amtlichen Funktionen von bürgerlichen Verwaltern oder Pflegern ausgeübt wurden. Das war billiger und dank der größeren Abhängigkeit des bürgerlichen Beamten vom Fürsten und seiner größeren Selbständigkeit in seinem Bezirk auch vorteilhafter für den Staat. Die Versuche, die Zugeständnisse des 14. und 15. Jhs. rückgängig zu machen und die privilegierten adligen Güter der Oberhoheit der Ämter wieder unterzuordnen, glückten nirgends ganz. Die patrimoniale Gerichtsbarkeit und die damit verbundene Polizeigewalt des Adels und der Städte blieb bestehen; in Bayern wurde die Gerichtsbarkeit des Adels 1557 sogar noch ausgedehnt. Auch in Sachsen blieb ein Teil des Adels von der Gewalt der Ämter befreit und unterstand lediglich den Zentralbehörden; er wurde zum Unterschied von dem „amtssässigen" Adel als „schrift-" oder „kanzleisässig" bezeichnet. Ganz neu geordnet wurde die Lokalverwaltung in Brandenburg; hier war durch die Vergabungen des 14. und 15. Jhs. die alte Vogteiverfassung derart zerstört, daß die Reste des landesherrlichen Besitzes und der landesherrlichen Befugnisse in neuen Ämtern zusammengefaßt wurden. In ihnen überwog das privatwirtschaftliche Moment, die Verwaltung des landesherrlichen Grundbesitzes, so sehr die Ausübung der staatlichen Gerichts- und Polizeihoheit, daß diese ähnlich der patrimonialen Gerichtsbarkeit des Rittergutes als ein bloßes Zubehör des Gutes erschien; das Amt war in Brandenburg seit dem 16. Jh. vor allem fürstliche Gutswirtschaft, Domänenamt. Dieser Unterschied wirkte im Sprachgebrauch bis auf unsere Zeit nach. Während in Süddeutschland der Amtmann auch heute noch der staatliche Lokalverwaltungsbeamte ist, wurde in Preußen der Titel (Ober-)Amtmann und Amtsrat an Domänenpächter verliehen.

In engstem Zusammenhang mit den Reformen im Behördenwesen und mit dem allgemeinen Aufschwung der landesherrlichen Gewalt überhaupt steht der Ausbau der landesherrlichen Finanzverwaltung. Die Erkenntnis der Nachteile der ungeregelten Finanzwirtschaft des MA., der Wunsch, die gesamten verfügbaren Mittel jederzeit zu übersehen, führt zum Bruch mit dem bisher geübten System, die Ausgaben auf die Erträge der Ämter anzuweisen, und zu dessen Ersetzung durch eine Zentralisierung der Einnahmen und Ausgaben in der landesherrlichen Kasse, der Rentei oder Landschreiberei. Besondere Verdienste um die Verbesserung des Kassen- und Rechnungswesens haben sich die kaufmännischen Unternehmer erworben, die zeitweise (um die Wende des 15. Jhs.) in Österreich und im albertinischen Sachsen die Leitung der Finanzen gehabt haben, und ihre Reformen sind beibehalten worden, auch nachdem die Verwaltung wieder an landesherrliche Beamte gelangt war. Neben der Hauptkasse bestand in mehreren Territorien, z. B. in Brandenburg und in Sachsen, noch eine besondere Kammerkasse (später als Schatulle bezeichnet) für den persönlichen Bedarf des Landesherrn. Sie bedeutete noch nicht etwa eine grundsätzliche Trennung zwischen dem privaten Aufwand des Landesherrn und den Staatsfinanzen, überhaupt weniger eine Beschränkung des landesherrlichen Ausgaberechts als vielmehr eine Sicherstellung des Hofhalts gegen die Schwankungen der Finanzverwaltung, vielleicht auch eine Befreiung der persönlichen Ausgaben der Fürsten (z. B. Spielverluste) von der Kontrolle durch die Rechnungsbehörden.

Denn gerade auf diesem Gebiet der Kontrolle ist durch den Rat und später durch die Kammern am meisten geleistet worden. Die Prüfung der Rechnungen wurde zu einer regelmäßigen Einrichtung, und sie erweiterte sich sehr bald zu einer ständigen Beaufsichtigung der Verwaltung der Einnahmequellen, zumal des landesherrlichen Grundbesitzes. Die Bewirtschaftung der Ämter, der Forsten, der Bergwerke wurde in großen Ordnungen geregelt; am bekanntesten sind die Anweisungen, die Kurfürst

1) Auf die Stellung der Geheimen Räte vor der Gründung von Geheimratskollegien hat die oben genannte Arbeit von Klinkenborg (FBPrG., Bd. 26) neues Licht geworfen. O. Becker versucht (der Geheime Rat in Hessen, Kieler Diss. 1911, nur als Teildruck erschienen) die bisherige Ansicht von der allmählichen Herauslösung der Geh. Räte aus dem Rat zu widerlegen, aber mir scheint seine Darstellung gerade das Gegenteil, nämlich die Richtigkeit der alten Ansicht auch für Hessen zu beweisen.

August I. von Sachsen und Markgraf Hans v. Küstrin gegeben haben. Auch die Ausgaben wurden von den Kammern geprüft, und aus der rechnerischen Untersuchung entwickelte sich rasch eine Untersuchung der Zweckmäßigkeit, ein Streben nach Sparsamkeit, ferner nach Beschränkung der die Kontrolle erschwerenden Naturalwirtschaft am Hofe. Vor allen Dingen wurde ein Gleichgewicht zwischen den Einnahmen und den Ausgaben erstrebt und zu diesem Zweck versucht, durch Aufstellung von Voranschlägen, von Etats, die Finanzverwaltung in feste Bahnen zu leiten. Zum Schutz gegen die nachteilige Schuldenwirtschaft wurde auch die Ansammlung eines Staatsschatzes, eines „Vorrats", von der Theorie empfohlen[1]) und hin und wieder in der Praxis unternommen.

Die Durchführung aller dieser Grundsätze und Absichten in der Praxis war freilich sehr viel schwerer als die Abfassung schöner Ordnungen, und es ist gerade auf diesem Gebiete vor einer Überschätzung der Vorschriften zu warnen. Die Landesherrn hielten sich zum guten Teil selbst nicht an die von ihnen erlassenen Bestimmungen, sondern zogen über den Etat hinaus Leute an ihren Hof und durchbrachen immer wieder die in den Ordnungen geforderte Einheit der Kassenverwaltung durch besondere Anweisungen. Das Nachwirken der mittelalterlichen privatrechtlichen Anschauungen des Fürstentums tritt hier wie bei den Erbteilungen deutlich zutage; die Finanzen galten als Eigentum des Fürsten und wurden demgemäß verwendet, der Aufwand für den Hof war häufig viel zu hoch. Aber daß die meisten deutschen Territorien im 16. Jh. in große finanzielle Nöte kamen, liegt doch vor allem in dem durch die Erweiterung der staatlichen Aufgaben und durch die Kostspieligkeit der modernen Söldnerheere bedingten Wachsen des staatlichen Bedarfs, dem die Einnahmen nicht entsprachen. In einzelnen Territorien (Bayern, Brandenburg, Brandenburg-Franken, Baden) versuchten die Landesherrn, ihre Einnahmen dadurch zu erhöhen, daß sie auf Grund kaiserlicher Privilegien neue Zölle oder indirekte Steuern (Ungeld) einführten; aber sie stießen dabei in der Regel auf einen unüberwindlichen Widerstand der Stände, zumal der für ihren Handel fürchtenden Städte, und auch da, wo sie sich schließlich durchsetzten, genügte die auf diese Weise erzielte Steigerung der Einnahmen nur auf kurze Zeit. Für alle Territorien erhob sich im 16. Jh. die Gefahr, der sie um die Wende des 14. Jhs. erlegen waren, einer Auflösung des Staates durch die Finanznot, durch Schulden und Verpfändungen; die Verpfändung von Ämtern nahm in Brandenburg und Bayern um die Mitte des Jahrhunderts schon einen großen Umfang an. Daß der Staat des 16. Jhs. diese Gefahr überwand, verdankt er vor allem der Ausbildung eines Staatssteuer- und Staatsschuldenwesens. Diese aber hängt eng mit der landständischen Verfassung zusammen.

## § 22. Die landständische Verfassung

Allgemeine Literatur: G. v. Below, System und Bedeutung der landständischen Verfassung (Territorium und Stadt, 1923). O. Gierke, Genossenschaftsrecht, Bd. 1, bes. S. 534ff F. Rachfahl, Der dualistische Ständestaat in Deutschland, JbGesVV., Bd. 26 (1902). F. Tezner, Technik und Geist des ständisch-monarchischen Staatsrechts (1901).

Einzelne Territorien: Für Brandenburg: M. Hass, Die kurmärkischen Stände im letzten Drittel des 16. Jhs. (1913). S. Isaacsohn, Die Finanzen Joachims II. und das ständische Kreditwerk (Z. pr. G. u. Landeskunde, Bd. 16, 1879). G. A. v. Mülverstedt, Die ältere Verfassung der Landstände in der Mark Brandenburg, vornehmlich im 16. und 17. Jh. (1858). W. Schotte, Fürstentum u. Stände in der Mark Brandenburg unter der Regierung Joachims I. (1911). Für Hannover: E. v. Meier, Hannoversche Vfg.- und Verwaltungsg., Bd. 1 (1898). Für Jülich-Berg: G. v. Below, Die landständische Verfassung in Jülich und Berg bis zum Jahre 1511 (Z. berg. GVer., Bd. 21 und 22, 1885/86); Die Landtagsverfassung in Jülich und Berg von 1400—1538 (Einl. der Landtagsakten von Jülich-Berg, Bd. 1, 1895). Für Mecklenburg: H. Krause, System der landständischen Verfassung Mecklenburgs in der 2. Hälfte des 16. Jh. (1927). Für die Pfalz: E. Gothein, Die Landstände der Kurpfalz (ZGORh., NF., Bd. 3, 1888). Für Sachsen: J. Falke, Die Steuer-

---

1) Vgl. Ludwigs v. Eyb Ratschläge (hrsg. von F. Wagner, FDG., Bd. 25, 1885, S. 342ff.).

bewilligungen der Landstände im Kurfürstentum Sachsen bis zu Anfang des 17. Jhs. (Z. f. d. ges. Staatswiss., Bd. 30 und 31, 1874/75). H. Haug, Das sächsische Obersteuerkollegium (NA. f. sächs. G., Bd. 21, 1900). Für Schlesien: G. Croon, Die landständische Verfassung von Schweidnitz-Jauer (Codex dipl. Silesiae, Bd. 27, 1912).

Die Zusammenfügung der im mittelalterlichen Territorium vorhandenen ständischen Elemente zu einer dauernden Verfassungseinrichtung ist eine Folge der Ausgestaltung des Territoriums zum Territorialstaat. Es erscheint mir als ein wesentliches Verdienst Spangenbergs[1]), daß er den bedeutenden Anteil, den das Fürstentum an dieser Entwicklung genommen hat, gegenüber der lange üblichen Überschätzung der ständischen Initiative hervorgehoben hat. Wie das Fürstentum allgemein den Gedanken des Staates, dem alle Untertanen verpflichtet sind, vertrat, so verlangte es im besonderen von den Landständen, daß sie gemeinsam tagten und für das ganze Land verbindliche Beschlüsse faßten. Die Geschichte der Landstände in der Kurpfalz zeigt auffallend deutlich, wie gerade im eigenen Interesse, zur leichteren Durchführung großer politischer Aufgaben die Fürsten eine allgemeine Landesvertretung zu schaffen suchten. Nicht überall fügten sich die Stände dieser neuen Form der fürstlichen Ansprüche gutwillig; sie verteidigten den letzten Rest ihrer mittelalterlichen Autonomie, wenn sie sich gegen die Anerkennung der Mehrheitsbeschlüsse der Landstände wehrten. Diese Frage bildet darum auch den Gegenstand der letzten großen Kämpfe zwischen Landesherrschaft und Landständen, die fast gleichzeitig in den Jahren 1488—1492 in Bayern, in Brandenburg und in Mecklenburg ausgefochten worden sind.

Der ausschlaggebende Einfluß der fürstlichen Gewalt auf die Ausbildung der landständischen Verfassung tritt klar zutage bei den sächsischen und brandenburgischen Ständen, die sich im 15. und selbst im 16. Jh. in ihrer Organisation ganz den von den Fürsten vorgenommenen Landesteilungen anpaßten. Freilich warnt gerade das Verhalten der Stände gegenüber den Teilungen vor einer allzu starken Verallgemeinerung des von Spangenberg gewonnenen Ergebnisses. In Mecklenburg z. B. widersetzten sich die Stände mit Erfolg den Teilungsplänen ihrer Landesherrn und schlossen 1523 eine eigene Union. Und wie im Reiche der Zusammenschluß der Stände von diesen ins Werk gesetzt wurde, weil sie gemeinsam sowohl den Anforderungen des Kaisers wie den aus der Schwäche der Zentralgewalt entstehenden Gefahren besser entgegentreten konnten, so ging auch in vielen Territorien der Gedanke der Vereinigung der Stände zur Landschaft von den Ständen aus.

So zeigt die Entstehung der landständischen Verfassung das gleiche Bild wie die des Territorialstaats und seiner Behördenorganisation. Überall wirkte die gleiche allgemeine Strömung nach fester politischer Ordnung; der Verlauf im einzelnen ist verschieden je nach den individuellen Momenten, die ihn bestimmten; aber das Ergebnis ist doch auch hier eine im wesentlichen gleichförmige Verfassung, ein Landtag mit fest abgegrenztem Teilnehmerkreis, geregeltem Geschäftsgang und bestimmten Kompetenzen. Die Organisation des Landtags kann hier mit Rücksicht auf die grundlegende Darstellung Belows (System und Bedeutung der landständischen Verfassung, S. 183ff.) ganz kurz behandelt werden. Von den einzelnen Kurien bedürfen die der Prälaten, der Grafen und Herrn und die nur sehr selten vorhandene der Bauern keiner Besprechung, da sie nicht überall bestanden und nirgends eine selbständige Bedeutung erlangten. Der Schwerpunkt der landständischen Verfassung ruht in den beiden Kurien der Ritterschaft und der Städte; in wenigen Territorien, z. B. in Ansbach, Württemberg, Trier, hat sich freilich die Ritterschaft im Laufe des 16. Jhs. reichsunmittelbar gemacht und fehlt seitdem auf dem Landtage. In den übrigen Territorien ist dagegen die Ritterschaft der wichtigste Stand des Landtags. Wer zur landtagsfähigen

1) Vom Lehnstaat zum Ständestaat, S. 116ff.

Ritterschaft gehört, ist in den verschiedenen Territorien verschieden geregelt.[1]) Daß sich über die Landstandschaft Streit erhoben habe, ist nicht überliefert; um alle Zweifel auszuschließen, kam im 16. Jh. der Brauch auf, die landtagsfähigen Güter in Tafeln oder Matrikeln zu verzeichnen. Eine Besonderheit weist das — hier im allgemeinen freilich nicht berücksichtigte — Herzogtum Preußen auf; hier erschien der amtssässige Adel nicht persönlich auf den Landtagen, sondern schickte gewählte Deputierte.

Neben der Ritterschaft standen überall die Städtekurien, die ursprünglich wegen ihrer finanziellen Mittel stark ins Gewicht gefallen waren, seit dem 16. Jh. aber an politischer Bedeutung immer mehr hinter dem Adel zurückblieben. Auch ihre Landstandschaft war gewohnheitsrechtlich entstanden; sie kam in der Regel nur den größeren Städten zu, die oft als Hauptstädte besonders bezeichnet wurden. Der Träger der Landstandschaft war der Rat, die Obrigkeit; die Bürgerschaft hatte keinen Einfluß auf die Ernennung und Instruierung der städtischen Abgeordneten.

Ob die Landstände eine Vertretung des Landes gewesen seien oder nicht, hat schon 1807 F. W. Rehberg (Über deutsche Landstände, Anhang zu der Schrift über die Staatsverwaltung deutscher Länder) eine alte wissenschaftliche und praktische Streitfrage genannt. Ihre praktische Bedeutung, die in den ersten Jahrzehnten des 19. Jhs. noch einmal zu besonderem Leben erwacht war (vgl. unten § 48), hat die Frage längst verloren. Aber auch wissenschaftlich darf sie wohl seit den Forschungen Belows und Rachfahls[2]) als entschieden angesehen werden, und zwar in dem Sinne, daß die Landstände eine Vertretung des ganzen Landes oder, wie man nach den Bemerkungen K. Wolzendorffs[3]) wohl besser sagen sollte, des Volkes dargestellt haben. Ich vermag wenigstens nicht anzuerkennen, daß Schiefers gegen diese Auffassung gerichtete Untersuchung[4]) ausreichend begründet sei. Ihr Hauptfehler ist, daß sie in den Begriff der Vertretung eine Mitwirkung des Vertretenen hineinträgt, die wohl zum Mandat, nicht aber zur Vertretung erforderlich ist. Daß die Landstände keine Volksvertretung im modernen Sinn gewesen sind, ist offenkundig. Das ist aber auch vor Schiefer nicht behauptet worden. Sie gehen nicht aus Wahlen hervor; wo Wahlen stattfinden, z. B. für die Ausschüsse, wird der Gewählte in der Regel an feste Instruktionen gebunden. Aber die Landstände vertreten nicht bloß den Teil der Bevölkerung, zu dem sie in einem obrigkeitlichen Verhältnis stehen, die ländlichen Hintersassen und die städtische Bevölkerung, sondern auch den übrigen Teil, die Güter des Klerus, die freien Bauern, die Domänenbauern. Ihre Beschlüsse binden das ganze Land. Sie haben sich auch oft verpflichtet gefühlt, dem Landesherrn gegenüber die Interessen des ganzen Landes zu wahren. Daß sie infolge ihrer einseitigen sozialen Zusammensetzung diese Aufgabe häufig schlecht erfüllt und in der Regel mehr die eigenen Interessen als das Wohl der Gesamtheit berücksichtigt haben, ist unbestreitbar und wird für das politische Urteil über die Landstände sehr ins Gewicht fallen. Aber an dem rechtlichen Vertretungscharakter wird dadurch nichts geändert.

Die Beratungsformen der Landtage entsprachen in vielen Punkten denen des deutschen Reichstags. Die Berufung des Landtags war in der Regel ein ausschließliches Recht des Landesherrn; nur in wenigen Territorien hatten die Stände das Recht, sich auch ohne Aufforderung des Fürsten zu versammeln.[5]) Daß dem Recht auch eine Pflicht zum Erscheinen entspreche, wurde zwar von den Fürsten behauptet, aber nicht durchgesetzt; doch war der Landtag auch ohne Anwesenheit aller Mitglieder beschlußfähig. Zur Eröffnung des Landtags traten alle Kurien in gemeinsamer Sitzung zusammen und hörten die landesherrliche Proposition an; deren Beratung erfolgte aber wie auf dem Reichstage abgesondert in den einzelnen Kurien, und zwar geheim und unter Ausschluß des Landesherrn und seiner Beamten. Innerhalb der einzelnen Ku-

---

1) Gegen die Verallgemeinerung des von Below gewonnenen Ergebnisses, daß die Landstandschaft an den Besitz einer Burg geknüpft gewesen sei, vgl. besonders Hass, Die kurmärk. Stände, S. 32 Anm. 2, Schiefer, WZ., Bd. 32, 1913, S. 300f., Rachfahl, JbGesVV., Bd. 40, 1916, S. 73f.

2) F. Rachfahl, Alte und neue Landesvertretung in Deutschland (JbGesVV., Bd. 33, 1909, S. 89ff.); Waren die Landstände eine Landesvertretung? (ebda., Bd. 40, 1916, S. 1141ff.).

3) K. Wolzendorff, Staatsrecht und Naturrecht in der Lehre vom Widerstandsrecht des Volkes gegen rechtswidrige Ausübung der Staatsgewalt (1916), S. 85f.

4) W. Schiefer, Der Repräsentantencharakter der deutschen Landstände, eine rechtshist. Untersuchung vornehmlich für das MA. (WZ., Bd. 32, 1913, S. 261ff.).

5) Vgl. darüber den Aufsatz von J. J. Moser, Von der teutschen Landstände Conventen ohne landesherrliche Bewilligung (in seinen „Nebenstunden“, Heft 6, 1758, S. 876ff., fortgesetzt in der Sammlung einiger neuer Abhandlungen von Staatssachen, Bd. 2, 1765).

rien entschied gewöhnlich, wenn auch nicht überall und nicht widerspruchslos, die Stimmenmehrheit. Dagegen bestanden über die Ausgleichung zwiespältiger Meinungen unter den Kurien keine festen Regeln; eine Überstimmung war auch da, wo sie durch das Vorhandensein von mehr als zwei Kurien möglich gewesen wäre, meist ausgeschlossen. Es war Aufgabe des Landesherrn und seiner Räte, die Ansichten der Kurien einander anzugleichen, damit ein einhelliger Beschluß zustande kommen konnte. Eine volle Übereinstimmung, wie sie auf dem Reichstage nötig war, konnte in den meisten Territorien entbehrt werden, da formelle Landtagsabschiede nicht überall üblich waren, die Beschlüsse der einzelnen Kurien vielmehr in landesherrlichen Patenten und die Gegenbewilligungen des Fürsten in Reversen an die Kurien ausgefertigt wurden.

Die in der Regel dem Landesherrn zur Last fallenden erheblichen Kosten und die Umständlichkeit der Beratungen eines ganzen Landtags führten namentlich seit dem Ende des 16. Jhs. in vielen Territorien dazu, daß die Landesherrn statt dessen nur noch Ausschüsse beriefen. Die Landstände widersetzten sich dem häufig, weil die wenigen Mitglieder der Ausschüsse nicht immer gleich unabhängig vom Fürsten waren wie die Gesamtheit der Landstände. In vielen Staaten, z. B. in Bayern und Brandenburg, ist in der Tat die Verdrängung des Landtags durch den Ausschuß der Anfang vom Ende der landständischen Verfassung geworden. Aber auch diese Regel erleidet ihre Ausnahme; die württembergische Landschaft hat gerade im Ausschuß ein geeignetes Organ zur dauernden Überwachung des Landesherrn gefunden.

Über die Kompetenzen der Landtage läßt sich noch weniger etwas Einheitliches sagen, abgesehen vielleicht von der einen Tatsache, daß sie nirgends fest umschrieben waren. Verfassungsurkunden, die alle Rechte und Pflichten der Landesvertretung regeln, waren noch unbekannt. Die einzelnen Privilegien, Rechte und Freiheiten, die in Bayern seit 1514 nicht bloß in einem ständischen Archiv gesammelt, sondern auch durch den Druck allen Beteiligten zugänglich gemacht wurden, bedürfen überall der Ergänzung durch das Herkommen, und dieses änderte sich nicht nur von Land zu Land, sondern auch von Regent zu Regent. Im allgemeinen läßt sich sagen, daß das Recht der Beschwerde so gut wie unbegrenzt war; nicht einmal vor dem persönlichen Verhalten der Fürsten machte die Kritik der getreuen Landstände halt. Ferner mußten die Stände gefragt werden bei Angelegenheiten, die in ihre eigene Rechtssphäre eingriffen, zumal bei der Besteuerung, meist auch bei dem Erlaß neuer Gesetze und Rechtssatzungen.

Was darüber hinausgeht, wie das Streben der Stände nach Einfluß auf die gesamte innere und äußere Regierung, das wechselte nach Zeit und Umständen und kann hier natürlich nicht im einzelnen betrachtet werden. Nur auf die allgemeinen Strömungen, von denen die landständische Politik getragen wurde, sei hingewiesen: wie bei der Organisation der Behörden wirkt auch hier neben der Gleichartigkeit der Verhältnisse bewußte Nachahmung ein, denn anders kann die fast wörtliche Übereinstimmung wichtiger Forderungen in den sächsischen und brandenburgischen Landtagsverhandlungen der Jahre 1539 und 1540 nicht erklärt werden.[1]) Eine allgemein

1) Die sächsischen Landtagsverhandlungen des Jahres 1539 sind einstweilen nur im Auszug bekannt (vgl J. Falke, Die landständischen Verhandlungen unter dem Herzog Heinrich von Sachsen 1539—1541, A. f sächs. G., Bd. 10, 1872). Doch genügt auch die moderne Übertragung, um zu erkennen, daß die Eingabe der sächsischen Ritterschaft S. 44ff. die Vorlage für die Eingabe der brandenburgischen Oberstände beim Landtag des Frühjahrs 1540 (Kurmärkische Ständeakten aus der Regierungszeit Kurfürst Joachims II., Bd. 1, S. 85ff.) gebildet hat. Fast wörtlich entsprechen die sächsischen Punkte 1 (Bitte um Bestätigung der Privilegien), 4 (keine wichtige Sache, daran der Lande Gedeihen oder Verderb gelegen, ohne die Landstände anfangen), 5 (sich in kein Bündnis, zu dem die Untertanen gebraucht werden, begeben ohne Rat und Willen der Stände) und 9 (Erhaltung der Klöster zugunsten des Adels) den brandenburgischen Punkten 1, 3, 4 und 5.

europäische Erscheinung ist es, daß die Stände am Indigenat festhalten, d. h. nur Landeskinder, mit Vorliebe solche vom Adel, in dem fürstlichen Rat und in der Landesverwaltung angestellt wissen wollen. Sie streben ferner nach Einfluß auf die Regierung, indem sie neben den Hofräten noch besondere Landräte verlangen, die bei wichtigen Beschlüssen zur besseren Wahrung der Interessen des Landes und der Stände zugezogen werden sollen; die Entscheidung über die Lebensfragen des Staates, von denen Gedeihen und Verderben der Lande abhing, über Krieg und Frieden und über den Abschluß von Bündnissen, wollen sie sogar dem gesamten Landtag vorbehalten.

Mit allem dem haben die Landstände wohl zeitweise Erfolg gehabt; ihre Forderungen sind nicht bloß in vielen Reversen anerkannt worden, sondern mehrmals ist deren Durchführung in der Form in die Wege geleitet worden, daß die Stände die alten Beamten absetzten und dem Landesherrn neue Männer ihres Gefallens aufdrängten (1514 in Bayern; 1609 in Brandenburg nach dem Tode Joachim Friedrichs). Aber mit ganz wenigen Ausnahmen, die auf besondere Verhältnisse (z. B. die polnische Lehnshoheit und die lange andauernde Geistesschwäche der Herzöge in Preußen) zurückgeführt werden müssen, haben alle derartigen ständischen Einrichtungen nur ein kurzes Leben gehabt; auf die Dauer ist die landesherrliche Regierung in ihrem Kreise, in Rechtsprechung und auswärtiger Politik, doch unbehelligt geblieben, auch die Reformation und Gegenreformation ist von den Fürsten, oft sogar gegen den Willen der Landstände, durchgeführt worden. Wie im Reiche war eben auch in den Territorien das Ständetum wohl fähig, vorübergehend Erfolge zu erringen, z. B. eine Landesteilung zu verhindern oder einen Wechsel der Räte zu erzwingen, aber einem bleibenden ständischen Regiment stand im Wege, daß die Stände für die Übernahme politischer Pflichten wenig Neigung und Verständnis zeigten, daß sie auch jetzt noch die mittelalterliche Freiheit von staatlichen Pflichten höher schätzten als einen dauernden Anteil an der Regierung. Auch waren die Stände innerlich zu uneins; Adel und Städte standen sich in ihren wirtschaftspolitischen Ansichten und Zielen schroff gegenüber und hielten nur in der Negation, in der Abwehr aller Lasten und Gefahren, die die landesherrliche Politik bringen konnte, zusammen.

Wenn wir von der Gesetzgebung absehen, die von den Landständen oft angeregt worden ist, während sie die Abfassung der einzelnen Bestimmungen aus Mangel an Sachkunde in der Regel den landesherrlichen Räten überlassen mußten, haben die Stände nur auf einem Gebiet nachhaltige Erfolge erzielt, in der Steuerverfassung und -verwaltung. Grundsätzlich war der Landesherr verpflichtet, die gesamten Kosten des Hofhalts und der Regierung aus den Erträgen des Kammergutes, der Domänen und der Regalien, zu bestreiten. Reichte er damit nicht aus, so konnte er Steuern nur mit Zustimmung der Stände erheben. Diese aber machten ihre Bewilligungen nur gegen politische Zugeständnisse, die zwar nicht so bedenklich waren wie die dauernden Steuerbefreiungen des MA., aber den Landesherrn doch lästig fielen. Denn die Stände waren zu Bewilligungen auf lange Zeit nicht zu haben; die Notwendigkeit, zu verhandeln und neue Konzessionen einzuräumen, trat also sehr häufig ein. Das Steuerbewilligungsrecht offen zu verletzen, war nur wenigen Fürsten, z. B. Philipp von Hessen, möglich; aber man konnte es umgehen, wenn man Schulden aufnahm, statt die Stände um Hilfe zu ersuchen. Auch dieses Verfahren fand freilich früher oder später sein Ende, wenn der Kredit erschöpft war oder der Fürst starb und dem Nachfolger ein überschuldetes Kammergut hinterließ. Dann mußten doch die Stände berufen und um Hilfe gebeten werden. Die Landstände haben sich in dieser Lage ein unbestreitbares Verdienst erworben, indem sie ihre Hilfe nie versagten, vielmehr die Notwendigkeit einsahen, für die Erhaltung des fürstlichen Kredits, für die geregelte Fortführung der Verwaltung mit ihren Mitteln einzutreten, und die Schulden des Fürsten als eine dauernde Verpflichtung des ganzen Landes, als Staatsschuld anerkannten. Ihre Hilfe war zunächst freilich selten mehr als eine Halbheit, eine befristete Beisteuer zur Schuldentilgung, kein dauernder Beitrag zur Deckung der notwendigen Ausgaben. Sie konnte daher eine neue Verschuldung trotz allen Vorsichtsmaßregeln wie dem Verbot, Domänen zu verpfänden, oder der Bedingung, die bewilligte Steuer nur zu dem bestimmten Zweck zu verwenden, nicht verhindern. Fast in allen Territorien gingen die Stände im Lauf des 16. Jhs. deshalb noch einen Schritt weiter; sie nahmen die Schulden des Landesherrn zur Verzinsung und Tilgung auf sich. Das brachte wieder die Einführung ständiger Steuern mit sich, die in der Regel den Adel selbst freiließen, die übrigen Untertanen aber sowohl direkt durch Vermögenssteuern wie indirekt durch Verbrauchsabgaben zumal vom Bier zu treffen suchten. Außerdem wurde dadurch die Errichtung besonderer Behörden und besonderer Kassen zur Verwaltung der Schulden und dieser Steuern (Landschaft in Bayern, Kreditwerk in Brandenburg, Landkasten in Mecklenburg und Württemberg, Obersteuerkollegium in Sachsen usw.) nötig.

Die Finanzverwaltung des deutschen Territorialstaats bietet demnach etwa seit der Mitte des 16. Jhs. ein eigentümliches Bild dar: sie ist zwiespältig. Auf der einen Seite steht eine landesherrliche Verwaltung, die in der Hofrentei und der Hofkammer gipfelt, und der die alten Einnahmezweige, die Domänen und Regalien und die vor Errichtung der ständischen Steuerverwaltung bereits dauernd gewordenen Steuern, das Ungeld in Ansbach, das „alte Biergeld" in Brandenburg unterstellt sind, auf der andern Seite eine landständische Verwaltung, deren oberste Behörde meist schon durch den Namen die Zugehörigkeit zum Lande im Gegensatz zum Hofe ausdrückt. Und da dieser Zwiespalt zwischen Herrschaft und Landschaft sich auch sonst noch findet, im Amtsstil sowohl der Fürsten wie der Stände als etwas ganz Selbstverständliches erscheint, namentlich in dem auf der Huldigung des Landes und dem Revers des Landesherrn beruhenden Vertragsverhältnis zum Ausdruck kommt, so ist es seit Gierke üblich geworden, den deutschen Territorialstaat als dualistisch zu bezeichnen. Landesherr und Land sind, so drückt Below die herrschende Lehre aus[1]), zwei verschiedene Rechtssubjekte. Diese Auffassung ist von Tezner[2]) angefochten worden; er hat vor allem aus dem unsicheren Anspruch der Stände auf Mitwirkung bei der Gesetzgebung auf eine rechtliche Unumschränktheit des Landesherrn geschlossen. Aber seine Beweisführung leidet besonders darunter, daß er sie vorwiegend auf außerdeutsche Beispiele stützt; deshalb muß auch sein Ergebnis für die Mehrzahl der deutschen Territorien abgelehnt werden. Freilich bedarf die herrschende Lehre vom Dualismus des Ständestaats einer Einschränkung. Es fehlen nicht nur in vielen kleinen Territorien alle Voraussetzungen für den Dualismus, starke, vom Fürstentum unabhängige ständische Gewalten. Sondern auch in den größeren Territorien, selbst in den klassischen Ländern des Dualismus darf von einer vollen Gleichberechtigung zwischen Herrschaft und Landschaft nicht gesprochen werden. Auch ist der Dualismus nicht etwa von vornherein im Wesen des Territorialstaats begründet gewesen, er ist vielmehr eine Rückbildung. Das erstarkte Fürstentum des 15. Jhs. ist durchaus auf eine einheitliche Staatsgewalt ausgegangen; es ist in der Gesetzgebung und in der Rechtsprechung als die allgemeine Obrigkeit aufgetreten. Aber es ist damit nicht ganz durchgedrungen. Die Reste von patrimonialer Staatsauffassung, auf die bereits (S. 40 und 54) hinzuweisen war, sind darauf gewiß von Einfluß gewesen, aber entscheidend ist doch die Tatsache, daß dem Fürstentum die Macht gefehlt hat, den Gedanken der einheitlichen Obrigkeit ganz durchzusetzen. Die finanziellen Schwierigkeiten, deren es aus eige-

1) System und Bedeutung der landständischen Verfassung (Territorium und Stadt), S. 248.
2) Technik und Geist des ständisch-monarchischen Staatsrechts (1901).

ner Kraft nicht Herr werden konnte, haben es seit dem 16. Jh. gezwungen, sich an die Stände zu wenden; und diese sind trotz allen Verlusten an Freiheiten, trotz der Unterordnung unter die fürstliche Gewalt, noch stark genug gewesen, um das Fürstentum zu Zugeständnissen zu zwingen und eine gewisse politische Selbständigkeit zu erringen, die wohl so weit gehen mochte, daß die Stände wie ein gleichberechtigter Faktor erschienen und sich sogar in die auswärtige Politik des Fürsten einmischen konnten. Der Dualismus ist ein Kompromiß zwischen Fürstentum und Ständen. Er ist zur dauernden Einrichtung geworden und hat sich immer stärker ausprägen können, weil die deutschen Fürsten seit der Mitte des 16. Jhs. die großen politischen Ziele ganz aus den Augen verloren und gar kein Bedürfnis mehr empfanden, den Dualismus zu überwinden und alle Kräfte ihres Staates der eigenen Verfügung zu unterstellen. Im Gegenteil, der Verengerung des politischen Gesichtskreises folgt eine Verengerung des Staatsbegriffs, die den Dualismus noch verschärft. Nur das gilt den Fürsten noch als Staat, was sich in ihrem unmittelbaren Besitz befindet, was als Eigentum, als Patrimonium der Dynastie bezeichnet werden kann; Staat und Kammerstaat, d. h. das Domanium, werden identische Begriffe. Trotzdem ist der Gedanke der einheitlichen und allgemeinen Obrigkeit nicht ganz aufgegeben worden. Wohl hat der Sprachgebrauch jener Zeit den Fürsten und das Land als zwei selbständige Faktoren einander gegenübergestellt, wohl hat auch das Fürstentum selbst es je länger je mehr als überflüssig empfunden, daß es mit seinen Kammereinkünften Einrichtungen unterstütze, die vor allem dem Lande zugute kämen, aber es hat doch daran festgehalten, daß die Landschaft zu seinen Untertanen gehörte, daß auch die landständischen Steuern nur auf Grund fürstlicher Befehle erhoben würden, und es hat sich auch, wie wir aus den neueren, nicht bloß die Organisation, sondern auch die Tätigkeit der Behörden untersuchenden Forschungen[1]) erkennen, einen starken, weit über die herkömmliche Auffassung vom Dualismus hinausgehenden Einfluß auf die landständische Steuerverwaltung gewahrt.

Der entscheidende Faktor ist also auch im dualistischen Territorialstaat das Fürstentum geblieben; die viel gebrauchte Bezeichnung als Ständestaat trifft daher auf die politische Verfassung nicht zu. Die Stände sind nur eine Beschränkung der fürstlichen Gewalt; sie wehren neue Belastungen, soweit es die allgemeine Lage zuläßt, vom Volke ab, sie ermahnen den Fürsten zur treuen Erfüllung seiner Regentenpflichten, sie wachen über die Landesrechte, sie führen Beschwerde über Übergriffe der fürstlichen Beamten und sichern so auch dem gemeinen Mann den Rechtsschutz gegen Willkür der Beamten, sie sorgen für die Erhaltung der reinen Lehre; sie wirken endlich ausdrücklich auf den Landtagen, aber auch stillschweigend durch ihre bloße Existenz zur Sparsamkeit, zur Zurückhaltung in der auswärtigen Politik, zur Friedfertigkeit. Sie haben damit ihren großen Anteil an den Verdiensten des deutschen Territorialstaats im 16. und 17. Jh. genommen, an dem Amtsbegriff des Fürstentums, an der Pflege des geistlichen und weltlichen Wohles der Untertanen, an der Erhaltung der alten christlichen Zucht und Ehrbarkeit. Aber sie tragen auch die Mitschuld an den großen Unterlassungen jener Staaten, an dem Verfall der kostspieligen, aber unentbehrlichen militärischen Macht, an der schwächlichen auswärtigen Politik, die allen Gefahren durch Passivität begegnen zu können vermeinte. Das hat sich nicht allein im Dreißigjährigen Kriege gerächt, wo die deutschen Territorien fast ohne Ausnahme wehrlos

1) Die Ergebnisse von M. Hass, dessen Arbeit (s. oben S. 54) das Urteil über die Bedeutung des Ständetums unter Johann Georg wesentlich verändert hat, werden für Mecklenburg durch H. Krause bestätigt. Auch für Württemberg läßt sich der obrigkeitliche Charakter des Fürstentums aus den Landtagsakten nachweisen. Im allgemeinen vgl. auch A. H. Loebl, Der Sieg des Fürstenrechts — auch auf dem Gebiete der Finanzen — vor dem Dreißigjährigen Kriege (1916).

den großen Mächten und ihren Heerführern preisgegeben waren, sondern es hat überhaupt zur Erstarrung des politischen Lebens geführt. Das Urteil, das GOTHEIN über die badischen Markgrafschaften fällt[1]), daß den hoffnungsfreudigen Anfängen des 16. Jhs. die ängstliche Vorsicht am Ausgange recht wenig gleiche, daß die Enkel nur hätten erhalten wollen, wo der Vorfahr schaffen wollte, das gilt allgemein für die deutschen Territorien, zumal für die protestantischen Staaten. Gerade in ihnen hat sich unter dem Einfluß der Lehre vom leidenden Gehorsam der kleinstaatliche Typus entwickelt, wie er bei den Staatstheoretikern jener Zeiten von Melchior v. Osse bis zu Veit Ludwig v. Seckendorff geschildert wird, wie er in den fürstlichen Testamenten als Ideal erscheint, wie er sich aber auch in der gesamten Politik von Fürsten und Landständen ausgeprägt hat, jener Staat, der kein höheres Ziel kannte als den lieben Frieden, als ein stilles und geruhsames Leben in Gottseligkeit und Ehrbarkeit. Diese kleinstaatliche Verkümmerung und Selbstbescheidung, dieser Verzicht auf allen kräftebeanspruchenden, aber auch kräfteentwickelnden Ehrgeiz hat auf lange Zeit hinaus große Gebiete Deutschlands politisch und wirtschaftlich gelähmt.

## Siebenter Abschnitt: Der Absolutismus in Brandenburg-Preußen von 1640—1806

Quellen: C. O. MYLIUS, Corpus Constitutionum Marchicarum (6 Bde. und 4 Forts., bis 1750, Berlin 1737—1755); fortgesetzt für 1751—1806 in dem Novum Corpus Constitutionum Prussico-Brandenburgensium, hrsg. von der Ak. d. Wiss. Berlin (1753—1807), mit Nachtrag für 1807—1810 (1822). Urkunden und Aktenstücke zur G. des Kurfürsten Friedrich Wilhelm von Brandenburg (seit 1864; für die innere Entwicklung kommt nur die Abteilung „Ständische Verhandlungen" mit vier Bänden, 5 für Cleve-Mark, 10 für Brandenburg, 15 und 16 für Preußen in Betracht). Urkunden und Aktenstücke zur G. der inneren Politik des Kurfürsten Friedrich Wilhelm von Brandenburg (seit 1895; bis jetzt zwei Abteilungen, 1. K. BREYSIG u. F. WOLTERS, G. d. Brandenb. Finanzen in der Zeit von 1640—1697, 2 Bde. 1895—1915. 2. O. HÖTZSCH, Stände und Verwaltung von Cleve und Mark, in der Zeit von 1666—1697, 1908). Acta Borussica, Denkmäler der Preuß. Staatsverwaltung im 18. Jh., hrsg. von der Ak. d. Wiss. (begründet von G. v. SCHMOLLER), seit 1892; 1. Abteilung, Behördenorganisation und allgemeine Staatsverwaltung, bis jetzt 12 Bde. (z. T. Doppelbände) für 1713—1763; 2. Abteilung, Die einzelnen Gebiete der Verwaltung, davon sind erschienen 3 Bde. über die Seidenindustrie, 3 Bde. über die Getreidehandelspolitik (bis 1756), 4 Bde. über das Münzwesen (bis 1806, dazu 3 Hefte Münzbeschreibungen), 2 Bde. für die Handels-, Zoll- und Akzisepolitik (bis 1740 ; endlich ein Ergbd., die Briefe König Friedrich Wilhelms I. an den Fürsten Leopold zu Anhalt-Dessau. Die politischen Testamente der Hohenzollern, hrsg. von G. KÜNTZEL und M. HASS (2. Aufl. 1919/20). Preußen und die katholische Kirche seit 1640, bearb. von M. LEHMANN und H. GRANIER (9 Bde., 1878—1902).

Darstellungen (vgl. auch die oben S. 1 angegebene Literatur): F. HARTUNG, Die politischen Testamente der Hohenzollern (FBPrG., Bd.25, 1913). O HINTZE, Der Staat des Großen Kurfürsten (Internat. Monatsschr. f. Wissenschaft, Jahrg. VIII. 1914); Der preuß. Militär- und Beamtenstaat des 18. Jhs. (Hist. u. pol. Aufs. Bd. 1). C. JANY, G. der kgl. preußischen Armee bis 1807 (1. Bd. bis 1740, 1928). G. SCHMOLLER, Studien über die Wirtschaftliche Politik Friedrichs des Großen und Preußens überhaupt von 1680—1786 (JbGesVV., Bd. 8, 10, 11. 1884, 1886, 1887); Die Epochen der preuß. Finanzpolitik bis zur Gründung des Deutschen Reiches (Umrisse und Untersuchungen S. 104ff. L. TÜMPEL, Die Entstehung des brandenburgisch-preuß. Einheitsstaates im Zeitalter des Absolutismus 1609—1806 (1915).

Außerdem wird die innere Entwicklung Brandenburg-Preußens auch in den meisten allgemeinen Darstellungen der preußischen und deutschen Geschichte mehr oder weniger eingehend behandelt. Ich nenne von diesen über den eigentlichen Bereich der Vfg. hinausgehenden Arbeiten: für den Großen Kurfürsten B. ERDMANNSDÖRFFERS noch nicht überholte Deutsche G. vom Westfäl. Frieden bis zum Regierungsantritt Friedrichs des Großen (Bd. 1, 1892, bes. S. 410ff. und 450ff.); für Friedrich I. O. HINTZE, Staat und Gesellschaft unter dem ersten König (Hohenzollern-Jb.. Bd. 4, 1900; auch Hist. u. pol. Aufs. Bd. 1) und W. KOCH, Hof- und Regierungsverfassung Friedrichs I. von Preußen (1926); für Friedrich Wilhelm I., der noch keinen modernen Biographen gefunden hat, ERDMANNSDÖRFFER aaO. Bd. 2 (1893) S. 477ff. und G. SCHMOLLER, Die innere Verwaltung des Preuß. Staates unter Friedrich Wilhelm I. (PrJbb., Bd. 25 u. 26, 1870) und das Städtewesen unter Friedrich Wilhelm (Z. f. Preuß. G. und Landeskunde, Bd. 8, 10—12, 1871, 1873/75); für Friedrich II. R. KOSER, G. Friedrichs des Großen (4 Bde., 6. u. 7. Aufl., 1921/25).

---

1) Die bad. Markgrafschaften im 16. Jh. (1910), S. 91.

## § 23. Die Auseinandersetzung mit den Ständen

G. Küntzel, Über Ständetum und Fürstentum vornehmlich Preußens im 17. Jh. (Beitr. z. brand. u. preuß. G., Festschrift zu G. Schmollers 70. Geburtstag, hrsg. vom Ver. f. G. d. Mark Brandenburg, 1908, S. 101 ff.). Für Brandenburg fehlt eine besondere Untersuchung, für Cleve vgl. Hötzsch (oben S. 61); für Preußen: H. Rachel, Der große Kurfürst und die ostpreuß. Stände 1640—1688 (1905). R. Bergmann, G. der ostpreuß. Stände und Steuern von 1688—1704 (1901). Für Friedrich Wilhelm I.: V. Loewe, Die Allodifikation der Lehen unter Friedrich Wilhelm I. (FBPrG., Bd. 11, 1898).

Bis in die Mitte des 17. Jhs. unterschied sich das Staatswesen der märkischen Hohenzollern kaum von den normalen deutschen Territorialstaaten. Zwar hatten glückliche Erbschaften den Besitz der Dynastie wesentlich erweitert, 1609 um die jülich-clevischen Lande, von denen freilich nur der clevisch-märkische Teil dauernd behauptet werden konnte, 1618 um das unter polnischer Lehnshoheit stehende Herzogtum Preußen. Aber ein einheitliches Staatswesen war damit noch nicht geschaffen worden, vielmehr behielt jedes Territorium seine getrennte Regierung, und die in der Gemeinsamkeit des Landesherrn gegebene Verbindung kam in der Politik um so weniger zum Ausdruck, als der bestimmende Faktor nicht der Landesherr, sondern in allen Territorien, vor allem in Cleve und Preußen, die Stände waren. Während des ganzen Dreißigjährigen Krieges führte jedes einzelne Territorium ein Sonderdasein, an gemeinsames Auftreten, an Unterstützung etwa der am härtesten vom Kriege mitgenommenen Kurmark wurde nirgends gedacht. Ob Schwarzenberg wirklich, wie einige neuere Forscher[1]) meinen, ein grundsätzlicher Gegner dieser ständisch-territorialen Regierungsweise gewesen ist und eine absolutistische Machtpolitik hat einschlagen wollen, mag hier dahingestellt bleiben. Denn dauernde Erfolge hat er damit nicht erzielt, und die Regierung des Großen Kurfürsten begann noch einmal ganz im Geiste der ständischen Forderungen; die eingeborenen Adligen berieten den Kurfürsten, ihr Wunsch nach Auflösung des Heeres wurde erfüllt, die tatenlose Neutralität galt noch einmal als die beste Politik inmitten der kämpfenden großen Mächte.

Aber noch während des Krieges hat Kurfürst Friedrich Wilhelm erkannt, daß ein Fürst seine Länder nicht behaupten, geschweige denn seine Ansprüche durchsetzen könne, wenn er nicht ständig eine reale Macht einzusetzen habe mit einem Heer. Mit der Gründung des stehenden Heeres, das 1644 zum erstenmal aufgestellt und nach den Friedensschlüssen wohl in seiner Stärke vermindert, aber niemals ganz aufgelöst worden ist, beginnt der Bau des brandenburgisch-preußischen Gesamtstaats. Denn dieses Heer gehört allein dem Kurfürsten, der Dynastie; es dient ihm in allen seinen Territorien, deren Stände und Behörden grundsätzlich nichts mit dem Heere zu tun haben. An den Fragen des stehenden Heeres, der gemeinsamen Rüstung gegen das Ausland entsteht zum erstenmal ein die rein zufällige Verbindung der Personalunion überwindendes Bewußtsein der Zusammengehörigkeit aller kurfürstlichen Lande, die der Kurfürst als „membra unius capitis" auffaßt.

Bei dem schroffen Gegensatz, in dem diese einheitliche Machtpolitik zu allen Tendenzen der Stände, der territorialen Abgeschlossenheit sowohl wie der Friedfertigkeit der auswärtigen Politik, stand, ist es begreiflich, daß sie sich überall gegen die Errichtung des Heeres und zumal gegen seine dauernde Beibehaltung gewehrt haben; sie wollten weder die mit dem stehenden Heere verknüpfte dauernde Steuerbelastung übernehmen noch dem Kurfürsten eine über ihren Gesichtskreis und ihre Interessen hinausgehende und „ausländische Provinzen" berührende Politik gestatten. Am leichtesten setzte sich Friedrich Wilhelm den Ständen der Mark Brandenburg gegenüber

---

1) O. Meinardus, Die Legende vom Grafen Schwarzenberg (PrJbb., Bd. 88, 1897); Neue Beitr. z. G. des Großen Kurfürsten (FBPrG., Bd. 16 u. 17, 1903/04). Ihm hat sich ohne nähere Begründung K. Breysig, FBPrG., Bd. 29, 1916, S. 532, angeschlossen.

durch. Sie fühlten sich mit ihrem Herrscherhaus doch wohl fester verbunden als die erst neuerdings erworbenen Lande; ihre zuverlässige Treue wird in allen politischen Testamenten der Hohenzollern rühmend hervorgehoben. Aber auch sie unterwarfen sich nicht bedingungslos. Der nach langen Verhandlungen zustande gekommene Landtagsrezeß vom 26. Juli 1653[1]) bedeutet sogar einen erneuten Sieg der Stände. Er bewilligt die Steuer für den Unterhalt des Heeres nur auf sechs Jahre und wiederholt alle alten politischen und kirchlichen Zugeständnisse des 16. Jhs., die in der Bestimmung gipfeln, daß in wichtigen Dingen, „doran des Landes Gedeien oder Verderb gelegen", nichts ohne Zustimmung der Stände geschehen dürfe. Aber beide Beschränkungen sind durch die Entwicklung der Dinge bald hinfällig geworden; die Steuer, die sogenannte Kontribution, die freilich den Adel freiließ, ist mit dem Heere eine dauernde Einrichtung geworden, und auf die kurfürstliche Regierung haben die Stände auch jetzt keinen Einfluß gewonnen. Die praktische Bedeutung des Rezesses beruht lediglich in der Festigung, nicht etwa Begründung, des Abhängigkeitsverhältnisses der Bauern gegenüber den Rittergutsbesitzern, namentlich in der Bestätigung der Leibeigenschaft überall da, wo sie bereits üblich sei, und in der Erschwerung der Beweisführung für die Bauern, die frei zu sein behaupteten. Gegen wirtschaftliche Zugeständnisse haben die märkischen Stände ihre politischen Ansprüche fallen lassen.

Wesentlich schwieriger gestaltete sich die Auseinandersetzung mit den Ständen in Cleve und der Grafschaft Mark. Sie hatten schon infolge der Schwäche der letzten Herzöge eine starke Stellung inne, der Erbstreit war ihren Ansprüchen auch günstig, und bei der staatischen, d. h. ständischen Partei in den Niederlanden fanden sie stets Rückhalt gegen ihren Landesherrn. Gleich den ersten Versuchen des Kurfürsten, sich durch eine „eigene Armatur" in den Besitz der Festungen beider Länder zu bringen, setzten sie lebhaften Widerstand entgegen, weil sie darin den Keim eines „absoluten Dominats" erblickten. Der Kurfürst mußte ihnen in der Tat nachgeben und in dem Landtagsabschied vom 9. Oktober 1649 die für den Ständestaat charakteristischen Zusicherungen, wie die Anerkennung des Indigenats, die Verpflichtung der Beamten auf die ständischen Privilegien und ähnliche erteilen. In den folgenden Jahren gingen die Stände, gestützt auf das Übergewicht der Staaten in Holland, noch weiter und trieben während des jülichschen Krieges von 1651 und des Regensburger Reichstags von 1653 und 1654 offen eine selbständige, dem Landesherrn entgegengesetzte Politik. Aber gerade auf dem Reichstag war die Stimmung den Landständen nicht günstig, wie schon der weiter unten anzuführende § 180 des Reichsabschieds (vgl. § 27) beweist, und die Stände hatten mit ihren Bestrebungen kein Glück. Dagegen schritt der Kurfürst jetzt energisch ein, er ließ den Führer der Stände, v. Wilich, verhaften, er veranstaltete während des nordischen Krieges auch in Cleve und Mark große Rüstungen ohne alle Rücksicht auf die Stände und den Landtagsabschied von 1649. Nach dem Frieden von Oliva, der ihm freie Hand ließ, machte er der Machtstellung der Stände überhaupt ein Ende. Er hob den Landtagsabschied von 1649 auf, da er ein unzulässiges „condominium" der Stände eingeführt hätte, und schrieb ihnen einen neuen Rezeß vor, der zwar das Indigenat für die Stellen der Landesregierung bestehen ließ, aber das Steuerverweigerungsrecht beseitigte, die Ernennung eines Statthalters ausschließlich ins Belieben des Kurfürsten stellte, die Vereidigung der Beamten auf die Landtagsabschiede strich und dem Kurfürsten das unbeschränkte Recht, Truppen zu werben, zuerkannte. Vor der Drohung, den Rezeß mit Waffengewalt durchzusetzen, wichen die Stände zurück und nahmen am 3. November 1660 den kurfürstlichen Entwurf an.

---

1) Bei Mylius, Bd. 6, 1, S. 425ff., im Auszug auch bei W. Altmann, Ausgew. Urkunden zur Brandenb.-Preuß. Vfg.- u. Verwaltungsg., Bd. 1 (nur in der 2. Aufl. 1914), S. 81ff.

Nachdem der Kurfürst auf diese Weise die landesherrliche Gewalt neu begründet hatte, konnte er getrost den Ständen wieder einen Schritt entgegenkommen; am 19. März 1661 erließ er einen weiteren Abschied, der den Ständen das Recht der Steuerbewilligung und die Befugnis, sich gegen vorherige Anzeige zu versammeln, zusprach.[1])

Am hartnäckigsten kämpften die preußischen Stände gegen das Wachstum der fürstlichen Gewalt. Sie waren noch günstiger gestellt als die clevischen, da die Landesherrschaft von Polen lehnsabhängig war und Polen das Verhältnis zwischen ihr und den Ständen in einer „Balance" hielt, die die Stände mit gutem Grund als „gewünscht" bezeichneten; denn tatsächlich unterstützte Polen die Ansprüche der Stände auf alle Weise. Diese vorteilhafte Zwischenstellung zwischen Polen und dem eigenen Landesherrn hatte der preußische Adel dazu benutzt, um über den üblichen Dualismus hinaus zur Beherrschung der gesamten Verwaltung, auch des Kammerstaates vorzudringen. Die Städte, von denen freilich nur die drei selbständigen Teile von Königsberg (Altstadt, Neustadt und Löbenicht) politisch ins Gewicht fielen, erfreuten sich einer fast mittelalterlichen Autonomie.

Erst nachdem die während des nordischen Krieges geschlossenen, im Frieden von Oliva bestätigten Verträge die Lehnshoheit Polens aufgehoben hatten, konnte der Kurfürst gegen die preußischen Stände vorgehen. Zwar war durch die Souveränität an deren Rechtsstellung wenig geändert worden; ihre Privilegien hatte der Friede von Oliva ausdrücklich anerkannt, das „absolutum dominium" des Kurfürsten galt nur für die auswärtige Politik. Aber die polnische Gerichtsbarkeit über den Kurfürsten war doch beseitigt worden, und in der Praxis machte sich der Wegfall der bisher notwendigen Rücksichten auf Polen in den gesteigerten Ansprüchen des Kurfürsten, in der Ernennung eines von den Ständen unabhängigen Statthalters, in der Errichtung eines fürstlichen Oberappellationsgerichts, in der Aufstellung eines Heeres und in den Steuerforderungen schon während des nordischen Krieges bemerkbar.

Es ist daher begreiflich, daß die Stände sich auf dem großen Königsberger Landtag, der mit einigen Unterbrechungen vom Sommer 1661 bis ins Frühjahr 1663 währte, grundsätzlich gegen die Anerkennung der ohne ihr Zutun geschaffenen neuen Lage wehrten, daß sie zum mindesten auch dem souveränen Landesherrn gegenüber ihre Rechts- und Machtstellung durch periodische Landtage, durch Entlassung des kurfürstlichen Heeres, durch Unterordnung der unentbehrlichen Besatzungen unter einen ständischen Landobersten und durch die Verweigerung der Steuern zu sichern bemüht waren. Der Versuch des Kurfürsten, ähnlich wie er es in Cleve getan hatte, auch in Preußen die neue Verfassung[2]) zu oktroyieren, schlug fehl; auch als er persönlich im Herbst 1662 mit Truppen nach Königsberg gekommen war und den Führer der Opposition, Hieronymus Roth, hatte verhaften lassen, konnte er den Ständen die Bedingungen nicht diktieren, sondern mußte ein Kompromiß mit ihnen eingehen und in einer förmlichen Assekuration (vom 23. März 1663) ihre Rechte, auch die Regelmäßigkeit der Landtage, anerkennen. Aber die Stände mußten zugeben, daß ihre Privilegien nur so weit Bestand haben sollten, als sie der Souveränität nicht im Wege ständen, und im Landtagsabschied vom 1. Mai 1663 die Steuern bewilligen, mit denen der Kurfürst den Unterhalt des Heeres bestritt.[3])

1) Die Rezesse sind (z. T. nur im Auszug) gedruckt bei Scotti, Sammlung der Gesetze und Verordnungen für Cleve und Mark, Bd. 1 (1826), S. 269ff. und 365ff., kurze Auszüge auch in den Urk. u. Aktenstücken, Bd. 5, S. 390ff. und 972ff.

2) Die zuerst von Th. Wichert (Z. f. pr. G.- und Landeskde., Bd. 11, 1874, S. 33ff.) mitgeteilte, auch bei Altmann[2] (aaO. S. 118) im Auszug gedruckte sogenannte Verfassungsurkunde des Herzogtums Preußen vom 14. November 1661; sie ist nichts anderes als ein kurfürstlicher Entwurf und nie in Kraft getreten.

3) Gedruckt in den Urkunden und Aktenstücken zur G. des Kurfürsten Friedrich Wilhelm von Brandenburg, Bd. 16, S. 418ff.

Damit waren in allen Territorien die Stände so weit gebracht, daß sie sich dem neuen Staate des Kurfürsten, wie er sich im Heere verkörperte, nicht mehr widersetzten. Mit diesem Ergebnis hat sich Kurfürst Friedrich Wilhelm begnügt. Der Absolutismus ist erst im Werden; aus der altterritorialen Auffassung des Fürstenberufs als eines von Gott übertragenen Amtes für die Gesamtheit folgert der Kurfürst, daß das Interesse des Landes, die salus publica höher stehe als das Privilegium eines einzelnen Standes, daß er zumal im Falle der „extrema necessitas" über die ständischen Vorrechte hinweggehen dürfe. An eine grundsätzliche Beseitigung der Stände hat er nicht gedacht.

Die ständische Verfassung wurde also nirgends ganz aufgehoben, aber sie verlor allmählich ihre Bedeutung und ihre Lebensfähigkeit. Nur in den rheinischen Landen, die dem Kern des altpreußischen Staates fernlagen und niemals ganz in sein Gefüge eingeordnet wurden, blieb sie wirklich in Kraft, aber auch hier war sie bloß eine Art Selbstverwaltung der eigenen Angelegenheiten, nicht eine Mitregierung im alten Sinn, die dem Landesherrn etwa für die auswärtige Politik oder die Organisation des Heeres Maß und Ziel hätte setzen können.[1]) In den übrigen Territorien dagegen starb die ständische Verfassung rasch ab. Da die Steuern tatsächlich dauernd geworden waren, ohne daß die Stände sie immer von neuem zu bewilligen hatten, wurden die Landtage überflüssig. In der Kurmark ist seit 1653 keiner mehr abgehalten worden; auch in Preußen wurde die 1663 gemachte Zusage, daß alle drei Jahre ein Landtag berufen werden müsse, seit 1671 nicht mehr beachtet. Die ständische Selbstverwaltung wurde gleichfalls allmählich beseitigt. Das märkische Kreditwerk war seit 1664 der Kontrolle der kurfürstlichen Beamten unterstellt. Der ostpreußische Landkasten wurde seit 1684 durch das kurfürstliche Kommissariat völlig zur Seite geschoben und verschwand nach kurzem Rückschlag im ersten Jahrzehnt Friedrichs III. nach dem Jahre 1706 ganz.

König Friedrich Wilhelm I. blieb aber bei dieser Verdrängung des Adels aus seiner politischen Machtstellung nicht stehen, sondern versuchte ihn zu neuen Leistungen für den Staat zu gewinnen. Zwar hütete sich auch dieser selbstherrliche und gewalttätige Monarch vor einem direkten Eingriff in die Privatrechte des Adels. Die Durchführung des Generalhubenschoßes, eine Grundsteuerregulierung, die auch den Adel traf, von ihm deshalb bekämpft wurde, und die den König zu dem berühmten Worte von der Stabilierung der Souveränität und dem „rocher von bronce" veranlaßt hat, beschränkte sich von vornherein auf Ostpreußen, wo die Steuerpflicht des Adels längst üblich war; in den übrigen Provinzen blieb der Adel steuerfrei.[2]) Aber auch hier gelang es Friedrich Wilhelm, den Adel zu einer Zahlung zu zwingen, indem er die Lehen allodifizierte, d. h. den Adligen das volle Eigentum an den Lehnsgütern verlieh, ihnen aber an Stelle der längst hinfällig gewordenen Ritterdienste einen jährlichen „Kanon" von 40 Talern für jedes Lehnspferd auferlegte. Außerdem beanspruchte der König auch persönliche Dienste von seinem Adel. Das Vasallenverhältnis, das er in bezug auf den Grundbesitz aufgegeben hatte, suchte er auf dem militärischen Gebiet zu erneuern, indem er die Adligen zum Dienst als Offiziere zwang. Gegen beide Maßregeln wehrte sich der Adel hartnäckig, die magdeburgische Ritterschaft rief sogar den Reichshofrat an. Aber der König setzte seinen Willen doch durch, und eine Wiederholung dieser Kämpfe für die Zukunft wurde dadurch unmöglich gemacht, daß die jüngeren Adligen im Kadettenkorps erzogen und gleich von vornherein für den preußischen Staat gewonnen wurden. So ist seit Friedrich Wilhelm I. der Adel nicht allein als politischer Rival der fürstlichen Gewalt ausgeschaltet, sondern sogar zu positiver

1) Vgl. J. Hashagen, Die preuß. Herrschaft und die Stände am Niederrhein (WZ., Bd. 28, 1909).
2) Vgl. C. A. Zakrzewski, Die wichtigeren Preuß. Reformen der direkten ländlichen Steuern im 18. Jh. (1887).

Arbeit für den Staat gezwungen. Deshalb konnte Friedrich der Große ohne Gefahr für den Staat und den monarchischen Absolutismus eine andere Stellung zum Adel einnehmen als seine Vorgänger.[1]) Er brauchte ihn nicht mehr zu bekämpfen, sondern konnte ihm Entgegenkommen beweisen in dem Schutz des adligen Gutsbesitzes, in der Erhaltung der gutsherrlichen Verfassung auf dem Lande; er konnte ihm auch getrost gewisse politische Rechte, wie die Präsentation zu den Landratsstellen wieder einräumen. Das Allgemeine Landrecht ist mit seiner Anerkennung des Adels als des ersten Standes und dessen vorzüglicher Berechtigung zu den Ehrenstellen im Staate charakteristisch für dieses veränderte Verhältnis der Staatsgewalt zum Adel

## § 24. Die Neuorganisation der Verwaltung

An Quellen sind außer der oben bereits erwähnten Abteilung Behördenorganisation der Acta Borussica vor allem zu nennen die Protokolle und Relationen des Brandenb. Geheimen Rats aus der Zeit des Kurfürsten Friedrich Wilhelm, hrsg. von O. Meinardus (seit 1889; bis jetzt 7 Bde. für 1640—1666).

Allgemeine Literatur: O. Hintze, Behördenorganisation und allgemeine Verwaltung in Preußen um 1740 (Acta Borussica, Behördenorganisation Bd. 6, 1. Hälfte 1901). G. Schmoller, Über Behördenorganisation, Amtswesen und Beamtentum im allgemeinen und speziell in Deutschland und Preußen bis zum Jahre 1713 (Acta Borussica, Behördenorganisation, Bd. 1, 1894, Einleitung); Der preuß. Beamtenstand unter Friedrich Wilhelm I. (PrJbb., Bd. 26, 1870). A. Kamp, Friedrich Wilhelm I. und das preuß Beamtentum (FBPrG. 30, 1917).

Zentralverwaltung im allgemeinen: O. Hintze, Die Entstehung der modernen Staatsministerien (HZ., Bd. 100, 1908). Ch. A. L. Klaproth und C. W. Cosmar, Der kgl. Preuß. u. kurfürstl. Brandenb. geheime Staatsrat (1805). R. Koser, Die Gründung des auswärtigen Amtes durch Friedrich Wilhelm I. im Jahre 1728 (FBPrG., Bd. 2, 1889). M. Lehmann, Der Ursprung des preuß. Kabinetts (HZ., Bd. 63, 1889). M. Klinkenborg, Die Stellung des kgl. Kabinetts in der preuß. Behördenorganisation (Hohenzollern-Jb. 1915).

Generaldirektorium: Die Instruktionen von 1722 und 1748 in den Acta Borussica, Behördenorganisation, Bd. 3, S. 575ff. (hier S. 532ff. auch die ältere Literatur) und Bd. 7, S. 572ff., die von 1786 bei M. Philippson, G. des preuß. Staatswesens vom Tode Friedrichs des Gr. bis zu den Freiheitskriegen, Bd. 2 (1882), S. 309ff.; das Wichtigste auch bei Altmann, Ausg. Urk., Bd. $1^2$, Nr. 64, 76 und 80. Über die noch nicht veröffentlichte provisorische Instruktion von 1798 vgl. O. Hintze, Preuß. Reformbestrebungen vor 1806 (HZ., Bd. 76, S. 433f., auch Hist. u. pol. Aufs., Bd. 3, S. 49) und E. v. Meier, Die Reform der Verwaltungsorganisation unter Stein und Hardenberg (2. Aufl. bearb. von F. Thimme, 1912), S. 419 Anm. 13.

Kommissariat: August Wilhelm, Prinz von Preußen, Die Entwicklung der Kommissariatsbehörden in Brandenburg-Preußen bis zum Regierungsantritt Friedrich Wilhelms I. (Straßburger jur. Diss. 1908). K. Breysig, Die Organisation der brandenb. Kommissariate in der Zeit von 1660—1697 (FBPrG., Bd. 5, 1892). O. Hintze, Der Commissarius und seine Bedeutung in der allgemeinen Verwaltungsg. (in den Hist Aufs., K. Zeumer zum 60. Geburtstag dargebracht 1910, S. 493ff.).

Landrat: O. Hintze, Der Ursprung des preuß. Landratsamts in der Mark Brandenburg (FBPrG., Bd. 28, 1915). O. Kutzner, Das Landratsamt in Schlesien 1740—1806 (Breslauer Diss. 1911; nur Teildruck). A. Schill, Die Einführung des Landratsamtes in Cleve-Mark (FBPrG., Bd. 22, 1909).

Stadtverwaltung: Schmoller, Städtewesen (oben S. 61) und W. Brinckwerth, Beitr. z. G. der Reorganisation des Städtewesens in der Kurmark Brandenburg und im Herzogtum Magdeburg in den Jahren 1680—1713 (GBll. f. Magdeburg, Bd. 48, 1913).

### I. Die Zentralverwaltung

Die Entwicklung der Verwaltungsorganisation seit dem Regierungsantritt des Großen Kurfürsten entspricht der Gestaltung des Verhältnisses zwischen der fürstlichen Gewalt und den Ständen insofern, als auch auf dem Gebiete der Verwaltung die neuen Behörden nicht grundsätzlich an Stelle der alten geschaffen wurden, sondern langsam die alten territorialen Kollegien beiseite drängten. Bis in die ersten Jahre des Großen Kurfürsten war die Regierungsweise noch überall die alte der territorialen Zeit. Jedes Territorium hatte seine besondere oberste Behörde, ein kollegiales Ratskollegium, das in der Kurmark als Geheimer Rat, in Cleve als Geheime Landesregierung, in Preußen als Oberratsstube bezeichnet wurde. Auf alle diese Kollegien hatten die

1) Vgl. O. Hintze, Die Hohenzollern und der Adel (HZ., Bd. 112, 1914).

Stände einen gewissen Einfluß; nur Landeskinder, zum Teil nur solche vom Adel durften in sie aufgenommen werden, und die Landtagsabschiede bildeten eine wichtige Norm für die Behandlung der Geschäfte. Auch mit dem brandenburgischen Geheimen Rat stand es nicht viel anders; wohl hatte sein Begründer, Kurfürst Joachim Friedrich, eine Reihe von „Ausländern" in ihn berufen und sich überhaupt von dem vorwiegenden Einfluß der Landstände befreien wollen[1]), aber nach seinem Tode hatten sich die Stände dagegen mit Erfolg verwahrt, und auch die Wiederherstellung des kollegialen Geheimen Rats, mit der Friedrich Wilhelm zu Beginn des Jahres 1641 sein Vorgehen gegen Schwarzenberg einleitete, war durchaus im Sinn des einheimischen Adels. Auch war der Geheime Rat keineswegs eine Zentralbehörde für den Gesamtstaat; zwar war er 1604 eingerichtet worden, um den Kurfürsten in der Durchsetzung seiner Anwartschaften auf Jülich und Preußen zu unterstützen, und beriet ihn auch nach 1640 häufig in clevischen und preußischen Angelegenheiten. Aber wenn der Kurfürst nicht in Berlin weilte, blieben dem Geheimen Rat alle nicht märkischen Geschäfte fremd. Die Einheit der Regierung lag deshalb allein in der Persönlichkeit des Fürsten; an ihn gingen alle Berichte der Ratskollegien der Territorien, und er erledigte sie unter Zuziehung der Räte, die ihm jeweils zur Hand waren.

Dieses System erwies sich aber auf die Dauer bei den häufigen Reisen des Kurfürsten, bei der Ausdehnung des Staatsgebiets und bei der Steigerung der Staatstätigkeit als unzulänglich. Deshalb versuchte die in der Hauptsache wohl von dem Grafen Georg Friedrich v. Waldeck[2]), dem zu jener Zeit einflußreichsten Berater des Großen Kurfürsten, verfaßte Geheimratsordnung vom 19. Dezember 1651[3]) eine neue Organisation des Geheimen Rats durchzuführen, indem sie ihn ausdrücklich zur Zentralbehörde für alle Lande des Kurfürsten machte und für die verschiedenen Zweige der Staatsverwaltung feste Referate (im ganzen 19) schuf. Aber diese Ordnung konnte die Gebrechen der Zentralverwaltung nicht beseitigen.

Die altterritoriale Form der Regierung im Rate begann zu versagen. Die Neubildung vollzog sich in zwei Richtungen, einmal in der Entstehung neuer Behörden, zweitens in dem Ausscheiden des Fürsten aus dem Rate. Zunächst sei hier die Entwicklung der Zentralbehörden betrachtet. Wie für die deutschen Territorien der Rat, so wurde für den brandenburgisch-preußischen Gesamtstaat der Geheime Rat die Wiege der Zentralbehörden. Schon die Geheimratsordnung vom Jahre 1651 schuf eine besondere Kommission für die Finanzverwaltung, indem sie vier „Staatskammerräte" mit der Reform der Domänenverwaltung in allen kurfürstlichen Ländern beauftragte.

---

1) Über die Bedeutung der Gründung des Geheimen Rats gehen die Ansichten auseinander. Auch die neueste Arbeit von M. Klinkenborg (FBPr. G., Bd. 39, 1927) scheint mir noch keinen endgültigen Abschluß der Kontroverse zu bedeuten. Droysen (Geschichte der preußischen Politik, Bd. 2, 2, S. 392f.), Isaacsohn (Geschichte des preußischen Beamtentums, Bd. 2, 1878, S. 24) und Bornhak (G. d. preuß. Verwaltungsrechts, Bd. 1, 1884, S. 247 und Preuß. Staats- und Rechtsg., 1903, S. 85) wollen darin einen bewußten Bruch mit dem ständischen System, eine Befreiung von den Ständen als den geborenen Räten des Landesherrn sehen. Sie gehen aber von der irrigen Voraussetzung aus, daß Brandenburg im 16. Jh. überhaupt keinen organisierten Rat gehabt habe. Insofern sind Stölzel (Brandenburg-Preußens Rechtsverfassung und Rechtsverwaltung, Bd. 1, 1888, S. 295 Anm. 1 und FBPrG., Bd. 6, 1893, S. 83) und Holtze (FBPrG., Bd. 5, 1892, S. 575), denen sich Koser (Die Anfänge des brandenb. Geheimen Rates von 1604, HZ., Bd 109, 1912, S. 88) und die neueren Gesamtdarstellungen (Hintze, Werk der Hohenzollern, S. 155, Giese, Preuß. Rechtsg., S. 21) angeschlossen haben, mit ihrem Einspruch durchaus im Recht. Aber neben dem Formalen ist doch auch, wie Schmoller, Acta Borussica, Beh.-Org., Bd. 1, S. (76) Anm. 1 mit Recht betont hat, das persönliche Moment zu beachten; und die Wahl der Persönlichkeiten, die unverkennbare Bevorzugung der Ausländer, verrät doch einen gewissen Gegensatz zwischen Joachim Friedrich und den märkischen Ständen.

2) Vgl. über ihn B. Erdmannsdörffer, Graf Georg Friedrich v. Waldeck (1869).

3) Gedruckt bei Isaacsohn, G. d. preuß. Beamtentums, Bd. 2 (1878), S. 359ff. und daraus bei Altmann, Ausg. Urk., Bd. 1[2], S. 73ff.

Deren Tätigkeit ist freilich weder von Erfolg noch von Dauer gewesen, aber der gesunde Gedanke einer einheitlichen obersten Verwaltung der Domäneneinkünfte behauptete sich. Eine feste Organisation erhielt die Domänenverwaltung durch Dodo v. Knyphausen[1]) in der 1689 gegründeten Geheimen Hofkammer, die nach kurzem Verfall während der letzten Jahre Friedrichs I. im Jahre 1713 unter dem Titel Generalfinanzdirektorium wiederhergestellt wurde; sie war eine kollegiale Behörde und stand über allen provinzialen Amtskammern.[2]) Seit 1696 war ihr eine einheitliche Zentralkasse, die Hofrentei, später Generaldomänenkasse genannt, beigeordnet.

Neben der Hofkammer entstand eine weitere Finanzbehörde in dem Generalkriegskommissariat. Schon der Name deutet auf den engen Zusammenhang mit dem Heere hin. Die Kommissarien waren in Brandenburg wie in andern Staaten zunächst die Vertrauensleute des Landesherrn bei den Heeren, sie überwachten die Musterungen, sie verwalteten die Gelder, sie nahmen auch die Erhebung der für den Unterhalt des Heeres bestimmten Steuer, der Kontribution, vor und sorgten, daß die Untertanen nicht überlastet, aber auch das Heer nicht verkürzt würden. Seitdem Brandenburg ein stehendes Heer hatte, war auch das Amt der Kommissarien ständig geworden. Ursprünglich hatte jede Armee ihren besonderen Oberkriegskommissar gehabt; so war es noch 1655 gewesen. Seit 1660 aber gab es nur noch einen Generalkriegskommissar für die gesamten brandenburgisch-preußischen Lande, seit 1674 auch eine einheitliche Feldkriegskasse. Allmählich lockerte sich der Zusammenhang zwischen der Armee und dem Kriegskommissariat; je fester das Heer mit dem Staate verwuchs, je selbstverständlicher es wurde, daß ihm alle zustehenden Gelder und Naturalien ausgeliefert würden, desto weniger bedurfte es dafür einer besonderen landesherrlichen Behörde. Während noch dem 1678 ernannten Generalkriegskommissar J. E. v. Grumbkow als vornehmste Aufgabe die Konservation der Armee bezeichnet wurde, stand für seinen 1691 ins Amt gelangten Nachfolger D. Danckelmann die Sorge für die Untertanen und die Kontrolle der Finanzen in erster Reihe. Das Generalkriegskommissariat wurde also eine Verwaltungs- und Finanzbehörde; es übernahm die wichtige Aufgabe, die Steuerquellen des Landes zu pflegen und zu entwickeln, es wurde dadurch zum eigentlichen Träger der gesamten merkantilistischen Wirtschaftspolitik, auf der sich die Finanzen des Staates aufbauten. Zum Kollegium ist es erst spät, im Jahre 1713, ausgestaltet worden.

So stehen sich im Preußen Friedrich Wilhelms I. zwei landesherrliche Finanzbehörden gegenüber, die eine, das Generalfinanzdirektorium, zwar eine neue Schöpfung, aber doch die Repräsentantin der alten territorialen Zeit, mit der Verwaltung der zur Generaldomänenkasse fließenden alten Einnahmezweige, der Domänen, Regalien und des alten Biergelds betraut, die andere das Generalkriegskommissariat mit der Generalkriegskasse, die charakteristische Behörde des neuen militärischen und bureaukratischen Staates. Auch in ihren wirtschaftspolitischen Anschauungen standen beide Kollegien im Gegensatz; das Generalfinanzdirektorium vertrat die agrarischen Interessen, das Kommissariat die der modernen industriellen Entwicklung. Dieser Gegensatz wurde schärfer, je mehr Friedrich Wilhelm I. seine Beamten anspornte, die ihnen übertragenen Einnahmen zu vermehren. In dem Streben, überall ein Plus herauszuwirtschaften, gerieten die Kollegien in Konflikte, die schließlich sogar zu Prozessen führten. Um dieser Konkurrenz ein Ende zu machen, beschloß Friedrich Wilhelm I.

---

1) Vgl. außer Breysigs G. d. brandenb. Finanzen auch A. Storch, Der brandenb.-preuß. Kammerstaat unter Leitung Dodos v. Inn- und Knyphausen (Göttinger Diss. 1912).

2) Die Instruktion der Hofkammer von 1689 und für das Generalfinanzdirektorium vom 27. März 1713 bei Altmann $1^2$, S. 170ff. und S. 190ff.

im Dezember 1722 vermutlich auf Anregung des alten Dessauers[1]) die beiden streitenden Kollegien zu einer einheitlichen Behörde, dem General-ober-finanz-kriegs-und-domänen-direktorium, zusammenzulegen.

Das Generaldirektorium, wie es abgekürzt bezeichnet wurde, wurde die oberste Verwaltungsbehörde Preußens im 18. Jh. In ihm war der alte Gegensatz zwischen Kammer und Kommissariat überwunden; er zeigte sich nur noch in der Trennung der beiden Generalstaatskassen, ohne auf den Gang der Verwaltung Einfluß zu gewinnen. Die Verteilung der Geschäfte unter die Departements ist sehr charakteristisch für den Übergangszustand von der Personalunion zum Einheitsstaat, in dem sich Preußen damals befand. Die alte Selbständigkeit der Territorien lebte in den vier Provinzialdepartements fort; sie waren für die wichtigsten Aufgaben der Verwaltung, für die ganze staatliche Wirtschaftspolitik zuständig. Aber der Einheitsstaat begann schon, diese territoriale Geschäftsverteilung zu überholen; jedes Provinzialdepartement bearbeitete zugleich einige Angelegenheiten (Grenzsachen, Armeeverpflegung, Post- und Münzwesen) einheitlich für den ganzen Staat. Und diesem Realsystem gehörte die Zukunft. Friedrich der Große hat den Provinzialdepartements einen Teil ihrer Geschäfte entzogen und sie an die von ihm neu eingerichteten Fachdepartements (1740 das 5. für Handel und Gewerbe, 1746 das 6. für Militärverwaltung, 1766 Akzise- und Zolldepartement, 1768 Bergwerks- und Hüttendepartement, 1771 Forstdepartement) übertragen.

Wie im Territorialstaat nach der Finanzverwaltung auch die auswärtigen Angelegenheiten dem Rate entzogen wurden, so geschah es auch im brandenburgisch-preußischen Gesamtstaat. Die Fragen der auswärtigen Politik wurden wahrscheinlich schon unter dem Großen Kurfürsten, sicher seit Friedrich I. nicht mehr im Plenum des Geheimen Rates, sondern von einem oder einigen besonders beauftragten Geheimen Räten verhandelt. Deshalb bedeutet es nicht eigentlich eine Neuerung, sondern eher die Anerkennung einer längst feststehenden Tatsache, den formellen Abschluß einer allmählichen Entwicklung, wenn Friedrich Wilhelm I. durch eine Instruktion vom 8. Dezember 1728 ein besonderes Departement der auswärtigen Affären, für das bald der Name Kabinettsministerium aufkam, schuf. Auch dieses Departement war kollegialisch organisiert, es zählte in der Regel zwei, zeitweise auch drei Minister.

Demnach blieben dem Geheimen Rat schließlich nur noch die geistlichen und die Justizangelegenheiten. Und wie die alte Ratstube sich einst zum Kammergericht umgewandelt hatte, so wurde auch der Rest des Geheimen Rats ein Fachdepartement für die Justiz und den Kultus; mit der 1737 erfolgten Ernennung Coccejis zum Chef de justice, der 1747 die Verleihung des Titels Großkanzler folgte, ist diese Entwicklung abgeschlossen. Daneben bestand freilich der Geheime Staatsrat noch weiter als die Vereinigung aller Minister der Zentralbehörden, und bis in die dreißiger Jahre des 18. Jhs. fanden noch Gesamtsitzungen statt, aber sie waren nur formeller Natur. Tatsächlich standen die drei Zentralbehörden vollständig unabhängig nebeneinander, die

---

1) Das spärliche Material, das wir für die Vorgeschichte des Generaldirektoriums haben, genügt nicht, um die Absichten Friedrich Wilhelms genau zu erkennen, sondern läßt für allerhand Vermutungen Spielraum. W. Stolze (Die Gründung des Generaldirektoriums, Beitr. z. brandenb. u. preuß. G., zu Schmollers 70. Geburtstag, hrsg. vom Ver. f. G. der Mark Brandenburg, 1908, S. 49ff.) vertritt die Ansicht, daß Schwierigkeiten bei der Einführung der Domänenverpachtung in Minden, überhaupt der latente Gegensatz zwischen den westlichen und östlichen Provinzen Preußens den Anstoß gegeben haben. Aber die „Mindische Sache" ist doch nur eines der Motive, die der König selbst angeführt hat, und der Schwerpunkt des preußischen Staates ruhte so sehr in den östlichen Provinzen, daß die Rücksicht auf den Westen schwerlich eine so wichtige Reform bestimmen konnte. — Den Anteil des alten Dessauers bestreitet Krauske (Einleitung zu den Briefen Friedrich Wilhelms an diesen, S. 27ff.); aber seine Bemerkungen erscheinen mir nicht zwingend genug, um eines der wenigen unmittelbaren Zeugnisse Friedrich Wilhelms beiseite zu schieben.

Einheitlichkeit der Regierung wurde nicht durch den allgemeinen Rahmen des Staatsrats gegeben, sondern durch die Persönlichkeit des Herrschers, der nun nicht mehr in den Behörden selbst zu sitzen versuchte, sondern über ihnen stand.

Diese Umwandlung des Verhältnisses des Fürsten zu den Räten ist bereits in der Geheimratsordnung des Jahres 1651 angedeutet. Hier behält sich der Kurfürst nämlich vor, über wichtige Dinge nicht im Rat, sondern „in geheim" zu beschließen; damit beginnt die monarchische Selbstregierung in Brandenburg-Preußen. Der Nachfolger des Großen Kurfürsten, Friedrich III./I., war aber nicht der Mann, um selbständig alle großen und kleinen Fragen der inneren und äußeren Verwaltung zu entscheiden und dauernd zwischen allen seinen Ministern und Zentralbehörden die Einheitlichkeit aufrechtzuerhalten. So fiel unter ihm die Leitung der Regierung anfangs an Eberhard Danckelmann, der zunächst als Wirklicher Geheimer Rat tatsächlich, seit 1695 als Oberpräsident aller Kollegien und erster Etatsminister auch formell an der Spitze des Geheimen Rates stand, nach Danckelmanns Sturz unter wechselnden Formen an höfische Günstlinge, vor allem an Kolbe v. Wartenberg.

Die besondere Form der monarchischen Selbstregierung in Preußen, die Regierung aus dem Kabinett, ist erst von Friedrich Wilhelm I. begründet worden, wenn sich auch Ansätze dazu und die Bezeichnung „Kabinett" schon unter Kurfürst Friedrich Wilhelm und unter Friedrich I. finden. Ihr Wesen besteht in dem grundsätzlichen Ausscheiden des Königs aus allen Kollegien; diese berichten schriftlich an ihn, und er erteilt ihnen aus seinem „Kabinett" heraus schriftlichen Bescheid, und zwar in der zwanglosen Form der Kabinettsorder[1]), die nach der mündlichen Weisung oder nach schriftlicher Marginalbemerkung des Königs ein besonderer Geheimer Sekretär, der seit 1717 den Titel Geheimer Kabinettssekretär führt, ausfertigt. So bildete der König im alten Preußen in der Tat den Mittelpunkt der gesamten Staatstätigkeit; nur durch ihn wurde eine Übereinstimmung der Regierungsgrundsätze der verschiedenen Kollegien hergestellt, von seiner Persönlichkeit hing, solange dieses System in Kraft blieb, das Schicksal des ganzen Staates ab.

## II. Provinzial- und Lokalverwaltung

Schon allein durch die Ausbildung einer einheitlichen und energisch durchgreifenden Zentralverwaltung wurde die Stellung der Regierungskollegien der ehemals selbständigen Territorien stark berührt. Soweit sie nicht wie der brandenburgische Geheime Rat selbst zu Zentralbehörden wurden, sanken sie von dem Rang oberster, unmittelbar dem Landesherrn untergeordneter Behörden in die Stellung von Provinzialbehörden herab, die von den zentralen Behörden in Berlin Weisungen erhielten. Daran vermochte auch der vornehme Titel Etatsministerium, der der ehemaligen Oberratsstube des Herzogtums Preußen beigelegt wurde, oder die Bezeichnung der clevischen Regierung als Geheimer Landesregierung nichts zu ändern.

Wichtiger noch für die Provinzialverwaltung wurde die der Verkümmerung des Geheimen Rates entsprechende Beschränkung der Befugnisse dieser Regierungen. Als oberste Behörde des Territoriums hatte jede Regierung ursprünglich eine fast unbeschränkte Kompetenz besessen, und je mehr Einfluß die Stände auf die Besetzung der Stellen in ihr gehabt hatten, desto stärker hatten sie sich gegen die Errichtung neuer, den Geschäftskreis der Regierung beeinträchtigender Behörden, etwa für die Domänenverwaltung, gewehrt. Auch nach der Unterordnung unter die Zentralbehörden des Gesamtstaates versuchten die Regierungen, ihre alte Kompetenz zu behaupten. Sie waren überhaupt bestrebt, die besondere Stellung des ihnen anvertrauten Territoriums und die besonderen Rechte der Landstände zu wahren; mit Landeskindern, zumeist vom Adel, besetzt, vertraten sie gegenüber dem vordringenden bureaukratischen Absolutismus den alten territorialen und ständischen Geist. Aber immer mehr wurden sie zurückgedrängt. Die Domänenverwaltung, auch die Aufsicht über die Amtskammern, wurde ihnen entzogen, die Verwaltung des Heeres und der für das Heer bestimmten Steuern wurde ihnen von vornherein nicht anvertraut; so blieb ihnen schließlich wie dem Geheimen Rat neben den sogenannten Hoheitssachen (Grenzsachen, Korrespondenz mit auswärtigen Behörden und ähnl.) nur noch die Rechtsprechung. Die Regierungen im Preußen

1) Über die Formen des schriftlichen Verkehrs der Behörden, deren Kenntnis für jede Benutzung gedruckter oder ungedruckter Akten unentbehrlich ist, vgl. M. Hass, Über das Aktenwesen und den Kanzleistil im alten Preußen (FBPrG., Bd. 22, 1909).

des 18. Jhs. waren Appellationsgerichte über den Stadt- und Patrimonialgerichten und Gerichte erster Instanz für die privilegierten Klassen; als solche wurden sie durch die Justizreform Coccejis neu organisiert. Sie waren dem Range nach die vornehmsten Provinzialbehörden, aber zu regieren hatten sie nichts mehr, und für die Ausbildung des modernen Staates haben sie keine Bedeutung erlangt. Deshalb bedurfte der Landesherr auch keines besonderen Vertreters mehr in den Regierungen; der Statthalterposten, durch den Kurfürst Friedrich Wilhelm seine Autorität in den Provinzen hatte zur Geltung bringen wollen, ist — abgesehen von Pommern, wo er aber auch bloß eine Ehrenstelle geworden ist — überall früh verschwunden.

Je geringer die Wichtigkeit der Regierungen für die Verwaltung wurde, desto mehr stieg die der Kriegs- und Domänenkammern. Diese entsprechen sowohl in dem Umfang der ihnen übertragenen Aufgaben wie in der Entwicklung dem Generaldirektorium. Wie dieses haben sie zwei Wurzeln, die Kammerverwaltung und das Kriegskommissariat. Die kollegialischen Amtskammern zur Beaufsichtigung und Verwaltung der dem Landesherrn zustehenden alten Einnahmen stammen in den meisten Provinzen aus der territorialen Zeit; in einzelnen, z. B. in Cleve und in Preußen, hatten aber die Stände deren Trennung von den Regierungen lange Zeit verhindert, so daß sie erst durch den Großen Kurfürsten vollzogen wurde. Neben den Kammern entstanden während der zweiten Hälfte des 17. Jhs. in allen Provinzen außer der Kurmark, die bis 1723 unmittelbar dem Generalkriegskommissariat unterstellt war, Kommissariate zur Verwaltung der für das Heer bestimmten Kontributionen, mit der bald die Verwaltung der ständischen Steuern verknüpft wurde. Noch im Laufe des 17. Jhs. wurden die Kommissariate zu Kollegialbehörden ausgestaltet. Die Zusammenlegung der Kammern und Kommissariate zu den Kriegs- und Domänenkammern erfolgte überall im Jahre 1723 im Zusammenhang mit der Vereinigung von Generalfinanzdirektorium und Generalkriegskommissariat zum Generaldirektorium.

Die Kriegs- und Domänenkammern, die schon im Namen den militärischen Charakter des preußischen Staates verraten, bildeten für das Preußen des 18. Jhs. die eigentlichen Verwaltungsbehörden. Ihre Aufgabe war nicht allein die Verwaltung der landesherrlichen Einkünfte, sondern folgte der Erweiterung des Geschäftskreises des Generalkriegskommissariats (vgl. oben S. 68) und erstreckte sich auf die Ausübung der Polizei in dem ausgedehnten Sinne, den der Merkantilismus diesem Begriff beilegte[1]), auf die Pflege des gesamten wirtschaftlichen Lebens im Staate zugunsten der königlichen Einkünfte. Aus dem fiskalischen Interesse entwickelte sich die Tätigkeit der Kammern, es bildete die Richtschnur für sie. Unter Friedrich Wilhelm I. wurde es noch als durchaus entgegengesetzt dem Interesse des Landes empfunden. Deshalb herrschte anders als bei den Regierungen der Grundsatz, daß Landeskinder in den Kammern nicht sitzen dürften. Damit die Kammern unbehindert von den am alten Landesrecht festhaltenden Regierungen die Verwaltung gemäß den neuen königlichen Edikten und Instruktionen führen könnten, wurde ihnen eine ausgedehnte eigene Gerichtsbarkeit zugelegt. Der Umfang dieser sogenannten Kammerjustiz blieb bis in die Zeit Friedrichs des Großen hinein strittig. Die Kammern suchten alle Rechtsstreitigkeiten, bei denen das fiskalische oder polizeiliche Interesse berührt wurde, namentlich alle Fragen, die mit der Akzise und dadurch mit dem Wirtschaftsleben zusammenhingen, vor ihr Forum zu ziehen; denn hier wurde ohne die Weitläufigkeiten des ordentlichen Gerichtsverfahrens summarisch verhandelt, und das Interesse des Königs wurde auf ausdrückliche Anweisung, die „in dubio pro fisco" zu entscheiden befahl, bei ihnen besser gewahrt als bei den Justizkollegien. Ebendeswegen aber sträubten sich diese gegen die Ausdehnung der Kammerjustiz, und trotz allen Versuchen, eine feste Abgrenzung zu erreichen, hörten die Kompetenzkonflikte nicht auf.

---

1) Über den Umfang des Begriffs der Polizei vgl. außer der im HdWbStW.³, Bd. 6, S. 1058ff. angegebenen Literatur vor allem F. X. Funk, Die Auffassung des Begriffes der Polizei im vorigen Jahrhundert (Z. f. d. ges. Staatswiss., Bd. 19 und 20, 1863/64).

Die Lokalverwaltung kann wegen der großen Verschiedenheiten, die sie in den einzelnen Landschaften aufweist, in einer kurzen Übersicht nicht wohl besprochen werden; sie braucht es aber auch nicht, weil der preußische Absolutismus vor ihr in der Hauptsache haltgemacht und den patrimonialen Charakter, den die lokale Obrigkeit des Stadtrats, des Rittergutsbesitzers und des Domänenamtmanns besaß, nicht angetastet hat.

Nur auf die eigentümlichen Zwischeninstanzen, die Landräte und die Steuerräte, sei hier noch kurz hingewiesen. Auch sie verdanken ihre Entstehung dem Aufkommen der modernen Heere. Das Landratsamt ist aus der kurmärkischen Kreisverfassung herausgewachsen. Der Ursprung der märkischen Kreise ist nicht ganz klar, wahrscheinlich[1]) sind sie alte landschaftliche Bezirke; wenn die Beritte der kurfürstlichen Landreiter sich vielfach mit den Kreisen deckten, so ist doch wohl der Kreis das frühere, nicht, wie behauptet worden ist[2]), der Landreiterbezirk. Diese Kreise wurden nun seit dem 16. Jh. im Zusammenhang mit der Ausbildung einer besonderen ständischen Steuerverwaltung die Grundlage des landständischen Lebens; sie schufen sich auch eigene Organe in einem Kreisdirektor, im Kreiseinnehmer usw. Sie übernahmen dann auch, zumal da es zwischen den lokalen Obrigkeiten und den Behörden in Berlin keine Zwischeninstanz gab, seit den Zeiten des Dreißigjährigen Krieges die Regulierung der militärischen Lasten, der Steuern, der Einquartierungen, der Fuhren, der Durchmärsche. Zur Wahrung des landesherrlichen Interesses stand in allen diesen Funktionen neben dem ständischen Kreisdirektor anfangs ein kurfürstlicher Land- oder Marschkommissar; aber noch im Laufe des 17. Jhs. verschwand er wieder, und der Kreisdirektor oder, wie er seit 1701 hieß, der Landrat sorgte allein sowohl für das Interesse des Kreises wie für das des Landesherrn. Seine ursprüngliche Aufgabe, Übergriffe des Militärs gegen die Bevölkerung zu verhüten und für eine gerechte Verteilung der Lasten zu sorgen, wurde bald, analog der Entwicklung der Kommissariatsbehörden überhaupt, wesentlich erweitert. In landesherrlichem Auftrag übernahmen die Landräte auch die Polizei, zunächst die Aufsicht über die Brücken und Wege, dann allgemein die Pflicht, die Durchführung der Verordnungen des Landesherrn und seiner Behörden zu überwachen. Sie wurden so zu den Vollstreckungsbeamten des Landesherrn in ihren Kreisen, besaßen aber im Gegensatz zu der Verquickung von Polizei und Gerichtsbarkeit bei den Kriegs- und Domänenkammern, denen sie unmittelbar unterstellt waren, und bei den lokalen Obrigkeiten keinerlei richterliche Befugnisse. Die Doppelstellung des Landrats, der Vertrauensmann der Kreisstände und zugleich Beamter des Landesherrn war, blieb dauernd erhalten. Der besondere Charakter sprach sich auch in der geringen Besoldung (in der Regel 300 Taler) aus, die das Amt zu einem Ehrenamt für die Rittergutsbesitzer machte. Das Wahlrecht der Kreisstände, das in der Entstehung des Amtes begründet war, wurde von Friedrich Wilhelm I. während seines Kampfes gegen den Adel vielfach mißachtet, von Friedrich dem Großen aber wieder uneingeschränkt hergestellt. Von der Kurmark aus wurde das Landratsamt allmählich auf die andern Provinzen übertragen, 1716 auf Magdeburg und Pommern, 1734 auf Minden, 1752 auf Ostpreußen, 1753 auf Cleve; in Schlesien und Westpreußen wurde es bei der Neueinrichtung der preußischen Verwaltung miteingeführt.

Was der Landrat auf dem platten Lande, das wurde der Steuerrat oder Commissarius loci in den Städten, von denen stets mehrere zu einem steuerrätlichen Kreis zusammengelegt wurden. Nur in einem Punkte unterschied er sich vom Landrat, ihm fehlte jede Verbindung mit der kommunalen Selbstverwaltung der Städte, er war lediglich landesherrlicher Kommissar, zunächst für die Kontrolle der Akziseverwaltung,

---

1) Vgl. darüber besonders M. Hass, Die kurmärk. Stände im letzten Drittel des 16. Jhs. (1913), S. 62ff.

2) Gelpke, Entwicklung des Landratsamtes (Verwaltungsarchiv, Bd. 10, 1902), dem sich Bornhak, Preuß. Staats- und Rechtsg., S. 118, angeschlossen hat.

dann seit der durchgreifenden Reform der städtischen Verwaltung durch Friedrich Wilhelm I. ganz allgemein für die Beaufsichtigung der Städte. Er wurde das ausführende Organ des preußischen Staates in den Städten, der eigentliche Träger der staatlichen Bevormundung des wirtschaftlichen Lebens. Wie für das Kommissariat überhaupt, so bildete auch für ihn die Vermehrung der Einkünfte des Königs die Richtschnur seiner Tätigkeit.

In allen Instanzen weist also die Verwaltungsorganisation Preußens im 18. Jh. einen ausgeprägten Dualismus auf: die alten Behörden der territorialen Zeit, der Geheime Rat, die Regierungen, die patrimonialen Obrigkeiten sind bestehen geblieben. aber sie sind durch die aus dem Kriegskommissariat herausgewachsenen neuen Verwaltungsbehörden zur Seite gedrängt worden und verlieren immer mehr an Bedeutung, nicht sowohl durch Beschränkungen ihrer Befugnisse als durch die steigende Ausdehnung der vom Kommissariat verwalteten Polizei, die sich nicht mehr wie in der guten alten Zeit mit der negativen Aufgabe begnügt, alles zu verbieten, was die öffentliche Zucht und Ehrbarkeit verletzen oder den gemeinen Nutzen beeinträchtigen könnte, sondern die sich das positive Ziel setzt, das ganze wirtschaftliche Leben in neue Bahnen zu lenken, um auf diese Weise die Einnahmen des Staates zu vermehren.

## III. Das Beamtentum

Die Träger der neuen Entwicklung sind also die Beamten[1]) der Kommissariatsverwaltung, des Generaldirektoriums, der Kriegs- und Domänenkammern und die Steuerräte. Das Wesen dieses Beamtentums ist nicht leicht einheitlich zu erfassen, weil — abgesehen von den selbstverständlichen Einschränkungen, die für jeden Versuch einer allgemeinen Charakterisierung einer mehrere Generationen umfassenden Entwicklung gelten müssen — das preußische Beamtentum des 18. Jhs. nicht ganz einheitlich ist. Nur ein im Laufe der Zeit wachsender Teil der höheren Beamten besaß eine wissenschaftliche Vorbildung; besondere Lehrstühle für die neue Kameralwissenschaft gab es an den preußischen Universitäten seit 1727. Neben ihnen verwendete Friedrich der Große gerade für die leitenden Stellen eines dirigierenden Ministers im Generaldirektorium und eines Kammerpräsidenten mit Vorliebe ehemalige Offiziere, denen er mehr als den Zivilbeamten die Fähigkeit zutraute, sich in ihren Kollegien Gehorsam zu verschaffen und damit die Nachteile der umständlichen Kollegialverfassung zu überwinden. Endlich stieg aber auch eine große Anzahl von Subalternbeamten, wie wir heute sagen würden, von wsisenschaftlich nicht vorgebildeten, aber in der praktischen Arbeit als expedierende Sekretäre in den Kammern oder als Steuerräte und Domänenpächter erprobten Beamten auch in die höheren Stellen bis zum Minister auf; besonders Friedrich Wilhelm I. schätzte die Praktiker mehr als die Stubengelehrten und Federfuchser. Von ihnen waren ebenfalls viele aus dem Militärstande hervorgegangen; der Posten eines Regimentsquartiermeisters schien die geeignete Vorbereitung für den Steuerrat zu sein. Die unteren Stellen, zumal der Akziseverwaltung, die Einnehmer, Torschreiber u. dgl. waren fast ganz den ehemaligen Unteroffizieren und Mannschaften des Heeres vorbehalten. Durch diese Kreise ist der rauhe militärische Ton auch in das zivile Beamtentum und in dessen Verkehr mit dem Publikum hineingetragen worden; freilich haben auch die königlichen Kabinettsordern die Neigung zur Schroffheit nicht eben gemildert.

Einheitlich war aber dieses Beamtentum in dem Ziel seiner Tätigkeit, das Interesse des Königs zu fördern. Es arbeitete nicht mehr für den eigenen Vorteil, sondern

1) Ich gebrauche das Wort hier in dem uns geläufigen modernen Sinn, möchte aber darauf aufmerksam machen, daß im Preußen des 18. Jhs. unter Beamten nur die Amtleute der Domänen verstanden werden. Was wir heute Beamte nennen, heißt damals Zivilbediente.

„pour le roi de Prusse“. Es ist das Verdienst Friedrich Wilhelms I., daß er durch sein Vorbild, seine unermüdliche Wachsamkeit und endlich durch seine unerbittliche Strenge den alten Mietlingsgeist, der in dem Amt nur ein Recht, nur eine Erwerbsquelle sah, ausgerottet und seinen Beamten den Begriff der Pflicht eingeimpft hat. Er hat damit eine ganz neue Auffassung des Beamtentums begründet; es handelt sich nicht mehr um ein Vertragsverhältnis, in dem sich jeder Teil zu bestimmten Leistungen verpflichtet, sondern der Beamte dient mit unbedingter Hingabe, „mit Leib und Leben, mit Hab und Gut, mit Ehre und Gewissen“, wie der König selbst verlangt hat. Der Beamte dient aus Pflicht, für die Ehre; sein Gehalt ist nur gering. Es ist ein Treuverhältnis, das der König mit seinen Beamten eingegangen ist, ähnlich dem, das zwischen dem König und dem Offizierkorps besteht; deshalb werden auch im Heer und im Beamtentum die Landeskinder mit Vorliebe angestellt. Das ist kein Rückfall in die alte Zeit der ständischen Forderung des Indigenats; denn die Beamten sind verpflichtet, dem Könige in allen seinen Ländern zu dienen, und gerade in ihrer Heimatprovinz werden sie nicht angestellt. So überwindet der Gesamtstaat den alten landschaftlichen Sondergeist. Freilich wird er noch durchaus persönlich aufgefaßt; für Friedrich Wilhelm I. gab es keinen „Staatsdienst“, sondern allein den persönlichen Dienst für den König und Herrn.

## § 25. Der aufgeklärte Despotismus Friedrichs des Großen

Zur Frage nach den Epochen des Absolutismus: R. Koser, Die Epochen der absoluten Monarchie in der neueren G. (HZ., Bd. 61, 1889; auch in den Aufs. u. Vortr. 1921). W. Roscher, Umrisse zur Naturlehre der drei Staatsformen (Allg. Z. f. G., Bd. 7, 1847), S. 451f., ähnlich in seiner Politik (1. Aufl. 1892, S. 250ff., 3. Aufl. 1908). R. Schmidt, Allgemeine Staatslehre, Bd. 2 (1903), S. 620ff.

Zur Rechtsverfassung vgl. außer den oben S. 1 genannten Arbeiten von Loening und Stölzel: Acta Borussica, Behördenorganisation, Bd. 7 u. 8. O. Hintze, Preußens Entwicklung zum Rechtsstaat (FBPrG., Bd. 22, 1920). H. Neufeld, Die friderizianische Justizreform bis zum Jahre 1780 (Göttinger Diss. 1910). M. Springer, Die Coccejische Justizreform (1914). A. Stölzel, C. G. Svarez (1885).

Der Bau des absoluten preußischen Staates war in der Hauptsache im Jahre 1740 vollendet. Friedrich der Große hat an seinen wesentlichen Zügen nichts mehr geändert. Seine (oben S. 69 bereits genannten) Reformen in der Verfassung des Generaldirektoriums, die Errichtung besonderer Fachdepartements neben den Provinzialdepartements, sind bloß die Weiterbildung einer bereits in der ursprünglichen Einrichtung liegenden Tendenz; auch die neue Instruktion für das Generaldirektorium vom 20. Mai 1748 gab der Verwaltung keine neue Richtung. Friedrich ließ das Werk des Vaters, die neue Verwaltungsorganisation, bestehen und brachte es durch die Reform der Justizverwaltung zum Abschluß. Diese war vor allem das Werk des Großkanzlers Samuel von Cocceji und bestand zunächst in der Vereinfachung der Verwaltung, indem die noch vielfach neben den Regierungen stehenden Hofgerichte mit diesen verschmolzen wurden; seither besaß jede Landschaft nur ein kollegiales Gericht. Auch in der Zentrale konnte die Organisation vereinfacht werden, nachdem der König für alle seine innerhalb des Reiches gelegenen Besitzungen ein unbeschränktes Privilegium de non appellando erlangt hatte, wie es die Kurmark seit der Goldenen Bulle hatte. Nun verschwanden die verschiedenen Oberappellationsgerichte der einzelnen Territorien und machten einem einheitlichen Tribunal Platz; nur (Ost-) Preußen behielt sein besonderes Tribunal. Zweitens handelte es sich bei der Justizreform Coccejis um eine durchgreifende Verbesserung im Personal der Gerichte. Die Zahl der Richter wurde beschränkt, die untauglichen wurden entlassen, die übrigbleibenden aber wurden mit festen und ausreichenden Gehältern versehen und von den Sporteln, die in eine gemeinsame Sportelkasse flossen, unabhängig gemacht; für die Zukunft wurde bestimmt, daß nur solche Richter, die sich einer Prüfung unterzogen hätten, angestellt werden sollten. Wie bei den Kollegialgerichten in der Reform des Sportelwesens und in dem Verbot der Aktenversendung an Juristenfakultäten, so wurde auch bei den patrimonialen Untergerichten der staatliche Charakter der Rechtsprechung schärfer ausgeprägt; die Gerichtsherrn durften ihre Gerichtsbarkeit nur noch durch staatlich geprüfte Justitiare ausüben lassen. Endlich wurde durch eine neue Prozeßordnung, den Codex Fridericianus, ein besseres und rascheres Verfahren eingeführt.

Mit der Justizreform wurde die Regelung der Grenzen zwischen der ordentlichen Gerichtsbarkeit und der Kammerjustiz verbunden. Cocceji wollte freilich die Kammerjustiz ganz abschaffen, da hier die Kammer zugleich Partei und Richter war, also jede Garantie für eine unparteiische Rechtspflege fehlte; aber dieser Plan, für den er auch den König gewann, scheiterte am Widerstand der Finanzverwaltung. Es gelang lediglich, im Ressortreglement vom 19. Juni 1749[1]) eine Begrenzung der Kammerjustiz durchzusetzen. Als allgemeiner Grundsatz wurde aufgestellt, daß alle Prozesse, die private Interessen berührten, vor die Justizkollegien gehören, diejenigen dagegen, die die Domänen und Einkünfte des Königs oder den „statum oeconomicum et politicum“ und ganz allgemein das „interesse publicum“ angingen, vor den Kammern verhandelt werden sollten. Bei der Dehnbarkeit dieser Begriffe, den vielfachen Berührungen zwischen privaten und polizeilichen Interessen, überhaupt der weiten Ausdehnung, die der merkantilistische Staat dem „status politicus“ und dem „interesse publicum“ gab, blieben natürlich Kompetenzkonflikte auch nach dem Ressortreglement nicht aus; zu ihrer Entscheidung wurde 1756 eine eigene, aus Juristen und Räten des Generaldirektoriums gebildete Jurisdiktionskommission eingesetzt.

Aber so wenig Friedrich auch an dem Regierungssystem des Vaters änderte, so bedeutet seine Regierung doch eine besondere Stufe der Staatsbildung für Preußen. Friedrich ist der Vertreter des aufgeklärten Despotismus. Zwar hat R. Schmidt (Allg. Staatslehre Bd. 2, S. 620f.) beachtenswerte Einwendungen gegen die herkömmliche Einteilung des Absolutismus überhaupt wie im besonderen gegen die übliche Bezeichnung des aufgeklärten Despotismus als einer eigenen Periode erhoben; und ich möchte ihm insofern zustimmen, als ich eine alle Erscheinungsformen gleichmäßig berücksichtigende einheitliche Gliederung von Epochen der absoluten Monarchie in der neueren Geschichte wegen der großen Verschiedenheiten der Staaten und der Persönlichkeiten überhaupt für unmöglich halte. Aber die preußische Verfassungsgeschichte kann auf die begriffliche Unterscheidung des grundsätzlichen Absolutismus Friedrich Wilhelms I. vom aufgeklärten Despotismus Friedrichs des Großen nicht verzichten; dabei ist freilich zuzugeben, daß die Bezeichnungen nicht eben glücklich sind, weil sie den Anschein erwecken, als sei Friedrich der Große nicht auch grundsätzlich absoluter Herrscher gewesen, und weil sie das unterscheidende Merkmal, die Auffassung vom Staate, nicht zum Ausdruck bringen.[2]) Der Große Kurfürst war von der altterritorialen Auffassung des dualistischen Staates ausgegangen und hatte an ihr festgehalten, wenn auch die Erbansprüche seines Hauses und die Notwendigkeit, sie mit Waffengewalt durchzusetzen und zu behaupten, ihn in seiner Regierungspraxis darüber hinausführten. Friedrich Wilhelm I. hatte den Dualismus überwunden durch den Begriff der Souveränität, in der er nicht bloß die Unabhängigkeit nach außen, sondern auch eine unumschränkte Gewalt im Innern sah. Aber er faßte sie rein persönlich und dynastisch auf; sein politisches Testament kennt keinen Staat, sondern nur den König, die Krone, und das

1) Gedruckt bei Mylius, Corp. Const. March., Contin. Bd. 4, S. 163ff. und bei Altmann, Bd. 1², S. 415ff.
2) Zum Folgenden darf ich auf meine Bemerkungen FBPrG., Bd. 25 (1913), S. 359f. verweisen.

Domänenedikt vom 13. August 1713[1]) bedeutet nicht einen Bruch mit der patrimonialen Staatsauffassung, sondern ihren Höhepunkt, die Umwandlung des ganzen Staates in ein Familienfideikommiß des Hauses Hohenzollern. Erst Friedrich der Große hat den Staat mit vollem Bewußtsein über die Dynastie gestellt. Das ist in doppelter Hinsicht etwas Neues. Erst durch diesen Staatsbegriff verliert Preußen den Charakter einer willkürlichen, bloß durch dynastische Beziehungen zusammengehaltenen Verbindung von selbständigen Territorien, wird zu einer lebendigen Einheit zusammengeschweißt. Das gilt für die auswärtige Politik, die jetzt allein durch die Bedürfnisse des Staates, nicht mehr durch die Ansprüche der Dynastie bestimmt wird, das gilt aber auch für die innere Politik. Gewiß bleiben hier Reste der alten föderativen Staatsverfassung noch über Friedrich den Großen hinaus erhalten, nicht bloß in der Bezeichnung der „Kgl. preußischen Staaten", die sich im Titel der amtlichen preußischen Gesetzsammlung bis zum Ende des Jahres 1906 gehalten hat, sondern auch in der Rechtsverfassung und, wie am deutlichsten die Provinzialdepartements des Generaldirektoriums erkennen lassen, selbst in der allgemeinen Staatsverwaltung. Aber man darf diese Reste nicht überschätzen.[2]) Das stärkere, das vorwärtsdrängende Element ist doch die Einheit gewesen; und diese hat nicht mehr ausschließlich im Könige, im Heere und im Beamtentum gelebt, sondern ist zumal durch die Siege Friedrichs des Großen und durch die gemeinsame Not des Siebenjährigen Krieges auch dem Volke bewußt geworden. Für das preußische Volk des ausgehenden 18. Jhs. gilt die Goethische Formulierung von der fritzischen Gesinnung nicht; auch die Kreise, die mit der Politik des alternden Königs nicht einverstanden waren, waren preußisch gesinnt. Mit vollem Recht durfte schon Friedrich der Große von einer preußischen Nation sprechen.

Zweitens begründet dieser Staatsbegriff Friedrichs eine neue Auffassung des Verhältnisses zwischen dem Könige und seinen Untertanen. Der König ist nicht ihr Eigentümer, sondern der erste Diener des Staates, er hat die Pflicht, das ihm anvertraute Amt zum Besten der Gesamtheit zu verwalten. Das ist freilich in der Hauptsache nur eine neue Formulierung der schon vom älteren deutschen Territorialfürstentum theoretisch vertretenen und meist auch lebendig empfundenen Verantwortlichkeit des Fürsten gegenüber Gott und gibt den Untertanen keine größere Sicherheit. Denn auch für Friedrich hat die Gesamtheit kein Organ, um ihre Rechte und Interessen gegenüber der Allgewalt des Fürsten zu vertreten; die einzige Gewähr ist das Pflichtbewußtsein des Herrschers. Und doch führt dieser neue, rein weltlich begründete Begriff des Fürstenamts auf allen Gebieten über die bisherige Politik hinaus. In der Kirchenpolitik verschwindet die alte konfessionelle Engherzigkeit nicht nur notgedrungen, auf Grund besonderer Verträge, sondern grundsätzlich; der Staat ist weltlich, allen Konfessionen gegenüber neutral, läßt jeden, der seine Pflichten gegen den Staat erfüllt, nach seiner Fasson selig werden. In der Finanz- und Wirtschaftspolitik macht der einseitig fiskalische Geist Friedrich Wilhelms I. höheren staatlichen Erwägungen, namentlich auch Rücksichten auf die Erhaltung des Adels gegenüber dem Domäneninteresse, auf die Lage der ärmeren Bevölkerungsschichten Platz. Friedrich Wilhelm I. hatte sich damit begnügt, seinen Behörden einzuschärfen, daß die Bereicherung der einen Staatskasse auf Kosten der andern kein wahrer Vorteil für den König sei, hatte sie aber angewiesen, das königliche Interesse gegenüber der Bevölkerung aufs strengste zu wahren; Friedrich der Große sieht im Vorteil des Landes das wahre Interesse des Königs

1) Gedruckt bei Mylius, Corp. Const. March., Bd. 4, 2, S. 161 ff. und bei H. Schulze, Hausgesetze, Bd. 3, S. 737 ff.; zur Beurteilung vgl. Hintzes Bemerkungen, FBPrG., Bd. 18 (1905), S. 298 und HZ., Bd. 122 (1920), S. 517.

2) Das scheint mir in der Darstellung, die M. Lehmann von dem „Alten Preußen" in seinem Freiherrn vom Stein, Bd. 2 (1903), S. 11 ff. (auch HZ., Bd. 90, 1903) gegeben hat, der Fall zu sein.

und des Staates und verbietet es grundsätzlich, die Einkünfte des Staates auf Kosten des Landes zu steigern. Vor allem in der Rechtsprechung tritt die Persönlichkeit des Fürsten hinter dem in den Gesetzen verkörperten Staat zurück; mit vollem Bewußtsein hat Friedrich auf Machtsprüche in privatrechtlichen Fragen verzichtet.

Diese neue Staatsauffassung, auf deren Zusammenhang mit der geistigen Bewegung der Zeit, mit der Staatslehre der Aufklärung hier wenigstens hingewiesen sei, wurde nun nicht allein von Friedrich dem Großen vertreten, sondern fand in steigendem Maße Eingang beim hohen Beamtentum des preußischen Staates. Unter dem Einfluß der Doktrinen Montesquieus versuchten im letzten Jahrzehnt Friedrichs die Beamten der Justizverwaltung, der Großkanzler Carmer und sein Rat Svarez, die Gerichte nach dem Muster der französischen Parlamente zu unabhängigen Zwischeninstanzen zwischen dem absoluten Könige und der Privatrechtssphäre der Individuen auszugestalten und dadurch, wie Svarez sich ausdrückte, in einem Staat ohne Grundverfassung die letztere gewissermaßen zu ersetzen. Deshalb wurde die Rechtsprechung der Verwaltungsbehörden immer mehr beschränkt. Die Kammerjustiz wurde durch eine Verordnung vom 12. Februar 1782[1]) an besondere, zu unparteiischer Rechtsprechung vereidigte Kammerjustizdeputationen übertragen, durch die Errichtung eines Oberrevisionskollegiums und einer aus Richtern und Verwaltungsbeamten zusammengesetzten Oberrevisionsdeputation in Berlin wurde ein fester Instanzenzug geschaffen. Das am 3. März 1797 erlassene Ressortreglement für die 1795 erworbene Provinz Neuostpreußen kannte überhaupt keine Kammerjustiz mehr, sondern überließ die gesamte Rechtsprechung den ordentlichen Gerichten. Diese Geschäftsverteilung wurde auch in den 1802 an Preußen gefallenen Entschädigungslanden eingeführt; von den älteren Provinzen wurde sie aber nur auf Franken (Reglement vom 10. Dezember 1798) und auf Ostpreußen (Regl. vom 21. Juni 1804) ausgedehnt. Den Höhepunkt dieser Entwicklung vom absoluten Staat zum Rechtsstaat bildet das Allgemeine Gesetzbuch, das zwar erst am 20. März 1791 veröffentlicht worden ist, das aber um so unbedenklicher für die Charakterisierung des friderizianischen Staates verwendet werden darf, als mit der Bekanntmachung des Entwurfs schon 1784 begonnen worden ist. Es steht noch ganz auf dem Boden des Absolutismus: alle Rechte und Pflichten des Staates vereinigen sich im Oberhaupte, es gibt keinerlei politische Befugnisse der Stände. Und doch wird dieses absolute Königtum ganz im Geiste Friedrichs des Großen bewußt dem Staate untergeordnet; die Domänen werden ausdrücklich zum Staatseigentum erklärt, dem Könige sind nur „gewisse Einkünfte und Nutzungen" beigelegt, Machtsprüche werden als ungültig bezeichnet, die Befugnis zur allgemein verbindlichen Gesetzgebung wird an die Mitwirkung der unter dem Vorsitz des Großkanzlers stehenden Gesetzkommission geknüpft. Endlich wird auch das Beamtentum der Willkür des Herrschers entzogen und allein dem Staate unterstellt; nur durch Mehrheitsbeschluß des Staatsrats, der Gesamtheit der Minister, sollte in Zukunft die Absetzung eines Beamten verfügt werden können: aus den königlichen Bedienten, die vom König jederzeit entlassen werden konnten, sind damit Diener des Staates geworden.

## § 26. Der Niedergang Preußens von 1786—1806

Die Gesetze sind gedruckt im Novum Corpus Constitutionum Prussico-Brandenburgensium, Bd. 8—12. Eine systematische Veröffentlichung von Akten nach Art der Acta Borussica fehlt noch; einiges findet sich bei G. Küntzel, Die politischen Testamente der Hohenzollern, Bd. 2² (1920), S. 112ff. Außerdem kommen bereits für diese Zeit die Denkwürdigkeiten der Männer der Reformzeit in Betracht; von ihnen seien wegen der wichtigen Akten über den Kampf gegen die Kabinettsregierung bereits hier die von L. v. Ranke hrsg. Denkwürdigkeiten des Staatskanzlers Fürsten v. Hardenberg (5 Bde., 1877) genannt.

1) Gedruckt bei Fischbach, Hist. Beitr., Bd. 3, 2 (1785), S. 580ff., im Novum Corpus Const., Bd. 7, S. 838f. nur im Auszug.

Wegen der Literatur ist auf die unten bei § 46 zu nennenden Werke über die Reformzeit zu verweisen, in denen die Zeit vor 1806 einleitend behandelt wird. Hervorgehoben seien wegen der gegensätzlichen Gesamtanschauung über das alte Preußen M. Lehmann, Freiherr vom Stein, Bd. 1 und 2 (1902/03) und E. v. Meier, Franz. Einflüsse auf die Staats- und Rechtsentwicklung Preußens im 19. Jh., Bd. 2, 1908, S. 1—202.

Einzelliteratur für die Zeit von 1786—1806: O. Hintze, Preuß. Reformbestrebungen vor 1806 (HZ., Bd. 76, 1896; auch Hist. u. pol. Aufs., Bd. 3). H. Hüffer, Die Kabinettsregierung in Preußen und J. W. Lombard, ein Beitrag z. G. d. Preuß. Staates vornehmlich in den Jahren 1797—1810 (1891). H. Petzold, Die Verhandlungen der 1798 von König Friedrich Wilhelm III. eingesetzten Immediatfinanzkommission (1912). M. Philippson, G. d. Preuß. Staatswesens vom Tode Friedrichs d. Gr. bis zu den Freiheitskriegen (2 Bde. bis 1797; 1880 und 1882, unbefriedigend, vgl. H. Delbrück, Z. preuß. G. und Landeskunde, Bd. 18, 1881, S. 53, aber noch nicht ersetzt). J. Ziekursch, Beitr. z. Charakteristik d. preuß. Verwaltungsbeamten in Schlesien bis zum Untergange des friderizianischen Staates (1907; vgl. dazu M. Hass, FBPrG., Bd. 20, 1907, S. 568ff. und Ziekursch, ebd. Bd. 21, 1908, S. 326ff.); Das Ergebnis der friderizianischen Städteverwaltung und die Städteordnung Steins, am Beispiel der schlesischen Städte dargestellt (1908; vgl. dazu Hintze, FBPrG., Bd. 22, 1909, S. 283ff. und S. 693ff., Ziekursch, ebd. S. 692f.).

Neben den im vorhergehenden Paragraphen behandelten Keimen zu einer neuen Entwicklung zeigen sich aber auch Ansätze zu der Erstarrung, die den preußischen Staat schon in den letzten Jahren Friedrichs des Großen ergriffen und bis 1806 beherrscht hat. Wie die 1781 erlassene neue Zivilprozeßordnung (Corpus juris Fridericianum, 1. Buch, Prozeßordnung) mit der Ersetzung des Verhandlungsprinzips durch das Offizialverfahren des staatlichen Richters und mit der Verdrängung der freien Advokatur durch staatliche Assistenzräte, so atmet auch das Allgemeine Gesetzbuch und das aus ihm hervorgegangene Allgemeine Landrecht durchaus den Geist des bevormundenden Polizeistaats: der Staat ist nach ihm berechtigt, die äußeren Handlungen aller Einwohner dem Endzweck gemäß zu leiten, er hält die ständische Gliederung, die wirtschaftliche Gebundenheit aller Klassen streng aufrecht. Aber diese staatliche Reglementierung des individuellen Lebens rief damals in ganz Europa den Widerspruch gerade der geistig und wirtschaftlich kräftigsten und selbständigsten Kreise der Bevölkerung wach. Mirabeau hat in seinem Buche „De la monarchie Prussienne sous Frédéric le Grand“ (1788) diesen Stimmungen Ausdruck verliehen, und neben vielen andern beweist Wilhelm v. Humboldts Schrift „Ideen zu einem Versuch, die Grenzen der Wirksamkeit des Staates zu bestimmen“ (geschrieben 1792, vollständig veröffentlicht erst 1851), daß auch in Preußen nicht bloß die Lumpenhunde über ihren König räsonnierten, sondern daß der Staat die besten persönlichen Kräfte nicht mehr zu nutzen verstand.

So erklärt sich die entgegengesetzte Beurteilung, die das Lebenswerk Friedrichs des Großen bei so gründlichen und kenntnisreichen Forschern wie M. Lehmann und E. v. Meier erfahren hat, aus der Doppelnatur des alten preußischen Staates, der eine einseitige Betrachtung nicht gerecht werden kann. Er hat eine unendlich viel größere Lebenskraft gehabt, als M. Lehmann zugibt, ist durch die Reformen nach 1807 wohl fortgebildet, aber nicht von Grund aus umgestaltet worden. Aber schon unter Friedrich dem Großen hat es sich gezeigt, daß seine Organisation dem Wachstum des Staatsgebiets nicht mehr recht angepaßt war. Denn Friedrich hat die von Friedrich Wilhelm I. geschaffene Verwaltungsorganisation nicht nur nicht weitergebildet, sondern zum Teil mit Bewußtsein zersetzt. Eine Zentralstelle für die innere Verwaltung gab es unter dem Könige nicht mehr, seitdem der Provinzialminister für Schlesien, statt in das Generaldirektorium einzutreten, unabhängig neben ihm stand; auch sonst liebte es Friedrich, unter Umgehung des kollegialen Geschäftsgangs und des bureaukratischen Instanzenzugs einzelne Maßregeln durch außerordentliche Kommissionen durchführen zu lassen. Die Übersichtlichkeit der Finanzen war dahin, da Friedrich neben die beiden alten Staatskassen, die Generaldomänenkasse und die Generalkriegskasse, noch eine besondere, jeder Kontrolle entzogene Königliche Dispositionskasse gestellt hatte und dieser alle neuen Einnahmen des Staates zuwendete. Auch die Regie muß hier genannt werden; sie bedeutete zwar technisch einen Fortschritt[1]), aber die Loslösung der indirekten Steuern aus der allgemeinen Finanz- und Staatsverwaltung war eine weitere Zerstörung der Einheitlichkeit der Zentralbehörden.

Die Persönlichkeit des großen Königs hatte diese Mängel zum guten Teil aufgehoben. Friedrich besaß die Energie und die Fähigkeit, um über all den einzelnen Behörden die Einheit der Verwaltung aufrechtzuerhalten, aus seinem Kabinett heraus ihnen allen die leitenden Gesichtspunkte zu diktieren. Aber die Nachfolger waren dazu nicht imstande, und ihre wohlgemeinten Versuche, durch Reformen des Generaldirektoriums, durch neue definitive und provisorische Instruktionen (1786 und 1798, s. oben S. 66) wieder eine einheitliche oberste Verwaltungsbehörde herzustellen, blieben erfolglos, weil sie nicht weiter-, sondern zurückzubilden suchten und das Ziel in der Wiederbelebung der durch die Entwicklung Preußens überholten Kollegialverfassung Friedrich Wilhelms I. erblickten. Das 1798 geschaffene Amt des Generalkontrolleurs der Finanzen[2]) hätte vielleicht die Grundlage für die Stellung eines leitenden Ministers werden können, aber der dazu ausersehene Graf Schulenburg-Kehnert, der Vater des geflügelten Wortes „Ruhe ist die erste Bürgerpflicht", war nicht die geeignete Persönlichkeit. So fehlte es in Preußen seit 1786 an einem Mittelpunkt für die Staatsverwaltung; die Könige erledigten zwar in alter Weise die laufenden Geschäfte, aber sie übersahen sie nicht mehr, sie waren in ihren Entschließungen abhängig von fremdem Rat. Diesen Rat erteilten unter Friedrich Wilhelm II. die Günstlinge, in der inneren Politik vor allem Wöllner; unter Friedrich Wilhelm III. wurden die Geheimen Kabinettsräte, die Nachfolger der subalternen Schreiber im Kabinett Friedrich Wilhelms I. und Friedrichs des Großen, die eigentlichen Leiter der preußischen Politik. Nun bestand freilich ein Widerspruch zwischen ihrer rechtlich subalternen Stellung zumal gegenüber den Ministern und ihrem tatsächlich unbeschränkten Einfluß auf den König, durch den sie auch den Ministern Befehle erteilen konnten, und eine gründliche Umgestaltung der Verwaltungsorganisation mag dadurch in der Tat erschwert worden sein. Aber der entscheidende Mangel war das doch nicht, denn bis ins Frühjahr 1806 sind die Minister, auch Stein, mit den Kabinettsräten gut ausgekommen, und ein hemmender Einfluß des Kabinetts ist in der inneren Politik nicht zu spüren. Das Gebrechen lag vielmehr an den Persönlichkeiten, denen die Energie zur Durchführung tiefgreifender Reformen fehlte.

Und das wird man ganz allgemein sagen dürfen: nicht durch Mängel in der Behördenverfassung ist Preußen nach Jena und Auerstädt geführt worden, auch nicht durch die sittliche Laxheit am Hofe Friedrich Wilhelms II. und in der Berliner Gesellschaft oder durch die kurzlebige Reaktion gegen die Aufklärung, die in dem Religionsedikt vom 9. Juli 1788 und in der bekannten Kabinettsorder an Kant vom 1. Oktober 1794 gipfelt, sondern durch das Nachlassen der alten Energie, durch die Friedrich Wilhelm I. und Friedrich der Große die Macht ihres Staates aufs äußerste gesteigert hatten, durch die allzu große Nachgiebigkeit gegen den humanen Zeitgeist, durch die Furcht, Opfer zu verlangen. Die fiskalische Strenge Friedrichs des Großen hörte auf, aber für die verhaßten und deshalb aufgehobenen Einnahmequellen, wie das Tabakmonopol und die Kaffeeregie, wurde kein ausreichender Ersatz beschafft; noch weniger wurden Mittel aufgebracht für notwendige neue Ausgaben wie für die Erhöhung des Soldes der Soldaten. Auch die neuen Provinzen, selbst das reiche Franken, wurden

---

1) Über die Regie vgl. J. Pritze, Beitr. z. G. d. preuß. Regieverwaltung 1766/86 (Teildruck, Berliner Diss. 1911). G. Schmoller, Die Einführung d. franz. Regie durch Friedrich den Großen 1766 (SBAk. Berlin, 1888). W. Schultze, G. d. preuß. Regieverwaltung von 1766—1786 (1., einziger Teil, 1887).

2) Vgl. die Instruktion bei Hertel, D. preuß. Oberrechnungskammer, Ergheft. (1890), S. 3ff.

nicht genügend zur Deckung des Staatsbedarfs herangezogen. So kam es, daß nach zwei Kriegsjahren Preußen nicht mehr imstande war, ohne Subsidien am Kampfe gegen die französische Revolution teilzunehmen. Friedrich Wilhelm III. stellte einzelne Mängel in der Finanzverwaltung ab und drang überhaupt auf größere Ordnung und Sparsamkeit; aber er sparte auch am Notwendigen. Überzeugt davon, daß der wahre Ruhm eines Herrschers darin bestehe, seine Untertanen glücklich zu machen, und daß das größte Glück eines Landes in einem fortdauernden Frieden bestehe, unterließ er es die Machtmittel des Staates zu vermehren; weder die Einkünfte noch die Truppenzahl wurden so erhöht, wie es die Zeit erforderte. Die alte Heeresverfassung wurde nicht geändert; obwohl durch die politischen Umwälzungen der Welt die Werbung fast unmöglich wurde, blieb das Kantonwesen mit allen, im Reglement vom 12. Februar 1792[1]) ausführlich aufgezählten Befreiungen in Kraft, und während die großen Mächte um Europa kämpften, wurde im preußischen Heere das Beurlaubungssystem, das die Offiziere und die Mannschaften finanziell an der Erhaltung des Friedens interessierte, dauernd aufrechterhalten.

Gewiß ist das Leben im Preußen Friedrich Wilhelms III. weitaus bequemer gewesen als in den Zeiten Friedrich Wilhelms I. und Friedrichs des Großen. Deshalb herrschte auch bis in die höchsten Kreise des Beamtentums hinauf eine durchaus zufriedene Stimmung. Aber die ganze Staatsverfassung hing davon ab, daß der Friede erhalten blieb, sie war einem Kriege nicht mehr gewachsen. Das führte zu den Niederlagen des Heeres bei Jena und Auerstädt. und diese Niederlagen des Heeres wurden zugleich zu Katastrophen für den Staat.

## Achter Abschnitt: Die deutsche Staatenwelt von 1648—1806

Literatur: K. Biedermann, Deutschland im 18. Jh. (4 Bde., 1854/80; Bd. 1 und 2 in 2. Aufl. 1880). B. Erdmannsdörffer, Deutsche G. vom Westfälischen Frieden bis zum Regierungsantritt Friedrichs des Großen (2 Bde., 1892/93). G. Marchet, Studien über die Entwicklung der Verwaltungslehre in Deutschland von der zweiten Hälfte des 17. bis zum Ende des 18. Jhs. (1885). J. J. Moser, Von der teutschen Reichsstände Landen (Frankfurt und Leipzig 1769). C. Th. Perthes, Das deutsche Staatsleben vor der Revolution (1845).

### § 27. Der Absolutismus in den deutschen Staaten

Allgemeine Literatur: K. Lohmann, Das Reichsgesetz vom Jahre 1654 über die Steuerpflichtigkeit der Landstände (Bonner Diss. 1893). J. J. Moser, G. d. § 180 Reichsabschieds vom Jahr 1654 (Nebenstunden, Frankfurt 1757, S. 727ff.).

Für die einzelnen Territorien: Für Bayern vgl. außer Döberl und Riezler (oben S. 1) besonders M. Döberl, Innere Regierung Bayerns nach dem Dreißigjährigen Kriege (F. z. G. Bayerns, Bd. 12, 1904). H. Schmelzle, Der Staatshaushalt des Herzogtums Bayern im 18. Jh. mit Berücksichtigung der wirtschaftlichen, politischen und sozialen Verhältnisse (1900). O. Steinwachs, Der Ausgang der landschaftlichen Verordnung in Bayern (Oberbayr. A., Bd. 55—57, 1910—1913). Für Jülich-Berg: E. Baumgarten, Der Kampf des Pfalzgrafen Philipp Wilhelm mit den jülichbergischen Ständen von 1669—1672 (Beitr. z. G. d. Niederrheins, Bd. 18, 19 u. 22, 1903/09). Für die Pfalz: E. Gothein, Bilder aus der Kulturgeschichte der Pfalz nach dem Dreißigjährigen Kriege (1895). K. Hauck, Karl Ludwig, Kurfürst von der Pfalz (1903). Für Sachsen: G. Wagner, Die Beziehungen Augusts des Starken zu seinen Ständen während der ersten Jahre seiner Regierung 1694—1700 (Leipziger Diss. 1902).

Wenn im Gegensatz zu der im sechsten Abschnitt versuchten Darstellung des deutschen Territorialstaats des 16. und 17. Jhs. als eines trotz allen individuellen Abweichungen im wesentlichen einheitlichen Typus die brandenburgisch-preußische Entwicklung seit 1640 als etwas Besonderes getrennt von der der übrigen deutschen Staaten behandelt werden muß, so beruht das nicht auf einer Verschiedenheit der Staatsformen, sondern auf dem Unterschied der politischen Energie. Nur in Brandenburg-Preußen hat das Fürstentum, getragen von gewaltigem dynastischem und staatlichem

1) Im Novum Corpus Constitutionum Prussico-Brandenburg., Bd. 9, S. 777ff., Auszug bei Altmann 1², S. 497ff.

Ehrgeiz, anderthalb Jahrhunderte lang fast ununterbrochen eine starke schöpferische Tätigkeit entfaltet und aus mehreren einzelnen Territorien eine trotz allen Resten der Sonderverfassungen in der Hauptsache einheitliche Großmacht geschaffen. In den andern deutschen Staaten dagegen herrschte zu der gleichen Zeit fast ebenso ununterbrochen eine politische Apathie. Aber die Staatsform war auch in ihnen fast überall der Absolutismus. Vorangegangen waren darin die katholischen Landesherrn, die Habsburger in den deutschen und böhmischen Erblanden, die Wittelsbacher in Bayern; sie hatten schon vor dem Dreißigjährigen Kriege die politische Selbständigkeit ihrer Stände aus religiösen Gründen gebrochen oder zu brechen versucht, die Erfolge des Krieges hatten diese Entwicklung vollendet. Seither bedeuteten die Stände hier nichts mehr, selbst die äußeren Formen der ständischen Verfassung wurden nicht immer gewahrt; auch in Bayern, wo es nicht zu einer kriegerischen Auseinandersetzung zwischen Fürstentum und Landständen gekommen ist, wurde die Selbständigkeit der ständischen Steuerverwaltung bestritten und nur „aus Gnade" schließlich anerkannt.

Seit dem Westfälischen Frieden aber fand der Absolutismus immer mehr Anhänger in der Theorie und in der Praxis. Die Gesetzgebung des Reiches läßt das deutlich erkennen. Zwar waren die deutschen Reichstage gemäß ihrer Zusammensetzung aus territorialen Obrigkeiten von Anfang an den landständischen Freiheiten ungünstig gewesen. Schon 1486 hatten die Reichsstände die Hilfe des Kaisers für die Abwälzung der bewilligten Reichssteuern auf die Landstände in Anspruch genommen. Aber es dauerte noch lange, bis das Reich eine Pflicht der Landstände zur Übernahme der den Reichsständen auferlegten Reichssteuern anerkannte. Denn die Bestimmung des Freiburger Reichsabschieds von 1498 (§ 16), daß der Kaiser und der Reichstag den Reichsständen gegen diejenigen Untertanen beistehen wollten, die sich dem gemeinen Pfennig widersetzten, galt nur für diese vom Reich den Landsassen unmittelbar auferlegte Steuer und hörte mit ihr auf.[1]) Die Wahlkapitulation Karls V. beschränkte sich darauf, im 8. Artikel unziemliche Bündnisse und Empörungen der Untertanen zu verbieten, sagte aber über die Pflichten der Landstände bei Reichssteuern gar nichts. Erst bei den 1530 und 1544 bewilligten großen Türkenhilfen wurde unter ausdrücklicher Betonung des gemeinnützigen und frommen Zwecks den Obrigkeiten das Recht zugesprochen, ihre Untertanen um Hilfe und Steuern zu ersuchen. Etwas weiter ging bereits der Reichsabschied von 1543 (§§ 24 und 25), der die Obrigkeiten ohne weiteres ermächtigte, auf alle ihre Untertanen eine Steuer zur Deckung der Türkenhilfe auszuschlagen, sie aber ernstlich auf die Innehaltung des Rechts und des ruhigen alten Brauches hinwies. Noch deutlicher ergriff der Reichsabschied von 1548 (§ 102) die Partei der Landesherrschaften; er erteilte ihnen das Recht, zur Aufbringung des dem Kaiser bewilligten Vorrats alle Untertanen „geistlich und weltlich, exempt und nicht exempt, gefreit und nicht gefreit, niemand ausgenommen" zu besteuern, und betonte noch ausdrücklich die Gehorsamspflicht der Untertanen. In dieser Form, aber erweitert durch den Zusatz, daß den Ständen die Höhe des Bedarfs mitzuteilen sei, wurde das Besteuerungsrecht der Landesherrn durch die Exekutionsordnung von 1555 (§ 82) für alle zur Verteidigung der Kreise bestimmten Hilfen anerkannt. Bei den eigentlichen Reichshilfen aber wurde auch fernerhin jedesmal eine erneute Feststellung des Rechtes für nötig gehalten; sie erfolgte in der 1555 gewählten Form, ergänzte diese aber durch die Drohung, widerspenstige Landstände mit doppelter Steuer zu belegen, und durch den Ausschluß des Rechtsweges.

---

1) Die Bestimmung der Reichsabschiede von 1507 (§ 8) und 1510 (§ 6), daß den Reichsständen die, „so ihnen von alters und nit dem reich gedient und dem reich nit on mittel zustendig oder verwandt", steuerpflichtig sein sollen, richtet sich wohl gegen Maximilians Versuche, Landstände (namentlich Städte) als reichsunmittelbar anzusprechen, nicht gegen die Landstände.

Alle diese Festsetzungen wurden nach 1648 charakteristisch erweitert. Der § 180 des jüngsten Reichsabschieds von 1654 dehnte die Steuerpflicht der Landstände über den Bereich der Reichs- und Kreishilfen auch auf die bisher den Landesherrn allein obliegende Aufgabe aus, die nötigen Festungen und deren Besatzungen zu erhalten. Aber die Landesherrn waren damit noch nicht zufrieden und versuchten immer mehr, mit Hilfe des Reiches ihre eigene Macht gegenüber den Landständen zu verstärken. Die Wahlkapitulation Leopolds I. vom Jahre 1658 machte es dem Kaiser zur Pflicht, nicht nur wie bisher die Rechte der Landesherrn im allgemeinen zu schützen, sondern auch zu verhindern, daß die Landstände die Verfügung über die Steuern ganz an sich zögen und ohne Genehmigung der Landesfürsten Landtage abhielten; Klagen der Landstände gegen die Landesherrn sollte der Reichshofrat ohne weiteres abweisen, und während das Bündnisrecht der Reichsstände ausdrücklich dahin anerkannt wurde, daß sie auch gegen ihre eigenen Stände Bündnisse abschließen dürften, sollte diesen das Bündnisrecht ganz versagt sein. Noch weiter gingen die Kurfürsten und Fürsten auf dem Reichstage im Jahre 1670.[1]) Sie wollten das Recht, das ihnen der § 180 des jüngsten Reichsabschieds verlieh, auf alle ihre militärischen Unternehmungen erstrecken und den Landständen nicht bloß den Weg der Klage beim Reichshofrat und Reichskammergericht abschneiden, sondern auch alle Privilegien und Freiheiten, die diesen neuen Forderungen entgegenstünden, aufheben. Diesem Verlangen widersetzte sich aber der Kaiser. Er ließ zu, daß auch die Legationskosten, d. h. die Kosten der Beschickung der Reichs-, Kreis- und Deputationstage als eine von den Landständen zu tragende Reichslast erklärt wurden, bestätigte ferner den § 180 von neuem, ja, er war selbst dazu bereit, diejenigen Reichsstände, die schon weitergehende Rechte ihren Landständen gegenüber besaßen, dabei zu schützen, aber die beantragte Erweiterung der landesherrlichen Befugnisse lehnte er rundweg ab.

Da das Reich versagte, betraten einige besonders absolutistisch gesinnte Fürsten, die Kurfürsten von Köln, Bayern und Brandenburg, der gerade damals mit seinen Ständen kämpfende Pfalzgraf von Pfalz-Neuburg und der Herzog von Mecklenburg-Schwerin, den Weg des Sonderbündnisses, um die gewünschte Ausdehnung ihrer Befugnisse den Ständen gegenüber wenn nötig mit Gewalt durchzusetzen.[2]) Aber das Bündnis brauchte nicht in Kraft zu treten. Die praktische Bedeutung der Reichsgesetzgebung war überhaupt nicht allzu groß. Sie kennzeichnet die Tendenzen des Landesfürstentums, aber das Schicksal der Landstände hing nicht von den Beschlüssen des Regensburger Reichstags ab, sondern von dem jeweiligen Kräfteverhältnis zwischen Landesherrschaft und Landständen; es ist daher auch nicht überall das gleiche gewesen. Aber im allgemeinen war das Schicksal der landständischen Verfassung besiegelt; der Dualismus hörte auf, weil der eine Faktor, die Landstände, innerlich morsch war. Ruhig ließen sich die Stände in Bayern die Ersetzung durch einen Ausschuß, in Baden die volle Beseitigung gefallen; und selbst da, wo die äußeren Formen der landständischen Verfassung, sogar die Landtage, bestehen blieben wie in den meisten Kleinstaaten, da fehlte ihr alles Leben. Nur vereinzelt, z. B. in Jülich-Berg, kam es zu scharfen Auseinandersetzungen zwischen Fürst und Ständen; in der Regel brauchte das Ständetum nicht etwa niedergerungen zu werden, sondern es starb ab, ohne daß die Fürsten viel dazu taten. Darum änderte auch der Absolutismus am Wesen des deutschen Fürstentums zunächst kaum etwas. Gerade die Zeit unmittelbar nach dem

1) Das (übrigens nicht einstimmig angenommene) Reichsgutachten vom 29. Oktober 1670 ist gedruckt bei J. J. Pachner v. Eggenstorff, Sammlung aller Reichsschlüsse (s. oben S. 2), Bd. 1, S. 495f.; D. kaiserl. Kommissionsdekret vom 12. Februar 1671 ebd. S. 518, auch sonst häufig, z. B. in der Neuen Sammlung der Reichsabschiede, Bd. 4, S. 83f.

2) Vgl. das Bündnis vom 6. Juni 1671 bei Th. v. Mörner, Kurbrandenburgs Staatsverträge von 1601—1700 (1867), S. 696.

großen Kriege weist einige Fürsten auf, die in altväterischer Frömmigkeit und pflichtgetreuer Arbeit für ihr Volk lebhaft an die eigentliche Blütezeit des deutschen Territorialstaats erinnern, Ernst den Frommen von Sachsen-Gotha, Karl Ludwig von der Pfalz, Christian Ernst von Bayreuth.

Sie waren die letzten Vertreter eines aussterbenden Fürstentypus. So segensreich auch ihre Tätigkeit nach den Verheerungen des Krieges auf die Wiederherstellung von bürgerlichem Wohlstand und christlicher Zucht wirkte, so litt sie doch nicht nur unter der Enge des Gesichtskreises, der Beschränktheit der Ziele, die dem alten Territorialstaat überhaupt eigentümlich war, sondern vor allem an der Kleinheit des Raumes, der Geringfügigkeit der Mittel; es sei nur an das tragikomische Schicksal der von Ernst dem Frommen unternommenen Werraschiffahrt erinnert. In dieser drükkenden Enge erstickte die alte Tüchtigkeit des deutschen Fürstentums. Es folgte seit dem letzten Drittel des 17. Jhs. dem sehr viel weltlicher werdenden Geiste der Zeit, das Gefühl der Verantwortlichkeit gegen Gott, der Verpflichtung gegen das Volk starb ab; und da diesen Fürsten in ihren kleinen Staaten keine politischen Aufgaben großen Stiles gestellt waren, so erblickten sie ihre Aufgabe vor allem darin, den „Lustre" und die „Splendeur" der eigenen Persönlichkeit und der hochfürstlichen Dynastie möglichst zu pflegen. Unter dem Einfluß französischer Bildung, des französischen Hoflebens, von dem sie meist nur die Außenseite kennen lernten, glaubten sie den Glanz des fürstlichen Hauses nicht besser erhöhen zu können, als wenn sie Maitressen hielten, große Jagden veranstalteten, Schlösser bauten und ein stehendes Heer aufstellten. Soweit die Kosten nicht durch französische Pensionen oder durch die Vermietung der Truppen an fremde Mächte, den berüchtigten Soldatenhandel, gedeckt wurden, mußte das Volk sie tragen. Es sind die Fürsten, über die Friedrich der Große schon als Kronprinz im Antimachiavell seinen ganzen Spott ausgegossen hat.

Wenn auch diese Fürsten uns viele reizvolle Bauten hinterlassen haben und wenn auch mancher von diesem Serenissimustypus abwich und ein mildes und behagliches patriarchalisches Regiment führte, so ändert das doch nichts an dem Gesamturteil: es ist das Verhängnis der deutschen Kleinstaaten geworden, daß ihre Fürsten seit dem Ende des 17. Jhs. kein anderes Ziel mehr hatten, als es an äußerem Glanz den großen Fürstenhöfen bis hinauf zu dem Ludwigs XIV. gleichzutun, ohne doch die Mittel dazu zu haben. Charakteristisch für diese Tendenz ist der gemeinsame Beschluß der altfürstlichen Häuser (sächsische Herzöge, Pfalzgraf von Sulzbach, Braunschweig, Württemberg, Ansbach, Bayreuth, Baden u. a.) vom Jahre 1700, die gleichen Chargen und Titel einzuführen wie die Kurfürsten, also den Premierministern und den Wirklichen Geheimen Räten — dem Kanzler und den Hofräten des 16. Jhs. — das Prädikat Exzellenz zu geben und die Kammerjunker zu Kammerherrn zu ernennen, eine Neuerung, bei der noch als besonders vorteilhaft der Umstand hervorgehoben wurde, daß sie „keine weitere Spesen oder Unkosten verursache".[1]) Je kleiner ein Fürstentum war, desto grotesker wirkte natürlich diese Nachahmung der Großen, desto schwerer lastete sie aber auch auf dem Lande, und desto leichter artete sie in grobe Rechtsverletzung gegenüber den Untertanen aus. Die Kabinettsjustiz griff mit ihren Machtsprüchen unbedenklich auch in die Privatrechte ein. Sie war in der Form freilich nichts Neues, sondern der alte, von der Theorie gebilligte, in der Praxis allgemein geübte Brauch des 16. Jhs., daß zum Ausgleich von Härten und zur Vermeidung der Umständlichkeiten der ordentlichen Gerichte der Fürst durch seine Räte auch in privatrechtlichen Streitigkeiten Bescheide erteilte; aber sie wurde zum Mißbrauch durch den veränderten Geist des Fürstentums, durch den Mangel an Pflichtbewußtsein.

---

1) Vgl. den Beschluß bei J. J. Moser, Staatsrecht, Bd. 35, S. 484.

In den größeren Staaten wie Bayern und Kursachsen bestand zwar zwischen den Mitteln des Landes und dem Aufwand des Hofes kein so auffallendes Mißverhältnis, und die großen Verdienste beider Höfe um die Pflege der Kunst, um die Verfeinerung des Geschmackes in Deutschland müssen uneingeschränkt anerkannt werden. Aber auch sie mußten durch inneren Stillstand erkauft werden. Denn dem äußeren Aufschwung des höfischen Lebens entsprach die wirtschaftliche Lage der Länder keineswegs. Und weder die Fürsten noch die Beamten hatten Verständnis oder Neigung zu gründlicher und zäher politischer Arbeit. Statt nachhaltiger Pflege der wirtschaftlichen Kräfte warfen sie sich lieber auf kaufmännische Spekulationen, die rascheren Ertrag versprachen, beteiligten sich direkt oder indirekt an Monopolen und ließen sich sogar, verleitet durch den Reichtum der Holländer, auf ganz uferlose kolonialpolitische Pläne ein. Das wirtschaftliche Leben im Lande wurde dadurch eher gehemmt als gefördert, und so war es nur von Vorteil, daß im 18. Jh. die Projektenmacherei aufhörte und die Länder sich selbst überlassen wurden. Aber wenn so der Absolutismus in diesen größeren Territorien nicht verhängnisvoll wirkte wie in den Kleinstaaten, so hat er doch keinerlei staatsbildende Tätigkeit entfaltet.

## § 28. Die Staaten mit landständischen Verfassungen

Literatur: Für Hannover: E. v. Meier, Hannoversche Vfg. u. Verwaltungsg. 1680—1866 (2 Bde. 1898/99). Für Mecklenburg: R. Hübner, Die ordentliche Kontribution Mecklenburgs in ihrer geschichtlichen Entwicklung und rechtlichen Bedeutung (Festschrift für Gierke, 1911). Für Sachsen: H. Gössel, Die kursächs. Landtagsordnung von 1728 (Leipziger Diss. 1911) und F. Kaphahn, Kurfürsten und Stände in Sachsen im 17. u. beginnenden 18. Jh. (NA sächs. Gesch. Bd. 43, 1922). Für Württemberg: Herzog Karl Eugen von Württemberg und seine Zeit, hrsg. vom Württemberg. G. u. Altertums-Verein (2 Bde., 1902/09). F. Wintterlin, Die altwürttembergische Verfassung am Ende des 18. Jhs. (Württemb. Vierteljahrshefte f. Landesgesch. NF., Bd. 23, 1914).

Nicht in allen deutschen Territorien ist freilich der Absolutismus durchgedrungen. Die Gerichtsbarkeit des Kaisers über die Fürsten war doch nicht bloß ein leeres Wort; bis zum Ende des Reiches vermochte sie sich wenigstens kleineren Territorien gegenüber geltend zu machen. 1775 wurde durch kaiserlichen Spruch der Wild- und Rheingraf Carl Magnus wegen Mißbrauchs seiner landesherrlichen Gewalt zu zehnjährigem Gefängnis verurteilt, kaiserliche Debitkommissionen nahmen überschuldeten Reichsfürsten und -grafen die Landesverwaltung ab, und selbst in größeren Staaten bildete die kaiserliche Gewalt eine Schranke für die Macht des Landesherrn, eine Stütze für das Recht der Landstände. Das mußte namentlich Herzog Karl Leopold von Mecklenburg-Schwerin (1713—1728) erfahren, als er gestützt auf russische Hilfe die Rechte seiner Landstände aufheben wollte. Die Stände riefen den Kaiser um Schutz an, und dieser erblickte in der Behauptung des Herzogs, daß er eine unumschränkte Gewalt besitze, eine Verletzung nicht nur der ständischen Privilegien, sondern zugleich der ihm gebührenden Achtung, verhängte die Reichsexekution gegen Karl Leopold und setzte ihn nach langen Verhandlungen und vielen Deduktionen endlich im Jahre 1728 auf Grund eines Gutachtens des Reichshofrats ab. Karl Leopolds Bruder und Nachfolger, Christian Ludwig (1728—1756), versuchte lange Zeit, seine landesherrlichen Rechte festzuhalten, mußte sich aber endlich in dem bis 1918 gültigen landesgrundgesetzlichen Erbvergleich vom 18. April 1755[1]) mit seinen Ständen vertragen.

Auch die Ostfriesen behaupteten ihre landständische Verfassung gegen ihre Fürsten mit solcher Energie, daß sie sogar nach der 1744 erfolgten Einverleibung in Preußen in Kraft blieb.

Einen langen und erfolgreichen Kampf um ihre Rechte führte auch die württembergische Landschaft. Ihre Stärke beruhte neben den ausgedehnten Privilegien, deren wichtigstes der während der Mißregierung Herzog Ulrichs abgetrotzte Tübinger Vertrag von 1514 war, auf ihrer inneren Geschlossenheit, ihrem ausschließlich bürgerlichen

1) Gedruckt z. B. in A. Fabers Europ. Staatskanzlei, Bd. 109 (1756), S. 169—375.

Charakter; der Adel war lieber reichsfrei geworden und gehörte ihr nicht an. Seit dem Ende des 17. Jhs. war für Württemberg das behagliche Stilleben, das auf der bescheidenen Zurückhaltung der Fürsten beruht hatte, dahin. Die Herzöge Eberhard Ludwig (1693—1733) und Karl Alexander (1733—1737) suchten es an höfischem Glanz und Prunk ihren fürstlichen Zeitgenossen gleichzutun und ließen sich darin durch die Landstände nicht stören; sie regierten, ohne Landtage zu berufen, sie schoben die alten, auf die Privilegien des Landes verpflichteten Behörden beiseite, schrieben ohne Rücksicht auf den landständischen Ausschuß Steuern aus, und als dieser sich zu wehren begann, umging Karl Alexander seine Rechte durch allerhand Finanzkunststücke, deren spiritus rector der Hofjude Süß Oppenheimer war. Karl Eugen (1737, selbständig seit 1744—1793) ließ zwar Oppenheimer beseitigen, setzte aber im übrigen das alte Regiment fort. Es unterliegt keinem Zweifel, daß dieses absolutistische Streben, die Berufung auf die veränderte Zeit, auf die Salus publica, die ein Abweichen von dem Buchstaben der alten Verträge erfordere, berechtigt war; die Landschaft vertrat mit ihrem engherzigen und kleinlichen Festhalten an ihren Vorrechten nicht das Interesse des ganzen Landes, sondern nur das einer bürgerlichen Oligarchie. Auch waren viele, namentlich volkswirtschaftliche Anordnungen der Herzöge der Landeswohlfahrt sicherlich vorteilhafter als die Beachtung des alten Brauchs. Und doch fehlte dieser fürstlichen Willkürherrschaft, die nicht bloß die Rechte und das Vermögen der landständischen Korporation verletzte, sondern auch in Privatrechte der einzelnen Untertanen rücksichtslos eingriff, die Rechtfertigung durch einen höheren Staatszweck. Das dem französischen Absolutismus nachgesprochene Wort Karl Eugens, „das Vaterland bin ich", drückt wirklich die Gesinnungen des Herzogs aus; das persönliche Interesse, ja, die Launen des Herzogs und seiner Maitressen gaben nur allzuoft den Ausschlag, das Jagdvergnügen Serenissimi war wichtiger als das Gedeihen der Landwirtschaft, die drückende Militärlast diente nur zur Befriedigung einer fürstlichen Liebhaberei, bedeutete für den Staat nichts.

Deshalb führte der Absolutismus in Württemberg, zumal als seit 1733 katholische Regenten an der Spitze des durchaus protestantischen Landes standen, zu einem offenen Gegensatz zwischen dem Herzog und seinen Landständen, der teils als Machtkampf, teils als Zivilprozeß ausgetragen wurde. Die Landstände versuchten, beraten von ihren Konsulenten, deren bekanntester der Staatsrechtslehrer Johann Jakob Moser ist, ihre verbrieften Rechte zu wahren, sie traten wie eine selbständige Macht mit fremden Staaten, Preußen, Hannover und Dänemark in Verbindung und riefen endlich im Jahre 1764 den Reichshofrat um Rechtsschutz an. Dieser arbeitete hier rascher als in Mecklenburg; sein bereits 1765 gefällter vorläufiger Schluß gab ihnen in der Hauptsache recht und betraute eine kaiserliche Hofkommission mit der Herstellung eines endgültigen Abkommens zwischen Herzog und Landschaft. Nun mußte der Herzog, zumal da er ohne Steuern nicht weiter wirtschaften konnte, nachgeben, und am 27. Februar 1770 kam unter kaiserlicher Vermittlung ein Erbvergleich zustande.[1]) Er bestätigte in der Hauptsache den alten Rechtszustand, wie er im 17. Jh. in Kraft gewesen war, stellte den Geheimen Rat als oberste, zur Erhaltung der Landesfreiheiten mitverpflichtete Behörde wieder her, legte die Beiträge fest, die die Landschaft dem Herzog jährlich zu gewähren hatte, und verbot dem Herzog ausdrücklich jede einseitige Erhöhung der Steuern selbst in Kriegszeiten.

Ein dauernder Friede wurde aber auch durch diesen Vergleich trotz seinen vielen und ausführlichen Bestimmungen nicht erzielt. Der anerkannte Dualismus von Herr-

1) Gedruckt bei A. L. Reyscher, Sammlung der württemb. Gesetze, Bd. 2 (1829), S. 550 bis 609.

schaft und Landschaft führte bei dem gegenseitigen Mißtrauen stetig zu Reibungen. Der Herzog gab das alte Treiben nicht auf und machte Schulden auf sein Kammergut, für die zuletzt doch die Stände eintreten mußten; diese suchten besonders während der Revolutionszeit eine selbständige, dem Herzog entgegengesetzte auswärtige Politik zu treiben. Aber die Verfassungsform stand unangefochten da; durch die harten Kämpfe war sie in aller Welt so berühmt, daß der englische Minister Fox sagen konnte, neben der englischen Verfassung verdiene nur die württembergische den Namen Verfassung. Das Fehlen des Adels gab ihr ein besonders volkstümliches Aussehen, ihr oligarchischer Charakter war in der Welt nicht bekannt. Aber auch die Württemberger waren stolz auf ihre Verfassung und blickten mit Genugtuung zu dem landständischen Ausschuß in Stuttgart als dem Vertreter und Hüter des Landesrechts auf.

Ohne aufregende Kämpfe erhielt sich in Kursachsen die landständische Verfassung. Seit 1697 besaß sie noch eine besondere Bedeutung, da die Landstände gegenüber dem katholisch gewordenen Landesherrn die Bürgschaft für die Wahrung des protestantischen Charakters des Landes übernahmen. Aber die lebendige Kraft fehlte diesem Ständetum mit seinem starken Übergewichte des alten Adels, mit der mangelnden Vertretung der rasch zunehmenden bürgerlichen Kreise. Es verhinderte darum auch die Mißwirtschaft der beiden zugleich über Polen herrschenden Auguste nicht; diese regierten tatsächlich völlig absolut (vgl. S. 84), aber sie wahrten die Form und ließen sich die Steuern durch Landtage bewilligen. Die Rolle der Stände beschränkte sich darauf, die eigene Steuerfreiheit zu verteidigen.

In Hannover dagegen ist der Adel der wirklich regierende Stand geworden. Die hannoversche Verfassungsgeschichte des 18. Jhs. ist durch die Tatsache bestimmt worden, daß auf die Vereinigung der drei jüngeren welfischen Linien (Lüneburg, Celle und Grubenhagen) in dem kurhannoverschen Hause die Verbindung der Dynastie mit England folgte, daß also das ganze 18. Jh. hindurch eine kräftige monarchische Gewalt im Lande fehlte. Das führte, während die äußeren Formen des Dualismus, die landesherrliche Verwaltung auf der einen Seite, die landständischen Verfassungen und Steuerverwaltungen in den verschiedenen Territorien auf der andern bestehen blieben, zu einem einseitig ständischen Regiment, zu einer Besetzung der wichtigsten Beamtenstellen mit den Angehörigen weniger adliger Familien. Durch die Geringfügigkeit der finanziellen Ansprüche des Herrscherhauses unterscheidet sich die hannoversche Geschichte des 18. Jhs. vorteilhaft von der der meisten andern deutschen Staaten; aber sie zeigt doch auch die dunkeln Schatten, die überall mit der ständischen Vorherrschaft verbunden waren, die einseitige Ausnutzung des Staates und seiner Mittel zum Vorteil der herrschenden Klasse, die engherzige Aufrechterhaltung der bestehenden sozialen Unterschiede und der gesamten wirtschaftlichen Gebundenheit, endlich auch sowohl 1757 wie 1803 die vollständige Unfähigkeit, die staatliche Existenz gegenüber äußeren Feinden sicherzustellen oder auch nur zu verteidigen.

Trotz allen Verschiedenheiten in den staatlichen Formen weist demnach das Leben in den deutschen Mittel- und Kleinstaaten während des Jahrhunderts nach dem Westfälischen Frieden doch einen gemeinsamen Zug auf: die ganze Entwicklung stagniert. Weder die höfische Kultur der absoluten Staaten noch das behagliche Stilleben des Ständetums hat das politische und wirtschaftliche Leben zu fördern verstanden.

## § 29. Österreich unter Maria Theresia und Joseph II.

Wegen der Quellen und der Literatur vgl. im allgemeinen: R. Charmatz, Wegweiser durch die Literatur d. österreich. G. (1912), S. 42ff. Ferner sei auf die oben S. 2 genannten Grundrisse verwiesen. Im einzelnen seien genannt: A. v. Arneth, G. Maria Theresias (10 Bde., 1863/79). G. Dorschel, Maria Theresias Staats- und Lebensanschauung (Leipziger Diss., Gotha 1908). E. Guglia, Maria Theresia (2 Bde., 1917). O. Hintze, D. österreich. u. preuß. Beamtenstaat im 17. u. 18. Jh. (HZ., Bd. 86, 1901). J. Beidtel, G. der österreich. Staatsverwaltung 1740—1848 (hrsg. von A. Huber, 2 Bde., 1896/7). P. v. Mitrofanov, Joseph II., seine politische und kulturelle Tätigkeit (aus dem Russischen übersetzt von V. v. Demelic, 2 Bde., 1910).

In der zweiten Hälfte des 18. Jhs. verändert sich der Geist, der das deutsche Fürstentum bis dahin beherrscht hatte. Der am Vorbild von Versailles orientierte Absolutismus verschwindet, nachdem die Siege des preußischen Staates das Verständnis für den Wert der staatlichen Arbeit geweckt hatten. Unmittelbar unter dem Eindruck der Niederlagen des Erbfolgekrieges begann in Österreich eine tiefgreifende Reformtätigkeit, um die sich neben Maria Theresia vor allem der Hof- und Staatskanzler Kaunitz, der Obersthofkanzler Graf Haugwitz und die Hofkammerpräsidenten Grafen Chotek und Hatzfeld verdient gemacht haben. Sie hatte sowohl eine leistungsfähigere Behördenorganisation wie eine intensivere Staatstätigkeit zum Ziele; dabei blieben aber Ungarn und die italienischen und niederländischen Besitzungen außer Betracht. Für die deutschen und böhmischen Erblande wurde eine einheitliche, nach dem Fachprinzip gegliederte Zentralverwaltung eingerichtet. An die Stelle der Geheimen Konferenz, die seit der Mitte des 17. Jhs. als engerer Ausschuß aus dem alten Geheimrat die oberste Behörde im Staate war, und der österreichischen sowie der böhmischen Hofkanzlei traten die Geheime Haus-, Hof- und Staatskanzlei für die Angelegenheiten des Erzhauses und die gesamte auswärtige Politik, eine oberste Justizstelle für die Justizverwaltung und Rechtsprechung und die vereinigte österreichisch-böhmische Hofkanzlei (von 1748—1761 auch als Directorium in publicis et cameralibus bezeichnet) für die innere Verwaltung, zeitweise auch für die sonst der Hofkammer belassene Finanzverwaltung; zur besseren Pflege der Wirtschaftspolitik wurde ferner 1753 ein besonderes Commerzdirektorium errichtet. Alle diese „Hofstellen" waren unmittelbar der Kaiserin untergeordnet. Um eine gewisse Einheitlichkeit in den Grundsätzen der inneren Verwaltung herzustellen, wurde 1760 ein besonderer Staatsrat als beratendes Organ zwischen die Hofstellen und die Kaiserin eingeschoben; außer persönlichen Gründen mag auch der größere Umfang der Erblande dazu geführt haben, daß die Vereinigung der gesamten Regierung in der Person des Herrschers, die im damaligen Preußen bestand, in Österreich sich nicht halten konnte. Auch die Provinzialverwaltung wurde vereinfacht, indem die gesamte innere Verwaltung mit Einschluß der bisher den Ständen überlassenen Steuerverwaltung an landesfürstliche Behörden, die Gubernien (zuerst Repräsentationen genannt) übertragen wurde. Unter diese wurden Kreisämter gestellt, rein staatliche, bureaukratisch organisierte Behörden, die ähnlich wie die preußischen Commissarii loci, aber zugleich in Stadt und Land, die Durchführung der landesherrlichen Verordnungen zu überwachen und den patrimonialen Obrigkeiten gegenüber die landesherrliche Aufsichtsgewalt zu vertreten hatten. So kamen die Stände wie in Brandenburg-Preußen auch in Österreich um ihre Stellung in der Verwaltung; an der landständischen Verfassung selbst wurde dagegen nichts geändert, auch die Landtage fanden da, wo es üblich war, noch regelmäßig statt, waren freilich seit langem nur inhaltlose Formalitäten, da die Regierung ihre „Postulate" regelmäßig durchsetzte. Überhaupt griff schon Maria Theresia energischer als der preußische Absolutismus in die Rechte der privilegierten Klassen ein. Klerus und Adel mußten auf die Steuerfreiheit ihrer Güter verzichten, die Rechte der grundherrlichen Bauern wurden vom Staate gegen die Grundherrn in jeder Weise geschützt, die Dienste durch Robotpatente fest geregelt, auch eine Ordnung der Besitzrechte vorbereitet. Der humane Zeitgeist, die Gedanken des Naturrechts von der natürlichen Freiheit und Gleichheit aller Menschen wirkten darauf deutlich ein, aber ebensosehr wurde die Agrarpolitik Maria Theresias doch auch durch die Tendenz geleitet, durch die Befreiung der allzu starken Gebundenheit der Bauern den landwirtschaftlichen Betrieb zu befördern. Auf die wirtschaftspolitischen Maßregeln der Regierung, auf die Bestrebungen nach Vermehrung der Produktion, nach Verminderung der Feiertage, nach Einschränkung des wirtschaftlich nicht genügend ausgenutzten Besitzes der toten Hand, nach Entfaltung der Industrie und des Handels im Geiste des Merkantilismus kann hier nur hingewiesen, nicht eingegangen werden.[1])

Der ruhige Fortgang dieser Reformtätigkeit wurde durch Joseph II. unterbrochen. Während Maria Theresia und ihre Ratgeber von den praktischen Bedürfnissen der Staatsmacht ausgingen und die Unterschiede zwischen der deutschen und der böhmischen Ländergruppe auf der einen und den Ländern der ungarischen Krone und den Nebenländern auf der andern Seite beachteten, auch die Stände nur so weit zurückdrängten, wie es die Rücksicht auf die Staatsverwaltung erforderte, setzte sich Joseph über alle historisch gegebenen Unterschiede und Rechte hinweg und suchte sein rationalistisches Ideal eines über einer nivellierten, der vermeintlichen natürlichen Gleichheit aller Menschen entsprechenden Gesellschaftsordnung einheitlich und allmächtig sich aufbauenden Staates zu verwirklichen. Er führte das Deutsche als die einzige Amtssprache überall durch, erkannte die besonderen Verfassungen der Länder nicht mehr an, ließ sich nirgends huldigen, beschwor nirgends die Landesfreiheiten; er hob die letzten Reste der ständischen Selbstverwaltung auf, änderte auch die historisch gewordenen Provinzialverwaltungen nach dem Gesichtspunkt der Gleichförmigkeit, er verstaatlichte endlich auch die Lokalverwaltung. In vielem erinnert die Regierung Josephs an den aufgeklärten Despotismus Friedrichs des Großen, unter dessen Einfluß sie ja auch stand, nicht allein in der absolutistischen Form, sondern auch in dem nicht ganz zum Abschluß gediehenen Streben nach Vereinheitlichung des materiellen Rechts und in der Wirtschaftspolitik. Sie ging aber weit über das hinaus, was der alternde Friedrich gleichzeitig erstrebte und erreichte. Ihr gelang durch das Patent vom 1. September 1781 die Regulierung des gutsherrlich-bäuerlichen Verhältnisses, die Aufhebung der Leibeigenschaft, die Ablösbarkeit der Grundlasten, Errungenschaften, die Preußen erst nach der Schlacht von Jena erlangte. Aber sie brachte sich auch selbst um den Erfolg durch die Überhastung der Reformen, die alle auf einmal durchzuführen das Beamtentum außerstande war, durch die Überspannung der staatlichen Allmacht, die allzu tief in die nicht allein durch vernünftige und aufgeklärte Grundsätze beherrschten Lebensgewohnheiten des Volkes eingriff, die sich selbst in die Gebiete einmischte, die wie die Leichenbestattung durch die Sitte, nicht durch staatliche Gesetzgebung bestimmt werden, endlich auch durch die über die wirklichen Bedürfnisse des Gesamtstaats hinausgehende Zentralisierung, die Ungarn und die Niederlande zum offenen Aufruhr trieb. Während die Grundgedanken der josephinischen Reformen, die Befreiung und die Entwicklung der individuellen Kräfte unter staatlicher Leitung, den Verhältnissen der deutschen und böhmischen Erblande entsprachen und bei maßvoller Durchführung sich hätten behaupten können — die hier nicht zu behandelnde Kirchenpolitik hat sich auch bis über das Jahr 1848 hinaus behauptet —, ist von Ungarn und den Niederlanden die Reaktion ausgegangen, die außer dem Übertriebenen auch das Berechtigte der josephinischen Reformen vernichtet hat.

## § 30. Die Zeit des aufgeklärten Despotismus in den deutschen Mittel- und Kleinstaaten

Allgemeine Literatur: K. Th. Heigel, Deutsche G. vom Tode Friedrichs d. Gr. bis zur Auflösung des alten Reiches (2 Bde., 1899/1911; bes. Bd. 1, S. 79ff.). F. Kapp, Der Soldatenhandel deutscher Fürsten nach Amerika 1775—1783 (2. Aufl. 1874). H. v. Voltelini, Die naturrechtlichen

1) Vgl. dazu namentlich die Arbeiten von A. Beer, Die Zollpolitik und die Schaffung eines einheitlichen Zollgebiets unter Maria Theresia (MIÖG., Bd. 14, 1893); Studien z. G. d. österreich. Volkswirtschaft unter Maria Theresia, die österreich. Industriepolitik (AÖG., Bd. 81, 1894); D. österreich. Handelspolitik unter Maria Theresia und Joseph II. (AÖG., Bd. 86, 1898). Ferner K. Grünberg, Die Bauernbefreiung und die Auflösung des gutsherrlich-bäuerlichen Verhältnisses in Böhmen, Mähren und Schlesien (2 Bde., 1894). A. Mell, Die Anfänge der Bauernbefreiung in Steiermark unter Maria Theresia und Joseph II. (1901).

Lehren und die Reformen des 18. Jhs. (HZ., Bd. 105, 1910). W. WENCK, Deutschland vor 100 Jahren (2 Bde., 1887/90). G. ZÖPFL, Fränk. Handelspolitik im Zeitalter der Aufklärung (1894).

Für die einzelnen Territorien: Baden: P. LENEL, Badens Rechtsverwaltung und Rechtsverfassung unter Markgraf Karl Friedrich 1738—1803 (1913). O. MOERICKE, Die Agrarpolitik des Markgrafen Karl Friedrich von Baden (1905). W. WINDELBAND, Staat und katholische Kirche in der Markgrafschaft Baden zur Zeit Karl Friedrichs (1912); Die Verwaltung der Markgrafschaft Baden zur Zeit Karl Friedrichs (1917). Für Hessen-Darmstadt: B. RIEGER, Die hessen-darmstädtischen Landstände und der Absolutismus 1768—1806 (Gießener jurist. Diss. 1894). Für Hessen-Kassel: A. LICHTNER, Landesherr und Stände in Hessen-Cassel, 1797—1821 (1913). Für Sachsen fehlt eine neuere Darstellung, vgl. außer C. W. BÖTTIGER und Th. FLATHE, G. v. Sachsen, Bd. 2 (2. Aufl. 1870), S 661ff. und K. H. L. PÖLITZ, Die Regierung Friedrich Augusts, Königs von Sachsen (1830), auch das Politische Testament des Kurfürsten Friedrich August von Sachsen vom 6. Dezember 1787 im A. f. sächs. G., Bd. 10 (1872), S. 337ff. Für Weimar: F. HARTUNG, Das Großherzogtum Sachsen unter der Regierung Carl Augusts (1923).

Auch für eine große Zahl von Mittel- und Kleinstaaten ist die zweite Hälfte des 18. Jhs., zumal die lange Friedenszeit seit dem Ende des Siebenjährigen Krieges, eine Zeit innerer Reformen geworden. Deren Träger waren in ihren zum Teil ungewöhnlich langen Regierungen[1]) vor allem Kurfürst Friedrich August III., der „Gerechte", von Sachsen (1768—1827), Markgraf Karl Friedrich von Baden (1746—1811), Herzog Carl August von Weimar (1775—1828), Fürst Leopold Friedrich Franz von Anhalt-Dessau, der „Vater Franz" (1758—1817); die Bedeutung ihrer Reformen wurde dadurch noch größer, daß auch zahlreiche geistliche Fürsten jener Zeit ernstlich für das Wohl ihrer Staaten sorgten. In ihnen allen wurde der Gedanke der Fürstenpflicht wieder lebendig, nicht allein durch den Eindruck der preußischen Erfolge und der Persönlichkeit Friedrichs des Großen, sondern vor allem durch die geistige Strömung der Zeit, Naturrecht, Aufklärung und Humanität. Man darf ihre Regierungsweise als aufgeklärten Despotismus bezeichnen, denn sie dekretierten ihre Reformen von oben herab oft gegen den Willen der Stände und der Bevölkerungen, und auch der Inhalt ihrer Verordnungen, die Maßregeln zur Hebung der Landeskultur und ähnliches entsprach ganz den Zielen des aufgeklärten Despotismus. Aber man muß sich dabei bewußt bleiben, daß der Geist der Kleinstaaterei doch dauernd ein anderer war als der des preußischen und österreichischen Staates. Es fehlte der kleinstaatlichen Politik jede Beziehung auf einen großen Staatszweck, auf die Macht. Sie ging vielmehr unmittelbar darauf aus, das Behagen der Untertanen zu fördern, sie im Sinne der eudämonistischen Staatslehre glücklich zu machen. Nicht die Steuerkraft, sondern der Wohlstand der Bevölkerung, des einzelnen war das Ziel der Wirtschaftspolitik, der Förderung des Handels, der Hebung der Arbeitsleistung durch Aufhebung der vielen Wochenfeiertage, der Beschränkung des Luxus, der Pflege der Landwirtschaft. Die Rechtspflege erfuhr überall eine Reform, wurde namentlich durch die Aufhebung der Folter humaner gestaltet, die Rechtslage der Bauern wurde in Baden 1783 durch die Aufhebung der Leibeigenschaft dem Gedanken der natürlichen Freiheit angepaßt, während die Belastungen des Bodens noch bestehen blieben. Die Sorge für eine Verbesserung des Schulwesens verfolgte unmittelbar den Zweck, die Bevölkerung aufgeklärter und damit glücklicher zu machen. Dem humanen Zuge dieser Reformtätigkeit entspricht es, daß überall Wohlfahrtsanstalten, Zucht- und Arbeitshäuser, Armen- und Krankenanstalten, Versicherungen aller Art errichtet wurden, daß ferner die Ausdehnung der Medizinalpolizei eine große Rolle spielte.

Die kleinstaatliche Reformpolitik in der Zeit der Aufklärung schließt sich also ganz an die patriarchalische Regierungsweise des Jahrhunderts der Reformation an, in ihrem Ziel, das Behagen der Untertanen zu erhöhen, sie nach den Worten Karl Friedrichs „frei, opulent und gesittet" zu machen, wie in ihrem Mittel, der Bevor-

---

1) Bei den Zahlen ist im folgenden stets das Jahr des wirklichen Regierungsantritts, nicht das der formellen Thronbesteigung angegeben.

mundung des Volkes, die ihren klassischen Ausdruck in der badischen Hofkammerordnung von 1766 gefunden hat: danach sollte die Hofkammer die „natürliche Vormünderin" der Untertanen sein und diese „auch gegen ihren Willen belehren, wie sie ihre eigene Haushaltung einrichten" sollen.[1]) Aber trotz diesem oft recht kleinlichen Eingreifen in das private Leben, z. B. mit den Verboten des Kaffeetrinkens, wohnte man nicht nur unter dem Krummstab, sondern auch in den gut regierten weltlichen Kleinstaaten bequem und behaglich, fühlte sich im allgemeinen recht wohl und pries das Glück, nicht in dem rauhen Militärstaat Preußen leben zu müssen. Allerdings mußte dieses Glück erkauft werden mit dem Verzicht auf wirklich durchgreifende Erfolge. Fast nirgends entsprachen die Ergebnisse der Reformen dem Aufwand an gutem Willen. Neben dem der ganzen Zeit, auch im damaligen Preußen eigentümlichen Mangel an Energie wirkte darauf vor allem die Enge der Verhältnisse, das Fehlen der erforderlichen geistigen Kräfte und die geringe Entwicklung des Staatsbewußtseins gerade beim Beamtentum ein.[2])

Den Zeitgenossen sind diese Schwächen der Kleinstaaterei kaum recht deutlich geworden. Vielmehr wurde allgemein die Mannigfaltigkeit des deutschen Staatslebens und das Vorhandensein „jener glücklichen Mittelgröße, bei welcher der Unterthan ebensosehr gewinnt als Ruhe und Freiheit des teutschen Staatensystems aufs neue dadurch gesichert wurde"[3]) immer wieder als ein ganz besonderer Vorzug der deutschen Verfassung gepriesen, sie tröstete die aufgeklärten Weltbürger über die mangelnde Geltung Deutschlands als politischer Macht. Daß unmittelbar neben den Ländern, deren Fürsten „am stillen einheimischen Regimente Wohlgefallen" fanden, auch recht schlecht regierte lagen, deren Bewohner von ihren Landesvätern an Engländer und Holländer vermietet wurden, und daß dagegen weder der Kaiser noch die Reichsgerichte Schutz boten[4]), das konnte den Stolz über die deutsche Verfassung nicht beeinträchtigen. Und es war auch in der Tat nicht die eigentliche Schwäche der Kleinstaaterei. Diese bestand vielmehr in der Unfähigkeit der Kleinstaaten, ihre Existenz aus eigener Kraft zu behaupten, sie hingen von dem Schicksal des Reiches ab. Deshalb sind die Kleinstaaten die letzten Träger des Reiches geworden, und dessen Untergang ist auch für die meisten von ihnen zum Verhängnis geworden.

## § 31. Die geistlichen Staaten des alten Reiches

Literatur für die mittelalterlichen Territorien im allgemeinen: A. Barth, Das bischöfliche Beamtentum im MA. (Göttinger Diss. 1900, auch Z. Harzverein, Bd. 33, 1900). A. Hauck, KG. Deutschlands, Bd. 5, 1 (1911), S. 66ff. und die Entstehung der geistlichen Territorien (Abh. sächs. G. d. Wiss., Bd. 27, 1909). A. Werminghoff, Grundriß Bd. 2, 6², S. 67ff. und 143ff.

Für die Neuzeit im allgemeinen: J. J. Moser, Staatsrecht, Bd. 11 und 12. C. Th. Perthes, Das deutsche Staatsleben vor der Revolution (1845), S. 102ff. J. v. Sartori, Geistliches und weltliches Staatsrecht der deutschen katholisch-geistlichen Erz-, Hoch- und Ritterstifter, 4 Bde. (Nürnberg 1788/91). H. E. Feine, Die Besetzung der Reichsbistümer vom Westfälischen Frieden bis zur Säkularisation 1648—1803 (1921, mit vielen Literaturangaben).

Über die Domkapitel im allgemeinen: G. v. Below, Die Entstehung des ausschließlichen Wahlrechts der Domkapitel mit besonderer Rücksicht auf Deutschland (1883). P. Schneider, Die bischöflichen Domkapitel (1885). Im besonderen: O. Leuze, Das Augsburger Domkapitel im MA. (Tübinger Diss. 1909, auch Z. hist. Ver. f. Schwaben, Bd. 35, 1909). A. Brackmann, Ur-

---

1) Mitgeteilt in F. C. v. Mosers patriotischem Archiv, Bd. 5, S. 527.

2) Dieses Urteil stützt sich sowohl auf die Arbeiten von P. Lenel und W. Windelband über die badischen Verhältnisse wie auf meine G. des Großherzogtums Sachsen unter der Regierung Carl Augusts.

3) Vgl. L. T. Spittler, G. d. Fürstentums Hannover seit den Zeiten der Reformation bis zum Ende des 17. Jhs. (Göttingen 1786), Bd. 1, S. 147; ähnlich J. S. Pütter, Hist. Entwicklung der heutigen Staatsverfassung des Teutschen Reichs (3. Aufl. 1799), Bd. 3, S. 295ff. (unverändert aus der 1. Ausgabe von 1786), und A. L. Schlözer, Allg. Staatsrecht (1793), S. 162ff.

4) Vgl. dazu A. L. Schlözer, Allg. Staatsrecht (1793), S. 124, und E. M. Arndt, Geist der Zeit, 3. Teil.

kundliche G. des Halberstädter Domkapitels im MA. (Göttinger Diss. 1898, auch Z. Harzverein, Bd. 32, 1900). E. Weber, Das Domkapitel von Magdeburg bis zum Jahre 1567 (Hall. Diss. 1912). H. Bastgen, G. des Trierer Domkapitels im Ma. (1910).

Über die Wahlkapitulationen: G. Weigel, Die Wahlkapitulationen der Bamberger Bischöfe 1328—1693 (Würzburger Diss.1909). L. Bruggaier, Die Wahlkapitulationen der Bischöfe u. Reichsfürsten von Eichstätt 1295—1790 (1915). K. Brunner, Die Wahlkapitulationen der Bischöfe von Konstanz 1294—1496 (ZGORh., NF. Bd. 11, Mitt. S. 1 ff.). M. Stimming, Die Wahlkapitulationen der Erzbischöfe und Kurfürsten von Mainz 1233—1788 (1909). J. Kremer, Studien z. G. der Trierer Wahlkapitulationen (WZ., Erg.heft 16, 1911). J. F. Abert, Die Wahlkapitulationen der Würzburger Bischöfe bis zum Ende des 17. Jhs., 1225—1698 (Würzburger Diss. 1904, auch A. hist. Ver. f. Unterfranken, Bd. 46, 1904).

Für die einzelnen Territorien: Bamberg: W. Altmann, Der Staat der Bischöfe von Bamberg (KblGV. 1906); vgl. auch die bei Mainz und Würzburg aufgeführten Arbeiten von K. Wild. Eichstätt: J. Sax. Die Bischöfe und Reichsfürsten von Eichstätt (1884/85). Köln: F. Gordes. Die direkten Steuern im kurkölnischen Herzogtum Westfalen (Münsterische Diss. 1912). W. Hücker. Entstehung der Amtsverfassung im Herzogtum Westfalen (Leipziger Diss. 1909). A. Schmitz. Die Bede in Kurköln (Freiburger Diss. 1912). K. Schulz, Der kurkölnische Hofrat von 1724 bis zum Ausgange des Kurstaats (Bonner Diss. 1911). F. Walter, Das alte Erzstift und die Reichsstadt Köln (1866). Mainz: H. Goldschmidt, Zentralbehörden und Beamtentum im Kurfürstentum Mainz vom 16.—18. Jh. (1908). E. Hensler, Verfassung und Verwaltung von Kurmainz um 1600 (1909) M. Stimming, Die Entstehung des weltl. Territoriums des Erzbistums Mainz (Breslauische Habil. Schr. 1913). K. Wild, Johann Philipp v. Schönborn (1896); Lothar Franz v. Schönborn, Bischof von Bamberg und Erzbischof von Mainz 1693—1729 (1904). Münster: Th. Bading, Die innere Politik Christoph Bernhards v. Galen, Fürstbischofs von Münster (Münsterische Diss. 1912, auch Z. vaterl. G. u. Alt., Bd. 69, 1911). H. J. Brühl, Die Tätigkeit des Ministers F. v. Fürstenberg auf dem Gebiet der inneren Politik des Fürstbistums Münster 1763—1780) (Münsterische Diss. 1906. auch Z. vaterl. G. u. Alt., Bd. 63, 1905). G. Erler, Denkschrift des Frhr. v. Kerkerink über den Zustand des Fürstbistums Münster 1780 (Z. vaterl. G. u. Alt., Bd. 69, 1911). R. Lüdicke, Landesherrliche Zentralbehörden im Bistum Münster bis 1650 (Z. vaterl. G. u. Alt., Bd. 59, 1901). Osnabrück: M. Bär, Abriß einer Verwaltungsg. des Regierungsbezirks Osnabrück (Qu. u. Darst. z. G, Niedersachsens, Bd. 5, 1901). F. Philippi, Zur Osnabrücker Vfg. (M. Ver. f. G. und Landeskunde von Osnabrück, Bd. 22, 1898). H. Rheker, Die landesherrlichen Verwaltungsbehörden im Bistum Osnabrück 1553—1661 (ebd. Bd. 30, 1906, auch Münsterische Diss. 1905). H. Spangenberg, Beitr. z. älteren Vfg. u. Verwaltungsg. des Fürstentums Osnabrück (M. Ver. f. G. und Landeskunde von Osnabrück, Bd. 25, 1900). C. Stüve, Landstände, Kapitulationen und Landesverträge von Osnabrück vor 1532 (M. hist. Verf. f. Osnabrück, Bd. 2, 1850). Paderborn: H. Aubin, Die Verwaltungsorganisation des Fürstbistums Paderborn im MA. (1911). A. Knape, Die wichtigsten industriellen Unternehmungen des Paderborner Landes in fürstbischöflicher Zeit (Z. vaterl. G. u. Alt., Bd. 70, 1912). Salzburg: L. Bittner, G. der direkten Staatssteuern im Erzstift Salzburg (A. f. österr. G., Bd. 92, 1903; vgl. dazu G. v. Below, MIÖG., Bd. 25, 1904). H. Widmann, G. Salzburgs, 3 Bde. 1907/14. Speier: M. Buchner, Die innere weltliche Regierung des Bischofs Ramung von Speier 1464—1478 (Münchener Diss. 1907, auch M. hist. Ver. d. Pfalz, Bd. 29 und 30, 1907). J. Wille. Bruchsal, Bilder aus einem geistlichen Staat im 18. Jh.[2] (1900): August Graf v. Limburg-Stirum, Fürstbischof von Speier (1913). Straßburg: J. Fritz, Das Territorium des Bistums Straßburg um die Mitte des 14. Jhs. (Straßburger Diss. 1885). F. Kiener, Studien zur Verfassung des Territoriums der Bischöfe von Straßburg, Bd. 1 (1912). Trier: G. Knetsch, Die landständische Verfassung und reichsritterschaftliche Bewegung im Kurstaate Trier vornehmlich im 16. Jh. (1909). F. Liesenfeld, Klemens Wenzeslaus, der letzte Kurfürst von Trier, seine Landstände und die franz. Revolution 1789—1794 (WZ., Erg.heft 17, 1912). Würzburg: S. Merkle, Würzburg im Zeitalter der Aufklärung (A. f. Kulturg., Bd. 11, 1914). K. Wild, Staat und Wirtschaft in den Bistümern Würzburg und Bamberg 1729—1746 (1906).

Die geistlichen Staaten sind eigentümliche Bildungen der deutschen Reichsverfassung und sollen deshalb hier im Zusammenhange kurz betrachtet werden; dabei müssen freilich die des staatlichen Charakters entbehrenden Zwergbildungen der Reichsabteien ebenso unberücksichtigt bleiben wie die kleinen weltlichen Herrschaften, nur auf die den weltlichen Kur- und Fürstentümern an Macht und Rang gleichstehenden Erzbistümer und Bistümer soll eingegangen werden. Mit der kirchlichen Verfassung und den Diözesangrenzen hat die Entstehung der geistlichen Territorien nichts zu tun, auch der Eigenbesitz der Kirchen spielt ähnlich wie der Grundbesitz der weltlichen Fürsten nur eine untergeordnete Rolle, den Ausschlag auch bei der Bildung der geistlichen Staaten hat vielmehr die hohe Grafengerichtsbarkeit gegeben, die den Erzbischöfen und Bischöfen vielfach übertragen worden war. Seit dem Investiturstreit ging der Amtscharakter dieser Gerichtsbarkeit allmählich verloren, sie galt bald als Lehen und machte zur gleichen Zeit die gleiche Entwicklung durch wie die weltlichen Grafschaften, sie ging immer mehr in den Besitz der geistlichen Fürsten über, während die Rechte des Königs immer mehr beschränkt wurden. Auch für die geistlichen Territorien wurde dann die Zeit Friedrichs II., vor allem durch die Confoederatio cum principibus ecclesiasticis vom Jahre 1220 entscheidend. Seither waren sie Landesherrschaften, die sich vom weltlichen Territorium nur durch die gleichzeitige kirchliche Stellung des Landesherrn unterschieden. Auch der weitere Ausbau dieser bischöflichen Landesherrlichkeit entsprach im wesentlichen der Entwicklung der weltlichen Territorien sowohl in den Mitteln, unter denen die friedlichen wie Schenkungen, Einziehung von Lehen, Kauf (namentlich Rückkauf von Vogteien) überwogen, aber auch kriegerische nicht verschmäht wurden, wie in dem Ergebnis, der Abrundung und Abschließung der Territorien nach außen, der Verschmelzung der einzelnen landesherrlichen Befugnisse zu einer allgemeinen Landeshoheit. Auch die innere Einrichtung war der der weltlichen Territorien ähnlich; die oberste Verwaltung wurde vom Bischof und den Beamten seines Hofes geleitet, die Lokalverwaltung war Ämtern übertragen.

Aber in einem Punkte bestand ein grundlegender Unterschied zwischen den geistlichen und weltlichen Territorien: die Landesherrschaft war im geistlichen Staate nicht erblich, sondern wurde durch Wahl — von den vereinzelten seit dem 16. Jh. so gut wie ganz fehlenden Fällen der päpstlichen Provision kann hier abgesehen werden — übertragen. Darauf beruhen manche Vorzüge der geistlichen Staaten, der Wegfall der Erbteilungen und Erbstreitigkeiten, überhaupt die geringere Einbeziehung in die dynastischen Kämpfe, das stärkere Hervortreten des öffentlich-rechtlichen Charakters der Regierung, die niemals als Patrimonium, als Privatbesitz des Regenten angesehen werden konnte. Freilich werden diese Vorzüge aufgewogen durch den Mangel des persönlichen Interesses des Bischofs an der Stetigkeit der Regierung, da diese seinen Erben in der Regel doch nicht zugute kam. In der Verfassung prägt sich die Wählbarkeit besonders in der bevorzugten Stellung der wählenden Körperschaft, des Domkapitels, aus. Dieses besaß die Rechte, die im weltlichen Territorium der Rat hatte oder beanspruchte, vor allem das Recht, bei allen wichtigen Regierungshandlungen zugezogen zu werden. Aber durch das Wahlrecht war die Macht der Domkapitel weit größer, als die der weltlichen Räte je werden konnte; sie führte seit dem Beginn des 13. Jhs. (zuerst 1209 in Verden) dazu, daß die Kapitel dem neu zu wählenden Bischof feste Bedingungen für seine geistliche und weltliche Regierung in der Form von Wahlkapitulationen vorlegten. Unter den Wahlkapitulationen der verschiedenen Territorien herrscht eine weitgehende Übereinstimmung des Inhalts; sie läßt sich wie ähnliche Erscheinungen in der deutschen Verfassungsgeschichte zum Teil durch die gleichartigen Verhältnisse, durch das überall gleiche Interesse der Korporation, zum Teil aber auch durch wörtliche Übernahme erklären. Der Inhalt der Kapitulationen kann in vielen Einzelheiten mit den Forderungen der Landstände in weltlichen Territorien verglichen werden, wie denn auch die Domkapitel in manchen Territorien an der Spitze der Landstände standen, in anderen (z. B. Mainz, Bamberg, Würzburg u. a.) überhaupt die Landstände vertraten: er betrifft vor allen Dingen die eigene Rechtssphäre des Kapitels, stellt dessen Besitz an Gütern und Rechten gegen alle Einmischungen des Landesherrn und seiner Beamten sicher, wahrt alle Freiheiten des Kapitels und seiner Mitglieder, namentlich die Befreiung von allen Abgaben. Weiter nehmen die Kapitel ein Kontrollrecht gegen die landesherrliche Finanzverwaltung in Anspruch, fordern Garantien gegen Verschuldung und Münzverschlechterung, deren Kosten schließlich doch sie und die Länder, nicht die Bischöfe hätten tragen mussen, verlangen ordentliche Rechtspflege und einen ihrer Bedeutung entsprechenden Anteil an der Regierung, zumal die Besetzung der wichtigsten Beamtenposten mit ihren Mitgliedern. Aber je länger je mehr gingen die

Kapitulationen über diese mit den ständischen Tendenzen übereinstimmenden Forderungen hinaus. Die Kapitel waren eben nicht bloß Stände, sondern wenigstens während der Sedisvakanzen die Herrschaft selbst, auch waren sie dank der geringeren Mitgliederzahl und der Gemeinschaft der Herkunft und der Interessen viel stärker geschlossen als die Landstände, so konnten sie den neu zu wählenden Landesherrn sehr viel engere Grenzen ziehen als die Stände in den Landtagsverhandlungen, konnten sich selbst in die Kammerverwaltung einmischen, die Verfügung über das Heerwesen an sich reißen, sich durch den Huldigungseid den Gehorsam der Beamten sichern und so auch äußerlich als Mitregenten neben den Landesherrn auftreten.

Aber es wäre falsch, aus den Bestimmungen der Wahlkapitulationen allzu weitgehende Schlüsse auf die Regierungsweise der geistlichen Staaten zu ziehen. Tatkräftige Fürsten waren zu allen Zeiten bestrebt, sich den Fesseln der Kapitulationen zu entziehen, und fanden dabei stets die Unterstützung der Kurie, setzten hier namentlich die Entbindung von dem auf die Kapitulation geleisteten Eide durch. Und wie die Stände in weltlichen Territorien, so waren auch die Domkapitel zu einem dauernden Kampf gegen die Landesherrschaft weder geneigt noch fähig. Auch ihr Streben war vor allem negativ, mehr auf Freiheiten und Sondervorteile gerichtet als auf politische Rechte, deren Ausübung mit Pflichten verknüpft war. Und je mehr sie im Laufe der Zeit ihre Privatinteressen zumal in finanzieller Hinsicht zu fördern unternahmen, desto weniger Rückhalt fanden sie im Lande; in einigen Territorien (Köln, Münster, Osnabrück) stießen die Kapitel bei ihrer egoistischen Politik sogar auf Widerstand der Landstände und mußten diesen wenigstens zeitweise eine Mitwirkung beim Abschluß der Kapitulationen gestatten.

So ist auch im geistlichen Territorium die Landesherrschaft die ausschlaggebende Gewalt geblieben, und die Entwicklung verlief ähnlich wie in den weltlichen Staaten. Das 16. Jh. war hier wie dort die Zeit der Behördenorganisation, der Einrichtung fester kollegialer Hofräte, der Errichtung eigener kollegialer Behörden für die Rechtsprechung und Finanzverwaltung; die größeren Territorien folgten auch dem weiteren Vorbild der weltlichen Staaten und schufen allmählich besondere Geheime Räte (in Mainz im 18. Jh. nach österreichischem Muster als Geheime Staatskonferenz bezeichnet). Das Verhältnis zwischen Landesfürst und Domkapitel war im einzelnen zu verschieden, als daß es hier in einer kurzen Übersicht besprochen werden könnte; auch die Gegenreformation wirkte darauf nicht einheitlich ein. Aber seit dem Ende des 17. Jhs. war im Zusammenhang mit der allgemeinen Strömung der Zeit der fürstliche Absolutismus unverkennbar im Wachsen. Die Domkapitel versuchten dem durch Verschärfung der Wahlkapitulationen Einhalt zu tun, aber gerade das wurde ihnen zum Verhängnis. Der entscheidende Kampf wurde während der Jahre 1685—1695 im Bistum Würzburg durch Bischof Johann Gottfried II. von Guttenberg durchgekämpft. Johann Gottfried rief Papst und Kaiser gegen sein Kapitel zu Hilfe, und beide traten auf seine Seite. Durch die sogenannte „Innocentiana" vom 22. September 1695 verbot Papst Innocenz XII. überhaupt alle Kapitulationen und Verpflichtungen vor der Wahl und machte auch spätere Abreden von der Bestätigung durch die Kurie abhängig, der Kaiser schloß sich 1698 dieser Verordnung an.

Damit war das Schicksal der Wahlkapitulationen und der Ansprüche der Domkapitel auf Mitregierung besiegelt. Zwar verzichteten die Kapitel nicht in allen Territorien auf das Recht, bindende Wahlkapitulationen aufzustellen, und es kam in manchen Staaten (z. B. Eichstätt, Speier, Trier) auch während des 18. Jhs. zu Konflikten zwischen Bischöfen und Kapiteln; aber da Papst und Kaiser stets bereit waren, die Bischöfe von lästigen Verpflichtungen zu befreien und die Kapitel zum Gehorsam gegen die Herrschaft zu ermahnen, so war eine wirksame Beschränkung der Bischöfe nicht mehr zu erreichen. Auch für die meisten geistlichen Staaten wurde das 18. Jh. die Zeit des fürstlichen Absolutismus. Dieser prägte sich natürlich je nach den Persönlichkeiten verschieden aus. Neben prachtliebenden Bischöfen, die ihre Aufgabe wie mancher weltliche Serenissimus in der Nachahmung des französischen Absolutismus erblickten oder die Mittel ihrer Staaten vor allem im Interesse ihrer Verwandten verwendeten, gab es auch tüchtige Fürsten, die sich die besser verwalteten und weiter entwickelten „ohnkatholischen" Staaten zum Muster nahmen und die Macht ihrer Länder durch Reformen auf allen Gebieten, zumal in der Behördenorganisation, und durch Entwicklung der wirtschaftlichen Kräfte zu steigern versuchten. Namentlich die Bischöfe aus dem Hause Schönborn, Lothar Franz von Bamberg und Mainz, Friedrich Karl von Bamberg und Würzburg, Damian Hugo von Speier, sind hier zu nennen. Daß trotz allen Anstrengungen der Erfolg nicht ganz den Hoffnungen entsprach, lag vor allem an der Kleinheit der Länder, die eine selbständige merkantilistische Wirtschaftspolitik unmöglich machte, und an den Macht- oder Ohnmachtverhältnissen, die den Geist der Reformtätigkeit notwendig umgestalteten: statt der Stärkung der Macht des Staates wurde sehr bald die Erhöhung des individuellen Behagens zum Ziel. So standen die Reformen in den geistlichen Staaten des 18. Jhs. weniger mit dem preußischen Absolutismus als mit den kleinstaatlichen Reformen im Zusammenhang und erreichten zu gleicher Zeit wie diese im letzten Drittel des 18. Jhs. ihren Höhepunkt. Den reformfreundlichen weltlichen Fürsten jener Zeit stehen zahlreiche geistliche Fürsten, Adam Friedrich v. Seinsheim und Franz Ludwig v. Erthal in Bamberg und Würzburg, Emmerich Joseph von Mainz und sein Statthalter Dalberg in Erfurt, der Minister v. Fürstenberg in Münster u. a. zur Seite, alle bestrebt, durch eindringende Wirtschafts- und Wohlfahrtspolitik den Wohlstand und die Bildung und damit die Glückseligkeit ihrer Untertanen zu vermehren. Aber trotz allen ihren wohlgemeinten und in vielem erfolgreichen und vorbildlichen Bemühungen war der allgemeine Eindruck doch der, daß diese ganze Reformtätigkeit vergeblich sei, daß die geistlichen Staaten mit den weltlichen nicht mehr konkurrieren könnten; er fand seinen klassischen Ausdruck in der Preisfrage des Fuldaischen Regierungspräsidenten und Domkapitulars Freiherrn v. Bibra vom Jahre 1785: „Da die Staaten der geistlichen Reichsfürsten Wahlstaaten und über dieses größtenteils die gesegnetsten Provinzen von ganz Deutschland sind, so sollten sie von Rechts wegen auch der weisesten und glücklichsten Regierung genießen; sind sie nun nicht so glücklich, als sie sein sollten, so liegt die Schuld nicht sowohl an den Regenten als an der inneren Grundverfassung. Welches sind also die eigentlichen Mängel und wie sind solche zu heben?"[1])

Aber wie die weltliche Kleinstaaterei, so sind auch die geistlichen Staaten nicht an inneren Gebrechen zugrunde gegangen, sondern an ihrer militärisch-politischen Ohnmacht. Sie besaßen, das hatte schon die Reformationszeit mit ihren Säkularisationen bewiesen, nicht die Kraft, sich selbst zu behaupten, nur die Eifersucht der Konfessionen ließ sie noch weiter bestehen, ihre Existenz hing von der Fortdauer der alten Reichsverfassung und von den politischen Konjunkturen ab; der Zusammenbruch des Reiches in der Revolutionszeit machte auch ihnen ein Ende.

## Neunter Abschnitt: Das Reich von 1648 bis 1806

Die Verfassungsgeschichte des Reiches seit 1648 ist in der neueren Zeit kaum bearbeitet worden. Es kann daher hier nur auf die staatsrechtliche Literatur des 18. Jhs., besonders J. J. Moser (Staatsrecht s. oben S. 3; Grundriß der heutigen Staatsverfassung des deutschen Reiches, Tübingen 1731, oft aufgelegt) und J. S. Pütter (Hist. Entwicklung der heutigen Staatsverfassung

1) Die darauf eingegangenen Schriften, deren bekannteste die Abh. F. C. v. Mosers „Über die Regierung der geistlichen Staaten in Deutschland" (Frankfurt und Leipzig 1787) ist, sind bei P. A. v. Frank, Etwas über die Wahlkapitulationen in den geistlichen Wahlstaaten (1788), S. 2 Anm. a verzeichnet.

des Teutschen Reichs, Bd. 2 und 3, 1786) verwiesen werden. Viel Material ist auch bei F. D. Häberlin, Neueste Teutsche Reichsg. (28 Bde. für 1546—1650, Halle 1774—1804) zu finden. Was in der neueren rechtsgeschichtlichen Literatur und in den Einleitungen zu den Arbeiten über das moderne deutsche Staatsrecht von dem alten Reich gesagt wird, beruht meistens auf diesen alten Darstellungen.

Welche Ausbeute bei gründlicher Durchforschung des gedruckten Materials gewonnen werden kann, zeigt die bei § 31 angeführte Schrift von H. E. Feine, Die Besetzung der Reichsbistümer vom Westfälischen Frieden bis zur Säkularisation 1648—1803 (1921), die auch über die Stellung des Kaisers wichtige und überraschende Aufschlüsse gegeben hat.

## § 32. Die Reichsverfassung nach dem Westfälischen Frieden

Allgemeine Literatur: B. Erdmannsdörffer, Deutsche G. 1648—1740 (1892/93). K. Kormann, Die Landeshoheit in ihrem Verhältnis zur Reichsgewalt im alten deutschen Reich seit dem Westfälischen Frieden (Z. f. Politik, Bd. 7, 1914). O. Weber, Deutsche G. vom westfälischen Frieden bis zum Untergang des alten Reiches (1913). Biedermann, Perthes, Wenck s. oben S. 80 u. 89.

Zur Staatstheorie: L. Hugo, De statu regionum Germaniae (Helmstädt 1661). Hippolithus a Lapide, Dissertatio de ratione status in imperio nostro Romano-Germanico (1. Ausg. 1640; vgl. über ihn F. Weber, HZ., Bd. 29, 1873). Severinus de Monzambano (= Samuel v. Pufendorf). De statu imperii Germanici (1. Ausg. Genevae 1667, beste Ausgabe von F. Salomon, 1910; hier auch Angaben über die Literatur).

Der Westfälische Friede hat das Grundgebrechen der deutschen Reichsverfassung, den Widerspruch zwischen der rechtlichen Bedeutung der territorialen Staatsbildungen und ihrer tatsächlichen Macht, keineswegs beseitigt, im Gegenteil eher verschärft. Das Zeitalter der Reichsreform hatte wenigstens versucht, durch das Mittel der Einung die Territorien in das Gefüge des Reiches fester einzugliedern. Der Westfälische Friede dagegen zerstörte bloß, indem er die Libertät der Stände, ihre Landeshoheit und ihr Bündnisrecht, fast schrankenlos anerkannte, ohne ihre Pflichten gegen Kaiser und Reich irgendwie festzulegen. Diese schwierige Aufgabe wies er dem nächsten Reichstag zu. Aber es war von vornherein klar, daß der Reichstag jetzt noch weniger als früher imstande sein würde, eine durchgreifende Reichsreform zu beschließen. Tatsächlich ließ er auch im jüngsten Reichsabschied vom 17. Mai 1654[1]) die großen Fragen alle unbeantwortet; nur für die Reichsjustiz und das Gerichtsverfahren hat er noch manche wichtige Vorschrift erlassen.

So ist die Entwicklung der Reichsverfassung mit dem Westfälischen Frieden beendet. Dem Kaisertum war durch die Bestimmungen des Friedens und die auf diesen aufgebauten Artikel der Wahlkapitulationen jede Handhabe zum Eingreifen im Reich genommen. Wohl verschafften die kaiserlichen Reservatrechte dem Kaiser auch jetzt noch einen gewissen Einfluß auf die schwächeren Reichsstände, zumal auf die geistlichen. Bei den Bischofswahlen zeigt sich sogar noch nach 1648 eine auffallende Verstärkung der kaiserlichen Einwirkung, die bis zur Wiederaufnahme altkaiserlicher Tendenzen aus der Zeit des Wormser Konkordats geführt hat. Aber alle diese Rechte bedeuteten doch nur etwas in der Verbindung mit einer starken Hausmacht. Ein Kaiser ohne Hausmacht wie Karl VII. aus dem Hause Wittelsbach hatte im Reiche nichts zu sagen.

Aber auch die Sieger in dem Verfassungskampf, die Reichsstände, waren nicht in der Lage, der erstarrenden Reichsverfassung neues Leben einzuhauchen. Wenn der zweite Reichstag nach dem Westfälischen Frieden, der 1663 zu Regensburg eröffnet wurde, überhaupt nicht mehr verabschiedet werden konnte, sondern als „ewiger Reichstag“ bis zum Zusammenbruch des Reiches tagte, so ist das gewiß ein Beweis für die seit den Zeiten der Reichsreform und des Dreißigjährigen Krieges gesteigerte Bedeutung der Reichsstände, die nun, wenn auch in anderer Form, als sie es einst mit dem Reichsregiment versucht hatten, einen dauernden Einfluß auf die Reichspolitik des Kaisers ausüben, zum mindesten diese ständig überwachen wollten. Aber

1) Vollständig gedruckt in der Neuen Sammlung der Reichsabschiede, Bd. 3, S. 640ff.; im Auszug bei Zeumer, Quellensammlung² Nr. 200, S. 446ff.

die ewige Dauer des Reichstags ist doch noch mehr ein Zeichen für seine unfruchtbare Schwerfälligkeit, die zu keinem Entschluß zu gelangen vermochte. Denn zur Regierung des Reiches war der Reichstag außerstande. Seine umständliche Verfassung ermöglichte es selbst wenigen machtlosen Ständen, jeden ihnen nicht genehmen Beschluß, z. B. die Anerkennung der für Hannover geschaffenen neunten Kur, lange Zeit oder auch wie die Abfassung einer beständigen Wahlkapitulation dauernd zu verhindern. So vertrödelte der Reichstag seine Zeit, von wenigen Leistungen wie der Ordnung des Zunftwesens im Jahre 1731 abgesehen, nutzlos und wurde allmählich zum Gespött. In den großen politischen Fragen versagte er ebenso. Er war nicht imstande, Brandenburg 1675 irgendwelchen Schutz gegen den schwedischen Überfall zu gewähren, und daß er 1757 den Kampf des Hauses Habsburg gegen Friedrich den Großen in die althergebrachte Form des Verfahrens gegen Landfriedensbruch kleidete, machte ihn vollends lächerlich. Auch das Kammergericht war aus Mangel an Beisitzern und wegen der Umständlichkeit des Verfahrens seiner Aufgabe immer weniger gewachsen und verknöcherte langsam. Daß beide sich trotzdem bis ins Jahr 1806 hielten, ist kein Zeichen von Lebenskraft, sondern von der Unfähigkeit, Abgestorbenes zu beseitigen und durch Neues zu ersetzen.

Je unfähiger sich das Reich erwies, seine Verfassung den tatsächlichen Verhältnissen anzupassen, desto weniger wußte die Staatstheorie mit ihm anzufangen. Seit dem 16. Jh. stritten sich die Gelehrten darüber, in welche Kategorie des Aristoteles das Reich einzuordnen sei. Während J. Bodin und inmitten der Stürme des Dreißigjährigen Krieges Hippolithus a Lapide die Souveränität bei der Gesamtheit der Stände erblicken wollten und demgemäß das Reich als Aristokratie bezeichneten, vertraten andere wie Th. Reinkingk die Ansicht, daß der Kaiser als Nachfolger der römischen Imperatoren der Souverän des Reiches sei, daß das Reich also eine Monarchie darstelle. Wieder andere wie J. Limnaeus suchten einen Ausgleich zwischen beiden Ansichten in der Theorie des gemischten Staats. Gegen sie alle wies mit überlegenem Spott S. Pufendorf in der unter dem Pseudonym Severinus de Monzambano veröffentlichten Schrift De statu imperii Germanici (1667) nach, daß das Reich in keine dieser Kategorien hineinpasse, sondern irregulare aliquod corpus et monstro simile sei. Die neuere Rechtswissenschaft will dieses Urteil nicht gelten lassen und bemüht sich nachzuweisen, daß das Reich bis zuletzt staatlichen Charakter gehabt habe. Das ist unzweifelhaft richtig; nur trägt das Wort Staat zur Erkenntnis des Wesens des Reiches im 17. und 18. Jh. nicht bei, denn das Reich ist eben kein mit andern gleichzeitigen Staaten vergleichbares Gebilde, sondern ein in den Formen früherer Zeiten erstarrter Staat. Deshalb kam auch die ernsthafte und reichstreue Staatstheorie des 18. Jhs. zu keinem andern Ergebnis als Pufendorf, mochte sie es auch wie J. J. Moser in die freundlicheren Worte kleiden: „Teutschland wird auf teutsch regiert und zwar so, daß sich kein Schulwort oder wenige Worte oder die Regierungsart anderer Staaten darzu schicken, unsere Regierungsart dadurch begreiflich zu machen.“[1])

Mit diesen Feststellungen ist freilich über das Reich nur etwas Negatives gesagt. Im Positiven versagt Pufendorf völlig, sowohl für die Theorie, die mit dem Monstrum nichts anzufangen wußte, wie für die praktische Politik, für die er keinen andern Rat wußte als abzuwarten, bis das Haus Habsburg aussterbe. Und doch deutet er an einer Stelle (6. Kapitel § 9) den Gedanken an, der allein weiterführen konnte, den Gedanken vom bundesstaatlichen Charakter des Reiches.[2]) Er hat ihn kaum selbständig gefunden; wenigstens ist er schon früher von Chr. Besold und L. Hugo

1) Neues teutsches Staatsrecht, Bd. 1 (1766), S. 550; hier führt er auch andere ähnliche Definitionen an.

2) „Ad foederatorum aliquod systema ultro vergit.“

ausgesprochen worden. Bis zum Ende des Reiches hat der Gedanke, daß das Reich eine civitas composita sei, die Gelehrten beschäftigt.[1]) Aber die monarchischen Reste, die die Reichsverfassung aufwies, waren zu stark, als daß von dieser Theorie aus eine befriedigende Darstellung des Reichsstaatsrechts hätte gegeben werden können. Und doch beruhte die einzige Möglichkeit, praktisch vorwärts zu kommen, auf dem bündischen Gedanken.

## § 33. Die Zeit der Assoziationen

Quellen und Literatur: Zur Geschichte der Bündnisse und der Assoziationen: R. Fester, Die Augsburger Allianz von 1686 (1893). E. Joachim, Die Entwicklung des Rheinbundes vom Jahr 1658, acht Jahre reichsständischer Politik 1651—1658 (1886). A. Köcher, G. von Hannover und Braunschweig 1648—1714 (2 Bde. bis 1674, 1884/95). J. A. Kopp, Gründliche Abh. von der Association derer vordern Reichs-Crayße (Frankfurt 1739).

Zur Reichskriegsverfassung: P. Dirr, Zur G. der Reichskriegsverfassung und der Laxenburger Allianz (Erlanger Diss. 1901, Teildruck). R. Fester, Die armierten Stände und die Reichskriegsverfassung 1681—1697 (Straßburger Diss. 1886). M. Jähns, Zur G. der Kriegsverfassung des deutschen Reichs (PrJbb., Bd. 39, 1877). A. Schulte, Markgraf Ludwig Wilhelm von Baden und der Reichskrieg gegen Frankreich 1693—1697 (2 Bde., 1892). H. Weigel, Die Kriegsverfassung des alten deutschen Reichs von der Wormser Matrikel bis zur Auflösung (Erlanger jur. Diss. 1912).

Zum Fürstenbund: Über die offizielle und private Publizistik vgl. J. C. Reuss, Teutsche Staatskanzley, Bd. 12—14, 1786. Darstellungen: P. Bailleu, Der Ursprung des deutschen Fürstenbundes (HZ., Bd. 41, 1879); Karl August, Goethe und der Fürstenbund (ebd. 73, 1894). B. Erdmannsdörffer, Aus den Zeiten des deutschen Fürstenbundes (Akad. Rede Heidelberg 1885). L. v. Ranke, Die deutschen Mächte und der Fürstenbund, Deutsche G. von 1780—1790 (2 Bde., 1871/72, = SW., Bd. 31 und 32). W. A. Schmidt, G. der preußisch-deutschen Unionsbestrebungen seit der Zeit Friedrichs d. Großen (1851); Preußens deutsche Politik 1785, 1806, 1849, 1866 (1. Aufl. 1850, 3. Aufl. 1867).

Aus dem soeben geschilderten Zustand der Reichsverfassung seit dem Westfälischen Frieden ist es begreiflich, daß die geschichtliche Betrachtung der letzten anderthalb Jahrhunderte der deutschen Reichsgeschichte sich auf die mehr oder minder ausführliche Erzählung der humoristischen Züge des Erstarrungsprozesses zu beschränken und sich im übrigen vom Reiche hinweg zu den einzelnen Staaten, zumal Österreich und Preußen, zu wenden pflegt. Und gewiß ist deren Geschichte interessanter, lebendiger und für die Entwicklung Deutschlands wichtiger; sie bildet gegenüber dem Absterben der Reichsverfassung das bewegende Element.

Trotzdem kann auch für die Zeit nach 1648 noch von einer gewissen Weiterbildung der Reichsverfassung gesprochen werden. Nur muß man sich dabei bewußt bleiben, daß diese Entwicklung sich nicht an dem monströsen Gesamtkörper des Reiches vollzog, sondern nur an den Teilen, die nicht wie das habsburgische Kaisertum mit der territorialen Grundlage in Österreich, wie Brandenburg-Preußen, Hannover-England und Sachsen-Polen als selbständige europäische Mächte aus dem Reiche hinausgewachsen waren. Vielmehr beruhte sie ausschließlich auf den mittleren und kleinen geistlichen und weltlichen Fürstentümern, wie sie zumal im Süden und Westen des Reiches lagen, also auf dem Gebiet, das man im 18. Jh. deshalb kurzweg als das „Reich" bezeichnete, während der anspruchsvollere Partikularismus des 19. Jhs. die Bezeichnung „das reine Deutschland" anzuwenden liebte.

Daß diese Stände am Reiche festhielten, erklärt sich aus ihrer geringen staatlichen Entwicklung. Nicht bloß für die Kurfürsten am Rhein mit ihrem lächerlichen Mißverhältnis von Anspruch und Macht galt es, daß sie ohne das Reich nichts bedeuteten[2]), auch all den andern Staaten und Stätchen fehlten die Mittel, um sich trotz den ausgedehnten Hoheitsrechten, die ihnen der Westfälische Friede zuerkannte, neben den großen Militärmächten behaupten zu können. Sie alle waren darauf angewie-

1) Vgl. Moser aaO. S. 551f. und die hier angeführte Literatur; ferner J. S. Pütter, Hist. Entwicklung der heutigen Staatsverfassung des Teutschen Reiches, Bd. 2 (3. Aufl. 1799), S. 159f.

2) Vgl. die hübsche Anekdote bei Pufendorf, De statu imperii (ed. posthuma, Kap. VII § 6; S. 139, Z. 38ff. der Ausgabe von F. Salomon).

sen, nicht allein daß das Reich als die Grundlage ihrer eigenen Existenz bestehen blieb, sondern auch, daß ihnen ein größerer Verband Schutz gegen die vom Ausland drohenden Gefahren gewährte. Daraus entstand die letzte Belebung der Reichsverfassung, der Versuch, auf dem Wege der Sonderbündnisse dem Reiche die Leistungsfähigkeit zu geben, an der die eigentlichen Reichsorgane sich vergeblich abmühten; der föderative Gedanke wurde der Träger des Reiches. Er bedeutet freilich nicht schlechthin etwas Neues.[1]) Seit dem Interregnum, seit dem Rheinischen Bund von 1254 hatten die deutschen Reichsstände immer wieder den Weg des zeitlich und örtlich begrenzten Bündnisses, der Einung in der Sprache der Zeit, betreten, um in ihrem engeren Kreise die Aufgaben zu erfüllen, die allgemein zu lösen Kaiser und Reichstag nicht imstande waren; namentlich die Wahrung des Landfriedens hatte fast das ganze 14. und 15. Jh. hindurch auf solchen Einungen beruht. Dann hatte die Reichsreformbewegung versucht, eine allgemeine Reichseinung zu schaffen und auf ihr die neue Reichsgewalt aufzubauen. Sie war damit gescheitert, weil sie ihr Ziel zu hoch gesteckt hatte und selbst den Kaiser sich unterordnen wollte, aber auch, weil die Einsicht in die Notwendigkeit einer allgemeinen Organisation noch fehlte. Unter dem Eindruck der wüsten Kriege von 1552 bis 1554 war es dann auf dem Augsburger Reichstag 1555 geglückt, die auf dem Einungsgedanken sich aufbauende Exekutionsordnung als Reichsgesetz einzuführen, aber der religiöse Hader ließ sie in den folgenden Jahrzehnten nicht recht Wurzel fassen, und in der Form des konfessionellen Bundes und Gegenbundes wurde das Einungswesen sogar zu einer Gefahr für die Reichseinheit. Erst die gemeinsame Not des Dreißigjährigen Krieges führte Katholiken und Protestanten wieder zusammen, erweckte die Idee des gemeinsamen Schutzes von neuem.

An die oben kurz gestreiften Bestrebungen nach Kreisdefensionen und -bündnissen knüpfte die Entwicklung des Bündniswesens nach 1648 an. Der Westfälische Friede machte Anstalten zu gemeinsamer Verteidigung keineswegs überflüssig, denn außer der allgemeinen Gefahr, daß der Kaiser sich und das Reich doch noch einmal in den spanisch-französischen Krieg verwickle, gab es noch mehrere lokale Unruhen. Das rief zu Beginn der fünfziger Jahre allerhand Pläne zu Verteidigungsbündnissen hervor; sie hatten ihre Mittelpunkte im niedersächsischen Kreis, wo die Welfen sich eine Machtstellung schaffen wollten, und am Rhein, der dem Kriegsschauplatz am nächsten lag. Freilich hatten alle Projekte und Beschlüsse auch jetzt kein praktisches Ergebnis, da die Stände immer noch darauf ausgingen, eine selbständige, wenn nicht gar entscheidende Rolle zwischen Frankreich und dem Hause Habsburg zu spielen. Dazu waren sie selbst mit Kurbrandenburg, dem Georg Friedrich v. Waldeck in seinem berühmten Unionsplan vom 31. Dezember 1653 (a. St.)[2]) die Führung übertragen wollte, zu schwach. Sie konnten nicht über den Parteien stehen, sondern mußten zwischen ihnen wählen. Daß sie sich für Frankreich entschieden und am 14. August 1658 den ersten Rheinbund[3]) abschlossen, das erklärt sich nicht bloß aus der Geschichte, der altgewohnten Verbindung der reichsständischen Partei mit Frankreich, sondern auch aus den Machtverhältnissen; noch immer erschien die habsburgische Macht als die größere Gefahr für die deutsche Libertät. Trotz diesem Bündnis hielten die Stände aber am Reiche unbedingt fest; wenn sie gleichzeitig mit dem Abschluß des Rheinbundes gegen Mazarins ausgesprochenen Willen den Habsburger Leopold I. zum Kai-

---

1) Zu diesen Bemerkungen über das Einungswesen vgl. O. Gierke, Genossenschaftsrecht, Bd. 1 (1868), S. 501ff., und R. Fester, Franken und die Kreisverfassung (1906), S. 9ff.

2) Gedruckt in den Urkunden und Aktenstücken z. G. des Kurfürsten Friedrich Wilhelm von Brandenburg, Bd. 6, S. 488ff.

3) Der Bündnisvertrag der deutschen Stände unter sich vom 14. August 1658 ist gedruckt u. a. bei Londorp, Bd. 8, S. 417ff.; der Vertrag mit Frankreich vom 15. August ebenda, ferner bei H. Vast, Les grands traités du règne de Louis XIV. (Paris 1893), 1. Teil, S. 72ff.

ser wählten, so beweist das ihre Abneigung gegen jede Erschütterung der Zustände im Reiche, eine bewußte Wahrung der Kontinuität.

Eine besondere Bedeutung für die Reichsgeschichte vermochte der Rheinbund, dem die drei geistlichen Kurfürsten, Schweden mit dem durch den nordischen Krieg nicht berührten Teil seiner deutschen Besitzungen, Pfalz-Neuburg (zugleich im Besitz von Jülich und Berg), die welfischen Herzöge und Hessen-Kassel angehörten und später noch andere Fürsten, darunter der Kurfürst von Brandenburg, beitraten, nicht zu erlangen. Er trat zwar bei der Türkenhilfe des Jahres 1664 geschlossen auf und dokumentierte so recht sinnfällig den Gegensatz zwischen einem Teil der Reichsstände und dem Kaiser, aber als ein Verband zum Schutz der Libertät der Stände gegen den Kaiser und der Neutralität des Reiches gegenüber Frankreich war er überflüssig, da sich der Kaiser in seiner Reichspolitik und das Haus Habsburg in seiner Politik gegen Frankreich dauernd defensiv verhielten. Zur Förderung der französischen Interessen im Reiche waren die Stände des Rheinbundes nicht zu haben; als Frankreich seit der Mitte der sechziger Jahre zur Offensive überging, da löste sich der Rheinbund auf und hörte — von einzelnen, teils aus französischen Pensionszahlungen, teils aus besonderen territorialen Rücksichten erklärlichen Verbindungen deutscher Fürsten mit Frankreich abgesehen — überhaupt die Allianz der Reichsstände mit Frankreich auf. Daraus schöpfte Johann Philipp von Mainz noch einmal die Hoffnung auf ein zwischen den Mächten stehendes neutrales Bündnis der deutschen Stände. Aus diesen Ideen ging 1670 Leibnizens berühmtes Gutachten über die Erhaltung der Sicherheit des Reiches hervor.[1]) Was Leibniz sagte, namentlich über die Notwendigkeit eines stehenden Heeres und dessen finanzieller Sicherstellung traf durchaus den Kern der Sache, aber auch jetzt fehlte die Macht, um den Zwang auf die Stände auszuüben, ohne den sie nicht unter einen Hut zu bringen waren. Der bald darauf ausbrechende Krieg zwischen Frankreich und dem Kaiser zerstörte auf lange Zeit hinaus die Möglichkeit einer neutralen dritten Partei, zwang die Stände vielmehr zum engen Anschluß an den Kaiser, zum Reichskrieg gegen Frankreich.

Die rechtliche Stellung der Stände bei diesem Reichskrieg war der Entwicklung der Reichsverfassung in den letzten Jahrzehnten entsprechend sehr viel günstiger als während des Dreißigjährigen Krieges; der Kaiser mußte ihnen sowohl das Recht, eigene Truppen zu halten, zugestehen, wie auch ihren Anspruch auf Anteil an den Friedensverhandlungen anerkennen. Der Verlauf des Krieges aber bewies die Nutzlosigkeit von Ansprüchen, hinter denen keine ausreichende Macht steht. Nicht nur von der hohen Politik wurden die Stände ausgeschlossen, wie denn auch der Friede allein vom Kaiser geschlossen wurde, sondern die schwächeren Stände, die im Gegensatz zu den mit eigenen Truppen auftretenden „armierten" Ständen als die „nicht armierten" bezeichnet wurden, hatten sogar ähnliche Lasten für Quartiere und Verpflegung der fremden Truppen zu übernehmen wie während des Dreißigjährigen Krieges. Diese Erfahrungen gaben den entscheidenden Anstoß zur letzten großen Reform im Reiche, zu der Reichskriegsverfassung vom Jahre 1681.[2])

Ihr leitender Gedanke ist es, das gesamte Militärwesen der freien Verfügung des Kaisers und der Willkür der armierten Stände zu entziehen und es in die Hände des ganzen Reiches zu bringen. Sie verzichtet dabei in richtiger Erkenntnis der Unbeholfen-

---

1) „Welchergestalt securitas publica interna et externa und status praesens im Reich jetzigen Umbständen nach auf festen Fuß zu stellen" (abgedruckt in den Werken, hrsg. von O. Klopp, 1. Reihe, Hist.-polit. u. staatswiss. Schriften, Bd. 1, 1864, S. 179ff.).

2) Ein genaues Datum kann eigentlich nicht angegeben werden, denn das oft genannte Reichsgutachten vom 30. August 1681 (Pachner v. Eggenstorff, Bd. 2, S. 325) bildet nur das letzte Glied einer großen Zahl von Gutachten über den „punctum securitatis publicae".

heit des Reiches auf die Aufstellung einer einheitlichen Reichsarmee, sucht aber andererseits die Mängel, die mit der Überlassung der Werbung, Ausbildung und Verpflegung der Truppen an die einzelnen Stände verbunden zu sein pflegten, dadurch zu vermeiden, daß sie die Reichskreise zu Trägern der Organisation macht. Als „Simplum", als die einfache Stärke des Reichsheers wurden 40 000 Mann, darunter 12 000 Berittene festgesetzt; wieviel davon auf jeden einzelnen Kreis entfiel, war genau bestimmt, alles weitere aber wurde den Kreisen anheimgestellt.

Im vollen Umfange war diese Kriegsverfassung nicht durchführbar. Denn vom Kaiser, als dem Besitzer des österreichischen Kreises, und von dem burgundischen Kreis, den spanischen Niederlanden, auf die fast ein Drittel des Heeres entfiel, konnte nicht erwartet werden, daß sie sich in eine Reichsorganisation einfügten. Aber auch die andern großen Mächte im Reiche, wie Brandenburg, deren Gebiet sich über mehrere Kreise erstreckte, waren nicht mehr dahin zu bringen, daß sie ihre selbständigen Heere auflösten und in einzelnen Kontingenten zu den Kreistruppen stellten. So wurde die Reichskriegsverfassung lediglich die militärische Organisation der kleineren Reichsstände, des „Reiches" im engsten Sinn. Für diese war sie der Abschluß der Bündnispläne, mit denen sie sich seit den dreißiger Jahren getragen hatten. Auf dem Boden der Reichsverfassung, in den Kreisen, hatten diese Stände nunmehr den lange gesuchten Verband gefunden, der ihre vereinzelt zu geringen Kräfte zu gemeinsamem Schutz vereinigte. Damit rückt die Kreisverfassung in den Mittelpunkt der Reichsverfassungsgeschichte jener Zeit. Die nähere räumliche Verbindung und Gleichartigkeit der Macht- oder Ohnmachtverhältnisse schuf hier das Gemeingefühl, das im Reiche fehlte, und das unentbehrlich war, um lebensfähige gemeinsame Einrichtungen zu schaffen.

Die Mängel der Reichsverfassung waren freilich auch in dem engeren Rahmen der Kreise nicht ganz zu überwinden. Die allzu ausgedehnte Libertät, die den Reichstag lähmte, machte sich auch auf den Kreistagen fühlbar. Der schon von Leibniz gemachte Vorschlag, daß die kleineren und kleinsten Kreisstände die nach der Matrikel auf sie entfallenden Truppen nicht selbst stellen, sondern durch eine Zahlung an den Kreis ablösen sollten, wurde nicht ausgeführt; so kamen im schwäbischen Kreise selbst Kontingente von $1^1/_3$ Infanteristen vor. Und dann litt die Politik der Kreise unter dem Vorwiegen kleinstaatlicher Gesichtspunkte, dem fast allgemeinen Mangel an Verständnis für das Wesen der Macht, für die Notwendigkeit militärischer Anstrengungen. Für den „miles perpetuus" waren die Kreise nicht zu haben; darum war die Westgrenze des Reiches wehrlos, als 1688 Ludwig XIV. wieder den Krieg begann, und abermals mußten die Armierten helfen. Aber die Kreise hatten davon mehr Lasten als Vorteile. So hat dann die Not der Kriegszeit mehr als alle Reichsschlüsse dahin geführt, daß die Reichskriegsverfassung in den vorderen Reichskreisen Boden gewann; mit schwäbischen und fränkischen Kreistruppen verteidigte Markgraf Ludwig Wilhelm von Baden, der Türkenlouis, jahrelang die Rheinlinie. Nochmals versuchten die Kreise, das ganze Reich in die Kriegsverfassung hineinzuzwingen; erst als sie auch dieses Mal gescheitert waren, entschlossen sie sich, ein besonderes Bündnis, eine „Assoziation" zu schließen, um nicht nur während des Krieges zusammenzustehen, sondern auch künftig gemeinsam ihre Truppen unter den Waffen zu halten, kurz um während des Krieges und nachher es den großen Militärmächten gleich zu tun.

Die Assoziation, die am 23. Januar 1697 zu Frankfurt von dem kurrheinischen, fränkischen, bayrischen, schwäbischen und westfälischen Kreise abgeschlossen[1]) und zu Beginn des spanischen Erbfolgekriegs erneuert worden ist, war natürlich nicht im-

---

1) Der Vertrag ist oft gedruckt worden, z. B. bei Kopp aaO., Beilage XVII, S. 74ff., ferner bei F C. Moser, Abschiede des fränkischen Kreises, Bd. 2, S. 883ff.

stande, irgendwelchen Einfluß auf die hohe Politik auszuüben. Der Ryswicker Friede nahm auf sie keine Rücksicht, Straßburg blieb französisch, damit war der Südwesten des Reiches dauernd gefährdet. Aber sie war auch nicht kräftig genug, den Geist der Kleinstaaterei zu überwinden, ihren Entschluß, daß „tempore pacis contra quosvis turbatores et contraventores ein miles perpetuus . . . formiret" werde, tatsächlich durchzuführen. Es wurde doch wieder abgerüstet. Auch ihr rein defensiver Charakter war ein Zeichen von Schwäche, so notwendig er auch war; es steckte kein staatlicher Ehrgeiz, kein Machtgedanke hinter ihr. Jeder Vergleich mit den großen Staaten muß notwendig zuungunsten der Assoziation ausfallen, die nur ein Notbehelf sein konnte. Und als solcher leistete sie dem Reiche gute Dienste. Sie deckte mit ihren Truppen während des spanischen Erbfolgekriegs die Rheinlinie, sie übernahm nach 1714 die Besetzung der Reichsfestungen Kehl und Philippsburg, sie trat damit überhaupt an die Stelle des Reiches, sie hielt den Reichsgedanken aufrecht, im Gegensatz zum Kaiser und den großen Ständen, die nur ihre Sonderinteressen verfolgten und in den gemeinsamen Aufgaben des Reiches versagten.

Haltbar war aber diese Assoziation nur, solange die verhältnismäßig einfache politische Lage blieb, wie sie seit 1673 bestand, die gemeinsame Gegnerschaft von Kaiser, Armierten und Kreisen gegen die bedrohliche Übermacht Frankreichs. Schon das Nachlassen des von Frankreich ausgegangenen Drucks nach 1715 lockerte das Gefüge, führte zu einem Verfall der militärischen Einrichtungen. Der „miles perpetuus", das stehende Heer wurde zwar auch in dieser Friedenszeit beibehalten. Die Kreise bestimmten die Einteilung der von ihnen aufzubringenden Mannschaften in Regimenter und ernannten die Generale und Stabsoffiziere; der Chef der Kreistruppen blieb der alte Kreisoberst, der jetzt aber meist den dem Geist der Zeit besser entsprechenden Titel des Kreisgeneralfeldmarschalls annahm. Alles weitere blieb den Ständen überlassen, und diese zeigten sich während des Friedens recht wenig geneigt, ihre Pflichten zu erfüllen. Überall blieb der „Usualfuß", d. h. die gewöhnlich vorhandene Truppenzahl sehr wesentlich hinter dem „Idealfuß", der Sollstärke, wie sie durch die Reichskriegsverfassung festgesetzt war, zurück. Auch fehlte es sehr an der Ausrüstung, an den Pferden für die Kavallerie und Artillerie; Train und Verpflegungswesen mußten sogar erst beim Beginn eines Krieges improvisiert werden.[1])

Während sich so die militärische Verfassung der Assoziation lockerte und das Heer des Markgrafen Ludwig Wilhelm von Baden in die Reichsarmee von Roßbach umwandelte, brach die politische Organisation der Reichskreise völlig auseinander. Der österreichische Erbfolgekrieg, der die Kreise zwang, zwischen dem neuen, mit Frankreich verbündeten Kaiser und der alten Kaisermacht Habsburg zu wählen, sprengte die Assoziation. Der Bruch in der Entwicklung des Reiches, den die Kaiserwahl des Jahres 1742 herbeiführte, zerstörte auch die auf dem Boden der Reichsverfassung entstandene Assoziation der Kreise. Und sie ließ sich nicht mehr herstellen, auch als 1745 die alte Verbindung von Kaisertum und habsburgischer Hausmacht erneuert wurde.

Seit der Mitte des 18. Jhs. fehlte es also an jeder widerstandsfähigen Organisation auch des Reiches im engsten Sinn. Gerade das erweckte die alten Bündnispläne der kleineren Reichsstände von neuem. Aber die Unsicherheit der Existenz, die militärisch-politische Schwäche, durch die der Wunsch nach einem schützenden Verband hervorgerufen wurde, verurteilte alle diese Projekte der Kleinstaaten zum Scheitern, nicht nur in den Zeiten großer Krisen, etwa des Siebenjährigen Krieges, sondern auch in den Frie-

---

1) Zur G. der Kreistruppen im 18. Jh. vgl. A. BRABANT, Das heilige Römische Reich Teutscher Nation im Kampfe mit Friedrich dem Großen, Bd. 1 (1904).

densjahren. Erst als Preußen mit seiner Macht an die Spitze dieser Bündnisbewegung trat, kam ein neuer Bund zustande, der deutsche Fürstenbund, der am 23. Juli 1785 als „Assoziation“ von den Kurfürsten von Sachsen, Brandenburg und Braunschweig, wie korrekt nach dem Stil und der Rangordnung des Reiches gesagt wurde, nämlich von Preußen, Sachsen und Hannover abgeschlossen und in den folgenden Monaten durch den Beitritt der meisten mitteldeutschen und einiger süddeutschen Staaten, darunter Kurmainz, erweitert wurde. Der Fürstenbund knüpfte bewußt an die früheren Bünde im Reiche, zumal den schmalkaldischen und den rheinischen des Jahres 1658 an[1]) und verfolgte unter dem Vorgeben, die Reichsverfassung ungekränkt aufrechterhalten zu wollen, den gleichen Zweck wie der alte Rheinbund, den Kaiser an der Ausnutzung seiner kaiserlichen Gerechtsame zur Verstärkung der eigenen Hausmacht zu verhindern. Aber über dieses negative Ziel ging die Absicht des Bundes nicht hinaus. Man darf sich dadurch, daß die Einigung Deutschlands im 19. Jh. durch eine ähnliche Verbindung Preußens mit den deutschen Mittel- und Kleinstaaten unter Ausschluß Österreichs erfolgt ist, nicht über die geringe Bedeutung des Fürstenbundes täuschen lassen. Für Preußen war der Abschluß des Bundes nur ein Akt der auswärtigen Politik, ein Mittel, um der Machterweiterung Österreichs entgegenzutreten; es spielte die gleiche Rolle wie Frankreich im Rheinbunde von 1658, es wollte den Bund im eigenen, nicht im deutschen Interesse leiten. An eine dauernde Verbindung mit der deutschen Kleinstaaterei dachte Friedrich der Große nicht; er sah in ihr nichts als einen Notbehelf. Die Kleinstaaten wollten freilich den Bund als Hebel für eine Reform der Reichsverfassung benutzen und waren enttäuscht, als Friedrich Wilhelm II. ihn bald nach seiner Thronbesteigung infolge der neuen Orientierung seiner auswärtigen Politik aufgab. Aber all der Glanz, den die Namen Carl Augusts von Weimar und Karl Friedrichs von Baden, Goethes und Herders auf diese Bemühungen der deutschen Kleinfürsten um die Hebung des politischen Geistes, um die politische Nutzbarmachung des literarischen Aufschwungs in Deutschland ausstrahlen, kann doch an dem Urteil nichts ändern, daß diese Bestrebungen unfruchtbar bleiben mußten, denn sie gingen von der gleichen Verkennung des Wesens staatlicher Macht aus, die die deutsche Einheitsbewegung des 19. Jhs. auf falsche Wege geleitet hat, sie erkannten nicht, daß der Dualismus zwischen Österreich und Preußen ein Machtgegensatz war, der sich nicht durch friedliche Organisationen und Reformen aus der Welt schaffen ließ.

## § 34. Das Ende des alten Reiches

Literatur: Von den allgemeinen Darstellungen der deutschen G. jener Zeit seien genannt: L. Häusser, Deutsche G. vom Tode Friedrichs d. Gr. bis zur Gründung des Deutschen Bundes (4 Bde., 1854/57; 4. Aufl. 1869). K. Th. Heigel, Deutsche G. vom Tode Friedrichs d. Gr. bis zur Auflösung des alten Reiches (2 Bde., 1899/1911). H. v. Treitschke, Deutsche G. im 19. Jh., Bd. 1 (bis 1815; 1879 und öfter).

H. Berghaus, Deutschland seit 100 Jahren, Abt. 2, Deutschland vor 50 Jahren, 2 Bde., 1861. A. C. Gaspari, Der Deputations-Rezeß mit historischen, geographischen und statistischen Erläuterungen (2 Bde., 1803). C. Th. Perthes, Das deutsche Staatsleben vor der Revolution (1845). Politische Zustände und Personen in Deutschland zur Zeit der Franz. Herrschaft, Bd. 1, 1862. H. Schulz, Vorschläge zur Reichsreform in der Publizistik von 1800—1806 (Diss. Gießen 1926). H. von Srbik, Das österreichische Kaisertum und das Ende des heiligen römischen Reiches 1804 bis 1806 (Arch. Pol. und Gesch. 1927). W. Wenck, Deutschland vor 100 Jahren (2 Bde., 1887/90; hier finden sich namentlich Angaben über die Publizistik der Zeit).

Vergleicht man den Fürstenbund mit dem Rheinbund des Jahres 1658 und ähnlichen Bünden, so zeigt sich zwar bereits ein gewisser Aufstieg Deutschlands; die deut-

1) Auf den schmalkaldischen Bund wies Friedrich d. Gr. selbst hin (an Finckenstein, 6. März 1784, bei W. A. Schmidt, G. d. preuß.-deutschen Unionsbestrebungen, S. 50f.). Daß der Kurfürst von Mainz den Vertrag von 1658 wieder hervorgeholt habe und daß ähnliches auch an andern Höfen geschehen sei, erzählt ohne weitere Quellenangabe Th. Bitterauf, G. des Rheinbundes, Bd. 1 (1905), S. 8f.

schen Reichsstände brauchten ihren Rückhalt, den ihnen das Reich nicht gewähren konnte, nicht mehr beim Ausland zu suchen, sondern fanden ihn bei einem reindeutschen Staate, bei Preußen. Aber in seiner ganzen Verfassung und Tendenz bildet der Fürstenbund doch nicht den Anfang einer neuen Entwicklung, sondern den Abschluß der gegen die Habsburger gerichteten Bündnisbewegung im Reich. Und weit davon entfernt, auch nur seinen bescheidenen Zweck der Erhaltung der Reichsverfassung zu erreichen, vermehrte er vielmehr die Zerfahrenheit im Reiche, lenkte er namentlich die allgemeine Aufmerksamkeit auf die Gebrechen der Reichsverfassung, mit deren Kritik sich die Publizistik so sehr befaßte, daß die Erfurter Akademie 1791 die Preisfrage stellte: wie man „dem deutschen Bürger den Wert und die Vorteile der deutschen Reichskonstitution recht fühlbar und ihn derselben recht anhänglich" machen könne. Innerlich zerklüftet und wehrlos trat das Reich so in das Zeitalter der Revolutionskriege ein. Der erste Ansturm des von Custine geführten Revolutionsheeres warf 1792 die ganze Kleinstaaterei Südwestdeutschlands über den Haufen; nur die Waffen der beiden deutschen Großmächte stellten sie zum Teil wieder her und schützten die übrigen. Das Reich als Ganzes versagte auch in den folgenden Jahren. Der Sonderfriede, den Preußen 1795 zu Basel schloß und bald auch auf den größten Teil von Nord- und Mitteldeutschland ausdehnte, ist nicht der einzige, wenn auch der bekannteste und deutlichste Beweis für die Gleichgültigkeit der Reichsstände gegen das Reich. Als auch Österreich den Kampf aufgab, erlebte Deutschland das Schicksal Polens, eine Auflösung des Reiches nach den Interessen und Weisungen der großen Mächte Europas.

Diese Auflösung vollzog sich in zwei Abschnitten. Der erste umfaßt die Zeit vom Rastatter Kongreß bis zum Reichsdeputationshauptschluß vom 25. Februar 1803.[1]) Um die durch die Abtretung des linken Rheinufers in erblichen Besitzrechten geschädigten Reichsstände zu entschädigen, wurden die geistlichen Fürstentümer und die Reichsstädte ihrer Selbständigkeit beraubt. Ausgenommen wurden nur der Erzbischof von Mainz, dem als dem Erzkanzler des Reiches in Aschaffenburg und Regensburg ein neues Fürstentum angewiesen wurde, der Deutsche und der Malteser Orden als Versorgungsstätten für den durch die Säkularisation schwer geschädigten katholischen Adel und sechs Reichsstädte, Bremen, Hamburg, Lübeck im Norden, Augsburg, Nürnberg und Frankfurt im Süden. Alles andere geistliche und reichsstädtische Gut wurde an die weltlichen Fürstenhäuser verteilt, und zwar weniger nach Recht und Billigkeit oder nach Rücksichten auf die Stammeszusammengehörigkeit als vielmehr nach der Gunst der Mächte, zumal Frankreichs. Und das republikanische und bonapartistische Frankreich hatte das gleiche Interesse wie das bourbonische, zu verhüten, daß die Kräfte Deutschlands den Habsburgern zur Verfügung ständen. Deshalb wurden außer Preußen besonders die süddeutschen Staaten verstärkt. Aus der Masse der kleinen Herrschaften erhob sich nunmehr eine Reihe von Mittelstaaten, Bayern, Württemberg, Baden, Hessen; sie alle waren groß genug, um den alten Ehrgeiz der deutschen Reichsstände, neben dem Kaisertum eine selbständige Politik zu treiben, auch ferner pflegen zu können, und waren doch nicht groß, auch in ihrer Existenz nicht gesichert genug, um den Rückhalt bei Frankreich entbehren zu können.

Mit dieser neuen Gebietsverteilung war das alte Reich tatsächlich schon zerstört worden. Der kaiserlichen Gewalt war der letzte Rückhalt im Reiche, die geistlichen Stände und die Reichsstädte entzogen worden, die Protestanten besaßen jetzt das Übergewicht auf dem Reichstag, vor allem aber hatte das Reich seine eigenen Glieder nicht vor der Vernichtung retten können und damit selbst den letzten Rest der Daseinsberechtigung verloren. Trotzdem versuchte der Reichsdeputationshaupt-

1) Gedruckt bei K. Zeumer, Quellensammlung², Nr. 212, S. 509ff.

schluß, die alten Formen der Reichsverfassung in dieser verwandelten Welt aufrechtzuerhalten, er ließ das Kaisertum bestehen, er ergänzte das kurfürstliche Kollegium, das Trier und Köln verloren hatte, durch die Erhebung des säkularisierten Fürstentums Salzburg, Württembergs, Badens und Hessen-Cassels zu Kurfürstentümern, er paßte auch die Reichstagsverfassung der Veränderung der Territorialgestaltung an und regelte die Stimmverteilung im Fürstenrate bis ins einzelne.

Aber trotz allen diesen Vorschriften war das neue Gebilde nicht lebensfähig, und so folgte dem Reichsdeputationshauptschluß rasch der zweite Abschnitt des Auflösungsprozesses, der formelle Untergang des Reiches. Während nach dem Westfälischen Frieden die Offensive Frankreichs zur Abwendung der Reichsstände vom französischen Bündnis, zur Belebung des Reichsgedankens geführt hatte, war eine Reichspolitik jetzt nicht mehr möglich, blieb den Ständen nur die Wahl zwischen Frankreich und Österreich. Die Rücksicht auf das eigene Interesse trieb die süddeutschen Mittelstaaten während des Krieges von 1805 auf die französische Seite. Ihr Lohn war die Vollendung der 1803 begonnenen Vernichtung der kleinen, eines staatlichen Lebens unfähigen Gewalten; die letzten süddeutschen Reichsstädte, die Reichsritterschaft und eine freilich ganz willkürlich bestimmte Zahl von Grafen wurden mediatisiert, die dadurch von neuem verstärkten Mittelstaaten wurden für souverän erklärt. War die Souveränität rechtlich mit dem Reiche unvereinbar, so war es der am 12. Juli 1806 abgeschlossene Rheinbund, die Unterordnung all dieser Staaten unter das französische Protektorat, auch tatsächlich. Die Rheinbundstaaten zogen dann auch ehrlich die Konsequenzen ihrer Politik. Sie gaben spätestens mit dem Abschluß der Rheinbundsakte ihre vom Reiche abgeleiteten Titel als Kurfürsten oder Landgrafen zugunsten der königlichen oder großherzoglichen Würde auf, und am 1. August erklärten sie förmlich ihren Austritt aus dem Reiche, das wirklich nur noch ein „Wort ohne Schall" war, nur noch den „Schein einer erloschenen Verfassung" besaß.[1]) Wenige Tage darauf legte Kaiser Franz II. mit einer vom 6. August datierten Erklärung die Krone des Reiches nieder.[2])

Noch waren freilich Preußen und die norddeutschen Staaten selbständig, und Preußen versuchte auch während des Sommers 1806, diesen Rest des Reiches in einem norddeutschen Bunde zu einigen und sogar die Kaiserwürde weiterzuführen. Aber es gedieh nicht über Ansätze und Besprechungen hinaus, und die Schlacht von Jena machte allen norddeutschen Bundesplänen ein Ende. So war mit dem 6. August 1806 das heilige römische Reich erloschen.

# Zweiter Teil: Deutsche Verfassungsgeschichte seit 1806

## Zehnter Abschnitt: Einleitung in die deutsche Verfassungsgeschichte der neuesten Zeit

### § 35. Die Hauptrichtungen der Verfassungsentwicklung seit 1806

Literatur: J. Jastrow, G. des deutschen Einheitstraums u. seiner Erfüllung (4. Aufl. 1891). F. Meinecke, Weltbürgertum u. Nationalstaat (1908; 7. Aufl. 1928 A. Rapp, Der deutsche Gedanke, seine Entwicklung im politischen u. geistigen Leben seit dem 18. Jh. (1920).

Der Reichsdeputationshauptschluß von 1803 mit den Ergänzungen des Jahres 1806 bedeutet den Abschluß der ersten großen Revolution, die über die deutsche Staatenwelt hinweggebraust ist. Die Einwirkung auf die deutsche Staatenkarte war gewaltig. Mit verschwindenden Ausnahmen haben alle geistlichen Staaten, die kleinen Grafschaften und Herrschaften, die reichsritterlichen Gebiete und die Reichsstädte ihre Selbständigkeit verloren. Und das Ergebnis war unwiderruflich. Die Restaura-

1) Vgl. die Erklärung vom 1. August 1806 bei Zeumer², Nr. 216, S. 537f.
2) Vgl. die Erklärung vom 6. August 1806 ebd., Nr. 217, S. 538f.

tion des Jahres 1815 hat wohl einzelne der von Napoleon vernichteten Staaten wiederhergestellt, aber im großen und ganzen doch die Säkularisationen und Mediatisierungen der Revolutionszeit anerkannt. Statt der mehr als 300 Reichsstände, die das alte Reich gebildet hatten, zählte der deutsche Bund nur noch 39, darunter vier freie Städte; ihre Zahl hat sich seither dauernd vermindert.

Damit war die Entwicklung abgeschlossen, die mit dem Aufkommen der Territorien unter Friedrich II. im 13. Jh. begonnen hatte: die territorialen Staatsgewalten waren auf Kosten des Reiches nunmehr bis zur vollen und unbeschränkten Souveränität gelangt. Das Problem der Reichsverfassung, die Auseinandersetzung zwischen dem Reich und den Territorien war zwar nicht gelöst worden, aber es war hinfällig geworden, indem die Territorien der Reichsgewalt den Boden unter den Füßen weggenommen hatten. So war es nur die natürliche Folge der Ereignisse seit 1803 gewesen, daß Kaiser Franz II. am 6. August 1806 die Kaiserkrone niedergelegt hatte.

Aber in dem Augenblick, wo die Territorien mit der Erringung der vollen staatlichen Selbständigkeit am Ziel ihrer Entwicklung angelangt schienen, setzte bereits die rückläufige Bewegung ein, die über den Deutschen Bund von 1815 und die Einordnung der Einzelstaaten in das Deutsche Reich von 1871 einstweilen bis zur Herabdrückung der Staaten auf die Stufe von Ländern geführt hat und deren weiterer Fortgang vorläufig noch nicht abzusehen ist. Von der französischen Revolution war der Anstoß zum Umsturz der Reichsverfassung ausgegangen. Aber indem sie die Kräfte des französischen Staates durch die Entfesselung der französischen Nation gewaltig verstärkte und diesen befähigte, weite Teile Deutschlands seiner unmittelbaren oder wenigstens mittelbaren Herrschaft zu unterwerfen, rief sie zugleich die nämlichen Kräfte der deutschen Nation wach. In der Zeit, wo die Franzosen Deutschland beherrschten, wurde das bisher lediglich literarisch bestimmte und weltbürgerlich angehauchte deutsche Nationalbewußtsein politisch und verlangte nach staatlicher Gestaltung, nach Wiederherstellung eines politischen Gesamtverbandes, wie er im alten Reiche bestanden hatte. Das Ringen des Einheitsdranges der Nation mit den Sonderbestrebungen der Einzelstaaten bildet somit den einen Teil der deutschen Verfassungsgeschichte seit 1806.

In der Tatsache, daß die Nation — recht im Gegensatz zur älteren Zeit, die nur den Kaiser und die Reichsstände als handelnde Faktoren der deutschen Verfassung kennt — nun auf ihr Geschick mitbestimmenden Einfluß zu erlangen strebt, ist zugleich die zweite Seite der deutschen Verfassungsgeschichte gegeben: die konstitutionelle Bewegung. Auch sie hat ihren Anstoß von außen, von Frankreich und, häufig auf dem Umwege über Frankreich, von England erhalten; die großen Krisenjahre der französischen Verfassungsgeschichte, 1830 und 1848, machen daher auch für Deutschland Epoche. Und bis in die jüngste Zeit sind England und Frankreich die Musterländer für die konstitutionellen Anschauungen starker Parteien in Deutschland geblieben. Trotzdem hat die konstitutionelle Bewegung in Deutschland ihre selbständige Richtung eingeschlagen. Zwar hat sie nicht unmittelbar an die alten landständischen Einrichtungen anknüpfen können, denn diese waren in den für die Anfänge des Verfassungslebens in Deutschland maßgebenden Ländern kaum noch lebendig. Aber die Erinnerung an sie war doch noch — es braucht ja nur an Württemberg erinnert zu werden — stark genug, um altständisch-dualistische Anschauungen von der Aufgabe der politischen Parteien und der Volksvertretungen statt der auf Beherrschung des ganzen Staatswesens gerichteten parlamentarischen Ideen Englands und Frankreichs zu entwickeln. Diese Richtung wurde dadurch noch verstärkt, daß die Monarchie und das monarchisch gesinnte Beamtentum, der ganzen Entwicklung der letzten Jahrhunderte entsprechend, eine sehr viel festere Stellung besaßen als in England und Frankreich und den parlamentarischen Ansprüchen sehr viel nachdrücklicheren Widerstand leisteten. Unter diesen Umständen hat sich in Deutschland ein besonderer Verfassungstypus, die konstitutionelle Monarchie, herausgebildet. Auf ihm beruht die deutsche Verfassungsgeschichte bis 1918. Erst die Revolution von 1918 und die auf sie gefolgten Verfassungen machen den Versuch, die Staatsformen der westlichen Demokratien restlos nachzuahmen.

Diese beiden Bewegungen, die nationale und die konstitutionelle, verlaufen nun aber keineswegs parallel. Sie wirken auch nicht wie die Kräfte in einem Parallelogramm so einheitlich aufeinander ein, daß sich eine feste Richtung als Diagonale herausbilden könnte. Vielmehr verstärken sie sich teils, teils durchkreuzen sie sich. Idee und Wirklichkeit liegen im Widerstreit. Die Einheit der Nation ist anfangs nur frommer Wunsch. Für die konstitutionelle Entwicklung dagegen sind die Einzelstaaten der zunächst gegebene Kampfplatz. Ihre Eroberung durch den Verfassungsgedanken ist aber nicht etwa eine Etappe auf dem Wege zur Einheit Gesamtdeutschlands, sondern zugleich eine Erschwerung; denn mit eigener Verfassung und eigenen parlamentarischen Körperschaften wird der Einzelstaat mehr als je zuvor Träger eines eigenen partikularen Lebens, das der Unterordnung unter die Gesamtheit sich mit der Energie widersetzt, die die deutsche Eigenbrötelei stets aufgebracht hat, sobald es sich um die Abwehr gemeinsamer Einrichtungen handelte.

In dieser Verflechtung des konstitutionellen Gedankens mit dem Partikularismus liegt die Eigenart und die Mühseligkeit der deutschen Verfassungsentwicklung seit 1806 begründet. Auf dem einfachen Wege über die konstitutionelle Freiheit konnte die nationale Einheit nicht gefunden werden, weil die Einzelstaaten als unüberwindliche Hindernisse den Weg sperrten. Erst die Reichsgründung von 1867/71, die sich auf dem stärksten Einzelstaat aufbaute, schuf den Ausgleich zwischen der Idee der Einheit und der Realität der Einzelstaaten, legte die neue Grundlage für die Gesamtentwicklung Deutschlands, auf der das deutsche Reich auch heute noch trotz der Revolution von 1918 beruht.

## § 36. Die Quellen und die Literatur

Durch die gesteigerte Öffentlichkeit des Staatslebens und durch das starke, bis in die siebziger Jahre vorherrschende Interesse für Verfassungsfragen erweitert sich für die Verfassungsgeschichte der Kreis der ihr zugänglichen Quellen. Sie ist nicht mehr in erster Linie auf die Archive angewiesen. Die Parlamente sind im Laufe des 19. Jhs. zur Veröffentlichung ihrer Verhandlungen in der Form stenographischer Berichte übergegangen; dazu kommt die ausgedehnte Publizistik in Broschüren, Zeitschriften und Zeitungen, ferner eine reichhaltige Memoirenliteratur. Aus dieser Fülle des Materials eine Auswahl zu treffen, wäre überaus schwierig, wenn nicht der im 19. Jh. überall (außer Mecklenburg, das aber im Erbvergleich von 1755 [oben S. 84] etwas Ähnliches besaß) durchgedrungene Brauch, die Verfassung in besonderen Verfassungsurkunden schriftlich festzulegen, eine strenge Scheidung ermöglichte. Die Verfassungen und die regelmäßig in amtlichen Gesetz- oder Regierungsblättern veröffentlichten, sie abändernden oder ergänzenden Gesetze sind die wichtigste Quelle für die Verfassungsgeschichte des 19. Jhs.

Sammlungen der wichtigsten Verfassungsgesetze bis 1918: W. Altmann, Ausgewählte Urkunden zur deutschen Vfg. seit 1806 (2 Bde., 1898, 1. Bd. für Bund und Einzelstaaten von 1806—1866, 2. Bd. nur für die gesamtdeutsche Entwicklung von 1867—1898). K. Binding, Deutsche Staatsgrundgesetze in diplomatisch genauem Abdrucke (seit 1893, in einzelnen, bis jetzt 10 Heften). C. H. L. Pölitz, Die Verfassungen des Teutschen Staatenbundes seit dem Jahre 1789 (zuerst anonym 1817 als 1. Bd. der „Europäischen Verfassungen seit dem Jahre 1789"; 2. Aufl. 1833, 3. Aufl. von F. Bülau in 3 Bdn., 1847; noch heute brauchbar für die älteren Verfassungsurkunden der Kleinstaaten). F. Stoerk, Hb. der deutschen Verfassungen (1. Aufl. 1884, 2. Aufl. 1913; gibt nur den jeweils gültigen Text). H. Triepel, Quellensammlungen zum Staats-, Verwaltungs- und Völkerrecht (1. Triepel, Qu. z. Deutschen Reichsstaatsrecht, 2. Aufl. mit Ergänzungen 1907/13; 2. K. Zeumer, Qu. z. G. der Deutschen Reichsverfassung in MA. und Neuzeit, 2. Aufl. 1913; 3. K. v. Stengel, Qu. z. Verwaltungsrecht des Deutschen Reiches, 1902; 4. W. Schücking, Qu. z. preuß. Staatsrecht, 1906; 5. H. Rehm, Qu. z. Staats- und Verwaltungsrecht des Königreichs Bayern, mit Ergänzungen 1907).

Literatur: Bei der großen Wichtigkeit der Verfassungsbewegung überhaupt und der Einheitsbewegung im besonderen wird die Verfassungsgeschichte in allen „Deutschen Geschichten" des

19. Jhs. mehr oder minder ausführlich behandelt. Die folgenden Angaben beschränken sich daher wie die der Quellen auf das im engsten Sinne Verfassungsgeschichtliche. Doch sei an H. v. TREITSCHKE, Deutsche G. im 19. Jh. (5 Bde. bis 1848, von 1879 an erschienen) und die jüngste Darstellung von E. BRANDENBURG, Die Reichsgründung (2 Bde. 2. Aufl. 1923) wenigstens erinnert.

L. BERGSTRÄSSER, G. der Reichsverfassung (1914). C. BORNHAK, Ständetum und Konstitutionalismus (Z. f. Politik, Bd. 7, 1914). E. ECKHARDT, Die Grundrechte vom Wiener Kongreß bis zur Gegenwart (1913). JÄGER, Entwicklung des Gedankens der allgemeinen Wehrpflicht im 19. Jh. (Wissen und Wehr 1926). G. JELLINEK, Verfassungsänderung und Verfassungswandlung (1906). H.W. PINKOW, Der literarische und parlamentarische Kampf gegen die Institution des stehenden Heeres in Deutschland 1815—1848 (Berliner Diss. 1912). M. STIMMING, Deutsche Vfg. vom Anfange des 19. Jh. bis zur Gegenwart (1920). H. v. TREITSCHKE, Bundesstaat und Einheitsstaat (Hist. u. pol. Aufs., Bd. 2; geschr. 1864); Das konstitutionelle Königt. in Deutschland (ebenda, Bd. 3; geschr. 1869/71).

Zur Geschichte des parlamentarischen Wahlrechts im allgemeinen: G. v. BELOW, Das parlamentarische Wahlrecht in Deutschland (1909). G. MEYER, Das parlamentarische Wahlrecht (hrsg. von G. JELLINEK, 1901). J. PHILIPPSON, Über den Ursprung und die Einführung des allgemeinen gleichen Wahlrechts in Deutschland mit besonderer Berücksichtigung der Wahlen zum Frankfurter Parlament im Großherzogtum Baden (1913). R. SMEND, Maßstäbe des parlamentarischen Wahlrechts in der deutschen Staatstheorie des 19. Jhs. (1912). Für die Einzelstaaten: L. HUBBAUER, Die geschichtliche Entwicklung d. bayer. Landtagswahlrechts (Erlanger jur. Diss. 1908). W. KISSEL, Die geschichtliche Entwicklung d. hess. Landtagswahlrechts (1911). L. LANDAU, Die geschichtliche Entwicklung des Wahlrechts z. preuß. Abgeordnetenhause (Greifswalder Diss. 1913). V. C. DIERSCH, Die geschichtliche Entwicklung des Landtagswahlrechts im Königreich Sachsen (Leipziger jur. Diss. 1918). A. PACHE, G. d. sächs. Landtagswahlrechts von 1831—1907 (1907).

Auf die Parteigeschichte sei ebenfalls kurz hingewiesen, weil die Parteibewegung ein wesentlicher Teil der Verfassungsbewegung ist; freilich wird die Parteigeschichte von den Parteien selbst nicht bloß einseitig, sondern auch unhistorisch betrieben, um die Richtigkeit und Unentwegtheit der Prinzipien zu beweisen (vgl. darüber W. ANDREAS, HZ., Bd. 107, S. 92ff.). Deshalb werden hier nur wenige, auf wissenschaftlicher Grundlage stehende Arbeiten verzeichnet. Quellensammlung: F. SALOMON, Die deutschen Parteiprogramme (3. Aufl. 1924). Allgemeine Bearbeitungen: L. BERGSTRÄSSER, G. der politischen Parteien (1921). H. REHM, Die politischen Parteien (1912, erweiterter Sonderabdruck aus dem WbVW³.). A. WAHL, Beiträge zur deutschen Parteigeschichte (HZ., Bd. 104, 1910). O. WESTPHAL, Welt- und Staatsauffassung des deutschen Liberalismus (1919). Biographisches: H. CHRISTERN, F. C. Dahlmanns pol. Entwicklung bis 1848 (1921; auch in der Z. der Gesellschaft für schleswig-holsteinische G., Bd. 50). H. ONCKEN, R. v. Bennigsen (2 Bde., 1910). P. WENTZCKE, Z. G. Heinrichs v. Gagerns (Quellen u. Darstell. z. G. der Burschenschaft und der deutschen Einheitsbewegung, Bd. 1, 1910). H. v. PETERSDORFF, Kleist-Retzow (1907). K. WILD, K. Th. Welcker (1913).

## Elfter Abschnitt: Rheinbund und Deutscher Bund

Quellen: G. v. MEYER, Corpus iuris confoederationis Germanicae (1. Aufl. 1822, 3. Aufl. Titel „Staatsakten f. G. u. öffentl. Recht des Deutschen Bundes" von H. ZÖPFL in 3 Bdn., 1858/69). Protokolle der Deutschen Bundesversammlung (für die Öffentlichkeit gedruckt bis 1828).

Darstellungen: Eine Übersicht über die Verfassungsentwicklung Deutschlands von 1806 bis 1867 oder 1871 enthalten die meisten Darstellungen des Reichsstaatsrechts, z. B. O. MEJER, Einleitung in das deutsche Staatsrecht (2. Aufl. 1884) und G. MEYER, Lehrbuch des deutschen Staatsrechts (7. Aufl., von G. ANSCHÜTZ, 1914/19). Eine befriedigende Geschichte des Bundes gibt es aber noch nicht; L. F. ILSE, G. der Deutschen Bundesversammlung (3 Bde. bis 1824, 1861/62) ist unvollendet, K. FISCHER, Die Nation und der Bundestag (1880) genügt nicht.

### § 37. Der Rheinbund

Eine Geschichte des Rheinbunds, die etwas anderes sein muß als die Aneinanderreihung der Geschichten der einzelnen Rheinbundstaaten, gibt es einstweilen noch nicht. Von TH. BITTERAUFS groß angelegter G. des Rheinbundes ist nur der einleitende 1. Bd. (Gründung des Rheinbundes und Untergang des alten Reichs, 1905) erschienen. An neueren Arbeiten gibt es nur: K. BECK, Zur Vfg. des Rheinbundes (Gießener Diss. 1890) und M. DOEBERL, Rheinbundverfassung und bayrische Konstitution (1924). Deshalb ist J. L. KLÜBER, Staatsrecht des Rheinbundes (1808) noch unentbehrlich

Nach den Ereignissen des Sommers 1806 befand sich Deutschland in der Tat, wie es die bekannte, Palm zum Verderben gewordene Flugschrift aussprach, „in seiner tiefen Erniedrigung". Nicht bloß das Reich war zerstört, sondern für fast ein Jahrzehnt war überhaupt jede politische Organisation Gesamtdeutschlands beseitigt. Preußen und Österreich waren nach dem Osten abgedrängt, große Teile selbst des rechtsrheinischen Deutschland standen mittelbar oder unmittelbar unter französischer Herrschaft. Aber auch der Rest Deutschlands besaß im Rheinbund nur scheinbar eine politische Organisation. Denn von den vierzig Artikeln der Rheinbundsakte gelangten nur die zur Wirksamkeit, die sich auf die einzelnen Staaten und auf die militärische Unterstützung des Protektors Napoleon bezogen; die zur Wahrung der gemeinsamen Interessen bestimmten Einrichtungen wurden nicht ausgebildet, ja, es wurde überhaupt nicht ernsthaft versucht, sie ins Leben zu rufen, so daß der Rheinbund als Ganzes überhaupt keine Geschichte hat.

Trotzdem darf ihn die Verfassungsgeschichte nicht ganz übergehen. Er knüpft nicht bloß, wie schon der Name sagt, an alte Bestrebungen der deutschen Mittel- und Kleinstaaten an, sich zu einer zwischen den großen Mächten stehenden Partei zusammenzuschließen, sondern er bedeutet auch eine Etappe auf dem Wege, der aus dem alten Reiche hinüberleitet zu den neuen Verfassungsformen, unter denen allein eine Zusammenfassung Deutschlands möglich war. Er bricht nicht ganz mit den Traditionen des alten Reichs, behält vielmehr die Formen der alten Reichsverfassung bei, soweit sie sich der neuen Zeit anpassen ließen. Der Bundestag zu Frankfurt, der sich unter dem Vorsitz des Fürstprimas, des Nachfolgers des ehemaligen Kurfürsten von Mainz, aus einem Rat der Könige, der einstigen Kurfürsten, und einem Fürstenrat zusammensetzen sollte, ist die unmittelbare Fortbildung des Reichstags. Indem der Bund aber auf eine oberste kaiserliche Gewalt verzichtet und nur aus gleichberechtigten Gliedern besteht, die sich dem im Bundestag verkörperten Gesamtwillen unterordnen, macht er endlich dem Widerspruch ein Ende, an dem das alte Reich seit dem Aufkommen der Territorien gekrankt hatte, dem Gegensatz zwischen Form und Inhalt, zwischen der jeder wirksamen staatlichen Macht entkleideten Monarchie des Kaisers und den alle staatlichen Hoheitsrechte besitzenden Einzelstaaten. Auf dem Bündnis der Staaten beruhte von nun an über ein Jahrhundert lang die Verfassungsgeschichte Gesamtdeutschlands.

## § 38. Die Bundesakte

Ausgabe von K. Binding, Deutsche Staatsgrundgesetze, Heft 3; ferner in den oben S. 106 genannten Sammlungen. Zur Vorgeschichte vgl. J. L. Klüber, Akten des Wiener Kongresses (8 Bde., 1815/19) und W. A. Schmidt, G. der deutschen Verfassungsfrage während der Befreiungskriege und des Wiener Kongresses 1812—1815, aus dem Nachlaß hrsg. von A. Stern (1890).

Vgl. ferner: J. L. Klüber, Öffentliches Recht des Teutschen Bundes (1817, 4. Aufl. 1840) und G. Meyer, Lehrbuch des deutschen Staatsrechts (7. Aufl.), S. 113ff.

Als es sich nach den Befreiungskriegen darum handelte, wieder eine gesamtdeutsche Verfassung zu schaffen, wurde freilich nicht an den Rheinbund angeknüpft; vielmehr erfolgte die Neubildung des Bundes in bewußtem Gegensatz gegen ihn. Aber die Form des Bundes wurde beibehalten. Wohl begeisterten sich gerade seit der Zerstörung des alten Reiches die Romantiker für die alte Kaiserherrlichkeit; auch für die Nation verkörperte sich der Einheitsdrang in Kaiser und Reich. Aber für die praktische Politik kamen diese Stimmen nicht in Betracht; sie hatte das alte Reich und sein machtloses Kaisertum schon aufgegeben. Die Reichsverfassung galt seit dem Luneviller Frieden als tot.[1]) Auch Stein gab zu, daß ihre Herstellung weder möglich noch wünschenswert sei. Waren doch die letzten Stützen des Kaisertums, die geistlichen Staaten, die Grafen und Herrn, die Reichsritter und Reichsstädte, in den Stürmen der Revolutionszeit untergegangen, ihre Wiederbelebung war mit verschwindenden Ausnahmen ausgeschlossen. Seit 1803 und zumal seit den großen Mediatisierungen von 1806 war Deutschland fast ganz aus erblichen weltlichen Fürstentümern zusammengesetzt, und diese Staaten waren, wie sich im Jahre 1813 gezeigt hatte, innerlich fest gefügt, so kurze Zeit auch die meisten von ihnen erst bestanden. Ob es nicht doch noch möglich gewesen wäre, durch eine starke nationale Bewegung diese Staaten und

1) Nach einer schwedischen Denkschrift vom Dezember 1812 bei W. A. Schmidt, S. 41; ähnlich lehnt der Bartensteiner Vertrag vom 26. April 1807, Art. 5, die Herstellung der Reichsverfassung ab. Vgl. ferner Steins Denkschrift vom 18. September 1812 bei Schmidt, S. 5ff.

ihre Dynastien zu vernichten, kann dahingestellt bleiben, denn diese Bewegung durfte von den Führern der Erhebung von 1813 nicht entfacht werden, weil sie die Staaten gar nicht entbehren konnten. Daß Napoleon 1813 nicht ohne die Mitwirkung Österreichs, dieser durch ihre Zusammensetzung aller nationalen Selbstbestimmung naturgemäß feindlich gegenüberstehenden Macht, hat besiegt werden können, ist für die Verfassungsentwicklung Deutschlands während der nächsten Jahrzehnte von beherrschendem Einfluß gewesen.

Der Gedanke eines politischen Zusammenschlusses der deutschen Staatenwelt blieb trotzdem erhalten. Dafür sprach nicht bloß die Erinnerung an die gemeinsame Vergangenheit, sondern ebenso stark nüchterne Erwägungen der praktischen Politik. Es galt die Wiederkehr der Vorgänge der Jahre 1792—1806, der Zeiten der Neutralität und der Sonderfrieden, ja, der Verbindung mit dem erklärten Feinde des Reiches zu verhindern. So nahm schon der Bartensteiner Vertrag vom 26. April 1807 in Aussicht, die deutschen Staaten durch ein föderatives Band zu vereinigen, der Kalischer Aufruf vom 25. März 1813, mit dem Rußland und Preußen den Kampf um die Unabhängigkeit Deutschlands aufnahmen, verhieß mit unklaren Worten sogar die „Wiedergeburt eines ehrwürdigen Reiches“ Auch Österreich ließ sich leicht überzeugen, daß Bündnisse mit den einzelnen Staaten nicht genügten, daß vielmehr eine feste Verfassung für Deutschland unerläßlich sei. Und so setzte denn der erste Pariser Friede fest, daß die deutschen Staaten zwar unabhängig, aber doch durch ein föderatives Band verbunden sein sollten.

Diese Verbindung im einzelnen auszugestalten, blieb dem Wiener Kongreß oder richtiger den auf dem Wiener Kongreß vertretenen deutschen Mächten überlassen. Das Ausland war, in erfreulichem Gegensatz gegen die großen, Deutschland berührenden Friedensschlüsse der letzten Jahrhunderte, fast gar nicht beteiligt; auch die Garantie, welche die Großmächte schließlich für die Bundesakte übernahmen, führte nicht mehr zu einer Einmischung des Auslands in die deutschen Verhältnisse. Trotzdem zogen sich die Verhandlungen — auch wenn man die Hemmungen durch die Regelung der territorialen Fragen dabei berücksichtigt — lange hin und waren mehr als einmal dem Scheitern nahe. Denn die objektiven Schwierigkeiten des Verfassungswerks waren überaus groß. Sie bestanden nicht etwa in dem Vorhandensein von kräftigen Mittelstaaten, so laut sich auch Bayern und Württemberg bis zum Schluß gebärdeten und so energisch sie auch ihre Souveränität bis in die letzten Konsequenzen verteidigten, so viel Rücksicht auch Hannover beanspruchen durfte; noch weniger kamen die Kleinstaaten und die Mediatisierten trotz einfluß- oder wortreichen Helfern wie Stein und Hans v. Gagern ernstlich in Betracht. Der Kernpunkt aller Schwierigkeiten war vielmehr das Bestehen zweier Großmächte in Deutschland, der Dualismus zwischen Österreich und Preußen, den Friedrich der Große begründet hatte. Dieser bildete vor allem deswegen die Klippe der Verhandlungen, weil er gar keine Verfassungsfrage, sondern eine Machtfrage war, sich deshalb selbst durch die künstlichsten Vorschläge, an denen namentlich Stein reich war, nicht beseitigen, sondern nur durch Blut und Eisen lösen ließ. Das konnte jene Zeit noch nicht einsehen, sie stand noch zu unmittelbar unter dem Eindruck der letzten Jahrzehnte, in denen Österreich und Preußen vereinzelt geschlagen worden waren, aber vereint gesiegt hatten. Die Zeit mußte erst reifer werden, erst verstehen lernen, daß die deutsche Einigung nur durch Opfer, durch den Verzicht auf die deutschösterreichischen Lande zu erkaufen sei. Aber selbst wenn diese Einsicht schon verbreitet gewesen wäre, so wäre Preußen doch kaum imstande gewesen, schon damals Österreich zum Verzicht zu zwingen.

Ein Bund aber, dem zwei Großmächte angehören sollten, konnte nur locker organisiert werden, damit er jeder von ihnen die für eine Großmacht unentbehrliche

Selbständigkeit der inneren Entwicklung und auswärtigen Politik lassen konnte und es auch einer jeden unmöglich machte, die andere mit Hilfe der übrigen Bundesgenossen in wesentlichen Dingen zu überstimmen und sich dienstbar zu machen. Und wenn auch nicht geleugnet werden soll, daß Preußen durch eine geschicktere und energischere Diplomatie in einzelnen Punkten vielleicht mehr hätte durchsetzen können, so darf doch gesagt werden: die Wiener Verhandlungen nahmen den Verlauf, der durch die Verhältnisse vorgezeichnet war. Von dem ersten preußischen Entwurf, der einen starken Bund hatte schaffen wollen, bröckelte immer mehr ab, selbst die „Minimalpunkte", die Preußen im Januar 1815 aufstellte, einheitliche Kriegsverfassung, Bundesgericht, Garantie der einzelstaatlichen Verfassungen, konnten nicht durchgesetzt werden, zuletzt mußte sich Deutschland mit „Grundzügen" einer Bundesverfassung begnügen, die am 8. Juni 1815 als „Bundesakte" festgestellt wurden.

Danach schlossen „die souveränen Fürsten und freien Städte Deutschlands", unter denen sich auch europäische Mächte, nämlich außer Österreich und Preußen, die nur mit ihrem alten Reichsgebiet zum Bunde gehörten, auch Dänemark mit Holstein und die Niederlande mit Luxemburg, ferner bis zur Auflösung der Personalunion im Jahre 1837 auch England mit Hannover befanden, einen beständigen Bund, den „Deutschen Bund". Als dessen Zweck bezeichnete der zweite Artikel die „Erhaltung der äußeren und inneren Sicherheit Deutschlands und der Unabhängigkeit und Unverletzbarkeit der einzelnen deutschen Staaten"; der elfte Artikel erläuterte das noch durch die Festsetzung, daß die Bundesstaaten einander gegen jeden Angriff beistehen und sich ihren Besitzstand gegenseitig garantieren sollten. Als Organ des Bundes wurde eine beständige Bundesversammlung, der Bundestag, zu Frankfurt begründet. Sie gliederte sich in zwei Räte, das Plenum und den engeren Rat, die aber mit der alten Kurieneinteilung des Reichstages oder des Rheinbundes nichts zu tun haben. Vielmehr hatte jeder Bundesstaat in jeder Versammlung Stimmrecht, und zwar im Plenum jeder der 39 Staaten mindestens eine Stimme, die größten, Österreich und die Königreiche, je vier. Im engeren Rat hatten die elf größten Staaten je eine Stimme, alle übrigen in besonders festgelegten Kurien zusammen sechs. Den Vorsitz führte Österreich. Das Plenum, in dem mit Zweidrittelmehrheit abgestimmt wurde, sollte nur zu besonders wichtigen Beschlüssen wie über Abfassung oder Abänderung von Grundgesetzen des Bundes, über organische Bundeseinrichtungen oder über gemeinnützige Anordnungen zusammentreten und ist gemäß der geringen Entwicklung der Bundesverfassung und der organischen und gemeinnützigen Einrichtungen nur sehr selten zur Wirksamkeit gekommen (im ganzen sechzehnmal; von 1822—1833, 1835—1847 und von 1851—1866 hat es überhaupt nicht getagt). Alle anderen Angelegenheiten konnte der engere Rat, und zwar mit einfacher Mehrheit, bei Stimmengleichheit mit Entscheidung der Präsidialstimme erledigen. Von der Entscheidung durch die Mehrheit nahm der siebente Artikel jede Änderung der Grundgesetze, die Bestimmungen über organische Einrichtungen und iura singulorum und in Erinnerung an die itio in partes des alten Reiches die Religionsangelegenheiten aus. In die Souveränitätsrechte der Einzelstaaten einzugreifen, vermied die Bundesakte soweit wie möglich. Sie ließ jedem die volle Gerichtshoheit und stellte nur in Aussicht, daß sich die ganz kleinen Staaten wegen der Bildung von obersten Gerichten untereinander vereinigen würden. Ebenso beschränkte sie sich gegenüber der Verfassungsentwicklung der Einzelstaaten auf die bekannte Verheißung des Artikels 13: in allen Bundesstaaten wird eine landständische Verfassung stattfinden. Auch die den Bewohnern der Staaten zu gewährenden Rechte (Art. 16 u. 18), die Gleichberechtigung der christlichen Konfessionen, das Recht zum Erwerb von Grundeigentum, zum Wegziehen in einen anderen Bundesstaat, der sie erweislich annehmen wollte, zum Zivil- und Militärdienst in allen Staaten, die Aufhebung der Nachsteuerpflicht wurden nicht eigentlich als Vorschriften der Bundesakte, sondern als freie Vereinbarungen der Bundesstaaten ausgesprochen.

Verglichen mit den großen Hoffnungen, mit denen die deutsche Nation den Beratungen des Wiener Kongresses über ihre Verfassung entgegengesehen hatte, war die Bundesakte gewiß ein dürftiges Ergebnis, und der Spott über diese „Zangen- und Notgeburt" ist durchaus begreiflich. Aber dieser Vergleichungsmaßstab ist falsch. Gemessen an der Verfassung des alten Reiches bedeutet die Bundesakte entschieden einen Schritt zur Besserung. Nicht bloß war die Grenzlinie des Bundes gegenüber dem Ausland klar und deutlich gezogen, sondern der Bund trat überhaupt nach außen hin viel fester geschlossen auf als das Reich. Alle Bundesglieder waren verpflichtet, einander gegen jeden Angriff beizustehen, und die Wiener Schlußakte vom 15. Mai 1820 setzte im 41. Artikel noch ausdrücklich fest, daß zur Erklärung eines Bundeskrieges die Zweidrittelmehrheit des Plenums genüge; Neutralität und Sonderfrieden einzelner Stände waren nicht mehr möglich. Auch gelang es verhältnismäßig rasch, diese Bestimmungen durch eine Bundeskriegsverfassung zu ergänzen. Die Bundesbeschlüsse vom 9. und 12. April 1821 und vom 11. Juli 1822 setzten die Höhe des Bundesheers auf zehn Armeekorps mit rund 300000 Mann fest, von denen Österreich und Preußen annähernd zwei Drittel, nämlich 95000 und 80000 Mann in je drei Armeekorps gegliedert, die übrigen Bundesstaaten den Rest stellten; als Bundesfestungen wurden Mainz, Luxemburg und Landau, zu denen 1841 noch Rastatt und Ulm kamen, anerkannt. Diese Kriegsverfassung war freilich mangelhaft; die Trennung der österreichischen und preußischen Bundeskorps aus ihren Verbänden, deren Hilfe im Kriegsfall doch nicht zu entbehren war, die alle Entschlüsse lähmende Organisation des Oberbefehls im Kriege, das allzu lockere Gefüge der aus Kontingenten mehrerer Bundesstaaten zusammengesetzten gemischten Korps, das bereits 1831 zum Ausscheiden der kleinstaatlichen Truppen aus dem neunten Korps und zu ihrer Zusammenlegung zu einer Reservedivision führte, die allzu große und zunächst durch keine Kontrolle beschränkte Freiheit der Einzelstaaten in der Ausbildung und Ausrüstung ihrer Truppen, das alles mußte sich im Kriege rächen. Aber es war doch wenigstens der Anteil jedes Bundesgliedes an der gemeinsamen Verteidigung durch eine Matrikel recht im Gegensatz zum alten Reich unanfechtbar festgestellt. Und wenn die Bundesakte auch nur von den Staaten abgeschlossen war und der Nation keinerlei Gesamtvertretung zubilligte, so sicherte sie doch wenigstens dem Deutschen zum Unterschiede von den Fremden einige Rechte in ganz Deutschland zu, die man immerhin als ein „allgemeines teutsches Bürgerrecht" bezeichnen durfte, und der Bundestag behielt sich das Recht, „der bedrängten Untertanen sich anzunehmen" ausdrücklich vor.[1]) Das war zwar von vornherein kein Ersatz für die aufgehobene Gerichtsbarkeit, die das Reich im Kammergericht und Reichshofrat zugunsten der Untertanen ausgeübt hatte, und wurde es auch im Laufe der Zeit nicht. Aber deren praktische Bedeutung war, wenn man von den Miniaturstaaten und den besonderen Verhältnissen Württembergs und Mecklenburgs absieht, sehr gering gewesen. Endlich war der deutsche Bund trotz der in der Wiener Schlußakte noch eimnal betonten Souveränität der Einzelstaaten mehr als ein bloß völkerrechtliches, kündbares Verhältnis, er war eine Gesamtheit, eine dauernde Lebensgemeinschaft, den Einzelstaaten übergeordnet, er besaß das Recht, die von der Mehrheit gefaßten Beschlüsse auch mit Zwang auszuführen.

## § 39. Der deutsche Bund von 1815 bis 1848

Quellen: L. K. Ägidi, Die Schlußakte der Wiener Ministerialkonferenzen (2 Bde., 1860/69). J. L. Klüber und C. Welcker, Wichtige Urkunden für den Rechtszustand der deutschen Nation mit eigenhändig. Anmerkungen (1844). Qu. u. Darst. z. G. der Burschenschaft und der deutschen Einheitsbewegung, hrsg. von H. Haupt (seit 1910). F. v. Weech, Correspondenzen und Aktenstücke z. G. der Ministerkonferenzen von Carlsbad und Wien 1819, 1820 und 1834 (1865).

Literatur: L. K. Ägidi, Aus dem Jahre 1819 (1861). K. Hagen, Über die öffentliche Meinung in Deutschland von den Freiheitskriegen bis zu den Karlsbader Beschlüssen (HTb., 1846 und 1847). L. F. Ilse, G. der politischen Untersuchungen, welche durch die neben der Bundesversammlung errichteten Kommissionen geführt worden sind (1860).

Wenn auch betont werden muß, daß die Verfassung des deutschen Bundes gegenüber der Vergangenheit, dem alten Reiche, Vorzüge aufweist, so läßt sich doch andererseits nicht verkennen, daß er den Aufgaben der neuen Zeit nicht gewachsen war. Er war nicht entwicklungsfähig, formell weil die Ausgestaltung der „Grundzüge" der Bundesverfassung an die Einstimmigkeit aller Staaten gebunden war, materiell wegen des Dualismus der Großmächte im Bunde. Deshalb konnte der Bund auch auf dem ihm zugewiesenen Gebiet der Sorge für Handel und Verkehr nichts leisten; was hier ge-

1) Vom „teutschen Bürgerrecht" sprach der Präsidialgesandte v. Buol bei der Eröffnung des Bundestags am 5. November 1816, vom „allgemeinen teutschen Bürgerrecht" Gagern am 27. Februar 1817 (Protokolle, Bd. 2, S. 61). Vgl. ferner den Bundesbeschluß vom 17. März 1817 in den Protokollen, Bd. 2, S. 130.

schah, die Ordnung der Schiffahrt auf den großen deutschen Strömen, die Zolleinigung eines großen Teiles von Deutschland im Zollverein, das erfolgte ohne oder gar gegen den Bund durch besondere Vereinbarungen der beteiligten Staaten. Dieses Versagen gegenüber den allgemeinen Interessen Gesamtdeutschlands wurde dem Bunde nun zum Verhängnis. Denn dadurch entfremdete er sich die Sympathien der geistig führenden Schichten der Nation und wurde statt eines Trägers der Einheitsidee nun ihr schärfster Gegner.

Die öffentliche Meinung Deutschlands, bestimmt nicht allein durch romantische Versenkung in die mittelalterliche Kaiserherrlichkeit, sondern ebenso stark durch die moderne Idee der Volkssouveränität, des Rechtes der Nationen, ihre Geschicke selbst zu bestimmen, fühlte sich durch die Unfähigkeit des Bundestags um so stärker enttäuscht, als schon die Bundesakte hinter den hochgespannten Erwartungen zurückgeblieben war, da der die Befreiungskriege einleitende preußisch-russische Aufruf vom 25. März 1813 aus Kalisch die Wiederaufrichtung Deutschlands in einer „den Fürsten und Völkern Deutschlands" anheimzustellenden Gestaltung verheißen hatte. Ihren lautesten Ausdruck fand die Enttäuschung bei der studentischen Jugend, die sich in der deutschen Burschenschaft eine die Grenzen der Einzelstaaten überschreitende Organisation zur Pflege des nationalen Einheitsgedankens gab. Als in ihren Kreisen radikale Tendenzen aufkamen, die sogar das Recht zum politischen Mord vertraten, und als infolgedessen im Frühjahr 1819 rasch hintereinander zwei Attentate (gegen Kotzebue und Ibell) stattfanden, glaubte Metternich, der Leiter der österreichischen Politik, gegen die ganze nationale Bewegung vorgehen zu sollen.

Daß Österreich die Führung beim Kampf gegen die Einheitsidee übernahm, ist verständlich; für dieses national gemischte Staatswesen bedeutete die nationale Bewegung eine Gefährdung der Stellung in Deutschland, sogar eine Gefährdung des staatlichen Bestandes. Aber auch die meisten andern deutschen Regierungen waren von der Notwendigkeit energischer Maßregeln überzeugt. Da der Bundestag nicht als zuverlässig genug erschien und seiner ganzen Verfassung nach auch nicht recht geeignet war zu raschen Beschlüssen, so berief Metternich zuerst Vertreter der größeren Staaten nach Karlsbad. Das Ergebnis ihrer im August 1819 abgehaltenen Konferenzen wurde dem Bundestag vorgelegt und von diesem mit geschäftsordnungswidriger Eile am 20. September angenommen. Es zeigte sich dabei, daß gegenüber dem geeinigten Willen der beiden Großmächte des Bundes für die mittleren und kleineren Staaten trotz allen Klauseln der Verfassung und Geschäftsordnung ein Widerstand nicht möglich war; nur in einer geheimen Registrande konnten sie ihre abweichende Meinung niederlegen.

Die Karlsbader Beschlüsse verpflichten zunächst die Einzelstaaten zu scharfer Überwachung der Universitäten, und zwar nicht nur der Studierenden, deren geheime Verbindungen samt der Burschenschaft verboten werden, sondern auch der Universitätslehrer und ihrer Lehrtätigkeit. Sie bestimmen ferner in Widerspruch gegen den die Preßfreiheit in Aussicht stellenden Artikel 18 der Bundesakte und in beabsichtigtem Gegensatz gegen einige schon bestehende Landesgesetze über die Preßfreiheit, daß vorläufig auf fünf Jahre in allen Staaten eine präventive Zensur für alle Schriften im Umfang von weniger als zwanzig Bogen eingerichtet werden müsse. Sie setzen weiter eine Zentraluntersuchungskommission in Mainz nieder, die mit der Untersuchung der vermeintlich vorhandenen revolutionären Verschwörung in allen Bundesstaaten beauftragt wird. Um die Durchführung der Beschlüsse zu sichern, wird endlich auch das Exekutionsverfahren gegen säumige Bundesstaaten vorläufig geregelt.

Um weitere Maßregeln zur Unterdrückung aller gefährlichen Umtriebe zu beschließen, traten während des Winters von 1819 auf 1820 Vertreter aller im engeren Rat des Bundestags stimmführenden Bundesstaaten in Wien zu Konferenzen zusammen. Deren Ergebnis liegt in der Wiener Schlußakte vom 15. Mai 1820[1]) vor. Diese

1) Ausgabe von K. BINDING, Deutsche Staatsgrundgesetze, Heft 3; ferner in den oben S. 106 genannten Quellensammlungen.

bringt in vielen Bestimmungen eine Verstärkung der Bundesgewalt gegenüber den Einzelstaaten und ist wohl aus diesem Grunde in den süddeutschen Staaten gar nicht oder nur mit Vorbehalt veröffentlicht worden; sie spricht die Unauflöslichkeit des Bundes ausdrücklich aus; sie enthält Anordnungen zur Ausübung des dem Bunde zustehenden Rechtes, Streitigkeiten zwischen den Bundesstaaten zu entscheiden und Unruhen innerhalb der Staaten zu unterdrücken; sie gibt in den Artikeln 31—34 die Grundzüge einer dauernden Exekutionsordnung, die die Durchführung der Bundesbeschlüsse gegen widersetzliche Mitglieder sichern sollte[1]); ferner unterstellt sie das konstitutionelle Leben der Einzelstaaten der Kompetenz des Bundes, indem sie in den Artikeln 53—61 dem Bundestag die Aufsicht über die Ausführung des Artikels 13 der Bundesakte überträgt und festsetzt, daß die Staatsgewalt in den Bundesstaaten durch eine Verfassung nicht etwa zwischen Fürst und Volksvertretung geteilt werden dürfe, vielmehr der Fürst stets der alleinige Träger der Souveränität bleiben und in der Erfüllung seiner Pflichten gegenüber dem Bunde ungehindert sein müsse. Mit dieser Vermehrung der Rechte des Bundes steht es nicht ganz im Einklang, daß gleichzeitig die Souveränität der Einzelstaaten und die unbedingte Abhängigkeit der Bundestagsgesandten von ihren Regierungen ausgesprochen wird. Darin prägt sich der innere Widerspruch der Metternichschen Bundespolitik aus: sie wollte keine feste politische Organisation der deutschen Staaten, keine Zentralgewalt über ihnen, und versuchte trotzdem, die Staaten und ihre innere Entwicklung zu beherrschen.

Dieses letzte Ziel erreichte sie nicht. Es gelang nicht, das konstitutionelle Leben der süddeutschen Staaten zu erdrücken; und der Gegensatz, in dem diese dadurch zu den übrigen deutschen Staaten, zumal den beiden Großmächten standen, führte nicht nur bei der Bevölkerung, sondern auch bei den Regierungen zu einem starken Anwachsen des Partikularismus, der seinen lautesten Ausdruck in dem Manuscript aus Süddeutschland[2]) gefunden hat. Dieses, von F. L. LINDNER auf Veranlassung des Königs von Württemberg verfaßt, ging von einer angeblichen, ganz geheim vorgenommenen „polnischen Teilung" Deutschlands, die Deutschland mehr als zwei Drittel seines Gebietes entzogen habe, aus, nämlich von der Tatsache, daß große Teile Deutschlands mit ausländischen Mächten verbunden waren. Diesen stellt es die „unvermischten deutschen Staaten" entgegen und sucht nachzuweisen, daß die natürlichen Unterschiede zwischen Nord- und Süddeutschland für das kommende Jahrhundert wenigstens eine Einheit ausschlössen, daß aber auch die Bundesverfassung dem Süden, der nicht wie das offene Norddeutschland große Heere zur Verteidigung brauche, sondern bei seinem Reichtum an natürlichen Stützpunkten sich mit Landwehren begnügen könne, unverhältnismäßige Opfer auferlege; deshalb fordere das wahre Interesse des „reinen Deutschland", daß es sich zu einem engeren Bunde zusammenschließe; dessen Führung müsse den alten Hauptstämmen, den Bayern und den Schwaben, den Königreichen Bayern und Württemberg, die „durch ihre Allianz mit der öffentlichen Meinung", durch ihre konstitutionellen Verfassungen Achtung forderten, zufallen. Der alte Gedanke der „dritten Partei", der Trias, der Verbindung der deutschen Mittel- und Kleinstaaten im Gegensatz zu den in europäische Interessen verflochtenen Großmächten feierte hier in neuer Form seine Auferstehung.

Dagegen ist Metternich die Unterdrückung der nationalen Einheitsbewegung zunächst wenigstens durchaus gelungen. Der Bundestag, von allen liberaler Neigungen verdächtigen Gesandten gereinigt, und die Regierungen machten von den ihnen verliehenen Rechten eifrig Gebrauch, die Karlsbader Beschlüsse wurden 1824 bei Ablauf ihrer

1) Auf Grund dieser Artikel hat der Bundestag dann die endgültige Exekutionsordnung vom 3. August 1820 (gedruckt bei G. v. MEYER, Corpus iuris confoed. German., Bd. 2³, S. 113) erlassen.
2) Manuscript aus Süddeutschland, hrsg. von G. ERICHSON, London 1820.

Gültigkeit erneuert. Allerdings ergab die Untersuchung der Zentraluntersuchungskommission über die Verschwörung so gut wie nichts, denn die Ermattung nach den vielen Kriegen war doch zu groß gewesen, als daß revolutionäre Bewegungen sich hätten ausbreiten können; die Kommission löste sich daher 1829 auf. Auch der Bundestag fand lange Zeit nichts Rechtes zu tun, seine Protokolle wurden immer inhaltloser, so daß ihre Veröffentlichung 1828 eingestellt wurde. Erst nach der Julirevolution wurde die politische Erregung in Deutschland, zumal in Südwestdeutschland, wieder größer, und die verschiedenen geräuschvollen Ausbrüche, wie das Hambacher Fest von 1832 und der Frankfurter Wachensturm von 1833, gaben dem Bundestag und den Einzelstaaten Anlaß, die alten Waffen, Zensur, Verfolgung der Studenten durch eine Untersuchungskommission und Beschränkung des konstitutionellen Lebens in den Einzelstaaten, von neuem zu schärfen.[1]) Aber mit dieser ganzen, lediglich repressiven Tätigkeit erreichte der Bundestag nichts anderes, als daß zwischen ihm, dem gesetzlichen Organ Deutschlands, und der deutschen Nation die Entfremdung wuchs. Sie wurde vertieft durch den Widerspruch zwischen der konstitutionellen Freiheit, die mit den dreißiger Jahren fast in allen Mittel- und Kleinstaaten bestand, und dem Absolutismus des Bundes, vor allem aber durch das Versagen des Bundes in allen großen Fragen des nationalen und staatlichen Lebens, bei der Ausführung der für das moderne Wirtschaftsleben unentbehrlichen Einheit des Handels- und Zollwesens, beim hannoverschen Verfassungsbruch von 1837, in der luxemburgischen und endlich in der schleswig-holsteinischen Frage. Da iede Möglichkeit fehlte, auf gesetzlichem Wege eine Änderung der Bundesverfassung zu erreichen, da der Bundestag es durch Beschluß vom 27. Oktober 1831 überhaupt für unstatthaft erklärte, daß sich Deutsche in öffentlichen Angelegenheiten des Bundes an ihn wendeten, so wurde die nationale Bewegung, wie Rotteck schon 1832 bemerkte, notwendig auf den Weg des gewaltsamen Umsturzes der Bundesverfassung gedrängt. Es waren nicht bloß wie in den Jahren 1817—1819 wenige jugendliche Köpfe, die mit revolutionären Gedanken spielten, auch das ruhige seßhafte und gebildete Bürgertum machte sich mit diesem Gedanken langsam vertraut.

Selbst die Regierungen konnten sich auf die Dauer der Einsicht in die Notwendigkeit einer Reform des Bundes nicht verschließen. Auf den Rat von Radowitz regte König Friedrich Wilhelm IV. von Preußen, der schon unter dem Eindruck der Kriegsgefahr des Jahres 1840 für eine Reform der Kriegsverfassung des Bundes eingetreten war und einige Verbesserungen, namentlich die Einrichtung regelmäßiger Inspektionen, durchgesetzt hatte, im Spätherbst 1847 bei Österreich an, die auffallendsten Gebrechen der Bundesverfassung, die ungenügende Wehrkraft, den mangelnden Rechtsschutz und die mangelnde Rechtseinheit und die unzulängliche Sorge für die materielle Wohlfahrt der Nation durch freie Vereinbarungen der Regierungen zu beheben. Aber der Versuch scheiterte; er setzte eine Interessengemeinschaft zwischen Österreich und Preußen voraus, die tatsächlich nicht vorhanden war, und er griff, wie F. Meinecke[2]) bemerkt, nur die Symptome, nicht die Wurzel des Übels, die Souveränität der Staaten an. Als Friedrich Wilhelm im Februar 1848 seinen Plan wieder aufnahm, war es für eine Reform durch die Regierungen oder auch nur mit ihnen zu spät. Unter dem Eindruck der Februarrevolution zu Paris und der raschen und leichten Siege über die Einzelstaaten, zumal des Zusammenbruchs des Absolutismus in Österreich und Preußen fühlte sich die deutsche Nation souverän und wagte es, die Reform ihrer Verfassung ohne, ja, gegen die Regierungen ins Werk zu setzen.

---

1) Vgl. die Bundesbeschlüsse vom 28. Juni 1832 und das Schlußprotokoll der Wiener Konferenzen vom 12. Juni 1834 bei Altmann, Ausgew. Urk. z. deutschen Vfg., Bd. 1, S. 176ff.

2) F. Meinecke, Radowitz und die deutsche Revolution (1913), S. 52.

## § 40. Der erste Versuch der Reichsgründung 1848 bis 1850

Quellen: Reichsgesetzblatt (1848/9). P. Roth und M. Merck, Quellensammlung zum deutschen öffentlichen Recht seit 1848 (bis 26. Mai 1849, 2 Bde., 1850/52). P. Wentzcke, Kritische Bibliographie der Flugschriften zur deutschen Verfassungsfrage 1848—1851 (1911).

Zur Geschichte des Parlaments: Stenographischer Bericht über die Verhandlungen der deutschen konstituierenden Nationalversammlung zu Frankfurt a. M., hrsg. von F. Wigard (9 Bde., 1848/9). Die Verhandlungen des Verfassungsausschusses der Deutschen Nationalversammlung, hrsg. von J. G. Droysen, I. Teil (1849); 2. Teil in den Aktenstücken und Aufzeichnungen zur Gesch. der Frankfurter Nationalversammlung aus dem Nachlaß von J. G. Droysen, hrsg. von R. Hübner (1924). F. Salomon, Die deutschen Parteiprogramme, Bd. 1³.

Ausgabe der Verfassung vom 28. März 1849 bei K. Binding, Deutsche Staatsgrundgesetze, Heft 2 (1905). Eine Zusammenstellung der Verfassung und der verschiedenen vorhergegangenen Entwürfe versucht L. Bergsträsser, Die Verfassung des deutschen Reichs vom Jahre 1849 mit Vorentwürfen, Gegenvorschlägen und Modifikationen bis zum Erfurter Parlament (1913).

Literatur. Allgemein: K. Binding, Der Versuch der Reichsgründung durch die Paulskirche 1848/1849 (1892, wieder abgedr. in der Sammlung „Zum Leben und Werden der Staaten", 1920). R. Haufe, Der Deutsche Nationalstaat in den Flugschriften von 1848/9 (1915). P. Wentzcke, Thüringische Einigungsbestrebungen im Jahr 1848 (1917; vgl. auch HZ., Bd. 118, 1917).

Zur Geschichte des Parlaments: A. Frahm, Paulskirche und Volkssouveränität (HZ., Bd. 130, 1924). A. v. Harnack, F. D. Bassermann und die deutsche Revolution von 1848/9 (1920); Die Paulskirche im Wandel der Geschichtsauffassung (Z. Pol., Bd. 12, 1922). R. Lempp, Die Frage der Trennung von Kirche und Staat im Frankfurter Parlament (1913). A. Rapp, Das österreichische Problem in den Plänen der Kaiserpartei von 1848 (1918). W. Schüssler, Die nationale Politik der österreichischen Abgeordneten im Frankfurter Parlament (1913). V. Vallentin, Die erste deutsche Nationalversammlung (1919). P. Wentzcke, Z. G. Heinrich v. Gagerns (Qu. u. Darst. z. G. der Burschenschaft, Bd. 1, 1910).

Zur Verfassung: L. Bergsträsser, Der erste Entwurf des Verfassungsausschusses des Frankfurter Parlaments über die Abschnitte Reichsoberhaupt und Reichsrat (HVSchr., Bd. 16, 1913); Die parteipolitische Lage beim Zusammentritt des Vorparlaments (Z. f. Politik, Bd. 6, 1913); Die Parteien von 1848 (Pr. Jbb., Bd. 177, 1919). R. Hübner, Der Verfassungsentwurf der 17 Vertrauensmänner (Festschrift für E. Rosenthal, 1923).

Als äußeres Zeichen der Souveränität, die die deutsche Nation im Frühjahr 1848 errungen zu haben glaubte, wurde allenthalben ein deutsches Parlament zur Ordnung der Verfassung gefordert. Daß neben den Staaten auch die Nation eine Vertretung am Bundestag haben solle, hatte E. M. Arndt schon im Jahre 1814 gefordert, und der Gedanke war seither immer wieder in der Publizistik, gelegentlich auch in Kammerdebatten geäußert worden. In den Märzrevolutionen der Einzelstaaten bildete der Ruf nach einem deutschen Parlament eine stehende Forderung. Eine Reihe von vorwiegend südwestdeutschen Politikern, die am 5. März zu Heidelberg versammelt waren, übernahm es, die Forderung durchzuführen, und beschloß, ein Vorparlament einzuberufen. Dieses Vorparlament, das vom 31. März bis zum 3. April zu Frankfurt tagte, bestand aus rund 500 Abgeordneten der Einzellandtage und andern Politikern, hatte also keine andere Befugnis als ein liberaler Parteitag oder einer der Gelehrtentage, auf denen sich in den vierziger Jahren die wissenschaftlichen und politischen Führer des deutschen Bürgertums zusammengefunden hatten. Aber so stand es damals in Deutschland, daß diese Versammlung ein Parlament nach Frankfurt berufen, die Grundsätze für die in den Einzelheiten den Staaten überlassene Durchführung der Abgeordnetenwahlen (Wahlberechtigung der Volljährigen, Wahl eines Abgeordneten auf je 50 000 Seelen) feststellen und die Ausarbeitung der neuen deutschen Verfassung „einzig und allein" dieser Nationalversammlung übertragen konnte.

Denn es war vergeblich, wenn der Bundestag, sein altes System rasch ändernd und alle Ausnahmegesetze preisgebend, seit dem 1. März versuchte, an die Spitze der nationalen Bewegung zu treten, Vertrauensmänner berief, um mit ihnen über eine Revision der Bundesverfassung zu beraten, und am 30. März die Regierungen aufforderte, Wahlen für ein deutsches Parlament anzuordnen. Indem er am 7. April seinen Beschluß, daß auf je 70 000 Bewohner ein Abgeordneter zu wählen sei, fallen ließ und sich der Bestimmung des Vorparlaments fügte, bewies er schlagend, daß er die Dinge nicht mehr selbst leitete, sondern sich von ihnen, von den liberalen Politikern, die hinter den Märzereignissen standen, treiben ließ. Er vermochte sich darum auch neben dem Parlament nicht mehr zur Geltung zu bringen und gab sich selbst auf, als er am 12. Juli seine Befugnisse dem vom Parlament gewählten Reichsverweser übertrug.

Da auch die Einzelstaaten ohne Ausnahme den Beschluß des Vorparlaments anerkannten, kamen die Wahlen zum Parlament fast überall zustande, und so durfte sich die am 18. Mai zu Frankfurt eröffnete „deutsche verfassunggebende Nationalversammlung" (so lautete die amtliche Bezeichnung) wohl, wie ihr erster Präsident Heinrich v. Gagern rühmend hervorhob, als die berufene und bevollmächtigte Vertretung des souveränen deutschen Volkes fühlen. Daß das Parlament in seiner persönlichen Zusammensetzung aus den führenden Gelehrten und Schriftstellern eine glänzende Repräsentation des damaligen Deutschland der Dichter und Denker war, ist oft hervorgehoben worden. Daß trotz dem radikalen Wahlrecht das besitzende und gebildete Bürgertum bei weitem das Übergewicht hatte, gestattet einen Rückschluß auf das Wesen der deutschen Revolution des Jahres 1848. Sie war eine durchaus politische Bewegung; das Bürgertum drängte gewaltsam nach dem Einfluß auf den Staat, den es durch seine Einsicht und seinen Wohlstand längst beanspruchen zu können glaubte. Sozialistische Regungen spielten nirgends eine erhebliche Rolle; auch die Republikaner erwiesen sich überall, im Vorparlament, im Parlament und bei ihrer Erhebung in Baden während des Frühjahrs 1848 als eine Minderheit. Eine geschlossene Partei mit einheitlichem Programm war freilich weder das liberale Bürgertum noch seine Vertretung im Parlament. Das lag zum Teil an dem Überreichtum von Individualitäten, die sich in die Parteiorganisationen nicht einfügen wollten, zum Teil auch an dem Mangel an parlamentarischer Schulung, vor allem aber daran, daß die Parteien und Politiker ihre praktischen Erfahrungen im konstitutionellen Leben nur in den Mittel- und Kleinstaaten hatten sammeln können. Das bedeutete von Anfang an eine Gefahr für die Frankfurter Versammlung, und sie wurde vermehrt durch das Fehlen eines festen Verfassungsplanes, der den Beratungen hätte zugrunde gelegt werden können. Diese Gefahr war freilich von Anfang an erkannt worden. Schon im März hatte Gagern eine Verfassung entworfen, das Vorparlament hatte sich mit der gleichen Aufgabe beschäftigt, Dahlmann hatte im Namen der Vertrauensmänner des Bundestags einen Entwurf aufgestellt, aber alle diese Vorarbeiten waren an den großen objektiven Schwierigkeiten gescheitert, die jeder einheitlichen Verfassung Deutschlands im Wege standen, an dem Gegensatz zwischen der Idee der nationalen Einheit und dem Bestehen der Einzelstaaten, die ja nicht bloß von den Regierungen, sondern zugleich von starken partikularistischen Stimmungen der Bevölkerung getragen wurden, und an dem Gegensatz zwischen der ersehnten machtvollen Zentralgewalt und den vorhandenen beiden Großmächten mit ihrem Dualismus.

Und man wird sagen dürfen: diese objektiven Schwierigkeiten waren so groß, daß sie eine Lösung der dem Parlament gestellten Aufgabe von vornherein unmöglich machten. Daß das Parlament die Beratungen der Verfassung durch große Reden lange hinausgezögert hat, bis die hoffnungsfrohe Stimmung des „Völkerfrühlings" und die opferbereite Revolutionsfurcht der Regierungen vorbei waren, ist nicht das Entscheidende gewesen.

Die erste Frage, die das Parlament beschäftigte, war die nach dem Verhältnis zu den Einzelstaaten; sollte das Parlament allein aus eigener Machtvollkommenheit die Verfassung geben oder sollte es sie mit den Staaten, den legitimen Gewalten Deutschlands, vereinbaren? Diese Frage bildete auch das früheste Kriterium für die Scheidung der Parteien. Aber nur die Extremen rechts und links nahmen eine ganz klare und entschiedene Stellung ein; die überwiegende Mehrheit, die beiden Zentren, gedachten beides zu vereinigen, ähnlich wie auch Gagern in seiner ersten Rede dem als souverän· und konstituierend bezeichneten Parlament die Aufgabe zugewiesen hatte, eine „Mitwirkung“ am Verfassungswerk „auch den Staatenregierungen zu erwirken“. Und Gagerns die Gegensätze vertuschende Taktik behauptete sich noch bei der ersten großen Tat des Parlaments, bei der Einsetzung einer provisorischen Zentralgewalt; durch Gagerns berühmten „kühnen Griff“ wurde Erzherzog Johann von Österreich ohne vorhergehende Vereinbarung mit den Einzelstaaten und dem noch zu Recht bestehenden Bundestag zum Reichsverweser gewählt, ein Mann, populär genug, daß ihm auch die demokratische Linke zustimmen konnte, und doch zugleich ein Fürst, den sich trotz der Form der Berufung auch die Regierungen gefallen lassen konnten. Daß freilich hinter dieser vom Parlament geschaffenen Zentralgewalt keine reale Macht stand, das wurde von Anfang an deutlich. Der Reichsverweser und das ihm nach der konstitutionellen Doktrin beigeordnete verantwortliche Reichsministerium, an dessen Spitze zuerst Fürst Karl v. Leiningen, dann der Österreicher Schmerling, schließlich Gagern stand, waren noch ohnmächtiger als der Bundestag, denn sie hatten wie dieser weder Soldaten noch Beamte noch Geld, und sie entbehrten außerdem des Rückhalts bei den Einzelstaaten. Gerade die großen Staaten weigerten sich, ihre Truppen dem Reichsverweser huldigen zu lassen, und das Ausland erkannte die neue Zentralgewalt überhaupt nicht an.

Die Verfassungsberatung begann mit der Feststellung der „Grundrechte des deutschen Volkes“, die noch vor dem Abschluß des ganzen Werkes am 27. Dezember 1848 als besonderes Gesetz erlassen worden sind. Sie sollten ähnlich wie die berühmten Erklärungen der Menschenrechte in Amerika und Frankreich die unveräußerlichen Rechte des Individuums auf Freiheit und Gleichheit gegenüber jedem staatlichen Eingriff sichern. Sie bestimmen daher ein einheitliches Reichsbürgerrecht, die Aufhebung aller Standesvorrechte, die Gleichheit aller vor dem Gesetz, den Schutz gegen willkürliche Verhaftung und gegen Verletzung des Briefgeheimnisses, die Freiheit der Presse, der Meinungsäußerung, des religiösen Bekenntnisses für den einzelnen wie der Religionsübung für die Kirchen, die Vereinsfreiheit u. a. Es ist natürlich leicht, an ihnen Kritik zu üben, sowohl im einzelnen an der Verquickung von Großem und Kleinem wie im allgemeinen an der vorsichtigen Begrenzung der Befugnisse des Staates, der noch gar nicht geschaffen worden war.[1]) Aber die Grundrechte bilden doch eine begreifliche und in vielem auch berechtigte Reaktion gegen die Polizeiwillkür der Jahre von 1819—1848; und daß sie vor der eigentlichen Verfassung beraten wurden, geschah mehr aus praktischen als aus theoretischen Gründen. Man hoffte, daß in der dadurch gewonnenen Zeit eine Klärung der Ansichten über die wichtigsten Verfassungsfragen erreicht werden könne.

Das schien ja auch der Fall zu sein. Verhältnismäßig leicht gelang bei der ersten Lesung der Verfassung zu Ende Oktober die Annahme der grundlegenden Paragraphen 2 und 3, die die Verbindung von deutschem Land mit nichtdeutschen Staaten nur in der lockeren Form der Personalunion gestatteten und die unbedingte Verbindlichkeit der Reichsverfassung in allen deutschen Ländern aussprachen. Damit schien das Verhältnis zu Österreich geordnet zu sein. Dann ging die Verfassungsberatung weiter. Da eine Abschaffung oder Verminderung der Einzelstaaten, die von den im Jahre 1806 mediatisierten Herren angeregt und in den durch die territorialen Umwälzungen der Revolutionszeit fast gar nicht berührten, noch immer in buntem Gemenge liegenden thüringischen Staaten vielfach erwogen wurde, praktisch doch nicht in Frage

1) Vgl. G. Jellinek, Die Entstehung der modernen Staatsidee (Schriften und Reden, 1911) Bd. 2, S. 52f.

kommen konnte, mußte ein Bundesstaat konstruiert werden, für den die amerikanische Union ein Vorbild darbot. Glücklich geregelt — und deshalb in der Hauptsache in den Verfassungen des Norddeutschen Bundes und des Deutschen Reiches nachgeahmt — wurde die Verteilung der Kompetenzen zwischen der Gesamtheit und den Einzelstaaten. Das Reich erhielt die ausschließliche Vertretung gegenüber dem Ausland, das Recht über Krieg und Frieden, die Verfügung über die Wehrkraft, von der das Heerwesen wenigstens den größeren Einzelstaaten unter der Aufsicht des Reiches belassen wurde, während die Begründung einer Kriegsmarine allein dem Reiche vorbehalten blieb. Das Reich übernahm ferner die Oberaufsicht über das Verkehrswesen (Schifffahrt, Eisenbahn, Post), die Gesetzgebung über das Zollwesen, Handel, Münze, Maß- und Gewichtssystem, endlich die Herstellung der Rechtseinheit in Deutschland. Es sollte die Kosten aller dieser Aufgaben aus eigenen Mitteln decken und bekam zu diesem Zweck die Erträge der Zölle und der gemeinsamen Verbrauchssteuern zugewiesen; wenn diese Einnahmen nicht ausreichten, sollten Matrikularbeiträge erhoben werden, während Reichssteuern und Anleihen nur in außerordentlichen Fällen zulässig sein sollten.[1]) Die Entwicklungsfähigkeit des Reiches wurde durch den § 63 gesichert, der die Reichsgewalt ermächtigte, auf dem Wege der Verfassungsgesetzgebung den Kreis der gemeinsamen Einrichtungen zu erweitern.[2]) Weniger Beifall verdient die Organisation, die dem Reiche gegeben wurde; sie war eine rein theoretische Konstruktion. Das Reich erhielt eine Zentralgewalt, an deren Spitze ein Fürst mit dem Titel Kaiser stehen sollte. Bei der Ausübung seiner Funktionen war dieser Kaiser streng konstitutionell an die Mitwirkung verantwortlicher Reichsminister gebunden. Der Schwerpunkt der Reichsgewalt ruhte nach der Absicht der Verfassung bei dem Parlament, dem Reichstag, und hier bei dem Volkshaus, das nach allgemeinem, gleichem und direktem Wahlrecht gewählt werden und dessen Mitgliederzahl nach dem Muster des amerikanischen Repräsentantenhauses der jeweiligen Bevölkerungszahl entsprechen sollte. Die Staaten erhielten ihre Vertretung im Staatenhaus; dessen Organisation unterschied sich von der des amerikanischen Senats dadurch, daß auf die großen Machtunterschiede der deutschen Staaten in der Stimmenverteilung Rücksicht genommen wurde und von den 192 Mitgliedern Preußen 40, Österreich 38, die kleinen Staaten aber nur je eines zu wählen hatten, ferner dadurch, daß der Selbständigkeit der deutschen Regierungen gegenüber ihren Untertanen entsprechend die Abgeordneten des Staatenhauses nicht einheitlich vom Volke, sondern zur Hälfte von den Regierungen, zur Hälfte von den einzelstaatlichen Parlamenten gewählt werden sollten.

Die schwersten Mängel dieser Konstruktion sind erstens die Stellung der Zentralgewalt, die von den realen Mächten Deutschlands, den Staaten, völlig abgelöst wurde, da der Kaiser durch die konstitutionelle Bindung im Reich und in seinem besonderen Staate verhindert wurde, seiner kaiserlichen Gewalt in den Mitteln seines Staates eine feste Grundlage zu geben, zweitens die geflissentliche Beiseiteschiebung der einzelstaatlichen Regierungen; ein beratender Reichsrat, der in der zweiten Lesung noch gestrichen wurde, und die Ernennung der Hälfte der Mitglieder des Staatenhauses ohne das Recht, diese dauernd zu instruieren, das war der einzige Anteil an der Reichsregierung, der den Einzelstaaten zugebilligt wurde.

Es ist darum begreiflich, daß die Staaten gegen den Verfassungsentwurf des Parlaments Einspruch erhoben, sobald im Januar 1849 die erste Lesung beendet war. Aber nur Preußen, dem sich 27 Kleinstaaten anschlossen, nahm in einer Note vom 23. Februar 1849 den Entwurf des Parlaments zur Grundlage und begnügte sich mit dem Verlangen nach Abänderung einzelner Bestimmungen. Die Mittelstaaten fühlten

---

1) Diese Fassung ist erst in der zweiten Lesung festgestellt worden (§§ 50/51); die entsprechenden §§ 49/50 der ersten Lesung geben der Reichsgewalt das Recht, soweit die Einkünfte nicht ausreichen, Reichssteuern aufzulegen und Matrikularbeiträge aufzunehmen, in außerordentlichen Fällen auch Anleihen zu machen.

2) Auch diese Bestimmung lautet in der ersten Lesung (§ 58) insofern anders, als statt der Verfassungsgesetzgebung die Zweidrittelmehrheit gefordert wird.

sich zu groß und zu selbständig, als daß sie sich einem Kaiser hätten unterordnen wollen; sie verwahrten sich gegen den Grundgedanken der Frankfurter Verfassung, die Übertragung der Zentralgewalt an eine einzige Dynastie, und forderten ein Direktorium. Aber die Entscheidung lag nicht bei ihnen, sondern bei Österreich. Es hatte schon zu Beginn des Jahres 1849 gegen die Errichtung eines Einheitsstaates protestiert. da ihm auf diese Weise die Beteiligung am deutschen Leben unmöglich gemacht werde. Es fand damit Anklang bei den Mittelstaaten, die in der Fortdauer des Dualismus eine Garantie der eigenen Selbständigkeit sahen, und bei einem großen Teile des Parlaments. Die Frage des Verhältnisses zu Österreich wurde in den ersten Monaten des Jahres 1849 zur eigentlich entscheidenden für die Parteibildung. Während die Erbkaiserlichen oder, wie die Gegner sie nannten, die Kleindeutschen, für einen Einheitsstaat mit einem erblichen, dem preußischen Könige zustehenden Kaisertum eintraten, verlangten die Großdeutschen eine Umgestaltung der Verfassung, damit Österreich in Deutschland verbleiben könne. Auf ihrer Seite standen nicht allein die Österreicher und die Katholiken, die ein preußisches und protestantisches Kaisertum nicht wünschten, sondern auch Männer wie Uhland und Welcker, die sich mehr von romantischen Erinnerungen und gefühlvollen Erwägungen als von politischer Einsicht leiten ließen, die noch immer Arndts Formel „Das ganze Deutschland soll es sein" für eine Lösung der deutschen Frage ansahen. Aber Österreich selbst machte einen Sieg der Großdeutschen unmöglich, da sein Ministerpräsident Fürst Schwarzenberg am 4. März 1849 den konstituierenden österreichischen Reichstag auflöste, eine einheitliche Verfassung für ganz Österreich mit Einschluß der ungarischen und italienischen Besitzungen oktroyierte und unter Verwerfung des Frankfurter Verfassungsentwurfs für dieses ganze Österreich Raum in Deutschland beanspruchte. Nunmehr ging unter Welckers Führung ein Teil der Großdeutschen auf die Seite der Erbkaiserlichen über. Aber diese konnten auch jetzt nur dann durchdringen, wenn sie die demokratische Linke für sich gewannen, und die Linke machte ihre Zustimmung zu dem Erbkaisertum, über das in der ersten Lesung keine Einigung erzielt worden war, von konstitutionellen Zugeständnissen, der Einführung des allgemeinen, gleichen und direkten Wahlrechts zum Volkshause und der Beseitigung des absoluten Vetos des Kaisers selbst bei Verfassungsänderungen, abhängig. Die Forderungen der Regierungen, auch Preußens und seiner Gefolgschaft, wurden nicht berücksichtigt; ja, ein Teil der Erbkaiserlichen mußte sich schriftlich verpflichten, auch künftig gegen jede Änderung der Verfassung im Sinne der Regierungen zu stimmen. Auch so war die Mehrheit, mit der am 27. März das Erbkaisertum angenommen wurde, verschwindend klein, 267 gegen 263 Stimmen; am folgenden Tage wurde Friedrich Wilhelm IV. einstimmig mit 290 Stimmen zum deutschen Kaiser gewählt, 248 Gegner des preußischen Erbkaisertums enthielten sich der Wahl.

Aber König Friedrich Wilhelm versagte sich der Aufforderung, die das Parlament an ihn ergehen ließ, weil er die Grundlage des Parlaments und seiner Verfassung, die Volkssouveränität, verabscheute.[1]) Die Nationalversammlung besaß, wie sie seit dem Sommer 1848 immer wieder hatte fühlen müssen und auch jetzt zu fühlen bekam, keinerlei Macht, Preußen oder einen andern Staat zur Unterwerfung unter die Verfassung zu zwingen, wenn sie nicht alle revolutionären Gewalten aufrufen wollte. Die überwiegende Mehrzahl der Abgeordneten lehnte diese Gewaltmittel ab und schied, manche auch auf Aufforderung ihrer Regierungen, resigniert aus dem Parlament aus. Nur etwa hundert versuchten es, das Prinzip der Volkssouveränität gegen die Regierungen durchzusetzen und als „Rumpfparlament" von Stuttgart aus eine Volksbewaffnung

1) Zum einzelnen vgl. MEINECKE, Radowitz, S. 218.

zu organisieren, bis auch sie am 18. Juni 1849 durch das energische Einschreiten der württembergischen Regierung gezwungen wurden, ihre Sitzungen einzustellen. Auch die Aufstände, die im Mai in Sachsen, Baden und der Pfalz ausgebrochen waren, konnten an dem Ergebnis nichts mehr ändern, daß die deutsche Nation bei iherm Versuch, allein aus eigener Kraft sich einen Staat zu schaffen, an den realen Mächten, den Einzelstaaten, gescheitert war.

Es schien freilich im Sommer 1849, als sei noch nicht alles verloren. Das Recht des deutschen Volkes auf eine Verbesserung seiner Verfassung hatte König Friedrich Wilhelm IV. von Preußen schon vor der Revolution anerkannt, und er unternahm es jetzt nach dem Zusammenbruch des Frankfurter Werkes, beraten wiederum von Radowitz, das legitime Recht des Bundes und der Staaten mit den Wünschen der Nation auszugleichen und die deutsche Einheit mit einer sowohl die populären Stimmungen befriedigenden wie den monarchischen und einzelstaatlichen Interessen entsprechenden Verfassung durch eine freiwillige Vereinigung der deutschen Staaten herzustellen.

Deshalb wurde den Verhandlungen die Frankfurter Verfassung zugrunde gelegt. Geändert wurde nur, was allzu radikal oder allzu unitarisch erschien. An die Stelle des allgemeinen, gleichen und direkten Wahlrechts sollte ein indirektes Klassenwahlrecht unter Ausschluß aller nicht selbständigen, d. h. keine direkte Steuer zahlenden Bewohner treten. Auch das unbedingte Gesetzgebungsrecht des Reichstags wurde durch ein absolutes Veto der Reichsgewalt beschränkt. Die Reichsgewalt wurde nicht einem Erbkaiser, sondern der Krone Preußen als Reichsvorstand in Gemeinschaft mit einem Fürstenkollegium übertragen. Eine stärkere Abhängigkeit des Reiches von den Einzelstaaten lag auch darin, daß das Reich keine eigenen Einnahmen erhielt, vielmehr auf Matrikularbeiträge der Einzelstaaten, für außerordentliche Fälle auf Anleihen angewiesen wurde; ferner wurde ihm das Recht, den Kreis seiner eigenen Einrichtungen zu erweitern, versagt.

Die öffentliche Meinung nahm den preußischen Plan sehr kühl auf; nur ein Teil der alten erbkaiserlichen Partei, im Juni 1849 zu Gotha versammelt und seither als „Gothaer" bezeichnet, beschloß dafür einzutreten. Auch die Staaten schlossen sich nur ungern an Preußen an, Bayern blieb dauernd fern, Hannover und Sachsen machten Vorbehalte. Trotzdem wäre Preußen in der Lage gewesen, seinen Plan durchzusetzen, solange Österreich mühsam um seine Existenz gegen die Revolution kämpfte. Daß diese Zeit nicht benutzt wurde, um das Reich herzustellen und die widerstrebenden Einzelstaaten zum Anschluß zu zwingen, ist das Verhängnis für die preußische Unionspolitik geworden. Sobald Österreich die Hände frei hatte, erhob es Widerspruch, und vor diesem Widerspruch wich Preußen in der Olmützer Konvention vom 28. November 1850 zurück. Damit war auch dieser Einigungsversuch gescheitert. Er hatte den einen Fehler des Frankfurter Parlaments, die Vernachlässigung der Einzelstaaten, vermieden, aber er hatte die Machtverhältnisse, nicht allein die Unerläßlichkeit des Zwangs gegen die Staaten, sondern auch den Dualismus und ganz allgemein die Haltung der großen Mächte übersehen. Diese alle standen hinter Österreich gegen Preußen, gegen die Union, gegen die deutsche Einigung, die eben nicht bloß eine Frage des deutschen Verfassungsrechts, sondern zugleich im höchsten Maße eine Frage der europäischen Politik war. Daß sie das verkannt hat, ist der Fehler der ganzen deutschen Einheitsbewegung der Jahre 1848 und 1849; sie war ideologisch, statt mit den realen Mächten zu rechnen.

## § 41. Das Ende des deutschen Bundes 1851 bis 1866

Quelle: Preußen im Bundestag 1851—1859, Dokumente der kgl. preuß. Bundestagsgesandtschaft, hrsg. von H. v. Poschinger (4 Bde., 1882/84). Mit dem Jahre 1860 beginnt die übersichtliche jährliche Zusammenstellung der wichtigsten Ereignisse usw. im Europäischen Geschichtskalender, hrsg. von H. Schulthess, mit 1861 die Sammlung der wichtigsten amtlichen Aktenstücke im Staatsarchiv, hrsg. von L. K. Ägidi und A. Klauhold.

Literatur: P. Bailleu, Der Prinzregent und die Reform der deutschen Kriegsverfassung (HZ., Bd. 78, 1897). H. Friedjung, Der Kampf um die Vorherrschaft in Deutschland 1859—1866 (Bd. 1, 1897, 10. Aufl. 1916). H. H. Thumann, Beusts Plan zur Reform des deutschen Bundes von 1861 (NA sächs. Gesch. Bd. 46, 1925).

Nachdem die Errichtung eines deutschen Bundesstaates nicht geglückt war, versuchten die deutschen Regierungen unter Österreichs Leitung auf den Dresdener Konferenzen des Winters 1850/51 wenigstens die Bundesverfassung zu verbessern. Aber jede Reform scheiterte auch jetzt am Dualismus, so blieb nichts anderes übrig, als zum alten Bundestag zurückzukehren. Dieser nahm im Sommer 1851 seine Tätigkeit in der alten Weise wieder auf. Zwar hütete er sich vor allzu gehässigen Maßregeln nach Art der Karlsbader Beschlüsse, aber den Errungenschaften des Jahres 1848, den Grundrechten, der Preßfreiheit und der Flotte, machte er, soweit es in seiner Macht stand, ein Ende, auch setzte er einen besonderen „Reaktionsausschuß" ein, um das konstitutionelle Leben der Einzelstaaten wieder in die engen Grenzen einzuschließen, die allein mit den „Grundsätzen des Bundes" vereinbar sein sollten. Aber zu positiven Leistungen, zu einer Ausgestaltung der Bundesverfassung war er noch weniger als früher imstande, seitdem der Dualismus allenthalben als ein Machtgegensatz erkannt war, seitdem Preußen in Bismarck einen Vertreter gefunden hatte, der jede Erweiterung der Präsidialgewalt Österreichs und der Bundesgewalt überhaupt, zumal jede Majorisierung Preußens energisch zurückwies. Diese Konstellation, durch die die ganze Bundesverfassung zu einem Objekt in dem politischen Ringen zwischen Österreich und Preußen gemacht wurde, erschien den leitenden Ministern von Bayern und Sachsen, v. d. Pfordten und v. Beust, geeignet zu einem neuen Versuche, die Mittel- und Kleinstaaten, das reine Deutschland, als eine dritte Partei zu organisieren und mit ihnen zwischen den Großmächten selbständige Politik zu treiben. Aber auch die Triaspolitik des 19. Jhs. litt unter dem alten Verhängnis der deutschen Kleinstaaterei und ihrer Organisationsbestrebungen, an der Überschätzung der Stimmenzahl, durch die sie freilich das Zünglein an der Wage zwischen Österreich und Preußen bilden konnte, an der Unterschätzung des entscheidenden Gewichtes der realen Machtverhältnisse. So vermochten die „Bamberger" und „Würzburger", wie sie nach dem Orte ihrer gelegentlichen Konferenzen genannt wurden, niemals eine Rolle zu spielen. Während des Krimkrieges läßt sich von einer österreichischen und einer preußischen, nicht aber von einer deutschen Politik sprechen. Und noch deutlicher lehrte das Jahr 1859, daß die Bundesverfassung, indem sie die beiden deutschen Großmächte zu umschließen versuchte, Deutschlands Kräfte nicht einigte, sondern lähmte.

Die während des Krieges von 1859 von neuem erwiesene Unhaltbarkeit der bestehenden Verfassung, die Gefahr, daß Deutschland wehrlos jeder europäischen Krisis preisgegeben sei, bewog noch einmal die Nation und die Einzelstaaten, sich um eine Reform der Bundesverfassung zu bemühen. Von neuem nahm sich die öffentliche Meinung, die liberale Partei, der deutschen Einigung an; nach italienischem Muster wurde im Herbst 1859 zu Frankfurt ein Nationalverein[1]) gegründet, um mit allen gesetzlichen Mitteln auf die Herstellung einer einheitlichen Zentralgewalt und eines deutschen Parlaments zu wirken. Aber er übernahm die Erbschaft der Jahre 1848 und 1849 leider vollständig mit allen ihren Unklarheiten; gerade die entscheidende Frage, welche der beiden Großmächte an die Spitze Deutschlands treten solle, ließ er offen, um die Süddeutschen nicht vor den Kopf zu stoßen. So erwarb sich der Verein mit seinen Programmen, Versammlungen und Reden ebenso wie die vielen Turner-, Schützen- und Sängerfeste der sechziger Jahre wohl das Verdienst, die nationale Bewegung von neuem zu beleben; aber er vermochte nicht, das Problem der deutschen Einigung seiner Lösung näher zu bringen.

Auch die Regierungen erneuerten die Versuche, die Bundesverfassung den Anforderungen der Zeit gemäß umzugestalten. Aber alle ihre Vorschläge, mochten sie

1) Z. G. des Nationalvereins vgl. H. ONCKEN, Rudolf v. Bennigsen (Bd. 1, 1910).

sich bloß auf die Bundeskriegsverfassung und auf die politisch weniger umstrittenen Fragen einer einheitlichen deutschen Rechtsverfassung beziehen oder allgemeiner darauf ausgehen, den Bundestag durch Angliederung von Delegationen aus den Landtagen der Einzelstaaten populärer und leistungsfähiger zu machen, mußten fruchtlos bleiben, weil auch sie die alten Fehler wiederholten und an der längst als unverbesserlich erkannten Grundlage des Bundes, der Souveränität aller Staaten und der gleichmäßigen Zugehörigkeit Österreichs und Preußens zum Bunde festhielten. Preußens Vorschlag vom 20. Dezember 1861, innerhalb des Bundes einen engeren, jene Mängel vermeidenden Bundesstaat zu errichten, wurde von der überwiegenden Mehrheit abgelehnt; aber ebensowenig gelang es Österreich, auf dem Frankfurter Fürstentag des Jahres 1863 eine Reform gegen den Willen Preußens durchzusetzen.

Das alles bewies, daß der deutsche Bund von innen heraus, aus der Idee der Einheit, überhaupt nicht reformiert werden konnte. Er hielt zusammen, solange Österreich und Preußen im Frieden lebten; aber er war, wie der Verlauf der schleswig-holsteinischen Frage von neuem zeigte, zu jeder selbständigen Politik unfähig. Als der Dualismus sich zum offenen Konflikt zwischen Österreich und Preußen erweiterte, brach der Bund auseinander. Er mußte hilflos zusehen, wie seine mächtigen Glieder gegeneinander rüsteten und die Bundesverfassung gegeneinander ausspielten, wie Preußen am 9. April 1866 die Einberufung eines deutschen Parlaments beantragte, um dadurch Österreich aus dem Bunde zu drängen, wie Österreich am 11. Juni die Mobilmachung des Bundesheeres gegen Preußen forderte. So war der Bund tatsächlich schon tot, als die Annahme des Mobilmachungsantrags am 14. Juni Preußen zu der Erklärung veranlaßte, daß der Bund erloschen sei. Der Krieg bestätigte dieses Ergebnis. Im Prager Frieden erkannte Österreich die Auflösung des Bundes an, am 24. August hielt der Rest des Bundestags, der sich nach Augsburg begeben hatte, seine letzte Sitzung. Damit war Raum geschaffen für ein neues Bundesverhältnis.

## Zwölfter Abschnitt: Die Mittel- und Kleinstaaten von 1806 bis 1871

Die Quellensammlungen zur Verfassungsgeschichte der Einzelstaaten s. oben S. 106. An Darstellungen sind wenigstens für die größeren Territorien die allgemeinen „Deutschen Geschichten", insbesondere Treitschke zu nennen. Viel Material steckt bei H. A. Zachariae, Deutsches Staats- u. Bundesrecht (1841; 3. Aufl. 1865/7). Ferner sei auf die für das 19. Jh. meist ausreichenden historischen Übersichten in den Bearbeitungen des Staatsrechts verwiesen, z. B. H. Marquardsen, Hb. des öffentlichen Rechts der Gegenwart in Monographien (1883ff., für alle Staaten vollständig): von der unter dem Titel „Das öffentliche Recht der Gegenwart" von G. Jellinek, P. Laband und R. Piloty seit 1907 herausgegebenen neuen Ausgabe liegen vor: Baden von E. Walz (1909), Braunschweig von A. Rhamm (1908), Bayern von R. Piloty (1913), Hessen von W. van Calker (1913), Oldenburg von W. Schücking (1911), Sachsen von O. Mayer (1909), Württemberg von K. Göz (1908).

Vergleichende Betrachtungen über die Verfassungen bieten mehrere Greifswalder Dissertationen: E. Elsholz, Die Menschen- und Bürgerrechte in den deutschen Verfassungen von 1832 bis 1841 (1913). R. Franke, Die gesetzgebenden Körperschaften in den Verfassungen der Rheinbundstaaten und der deutschen Bundesstaaten von 1806—1820 (1912). G. Thimm, Die Menschen- und Bürgerrechte in ihrem Übergang von den franz. Verfassungen zu den deutschen bis 1831 (1905). K. Usée, Der Einfluß der franz. Verfassungen auf die deutschen Verfassungsurkunden der Jahre 1806—1820 (1910). H. Vincent, Die Entstehung und Bedeutung der ersten Kammern in modernen europäischen Verfassungen bis zur Julirevolution von 1830 (1911). Vgl. auch A. Ingelmann, Ständische Elemente in der Volksvertretung nach den deutschen Verfassungsurkunden (1914).

An Bearbeitungen der Verfassungsgeschichte einzelner Staaten sind zu nennen: Für Baden: R. Goldschmidt, G. der badischen Vfgsurkunde 1818—1918 (1918). F. v. Weech, G. d. bad. Verfassung (1868). Für Bayern: M. Doeberl, Ein Jahrhundert bayrischen Verfassungslebens (1918). K. A. v. Müller, Probleme der neuesten bayerischen G., 1799—1871 (HZ., Bd. 118, 1917). Für Braunschweig: A. Rhamm, Umriß d. Braunschweig. Vfg. (1906; Sonderabdruck der Einleitung seiner „Verfassungsgesetze des Herzogtums Braunschweig"). Für Hannover außer E. v. Meier (oben S. 1) auch W. v. Hassell, G. des Königreichs Hannover 1813—1866 (3 Bde., 1898/1901). Für Sachsen-Weimar: H. Ortloff, Die Verfassungsentwicklung im Großherzogtum Sachsen-Weimar-Eisenach (1907). Für Württemberg: Fricker-Gessler und Wintterlin (oben S. 2). A. E. Adam, Ein Jahrhundert württemb. Vfg. (1919).

### § 42. Die Zeit des Rheinbundes

Hauptquelle: A. WINKOPP, D. rhein. Bund (Z., 23 Bde., 1806/13).

Allgemeine Literatur: C. TH. PERTHES, Politische Zustände und Personen in Deutschland zur Zeit der franz. Herrschaft (1861). J. HASHAGEN, Das Rheinland und d. franz. Herrschaft, Beiträge zur Charakteristik ihres Gegensatzes (1908); Die Rheinlande beim Abschlusse der französischen Fremdherrschaft (Die Rheinprovinz 1815—1915, hrsg. von J. HANSEN, Bd. 1, 1917). Für die einzelnen Staaten: Baden: W. ANDREAS, G. d. bad. Verwaltungsorganisation, Bd. 1, 1913, Der Aufbau des Staates im Zusammenhang der allgemeinen Politik (vgl. auch seine Aufsätze ZGORh., NF., Bd. 24ff.). Bayern: M. DOEBERL, Entwicklungsg. Bayerns, Bd. 2 (1912), S. 381ff. Graf M. J. v. MONTGELAS, Denkwürdigkeiten über die innere Staatsverwaltung Bayerns 1799—1817, hrsg. von G. LAUBMANN und M. DOEBERL (mit Einleitung über die Entstehung des modernen Staates in Bayern), 1908. Berg: CH. SCHMIDT, Le Grand-Duché de Berg 1806—1813 (1905). Frankfurt: P. DARMSTAEDTER, Das Großherzogtum Frankfurt (1901). Mainz: F. USINGER, Das Bistum Mainz unter franz. Herrschaft (1912). Nassau: A. MERKER, Die Steuerreform im Herzogtum Nassau 1806—1814 (Ann. d. Ver. f. nassauische Altertumskunde, Bd. 37, 1908). Sachsen: R. MEYER, D. sächs. Landtag von 1811 (1912). Salm: H. DICKE, Die Gesetzgebung und Verwaltung im Fürstentum Salm 1802—1810 (1912). Westfalen: R. GOECKE, Das Königreich Westfalen (1888). F. THIMME, Die inneren Zustände des Kurfürstentums Hannover 1806—1813 (2 Bde., 1893/95). Württemberg: A. PFISTER, König Friedrich von Württemberg und seine Zeit (1888).

Der äußeren Umgestaltung der deutschen Staatenwelt in der Revolutionszeit entspricht eine Umbildung der inneren Staatsverfassung. Von ihr blieben die Staaten im wesentlichen unberührt, die in ihrem territorialen Bestande keine Veränderungen erlitten, das Kurfürstentum, nunmehr Königreich Sachsen, Mecklenburg, die norddeutschen Kleinstaaten. Zwar stagnierte auch bei ihnen die Entwicklung nicht ganz; außer in Anhalt-Köthen, wo Fürst August Christian Friedrich glaubte, nichts Besseres tun zu können, als die napoleonischen Einrichtungen einzuführen, war auch in den andern Staaten eine Anpassung der alten, mit dem Heiligen Reiche und seinen Institutionen rechnenden Verfassungen an die neuen Zustände notwendig, aber zu einer Umwälzung der ganzen bisherigen Organisation war nirgends Anlaß. Das übrige deutsche Gebiet zerfällt — von Preußen und dem während des 19. Jhs. auch in der inneren Entwicklung aus Deutschland herauswachsenden Österreich abgesehen — in drei deutlich geschiedene Gruppen.

Die eine umfaßt das Gebiet der unmittelbaren französischen Herrschaft; hier sind die französischen Gesetze und die französische Verwaltungsordnung wie in Frankreich eingeführt worden und wo sie lange genug in Kraft geblieben sind, wie auf dem bereits während der neunziger Jahre französisch organisierten linken Rheinufer, haben sie so festen Fuß gefaßt, daß sie nach 1815 nicht mehr beseitigt werden konnten. Die soziale Ordnung, zumal die Aufhebung der Vorrechte des Adels, die Gemeindeverwaltung, die Gerichtsverfassung mit dem öffentlichen und mündlichen Verfahren und den Schwurgerichten behauptete sich dauernd; auch der Code Napoléon blieb bis zum 1. Januar 1900 das gültige Recht.

Die zweite Gruppe besteht aus den vorübergehenden Staatsbildungen Napoleons, dem Königreich Westfalen und den Großherzogtümern Berg und Frankfurt. Deren innere Entwicklung kann hier nicht besprochen werden, so interessant sie auch ist und so große Bedeutung namentlich Westfalen für die Vermittlung der französischen Gedanken an die andern deutschen Staaten, auch Preußen, gehabt hat. Denn bleibende Wirkungen haben diese stets als Fremdherrschaft empfundenen Regierungen nicht erzielt, weil ihre ganze Reformtätigkeit sich in der Hauptsache mit der Festsetzung allgemeiner Normen begnügen mußte, zur Durchführung im einzelnen aber schon wegen der Kurzlebigkeit dieser napoleonischen Schöpfungen und wegen der vielen Störungen durch die Kriege nicht mehr gelangte; deshalb ist hier im Gegensatz zu dem Gebiet der ersten Gruppe nach 1815 eine Reaktion noch durchaus möglich gewesen.

Um so folgenreicher war die Reformtätigkeit in den rein deutschen Staaten in Süd- und Südwestdeutschland, in Bayern, Württemberg, Baden, Hessen-Darmstadt und Nassau. Alle diese Länder hatten bis zum Ende des 18. Jhs. noch durchaus den Charakter des deutschen Territorialstaats der guten alten Zeit getragen; auch die Revolutionszeit hatte das behagliche Stilleben zunächst keineswegs erschüttert. Aber die große Umwälzung Deutschlands in den Jahren 1803 und 1806 fügte überall den namengebenden Territorien eine Reihe neuer und meist wesensfremder Gebiete hinzu. Das katholische Bayern erhielt Franken, die protestantische Reichsstadt Nürnberg, die althohenzollernschen Markgrafschaften Ansbach und Bayreuth, die nicht nach der Donau, sondern nach dem Main und Rhein gravitierenden Bistümer Bamberg und Würzburg. Zu dem bürgerlich-protestantischen Württemberg trat altadliges und in Oberschwaben auch viel katholisches, ehemals geistliches oder habsburgisches Gebiet. Ähnlich ging es auch den andern Staaten. Und zwar waren fast überall infolge der willkürlichen Länderverteilung des Reichsdeputationshauptschlusses die alten Territorialzusammenhänge derart auseinandergerissen worden, daß die früher übliche Art der Angliederung neuer Erwerbungen in der Form der Personalunion unter Erhaltung der alten Behörden- und Landesverfassungen nicht möglich war. In dieser Ländergestaltung lag für alle diese Staaten ein unabweisbarer Zwang zur gründlichen Reform, die fast einem Neuaufbau des Staates gleichkam. Als Vorbild diente allenthalben das napoleonische Frankreich, und zwar mit Recht. Denn es entsprach nicht bloß der politischen Abhängigkeit, sondern für diese trotz ihren alten Namen und alten Dynastien doch durchaus unhistorischen Gebilde, die aus Trümmern mannigfaltiger Herrschaften verschiedensten Charakters erst zu einheitlichen Staaten zusammengefügt werden sollten, paßte der unhistorische Zug des revolutionären Frankreichs, die rücksichtslose Vernichtung aller alten Sonderrechte, der Neuaufbau nach allgemeinen Grundsätzen der Einheitlichkeit und Gleichförmigkeit. Auch die unbedingte Befehlsgewalt, mit der nach napoleonischem Muster alles von obenherab dekretiert wurde, war unerläßlich, um die Widerstände zu überwinden, die von den ihrer Selbständigkeit beraubten, aber trotz aller Lebensunfähigkeit doch sich daran klammernden Zwergstaaten, den Grafen, Herren, Rittern und Städten und von den vielen alten Korporationen ausgingen. Mit gutem Grund sahen alle diese Staaten von der Einrichtung einer Volksvertretung selbst in der bescheidenen Form der napoleonischen Körperschaften ab; auch in Bayern trat die Nationalrepräsentation, die in der Verfassung vom 1. Mai 1808 verheißen worden war, nicht ins Leben. Die Regierungsweise war überall ganz absolutistisch, und zwar bestand in Württemberg ein monarchischer Absolutismus unter König Friedrich, in den andern Staaten dagegen traten die Persönlichkeiten der Herrscher in den Hintergrund vor ihren leitenden Ministern, Montgelas in Bayern, Brauer und Reitzenstein in Baden, Marschall in Nassau. Der Rechtstitel, auf den sich dieser Absolutismus berief, war die Souveränität; sie wurde wie einst im Preußen Friedrich Wilhelms I. nicht allein als die Beseitigung einer fremden Oberhoheit, hier der des Reiches, sondern zugleich als das unbedingte Herrschaftsrecht im Innern des Staates aufgefaßt und je weniger sie in der auswärtigen Politik bei dem Übergewicht Frankreichs zur Geltung gebracht werden konnte, desto energischer den Untertanen gegenüber angewendet.

So wurde allenthalben auf Grund „der erlangten Souveränität“ oder „aus unumschränkter Machtvollkommenheit“ im Interesse der Gleichförmigkeit die „gotisch überladene Burg“ der alten territorialen Staatsverfassungen, die Vielheit von besonderen Ordnungen und Rechten der einzelnen Landesteile beseitigt und die letzten Reste von ständischen Einrichtungen, auch die altehrwürdige kampferprobte württembergische Landschaft aufgehoben; und überall wurden die alten und neuen Gebiete ohne Rücksicht auf ihre bisherige Rechtsstellung zur Dynastie zu einem einheitlichen Staate zusammengefaßt. Damit war der Boden frei gemacht für eine gründliche Reform an Haupt und Gliedern. Dem neuen Souveränitätsbegriff entsprechend wurde mit der patrimonialen Staatsauffassung grundsätzlich gebrochen. Der Staat mit seiner Verwaltung wurde getrennt vom Hofe und dessen Verwaltung; zur deutlichen Unterscheidung der fürstlichen Regierungsakte von den Handlungen, die der Fürst als Privatmann oder Familienoberhaupt vollzog, wurde für jene die Gegenzeichnung durch einen Minister üblich. In Bayern wurde bereits eine von den Hausgesetzen durchaus unterschiedene Staatsverfassung erlassen. Auch die ganze Regierungsweise änderte sich. An die Stelle der aus dem alten Rate herausgewachsenen Kollegialbehörden trat das französisch-westfälische System der Regierung durch die Minister. Denn der Staatsrat, der in fast allen diesen Staaten eingerichtet wurde, war keine Verwaltungsbehörde, überhaupt keine Weiterbildung des alten Geheimen Rates, sondern eine neumodische Schöpfung nach französischem Muster; er bestand aus den Ministern und besonders ernannten Staatsräten und hatte sich nur mit der Gesetzgebung, der Anordnung allgemeiner Grundsätze für die Verwaltung und mit den Verwaltungsstreitsachen zu befassen. Die laufende Verwaltung dagegen besorgten Fachministerien, die ganz bureaukratisch organisiert waren. Auch die Lokalverwaltung wurde von Grund aus neu gestaltet; die alten Bezirke wurden beseitigt und durch neue ersetzt, die unter absichtlicher Verwischung der alten landschaftlichen Grenzen bloß nach geographischen Gesichtspunkten eingeteilt und wie in Frankreich nur nach geographischen, nicht nach historischen Bezeichnungen unterschieden wurden und vielfach bis auf den heutigen Tag unterschieden werden. In der Regel wurde auch die übliche kollegiale Verfassung der Mittelbehörden durch eine der französischen Präfekturorganisation entsprechende Einrichtung verdrängt. Bis in die untersten Instanzen drangen die Reformen freilich nicht überall vor; hier unterblieb nicht nur die sonst durchgeführte und von der Staatstheorie seit Locke und Montesquieu geforderte Trennung von Justiz und Verwaltung, sondern erhielt sich auch vielfach die patrimoniale Verwaltung der Grundherren.

Das geschah nicht bloß aus notgedrungener Sparsamkeit, sondern hing allgemein damit zusammen, daß die gesamte Reformtätigkeit der Rheinbundstaaten doch nicht so rücksichtslos wie die französische Revolution seit 1789 die althergebrachte Rechts-, Gesellschafts- und Wirtschaftsordnung umstürzen konnte. Zwar war auch auf diesen Gebieten das Vorbild Frankreichs maßgebend; die Einführung des französischen Zivilrechts, des Code Napoléon, ist in Baden mit unwesentlichen Veränderungen erfolgt[1]), in Hessen und Nassau wenigstens angeordnet und auch in Bayern ernsthaft erwogen worden. Der Grundgedanke der neuen französischen Rechtsordnung, die unbedingte Gleichheit aller vor dem Gesetz, empfahl sich ja auch in diesen Staaten, deren wichtigste Aufgabe es war, den alten, ehemals reichsunmittelbaren, zum Teil sogar reichsständischen Adel der neuen staatlichen Gewalt unterzuordnen. Aber sie kamen mit der Verwirklichung dieses Grundsatzes nicht ganz zu Ende. Der neue Staat setzte sich nur so weit durch, wie es für die Regierung notwendig war. Er erzwang die Gleichberechtigung aller christlichen Konfessionen, ohne die ein Zusammenleben dieser zusammengewürfelten, konfessionell stark gemischten Länder gar nicht möglich war, er unterwarf alle Einwohner der Wehrpflicht, bei der freilich nach französischem Muster die Stellvertretung gestattet war, er schuf ein ganz neues Steuersystem, das unter Aufhebung aller Befreiungen ohne jede Rücksicht auf geburtsständische Unterschiede den einzelnen nach seiner Leistungsfähigkeit zu belasten suchte, dieses Ziel freilich nicht in der damals noch verpönten Form der Besteuerung des individuellen Einkom-

1) Vgl. darüber W. ANDREAS, Die Einführung des Code Napoléon in Baden (ZSavRg., Bd. 31, 1910).

mens, sondern durch Ertrags- und Objektsteuern zu erreichen gedachte; wo dem Adel Vorrechte eingeräumt wurden, geschah es durch staatliche Gesetze und Verordnungen, die jederzeit durch den Staat wieder geändert werden konnten, nicht durch Vereinbarungen mit dem Adel, die nur in gegenseitigem Einverständnis hätten beseitigt werden können. Ferner entfernte der Staat die letzten territorialen Schranken des Wirtschaftslebens, indem er zur politischen die wirtschaftliche Einheit des Staatsgebiets hinzufügte, die Binnenzölle aufhob und ein einheitliches Maß- und Gewichtssystem schuf; er begann auch mit der Befreiung des Individuums aus seiner rechtlichen und wirtschaftlichen Gebundenheit. Die Leibeigenschaft wurde überall beseitigt. Aber gerade auf diesem Gebiete, das die Ausübung der Staatsgewalt nur mittelbar berührte, blieben die Rheinbundstaaten auf halbem Wege stehen. Sie hielten im Gegensatz zu den volkswirtschaftlichen, auch viele Regierungen, z. B. die preußische, beherrschenden Theorien der Zeit, aber im Einklang mit den wirtschaftlichen Verhältnissen Süddeutschlands, am Schutzzoll und an einer Beschränkung der Gewerbefreiheit fest; sie ließen ferner auf dem platten Lande die Grundherrlichkeit nicht bloß als patrimoniale Gerichtsbarkeit, sondern auch als Wirtschaftsverfassung mit den alten dinglichen Lasten, den Zinsen und Zehnten, vielfach auch mit den Diensten des Bauern bestehen. Diese Lasten wurden zwar für ablösbar erklärt, wie es die moderne, jede ewige Beschränkung der persönlichen Freiheit verabscheuende Doktrin forderte; aber das half den Bauern nichts, solange der Staat ihnen nicht die Beschaffung der zur Ablösung notwendigen Mittel erleichterte.

Damit wird aber die Schwäche der ganzen Reformtätigkeit in den Rheinbundstaaten berührt. Den guten Absichten der leitenden Behörden entsprach die Durchführung im einzelnen nicht überall und nicht immer. Ein großer Teil des alten Beamtentums war den neuen Aufgaben nicht gewachsen; aber auch die tüchtigen Kräfte standen oft der berechtigten Eigenart des Alten, das sie nun nach rein theoretisch und das hieß häufig unpraktisch ersonnenen Plänen reformieren sollten, verständnislos gegenüber. Der unhistorische Zug, der den ganzen Reformen anhaftet, erwies sich, so unentbehrlich er auch war, doch zugleich als schädlich. Es fehlte an Stetigkeit; man experimentierte zu viel und zu gern und schuf immer wieder Neues, statt die einmal getroffenen Einrichtungen sich einleben zu lassen; der rasche Wechsel der badischen Organisationsedikte ist ein klassisches Beispiel. Freilich brachten die unaufhörlichen Gebietsveränderungen, die Napoleon verfügte, auch eine dauernde Unruhe in die Verwaltung, und manche Härte im einzelnen wird außerdem durch die gewaltigen finanziellen und militärischen Anforderungen erklärt, die die napoleonische Politik an diese Staaten stellte. Das Gesamturteil über die Reformen in den Rheinbundstaaten kann jedenfalls trotz allen ihren Fehlern und Schwächen nur günstig lauten. Es ist Großes und Bleibendes geschaffen worden. Mit einem Schlage ist nachgeholt worden, was der Absolutismus anderswo, z. B. in Brandenburg-Preußen, in langsamer Arbeit geleistet hatte. Vor allen Dingen: es ist die besondere Aufgabe gelöst worden, die diesen Staaten gestellt war, die Bruchstücke der alten deutschen Staatenwelt zu neuen einheitlichen Staatswesen zusammenzuschweißen und sie mit staatlichem Bewußtsein zu erfüllen. Daß dieses Bewußtsein nicht deutsch war und sein konnte, ist selbstverständlich; aber es war doch schon ein Fortschritt, daß ein politisches Bewußtsein entstand. Es lebte nicht allein bei den Offizieren und Soldaten der Rheinbundtruppen als berechtigter Stolz auf die unter der Führung Napoleons erfochtenen Siege, sondern es erfüllte die große Masse der Bevölkerung. So konnten diese süddeutschen Staaten die große Krisis des Jahres 1813 überstehen; nirgends ist die nationale Bewegung ihrem Bestand gefährlich geworden. Auch darin wird man eine wichtige Errungenschaft dieser innerstaatlichen Rheinbundpolitik sehen dürfen, daß sie, indem sie aus politischen Gründen sich um die Verbreitung von Aufklärung bemühte, den Anschluß der katholischen Länder Süddeutschlands an das im protestantischen Norden entstandene deutsche Geistesleben herbeiführte.

## § 43. Die konstitutionelle Entwicklung der süddeutschen Staaten von 1815 bis 1848

Literatur: Für Baden: L. Müller, Bad. Landtagsg. (4 Bde., für 1819—1840, 1900/02; Fortsetzung für 1840—1850 unter dem Titel: Die politische Sturm- und Drangperiode Badens, 2 Bde., 1907). K. Ruckstuhl, Der bad. Liberalismus und die Verfassungskämpfe 1841/43 (1911). F. Schnabel, Geschichte der Ministerverantwortlichkeit in Baden (1922). Für Bayern: E. Franz, Bayerische Verfassungskämpfe (1926). W. Lempfried, Die Anfänge des parteipolitischen Lebens und der politischen Presse in Bayern unter Ludwig I. 1825—1831 (1912). R. Oeschey, Die bayer. Verfassungsurkunde vom 26. Mai 1818 und die Charte Ludwig XVIII. vom 4. Juni 1814, ein Beitrag zur Lehre vom monarchischen Prinzip (1914); Einige gleichzeitige Stimmen zur bayer. Verfassungsurkunde von 1818 (Oberbayr. A., Bd. 57, 1913). L. Sachs, Die Entwicklungsg. des bayrischen Landtags in den ersten drei Jahrzehnten nach der Verfassungsgebung 1818/48 (1914). Für Hessen: H. Andres, Die Einführung des konstitutionellen Systems im Großherzogtum Hessen (1908). Für Nassau: W. Sauer, Nassau unter dem Minister v. Marschall (Ann. Ver. f. nassauische Altertumskunde und Geschichtsforschung, Bd. 22, 1890). Für Württemberg: G. Grupp, Die Verfassungskämpfe in Württemberg 1815/17 u. der hohe Adel (Württ. Vierteljahrshefte, NF., Bd. 27, 1918). A. List, Der Kampf ums gute alte Recht (1815—1819) nach seiner ideen- und parteigeschichtlichen Seite (1913). A. Rapp, Die Ausbildung der württemb. Eigenart (A. f. Kulturgeschichte Bd. 11, 1914). E. Schneider, König Wilhelm I. u. die Entstehung der württemb. Verfassung (Württ. Vierteljahrshefte, NF., Bd. 25, 1916). F. Wintterlin, D. württemb. Verfassung 1815—1819 (Württemb. Jbb. f. Statistik und Landeskunde, 1912).

Die durch die verschiedenartige innere Entwicklung während der Rheinbundzeit bedingte Trennung der süddeutschen und norddeutschen Staaten blieb auch für die ersten Jahrzehnte nach 1815 noch bestehen; in Norddeutschland dauerte entweder das alte Stilleben unverändert fort oder es setzte eine Reaktion gegen die französische Herrschaft und deren Errungenschaften ein, während der Süden sich in den einmal eingeschlagenen Bahnen weiter entwickelte. Die Führung behielten auch nach 1815 die Regierungen; sie beendeten jetzt freiwillig das Zeitalter des Absolutismus und leiteten die konstitutionelle Periode ein. Dadurch wurde zugleich der Charakter der ersten süddeutschen Verfassungen, der nassauischen vom 1. und 2. September 1814, der bayerischen vom 26. Mai 1818, der badischen vom 22. August 1818 und der darmhessischen vom 17. Dezember 1820 bestimmt. Sie waren keine notgedrungenen Zugeständnisse an eine Opposition, sie wollten darum auch nicht etwa die politische Freiheit des Volkes begründen oder vermehren, sondern sie sollten durch die Anteilnahme des Volkes am Staatsleben das Staatsbewußtsein kräftigen. Am deutlichsten trat diese Tendenz in Bayern und Baden hervor; hier bildeten die Verfassungen Waffen in dem Kampf um das Erbrecht an der seit 1803 badischen, nunmehr aber seit dem Aussterben der vollebenbürtigen badischen Linie von Bayern beanspruchten Pfalz, sollten die Anziehungskraft des bayerischen, die Festigkeit des badischen Staates erhöhen. Mit dieser Vorgeschichte und diesen Absichten der Verfassungen hängt auch die Tatsache zusammen, daß sie ohne alle Rücksicht auf die früheren landständischen Verfassungen als Gnadengeschenke der Monarchen aus souveräner Machtvollkommenheit oktroyiert worden sind; das gilt auch für Hessen, wo die erste Verfassung vom 18. März 1820 auf den Wunsch der durch sie geschaffenen Kammern durch eine neue Verfassung vom 17. Dezember 1820 ersetzt worden ist. Das Übergewicht der Monarchie kam endlich auch darin zum Ausdruck, daß die neue bureaukratische Ordnung der Verwaltung überall aufrechterhalten blieb; nirgends wurde an eine Verbindung von Repräsentation und lokaler Selbstverwaltung gedacht.

Die Gleichartigkeit dieser süddeutschen Verfassungen, die in der Gleichartigkeit der allgemeinen Verhältnisse begründet liegt, wurde nun noch dadurch verstärkt, daß sie alle sich an ein gemeinsames Vorbild anlehnten, an die französische Charte des Jahres 1814; diese war ja auch mit ihrem Streben, den monarchischen Charakter des Staates festzusetzen, für die süddeutschen Staaten angemessen. Daneben wirkte in einzelnen Bestimmungen, z. B. in der Beibehaltung der Landeshuldigung, in dem formellen Landtagsabschied, in der Errichtung eines landständischen Ausschusses in Baden oder in der Entfernung der landesherrlichen Kommissare während der Abstimmungen in Nassau, in der jede Gruppierung nach Parteien ausschließenden Sitzordnung u. a., der altständische deutsche Brauch noch nach. Es ist darum möglich, den wesentlichen Inhalt der Verfassungen zusammenfassend zu betrachten. Sie bestätigen noch einmal das Ergebnis der vorhergegangenen Reformen, den Bruch mit der patrimonialen Staatsauffassung, und bezeichnen sämtliche Bestandteile des Staates als ein unteilbares und unveräußerliches Ganzes, sie regeln die Thronfolge von Staats wegen, wenn auch in Übereinstimmung mit den altfürstlichen Hausgesetzen, sie trennen das Staatsgut von dem Privatbesitz des fürstlichen Hauses. Der monarchische Charakter der Regierung wird überall betont; unter Ablehnung der für revolutionär geltenden Lehren von der Volkssouveränität und der Gewaltenteilung wird der Monarch als das Oberhaupt des Staates, das alle Rechte der Staatsgewalt in seiner Person vereinige, bezeichnet. In der Ausübung dieser Hoheitsrechte bindet sich der Herrscher an die Mitwirkung verantwortlicher Minister, ohne daß über das Wesen dieser Verantwortlichkeit und die Form der Geltendmachung etwas gesagt würde. Die Vertretung des Landes, die in alter Weise als Landstände bezeichnet wird, besteht überall, auch in dem kleinen Herzogtum Nassau, aus zwei Kammern. Diese werden fast gleichmäßig zusammengesetzt. Die erste Kammer wird aus den Prinzen des fürstlichen Hauses, dem hohen Adel, Vertretern der Kirche und der Universitäten und aus Männern des allerhöchsten Vertrauens gebildet. Die zweite Kammer ist die eigentliche Volksvertretung, sie besteht aus Abgeordneten, die in der Regel nach einem ständischen Wahlrecht gewählt werden; nur in Baden werden die Wahlen rein örtlich in Städten und Ämtern ohne besondere Bevorzugung des niederen Adels oder des Großgrundbesitzes vorgenommen. Die Rechte der Stände sind genau umgrenzt, damit sie, wie die bayerische Verfassung sagt, die Weisheit der Beratung verstärkten, „ohne die Kraft der Regierung zu schwächen". Ihre Zustimmung ist erforderlich zum Erlaß neuer Gesetze, zur Erhebung der direkten Steuern, zur Erhöhung der bereits bestehenden und zur Einführung von neuen indirekten Steuern und zur Aufnahme von Staatsschulden. Bei den Finanzgesetzen hat die zweite Kammer gemäß der vom englischen Beispiel abgeleiteten konstitutionellen Doktrin den Vorzug vor der ersten. Ein Budgetrecht, d. h. ein Ausgabebewilligungsrecht besitzt aber auch sie nicht, die Landtage haben lediglich die Einnahmen in der Höhe zu bewilligen, die ihnen die Regierung als erforderlich glaubhaft machen konnte, und es ist ihnen ausdrücklich verboten, an diese Bewilligung irgendwelche Bedingungen zu knüpfen. Die Bewegungsfreiheit der Stände ist eng beschränkt; sie dürfen keinerlei Anträge selbst stellen, sondern höchstens die Regierung um die Vorlegung von Anträgen bitten. Die Regierung behält sich das Recht vor, die Kammern jederzeit zu vertagen und, soweit sie gewählt sind, aufzulösen, aber sie ist verpflichtet, sie in regelmäßigen Abständen, längstens aller drei Jahre, in Nassau sogar alljährlich, zu berufen. Außer diesen Bestimmungen über die Verteilung der politischen Macht im Staate enthalten alle Verfassungen noch eine Reihe von Sätzen über die Rechte und Pflichten der Staatsbürger, abgeblaßte Nachbildungen der einst so berühmten Menschenrechte: sie handeln von der Gleichheit aller vor dem Gesetz im allgemeinen und im Bezug auf die Steuer- und Wehrpflicht im besonderen, von der Freiheit der Person gegenüber jeder Leibeigenschaft, von der Ablösbarkeit der Fronden, von der Freiheit des Gewissens, der Gleichberechtigung der drei christlichen Konfessionen, der Sicherheit des Eigentums, dem Verbot willkürlicher Verhaftung und ähnlichem.

Einen etwas abweichenden Typus stellt die württembergische Verfassung vom 25. September 1819 dar. Sie ist kein Gnadengeschenk des Königs, das aus dessen freier Machtvollkommenheit erflossen ist, sondern sie ist ein Vertrag, der zwischen der Regierung und den Ständen durch Entschließung und Gegenerklärung vereinbart und von beiden Kontrahenten, dem König und den Landständen, unterzeichnet worden ist. Die alte württembergische Landschaft war zwar nicht stark genug gewesen, um ihre Aufhebung im Jahre 1805 zu verhindern, aber sie hatte durch ihren langen Kampf gegen die Regierung doch so viel Rückhalt bei der Bevölkerung, daß der Versuch König Friedrichs I., eine Verfassung zu oktroyieren, sofort die altständische Partei zu neuem Leben erweckte. Sie bestritt dem Könige das Recht, einseitig eine Verfassung zu geben, sie versteifte sich auf das „alte gute Recht", die Erbverträge und Abschiede, die nur durch Vertrag, durch gegenseitiges Einverständnis geändert werden dürften. Und obwohl die Verfassungspläne des Königs liberaler waren als das oligarchische alte Recht, war diese Partei so stark, daß weder Friedrich noch sein Sohn und Nachfolger Wilhelm I. (1816—1864) durchdrangen. Vielmehr mußte Wilhelm I. den Rechtsboden anerkennen und in die Vertragsform der württembergischen Verfassung einwilligen. Das führte zu einigen altständischen Besonderheiten in ihr, zu der Errichtung eines Staatsgerichtshofes, der über Verletzungen der Verfassung zu befinden hat und in seiner Zusammensetzung aus sechs vom Könige und sechs von den Ständen gewählten Mitgliedern unter einem vom Könige ernannten, nicht stimmberechtigten Präsidenten dem alten Dualismus von Herrschaft und Landschaft entspricht, zu der Wiederherstellung des alten Geheimen Rates als der obersten kollegialen Staatsbehörde, die namentlich den Verkehr zwischen dem König und den Landständen zu vermitteln hatte, natürlich auch zur Errichtung eines landständischen Ausschusses. Aber obwohl die württembergische Verfassung auf einer ganz andern Grundlage ruht als die andern süddeutschen, so stimmt sie doch in den wesentlichen Zügen mit ihnen überein; sie überwindet den altständischen Dualismus und vereinigt alle Rechte der Staatsgewalt allein im Könige, sie verteilt die Befugnisse zwischen Regierung und Kammern ganz ähnlich wie jene, sie entspricht ihnen auch in der Organisation der Kammern und in der Feststellung der staatsbürgerlichen Rechte. In der verschiedenen äußeren Form der Verfassungen wirkten die Verschiedenheiten der Vergangenheit zwischen Württemberg mit seiner lebendigen landständischen Verfassung und den andern längst absolut regierten Staaten nach; aber der Inhalt wurde durch die Gleichartigkeit der modernen Entwicklung seit 1806 und der für die Zukunft gestellten Aufgaben bestimmt.

Deshalb verlief auch die weitere Entwicklung des konstitutionellen Lebens in Süddeutschland im allgemeinen gleichartig. Überall entstand ein Gegensatz zwischen der Regierung, die an der alten absolutistischen Regierungsweise trotz der Verbrämung mit Volksvertretungen möglichst festzuhalten und sie durch alle Mittel der Polizei zu stützen suchte, und der liberalen Partei, die die öffentliche Meinung beherrschte, in den Kammern freilich wegen des ständischen Wahlrechts und des Einflusses der Regierungen bei den Wahlen meist nur eine Minderheit darstellte. Der bekannteste Wortführer des süddeutschen vormärzlichen Liberalismus war Karl v. Rotteck, dessen gemeinsam mit K. Th. Welcker herausgegebenes Staatslexikon (1. Aufl. in 15. Bdn., 1834—1843) auch die beste Quelle für die Kenntnis der Ansichten und Ziele der Partei ist. Zwei verschiedenartige Strömungen vereinigten sich in ihr. Die eine ging von der Aufklärung des 18. Jhs. aus, von dem Naturrecht und der Theorie des Staatsvertrags in der radikalen Formulierung Rousseaus, von dem Gedanken der Volkssouveränität, der natürlichen Freiheit und Gleichheit aller Menschen. Diese Grundsätze, die durch die innere Entwicklung Frankreichs zumal nach 1830 immer neue Nahrung erhielten, bestimmten das Programm der Partei: sie verlangte im Gegensatz zu dem in den Verfassungen und der Regierungspraxis stark ausgeprägten monarchischen Charakter des Staates ein „echtes konstitutionelles System", eine Herrschaft des Gesamtwillens, die durch Abschaffung der ersten Kammern und durch Verantwortlichkeit der Minister gegenüber den gewählten Volksvertretern erreicht werden sollte. Daß Rotteck als die beste Grundlage des Wahlrechts das Grundeigentum bezeichnete, charakterisiert die hinter ihm stehenden Schichten; es war das besitzende und gebildete Bürgertum, das dem Adel und der Bureaukratie gegenüber zu politischer Macht gelangen wollte. Die Haltung der Partei in der Praxis wurde aber vor allem durch die andere in ihr liegende Strömung bestimmt, durch die altständischen Erinnerungen, die in Regierung und Volk zwei einander feindlich gegenüberstehende Organe sahen und zwar die Regierung als das künstliche, das Volk und seine Vertreter als das natürliche Organ der Gesellschaft auffaßten. Auch die altständische Abneigung gegen jede militärische Kraftanstrengung, gegen den „miles perpetuus" lebte wieder auf, da die Regierungen schon mit Rücksicht auf den Bund ihre Heere aufrechterhalten mußten. Die Enge der kleinstaatlichen Verhältnisse, das Fehlen großer Aufgaben des Staates, die das gemeinsame Interesse von Regierung und Volk hätten hervortreten lassen, und die Gebundenheit der Regierungen an das vom Deutschen Bunde vorgeschriebene reaktionäre System trugen dazu bei, daß sich diese altmodischen Ansichten behaupteten und sogar vertieften. So sahen die süddeutschen Liberalen ihre Aufgabe vor allem darin, Männerstolz vor Königsthronen zu beweisen, den Regierungen feindlich gegenüberzutreten, sie namentlich finanziell möglichst knapp zu halten.

Aber bedeutungslos ist das frühe konstitutionelle Leben für die süddeutschen Staaten doch nicht geblieben. Die Erwartungen der Herrscher, daß die Verfassungen das Staatsbewußtsein der Bevölkerung kräftigen würden, haben sich überall erfüllt.[1]) Dabei kam ihnen zustatten, daß die norddeutschen Mittelstaaten — und von den Kleinstaaten sprach niemand — bis zur Julirevolution von 1830, die beiden Großmächte bis 1848 diese Errungenschaft der neuen Zeit entbehren mußten. In dem partikularistischen Stolz auf das eigene bessere Wesen, wie er sich in dem oben erwähnten Manuscript aus Süddeutschland kundgab, waren sich die Regierungen und die Bevölkerungen durchaus einig. Auch wirkten die Landtage in der aufgeregten Zeit nach der Julirevolution als Ventile und verhinderten gewaltsame Erschütterungen, wie sie damals die norddeutschen Staaten erfuhren. Sie setzten ferner manche nützliche Reform durch; namentlich kam nach 1830 die Ablösung der Fronden und Reallasten durch Gewährung von staatlichen Zuschüssen und Gründung von Tilgungskassen in Gang, Baden erhielt damals auch ein freieres Gemeindegesetz, eine verbesserte Zivil- und Strafprozeßordnung und ein neues Strafgesetzbuch. Auf die Dauer barg aber das konstitutionelle Wesen doch eine Gefahr in sich. Es lag ein innerer Widerspruch in diesen Regierungen, die in ihrem Lande konstitutionell und am Bundestag reaktionär und absolut auftraten und gedeckt durch Bundesbeschlüsse sich auch über ihre Landtage hinwegsetzen konnten; er wurde immer stärker empfunden, je mehr das parlamentarische Regierungssystem der Julimonarchie in Deutschland als das

1) Vgl. Rottecks „Wort über Landstände" (Rede vom 1. Juli 1818, Ges. Schriften, Bd. 2, 1841, S. 412): „Wir waren Baden-Badener, Durlacher, Breisgauer, Pfälzer, Nellenburger . . . Fortan [d. h. durch die Verfassung] sind wir Ein Volk, haben einen Gesamtwillen und . . . ein Gesamtleben." Ähnlich äußert sich A. v. Feuerbach in einem Brief aus Ansbach vom 27. März 1819 über die Wirkung der bayerischen Verfassung: „Erst mit dieser Verfassung hat sich unser König Ansbach und Bayreuth, Würzburg und Bamberg usw. erobert. Jetzt sollte man einmal kommen und uns zumuthen, eine andere Farbe als blau und weiß zu tragen" (A. v. Feuerbachs biograph. Nachlaß, veröff. von L. v. Feuerbach, 2. Ausg., Bd. 2, 1853, S. 113).

eigentliche Ideal einer wahrhaft freien Regierung gepriesen wurde. Auch enthob die Machtlosigkeit dieser Mittelstaaten, deren Existenz durch den Deutschen Bund und seine Großmächte gestützt wurde, die liberale Partei jeder Verantwortung für ihre Reden und Beschlüsse. So konnte seit den dreißiger Jahren ein staatsfeindlicher Radikalismus aufkommen, am meisten in Baden, das der Einwirkung Frankreichs am stärksten ausgesetzt war. Die weitere Entwicklung hing aber nicht bloß von den inneren Zuständen Süddeutschlands ab, sondern wurde bedingt durch den Gesamtverlauf der deutschen Geschichte. Bevor sie betrachtet werden kann, muß deshalb die Geschichte Norddeutschlands nachgeholt werden.

## § 44. Die norddeutschen Staaten bis 1848

Die Texte der Verfassungen finden sich bei PÖLITZ (oben S. 106) und H. A. ZACHARIAE, Die Deutschen Verfassungsgesetze der Gegenwart (1855), d. sächs. auch bei BINDING. Zum Hannoverschen Verfassungsbruch ist ferner das „Hannoversche Portfolio, Sammlung von Aktenstücken z. G. des Hannov. Verfassungskampfs" (4 Bde., 1839/41), ferner die von F. C. DAHLMANN hrsg. „Verteidigung des Staatsgrundgesetzes für das Königreich Hannover" (1838) heranzuziehen, DAHLMANNS Vorwort und seine Schrift „Zur Verständigung" sind wieder abgedruckt in seinen „Kleinen Schriften und Reden" (1886), S. 243ff.

An Darstellungen sind außer den bereits erwähnten allgemeinen Schriften zu vergleichen: Für Braunschweig: G. VON STUMPFELD, Altständische Elemente in der modernen Verfassungsentwicklung des Herzogtums Braunschweig (Diss. Greifswald 1921). Für Kurhessen: BOVENSIEPEN, Die Behördenorganisation in Kurhessen auf der Grundlage des Organisationsedikts Wilhelms II. vom 29. Juni 1821 (A. öffentl. Recht. Bd. 32, 1904); Die kurhessische Verfassungsurkunde vom 5. Januar 1831 (A. öffentl. Recht, Bd. 34, 1915). J. ISELER, Entwicklung eines öffentlichen politischen Lebens in Kurhessen 1815 bis 1848 (1913). A. LICHTNER, Landesherr und Stände in Hessen-Cassel 1797—1821 (1913). P. LOSCH, Geschichte des Kurfürstentums Hessen (1922) B. W. PFEIFFER, Geschichte der landständischen Verfassung in Kurhessen (1834). Für Sachsen: H. GÖPNER, Beiträge zur Entwicklungsgeschichte der Parteien in den sächsischen Kammern (1913). P. REINHARDT, Die sächsischen Unruhen der Jahre 1830/31 u. Sachsens Übergang zum Verfassungsstaat (1916). C. D. v. WITZLEBEN, Die Entstehung der konstitutionellen Verfassung des Königreichs Sachsen (1881; offiziöse Darstellung „im Auftrage der kgl. Staatsregierung").

Die innere Entwicklung der norddeutschen Mittel- und Kleinstaaten während der ersten Jahrzehnte des 19. Jhs. ist durch die Tatsache bestimmt worden, daß die großen Säkularisationen und Mediatisierungen, die in den Jahren 1803 und 1806 die politische Landkarte Süddeutschlands von Grund aus verändert haben, hier kaum eingewirkt haben, daß diese Staaten überhaupt weder damals noch 1815 nennenswerte Vergrößerungen des Gebiets erfahren haben. Deshalb hat hier der Zwang, neu erworbene, heterogene Bestandteile durch eine eindringende Reformtätigkeit mit dem alten Staate zusammenzuschweißen, gefehlt. Und was das westfälische Königreich in Hannover, Braunschweig und Kurhessen politisch, wirtschaftlich und sozial an Neuem geschaffen hatte, das ist nach 1813 fast ohne Ausnahme dem Haß gegen die Fremdherrschaft zum Opfer gefallen. Deshalb hat sich auch die alte landständische Verfassung in diesen Staaten behauptet oder ist nach 1815 wieder hergestellt worden.

Ganz ohne Reformen ist es freilich nicht einmal in Mecklenburg abgegangen. Durch das Erlöschen des Reiches wurden überall die Fürsten souverän, der Wegfall der Garantie der Landesverfassung durch Kaiser und Reich, die Aufhebung der Reichsgerichtsbarkeit nötigte zu Änderungen der Landesverfassungen. Die innere Geschichte der Kleinstaaten in der napoleonischen Zeit ist deshalb von Bestrebungen nach einer Anpassung der alten Verfassungen an die neuen Verhältnisse erfüllt. Wir kennen sie noch nicht genug, um schon jetzt sagen zu können, inwiefern diese Reformversuche allgemein auf eine Umgestaltung der Staaten ausgingen. Sehr viel erreicht wurde jedenfalls nicht. Auch die Verfassungsbewegung blieb auf dem Boden der alten ständischen Verfassungen stehen; aus ihr gingen die verschiedenen kleinstaatlichen Verfassungen der Jahre 1814—1816 hervor, von denen die weimarische vom 5. Mai 1816 zwar die berühmteste, ja sogar die einzige allgemein bekannte, aber nicht etwa die erste ist (Waldeck, oktroyierte Verfassung vom 28. Januar 1814, von den Ständen abgelehnt, neue Verfassung vom 19. April 1816. Weitere Verfassungen: für Rudolstadt vom 8. Januar 1816, für Schaumburg-Lippe vom 15. Januar 1816, für Hildburghausen [wo die alten Stände am 5. August 1807 ausdrücklich anerkannt worden waren] vom 19. März 1818). Ihnen allen ist gemeinsam, daß der alte landständische Dualismus mit der Kassentrennung beibehalten und die Grundlage der Landstände durch Aufnahme der Bauern in den Landtag verbreitert wurde.

Wie die meisten Fürsten der Kleinstaaten hatte auch König Friedrich August von Sachsen es unterlassen, dem Beispiele der süddeutschen Monarchen zu folgen und die neue Souveränität zur Aufhebung der alten Landesverfassung zu benutzen; er hatte vielmehr am 10. Mai 1807 „die bisherige Landesverfassung und die in selbiger gegründeten Rechte“ feierlich bestätigt und war während der Rheinbundszeit ängstlich bemüht, den Staat des 18., ja, man möchte fast sagen des 16. Jhs. möglichst zu erhalten. Nur die allerdringendsten Neuerungen, die Beseitigung der fremden Lehnsherrlichkeiten und auf ausdrücklichen Befehl Napoleons die Gleichberechtigung der Katholiken, waren durchgeführt worden. Auch mußte der veränderten wirtschaftlichen und sozialen Lage, dem Übergang zahlreicher Rittergüter in den Besitz von wohlhabenden Bürgerlichen oder von solchen Adligen, die die zur Landtagsfähigkeit erforderliche strenge Ahnenprobe nicht bestehen konnten, durch eine besondere Vertretung dieser Besitzer auf dem Landtage Rechnung getragen werden. Aber nicht einmal nach den starken Gebietsverlusten von 1815 gelang es, die landständischen Korporationen der einzelnen Landesteile zu einer Einheit zu verschmelzen; die Oberlausitz behielt auch jetzt noch eine gewisse Selbständigkeit. Im übrigen blieb sowohl die Verfassung des Landtags wie die des Landes, namentlich die jeden wirtschaftlichen Aufschwung hemmende oligarchische Stadtverfassung unverändert, so daß Sachsen beim Tode Friedrich Augusts I. 1827 in der Tat noch auf dem gleichen Standpunkt stand wie fast zwei Menschenalter zuvor bei dessen Regierungsantritt.

In Hannover wurden gleich nach der Wiederherstellung des Staates im Jahre 1814 die alten landständischen Verfassungen der einzelnen Landesteile, in die der Staat zerfiel, wieder in Kraft gesetzt. Daneben schuf aber die Regierung noch aus eigener Machtvollkommenheit etwas Neues, eine allgemeine, den nunmehr zu Provinziallandtagen degradierten alten Ständen übergeordnete Ständeversammlung, die 1819 in zwei Kammern geteilt wurde. Die erste Kammer bestand im Gegensatz zu den süddeutschen Verhältnissen überwiegend aus Gewählten, aus den Abgeordneten der Ritterschaften der Provinziallandtage, daneben aus einigen vom Könige erblich oder auf Lebenszeit berufenen Mitgliedern. In der zweiten Kammer sollten die Vertreter der Städte und Flecken und achtzehn Deputierte der freien Bauern sitzen; aber diese sollten erst dann erscheinen dürfen, wenn sie auf den Provinziallandtagen zugelassen sein würden, und da die Provinziallandtage darauf freiwillig nicht eingingen und die Regierung die Sache verschleppte, blieb der Bauernstand unvertreten. Die ganze Reform bedeutete überhaupt nur eine Vereinfachung für die Regierung, die nur noch mit einem allgemeinen statt mit vielen provinziellen Landtagen zu verhandeln hatte; aber an dem Übergewicht des Adels in der Verfassung und Verwaltung Hannovers änderte sie gar nichts.

Ähnlich ging es in Braunschweig, wo die „erneuerte Landschaftsordnung“ vom 25. April 1820 die bisher getrennten Landtage von Braunschweig und Blankenburg vereinigte und nach dem Vorbild Hannovers den neuen Gesamtlandtag in zwei Sektionen (1. Ritterschaft und die Hälfte der Prälaten; 2. andere Hälfte der Prälaten, Städte und Vertreter der bisher nicht landtagsfähigen freien Bauern) teilte, aber im übrigen die Zustände im Lande in der alten Verfassung beließ.

Aber diese ganze Wiederherstellung oder Erhaltung des Ständestaates des 18. Jhs. stand im Widerspruch zu den Bedürfnissen der Zeit, zu dem Wandel der Verhältnisse, der auch diese Gegenden ergriffen hatte. Es ist bezeichnend für den historischen Sinn, der sich in der festgefügten alten Staatenwelt Norddeutschlands entwickelt hatte, daß der geschichtslose Liberalismus Süddeutschlands, der das Bestehende nach abstrakten Prinzipien kritisierte, hier so gut wie keinen Boden fand. Aber die Unhaltbarkeit des Alten, die sich in dem wirtschaftlichen Stillstand greifbar ausprägte, wurde doch stark empfunden. Die bürgerlichen und bäuerlichen Kreise strebten aus der Enge der alten Verfassungen heraus. Zu diesen allgemeinen Ursachen einer sich weit ausbreitenden Mißstimmung kamen noch die besonderen Verhältnisse in Braunschweig und Kurhessen. In Braunschweig erkannte der junge, 1823 zur Regierung gelangte Herzog Karl die von der vormundschaftlichen Regierung erlassene erneuerte Landschaftsordnung nicht an und kam in Konflikt mit seinen Ständen, der bis zum Bundestag gelangte. Noch größeres Aufsehen erregten die kurhessischen Kämpfe. Kurhessen war im 18. Jh. das klassische Land des Soldatenhandels gewesen; die landständische Verfassung war zwar in Kraft geblieben, es fanden auch Landtage statt, aber das Übergewicht war beim Landesherrn, er bezog auch allein die Einnahmen aus dem Soldatenhandel, das Land hatte nur den Unsegen der Kleinstaaterei zu fühlen, die hier im engen Kreise besonders drückende fürstliche Willkür. Trotzdem war Kurfürst Wilhelm I. nach der Vertreibung Jéromes mit Freude aufgenommen worden. Aber seine Regierung brachte ihn bald um alle Sympathien. Er begann mit einer sinnlosen und rechtswidrigen Reaktion gegen die Fremdherrschaft, mit der Nichtanerkennung aller von der westfälischen Regierung übernommenen Verpflichtungen, mit der Wiederherstellung aller alten Lasten, mit der Beseitigung aller Reformen. Nur diejenigen Neuerungen wurden beibehalten, die für das Fürstentum, namentlich die fürstlichen Finanzen vorteilhaft waren, die Aufhebung der Patrimonialgerichtsbarkeit, die Unterordnung des Adels unter die Steuerpflicht, die Personalsteuer. Es bestand überhaupt eine gewisse Wesensverwandtschaft zwischen dem Kurfürsten und der bonapartistischen Regierungsweise; auch er strebte nach einem starken monarchischen Regiment, das nur zum Scheine mit einer unbedingt abhängigen, praktisch bedeutungslosen ständischen Vertretung umgeben sein, das sich über einer ohne wesentliche Standesunterschiede einheitlich und gleichmäßig unter den Staat gebeugten Gesellschaft erheben sollte. Deshalb ergänzte er, als er 1814 dem den Großmächten gegebenen Versprechen zufolge die alte ständische Verfassung wiederherstellte, den Landtag durch eine Vertretung der Bauern, deshalb wollte er in seinem Verfassungsentwurf von 1816 den Landtag nur aus einer einheitlichen, zwar von Prälaten, Adel, Städten und Bauern gewählten, aber nach Kopfzahl und ohne Bindung an Instruktionen abstimmenden Kurie zusammensetzen. Aber stets war er bemüht, die Befugnisse des Landtags so karg wie möglich zu bemessen, dessen Steuerbewilligungsrecht in eine Pflicht umzuwandeln und die eigene Finanzgebarung vor der Kontrolle der Stände zu bewahren. Unsere Kenntnis von den Konflikten zwischen dem Kurfürsten und seinen Ständen in den Jahren 1815 und 1816 beruhte lange Zeit auf den durchaus tendenziösen Nachrichten, die von den Ständen selbst darüber verbreitet wurden. Die neueren Schriften von Lichtner und Losch haben versucht, gerechter zu urteilen und nachzuweisen, daß auch hier wie in Württemberg das Verlangen der Landstände, deren Wortführer die Ritterschaft war, nach unbedingter Herstellung des alten Rechts die Herstellung der alten Privilegien bedeutete und gar nicht von der breiten Masse geteilt wurde. Aber die Grundlinien der alten Auffassung sind durch diesen Nachweis reaktionärer Gesinnung des Adels nicht verwischt worden. Eine Einigung zwischen Kurfürst und Ständen war auf der von jenem gebotenen Grundlage nicht möglich. Gerade diesem Kurfürsten gegenüber, der mit dem Ertrag des Soldatenhandels Geldgeschäfte auf eigene Rechnung getrieben hatte und trotzdem vom Lande Ersatz der militärischen Aufwendungen verlangte, konnten die Stände nicht auf eine Kontrolle der Finanzverwaltung verzichten, mußten sie festhalten an der Forderung, daß wenigstens ein Teil des aus Landesmitteln gewonnenen fürstlichen Vermögens für die allgemeinen Staatszwecke gesichert werde. An der gegensätzlichen Auffassung über die Finanzfragen scheiterte die Verständigung; der Landtag wurde 1816 ohne Abschied entlassen, seither regierte der alte Kurfürst, dann seit 1821 sein Sohn Wilhelm II. absolut. Seinen modernen bonapartistischen Zug behielt dieses fürstliche Regiment; die auf der Trennung von Rechtsprechung und Verwaltung beruhende Behördenorganisation des Jahres 1821, die Aufhebung des persönlichen Sportelbezugs der Beamten waren unbestreitbare Verbesserungen. Aber die

Härte und Willkür des Fürsten, die häufigen, bei dem Reichtum des Fürsten besonders gehässigen Steuererhöhungen und der durch die handelspolitische Absperrung gegen Preußen noch vergrößerte wirtschaftliche Notstand des Landes erzeugten eine allgemeine Verbitterung.

Die Pariser Julirevolution des Jahres 1830 brachte nun diese ganze, äußerlich ruhige, aber innerlich gärende Welt in Bewegung. Zuerst erhoben sich die Braunschweiger. Da der Bundestag noch weniger als einstens Kaiser und Reich Mut und Kraft besaß, um zugunsten des von dem Herzog bedrohten Verfassungsrechts einzutreten, griffen sie im September 1830 zur Selbsthilfe und vertrieben Karl. Dem rein persönlichen Anlaß dieser Revolution entsprechend fand Karls Bruder Wilhelm keinerlei Schwierigkeit bei der Übernahme der Regierung; die legitimistischen Skrupel bekümmerten ihn nicht, er nannte sich Herzog, obwohl Karl nicht abdankte. Er ließ zunächst durch die Stände die erneuerte Landschaftsordnung von 1820 wiederherstellen. Nachdem auf diese Weise der Rechtsboden gefestigt war, wurde diese ständische Ordnung in eine moderne Verfassung umgewandelt. Diese „Neue Landschaftsordnung" (vom 12. Oktober 1832) entsprach im Wesen den süddeutschen Verfassungen, sie setzte die Unteilbarkeit und Unveräußerlichkeit des Staates fest, sie ordnete das Verhältnis zwischen Regierung und Landtag, sie sprach auch einige Rechte der Individuen in der üblichen Weise aus. Nur in einem Punkte wich sie von dem Schema ab; wohl wegen der Kleinheit des Gebietes bestand der Landtag nur aus einer Kammer, die nach ständischem Wahlrecht gewählt wurde.

Wenige Tage nach der Braunschweiger Erhebung gab der Kurfürst von Hessen den durch die drohende Haltung der Bevölkerung unterstützten Bitten des Magistrats der Stadt Kassel nach und berief die hessischen Stände und Abgeordnete der seit 1803 erworbenen Landesteile zu einem Landtag. Diesem ließ er Vorschläge wegen einer neuen Verfassung und wegen einer Teilung des Kabinettsvermögens zwischen dem Staat und dem Hofe zugehen. Aber nur diese Teilung nahm der Landtag ohne weiteres an; den Verfassungsentwurf arbeitete er unter Leitung des Marburger Professors Sylvester Jordan nach den Grundsätzen der Rotteck-Welckerschen Staatslehre um. Die endgültige Verfassung vom 5. Januar 1831 geht daher in vielem über die süddeutschen hinaus. Sie betont zwar die monarchische Regierungsform, aber sie erwähnt unmittelbar darauf das Bestehen der landständischen Verfassung neben der Monarchie, als ob es sich um zwei gleichberechtigte Faktoren handle, sie verlangt ferner die Vereidigung selbst des Militärs auf die Verfassung und entspricht den liberalen Doktrinen in der Einführung des Einkammersystems, das freilich auf die Vergangenheit insofern Rücksicht nimmt, als neben den gewählten Vertretern von Stadt und Land auch Abgeordnete der Ritterschaften und sogar die Prinzen und die Standesherren Sitz und Stimme haben sollten. Ein besonderes Kennzeichen dieser Verfassung ist endlich das Mißtrauen gegen die Regierung, welches das dem süddeutschen Liberalismus und dem alten Ständetum gewöhnliche Maß noch übertrifft; sie bildet nicht nur einen dauernden landständischen Ausschuß für die Überwachung der Regierung bei der Vollziehung des Landtagsabschieds und ein Kompromißgericht für die Schlichtung von Zweifeln über die Auslegung der Verfassung, sondern sie gibt den Landständen auch das Recht und die Pflicht, die Minister bei jeder Verfassungsverletzung vor dem Oberappellationsgericht zu verklagen. Dieser Verfassung gegenüber ist Treitschkes Spott über die deutsche Neigung, politische Fragen auf dem Wege des Zivilprozesses auszutragen, durchaus berechtigt.

Im Gegensatz zu den wesentlich durch die Persönlichkeiten der Herrscher bedingten „Revolutionen" in Braunschweig und Kurhessen fehlte im Königreich Sachsen jeder persönliche Anlaß. Die ersten Unruhen richteten sich hier deshalb auch nicht gegen den König oder die Staatsregierung, sondern gegen die oligarchischen Stadträte in Leipzig und Dresden; erst in zweiter Linie stand das Verlangen nach einer den modernen Bedürfnissen angepaßten Staatsverfassung. Sich gewaltsam durchzusetzen, war die Volksbewegung auch nicht stark genug. Entscheidend war vielmehr die Tatsache, daß innerhalb der Regierung selbst eine von dem Geheimen Rat v. Lindenau geführte Partei die Berechtigung dieser Reformforderung anerkannte und unter dem Eindruck der Unruhen den Sieg über den alten König Anton davontrug, der bis jetzt geglaubt hatte, es genüge, die von seinem Bruder Friedrich August I. über ein halbes Jahrhundert lang beobachteten Grundsätze auch ferner zu beobachten. Der Neffe des Königs, Friedrich August (II., 1836—1854), wurde zum Mitregenten, Lindenau zum Kabinettsminister ernannt, ein Patent vom 5. Oktober 1830 erkannte die Notwendigkeit von Reformen der Verfassung und Verwaltung an. Die Reform geschah wenn auch unter dem Druck wiederholter Unruhen, so doch in den gesetzlichen Bahnen, der altständische Landtag selbst beschloß die neue Verfassung, die am 4. September 1831 erlassen wurde. Sie entspricht durchaus den süddeutschen Verfassungen; nur daß vieles, was in diesen das Ergebnis der vorhergegangenen Reformzeit gewesen war, wie die Überwindung des Dualismus durch die Einheit der Staatsfinanzen, die Gleichheit vor dem Gesetz und vor allem in den Steuern, hier erst durchzuführen war, und daß die im agrarischen Süden berechtigte starke Berücksichtigung des Grundbesitzes in den Kammern den Bedürfnissen der sächsischen Industrie schon damals nicht entsprach.

Auch im Königreich Hannover sind infolge der allgemein verbreiteten Erregung Unruhen ausgebrochen. Sie waren freilich so unbedeutend, daß sie keine bleibenden Folgen hinterlassen hätten, wenn nicht ein Teil der Regierung sie zum Anlaß genommen hätte, auf Reformen zu dringen. Der erste Erfolg war die Erschütterung des bisher ganz unabhängigen Adelsregiments durch die Einsetzung eines in Hannover residierenden Vizekönigs. Seine Befugnisse waren zwar bescheiden, aber er war doch eine Regierung über dem Adel; während bisher der König auf die Informationen durch den adligen Minister in London angewiesen war, so hatte er jetzt einen unabhängigen Vertreter im Lande. Daher leitete die Errichtung des Vizekönigtums auch eine Reihe von Reformen ein, die ihren Abschluß in dem Grundgesetz vom 26. September 1833 fanden. Dieses Grundgesetz war eine moderne Verfassung, sie schuf aus Hannover einen modernen Staat mit einheitlicher Staatskasse, mit einheitlichem, vor dem Gesetze gleichberechtigtem Staatsbürgertum, überhaupt mit den in den übrigen Mittelstaaten üblichen Formen. Die Zusammensetzung der beiden Kammern blieb ungefähr so, wie sie bereits 1819 angeordnet worden war, nur daß die Vertretung des Bauernstandes jetzt zur Wirklichkeit wurde.

Damit waren die wichtigsten Mittelstaaten Norddeutschlands zu Verfassungsstaaten geworden, und in allen begann eine rege Reformtätigkeit, um die Verheißungen der Verfassungsurkunden von der Freiheit der Personen, namentlich des Bauernstandes, von der Gleichheit im Abgabensystem in die Wirklichkeit umzusetzen. In Kurhessen freilich kam es nicht zu einer ruhigen Entwicklung, denn das dem Kurfürsten wie seinem zum Mitregenten erhobenen Sohne Friedrich Wilhelm gegenüber allerdings berechtigte Mißtrauen des Landes gegen den Herrscher, durch das schon die Verfassung mit einer Reihe von schwer durchführbaren Bestimmungen belastet worden war, rief dauernd Konflikte hervor. Zu einer schweren Erschütterung des Staatslebens kam es in Hannover, als der 1837 zur Regierung gelangte König Ernst August, seit 1714 der erste hannoversche Herrscher, der nicht zugleich England besaß und darum in England wohnte, die Verbindlichkeit der neuen Verfassung bestritt, das Grundgesetz von 1833 aufhob und die alte Ordnung von 1819 wieder in Kraft setzte. Sowohl einzelne Maßnahmen, z. B. die Ersetzung der Bezeichnung Staatsdiener durch königliche

Diener, wie ganz besonders die Begründung des Schrittes, die Berufung auf den im Fideikommißrecht gültigen Grundsatz, daß der Besitzer wesentliche Veränderungen nur mit Zustimmung aller Agnaten vornehmen dürfe, zeigten, daß der neue König grundsätzlich auf einem ganz andern Boden stand als die öffentliche Meinung der Zeit; dem Staatsgedanken gegenüber vertrat er die alte patrimoniale Auffassung der Herrschaft als eines Familiengutes. Er drang in Hannover damit durch, zumal da er die Aufhebung der Verfassung geschickt mit einem Steuernachlaß verband; auch der Bundestag ließ den Staatsstreich ruhig geschehen, obwohl nach der Wiener Schlußakte von 1820 „die in anerkannter Wirksamkeit bestehenden landständischen Verfassungen nur auf verfassungsmäßigem Wege wieder abgeändert werden" durften. Aber gerade durch diesen Sieg des Fürstentums über die Verfassung, durch das Vorgehen gegen die sieben Göttinger Professoren, die sich auf ihren Verfassungseid berufen hatten und abgesetzt wurden, wurde das Interesse des süddeutschen Liberalismus für die norddeutschen Dinge geweckt. Die Trennung zwischen Nord- und Süddeutschland, die seit den Zeiten des Rheinbundes bestand, begann zu verschwinden; der Liberalismus wurde zu einer gesamtdeutschen Bewegung.

## § 45. Die Bewegung des Jahres 1848 und ihre Folgen

Quellen: Die wichtigsten der durch die Reaktion nach 1851 wieder beseitigten Verfassungsgesetze der Jahre 1848/50 sind in A. Rauchs parlamentarisches Taschenbuch (1848/52) aufgenommen worden; in den neueren Quellensammlungen sind sie leider nicht abgedruckt worden. Eine Übersicht über die Wahlrechtsreformen gibt G. Meyer, Das parlamentar. Wahlrecht (1901), S. 189ff.

An besonderen Arbeiten über die Einzelstaaten seit dem Jahre 1848 sind zu nennen: Für Baden das Buch des damaligen Ministers J. B. Bekk, Die Bewegung in Baden von Ende des Februar 1848 bis zur Mitte des Mai 1849 (1850) und die Sammlung von F. Lautenschlager, Volksstaat u. Einherrschaft, Dokumente aus der badischen Revolution 1848/49 (1920). Für Mecklenburg: Schmaltz, Die Verhandlungen zwischen Regierung und Ständen über eine Änderung der mecklenburgischen Verfassung seit 1851 (bis 1880; Mecklenburg. Z. f. Rechtspflege und Rechtswissenschaft, Bd. 26, 1908). A. Werner, Die politische Bewegung in Mecklenburg und der außerordentliche Landtag von 1848 (1907). Für Sachsen: K. Geyer, Polit. Parteien u. Verfassungskämpfe in Sachsen von der Märzrevolution bis zum Ausbruch des Maiaufstandes 1848/49 (1914; z. T. auch als Leipziger Diss. 1915). Für Württemberg: J. v. Pflugk-Harttung, Das württemb. Ministerium Linden (HTb. 1888).

Trotz vielen Unterschieden in Einzelheiten bieten die deutschen Mittelstaaten während der vierziger Jahre des 19. Jhs. doch ein einheitliches Bild dar. Überall bestanden konstitutionelle Regierungen, aber sie waren überall gleich ängstlich bemüht, weitere Zugeständnisse an die Kammern zu vermeiden. Sie hatten dabei den Adel auf ihrer Seite, auch in Süddeutschland, wo er den Verlust der Reichsunmittelbarkeit noch nicht verschmerzt hatte, wo namentlich die mediatisierten Standesherren sich in die Stellung von Untertanen nicht hineinfinden wollten. Denn der Adel war auf die Unterstützung der Regierung, auf ihre Abwehr des Liberalismus angewiesen, wenn er die Reste seiner grundherrlichen Stellung, namentlich die Patrimonialgerichtsbarkeit, wo sie noch bestand, behaupten wollte. Freilich, der Widerstand gegen den Liberalismus wurde immer aussichtsloser. Die Bedeutung des Bürgertums stieg; es übernahm in den Ländern des Zollvereins unbestritten die wirtschaftliche Führung, aber auch die geistige behauptete es, die bürgerlichen Juristen und Professoren waren zugleich die politischen Führer. Daraus entstand ohne weiteres die Forderung nach einem dieser Bedeutung entsprechenden Anteil am politischen Leben, nach einem gerechteren Wahlsystem, nach größerer Bewegungsfreiheit der Kammern, nach einer Beschränkung der überwiegend adlig-agrarisch zusammengesetzten ersten Kammern. Der Widerstand der Regierungen gegen die Erfüllung dieser Forderungen rief eine wachsende Verbitterung hervor; die bestehenden Verfassungen wurden als Widerspruch gegen die wirklichen Zustände, gegen die berechtigten Ansprüche des Volkes — mit dem sich diese oberen Schichten des Bürgertums unbedenklich gleichstellten — empfunden und befehdet. Die Regierungen erwehrten sich der Bewegung, so gut sie konnten, auch mit allerhand kleinen Mitteln der polizeilichen Schikane; aber wie die preußische, so zweifelten auch die meisten mittelstaatlichen Regierungen an der Möglichkeit, das Bestehende noch lange erhalten zu können. Und besondere Ereignisse, wie die ärgerlichen Kämpfe um Lola Montez in Bayern, bewiesen auch eine gewisse Unsicherheit bei den Regierungen.

In diesem Zustand trafen die Nachrichten von den italienischen Unruhen seit dem Januar, dann zu Ende Februar 1848 die Nachricht vom Siege der Revolution in Frankreich die deutsche Staatenwelt. Allenthalben, zuerst in Süddeutschland, bald aber auch in den andern Staaten, faßte das Bürgertum den Mut, Volksversammlungen abzuhalten und seine Forderungen laut werden zu lassen. Sie bezogen sich einmal auf die deutsche Einheit, die Reform der Bundesverfassung, und gaben so den Anstoß zu der bereits geschilderten deutschen Bewegung der Jahre 1848 und 1849. Zweitens aber berührten sie, und zwar, wie das gelegentlich geäußerte Verlangen, daß nur Landeskinder in einem Staate als Beamte angestellt werden dürften, verrät, in einem manchmal komischen Gegensatz zu der laut gepriesenen deutschen Einheitsidee, die inneren Zustände der Einzelstaaten. Wie die Wahlen zum deutschen Parlament, so beweisen auch diese Forderungen den überwiegend politischen Charakter der Bewegung des Jahres 1848; sie handeln von politischer Freiheit, von Freiheit der Presse, von Schwurgerichten, von Volksbewaffnung mit freier Offizierswahl. Ein sozialistischer Einschlag, wie er in Frankreich die Revolution bestimmte, fehlt in Deutschland fast ganz.

Die Regierungen gaben dieser Bewegung, ohne Widerstand zu versuchen, nach. Überall traten die alten Ministerien ab und machten den „Märzministern“, den Führern der bisherigen parlamentarischen Opposition Platz. Die besonderen Ereignisse in Bayern führten ferner zur Abdankung Ludwigs I. Dieses haltlose Zusammenbrechen der vormärzlichen Regierungen war gewiß nicht heroisch, aber es blieb den Fürsten der Mittel- und Kleinstaaten nichts anderes übrig, nachdem der Bundestag sich der Volksbewegung gefügt hatte und selbst in Wien und Berlin der Absolutismus gestürzt worden war. Und den Erfolg hatte diese Nachgiebigkeit wenigstens, daß gewaltsame Erschütterungen vermieden wurden, daß das gebildete und besitzende Bürgertum die Führung behielt, ohne den Radikalismus zum Bundesgenossen aufrufen zu müssen. Nur in Baden kam es schon während des Frühjahrs 1848 zu Kämpfen; hier unternahmen die von Frankreich und der Schweiz her verstärkten Radikalen und Republikaner einen Vorstoß, den aber eine Bundesexekution rasch niederwarf.

Dem Siege der bisherigen Opposition und der Erfüllung der ersten Forderungen, den eigentlichen „Märzerrungenschaften“, folgte nun allenthalben eine Reformgesetzgebung, die zwar in gesetzlichen Formen vorgenommen wurde, aber um so gewaltiger das Bestehende umwälzte, je mehr die Regierungen und die Kammern unter dem Druck der aufgeregten öffentlichen Meinung standen. Die Kleinstaaten wurden erst jetzt zu modernen Verfassungsstaaten, sei es, daß sie, wie Oldenburg, die drei anhaltinischen Herzogtümer und die beiden Fürstentümer Reuß, überhaupt keine geschriebenen Verfassungen besessen oder die alte landständische Verfassung in mehr oder minder modernisierter Form bisher beibehalten hatten; nur in Schaumburg-Lippe und in Mecklenburg-Strelitz kam keine Reform zustande. Den neu erlassenen Verfassungen und den neuen Bestimmungen, die in die alten eingefügt wurden, ist es gemeinsam, daß sie das fürstliche Domanium entweder zum Staatsgut erklärten oder wenigstens der Verwaltung und Verwendung des Staates unterordneten und die Fürsten auf Zivillisten anwiesen; ferner wurden an Stelle der ständischen Vertretungen Volksvertretungen im Sinne der konstitutionellen Doktrin geschaffen. Während selbst die nach der Julirevolution erlassenen Verfassungen durchaus auf monarchischem Boden standen und die Volkssouveränität und Gewaltenteilung meist ausdrücklich verwarfen, ist in den Verfassungen des Jahres 1848 (auch in der preußischen) der Einfluß der belgischen Verfassung von 1831 unverkennbar. Die Verfassung von Anhalt-Dessau vom 29. Oktober 1849 bezeichnete die Regierungsform als „demokratisch-monarchisch". Aber auch die größeren, schon vor 1848 zur konstitutionellen Regierung übergegangenen Staaten erlitten tiefgreifende Neuerungen. Der Geist der vom Frankfurter Parlament aufgestellten Grundrechte des deutschen Volkes, die Ideen der Freiheit und der Gleichheit, beherrschten ihre Gesetzgebung während der Jahre 1848 und 1849. Die letzten Reste der Vorrechte des Adels und des bureaukratisch-absolutistischen Regierungssystems wurden beseitigt. In Hannover wurde erst jetzt die besondere adlige Bank in den Kollegien und die Steuerfreiheit der Rittergüter aufgehoben, überall fielen die Privilegien des Gerichtsstandes, die patrimoniale Gerichtsbarkeit und Polizei, die Jagdgerechtigkeiten auf fremdem Boden; die Grundentlastung der Bauern wurde mit staatlicher Unterstützung fortgeführt und fast überall dem Abschluß nahegebracht. Die Rechtsgleichheit der Staatsbürger wurde konsequent auch auf die Sekten und die Juden ausgedehnt und die Ausübung der bürgerlichen und politischen Rechte vom Glaubensbekenntnis unabhängig gemacht. Von diesem Standpunkt aus wurde auch versucht, die politische Vertretung des Volkes durch Beseitigung der ständischen Gliederung umzugestalten. Deshalb wurden nicht allein die Vertreter des adligen oder großen Grundbesitzes und die andern Privilegierten, die in den zweiten Kammern Bayerns, Sachsens, Württembergs, Hannovers und Hessens saßen, aus diesen verdrängt, sondern es wurde durch eine demokratische Gestaltung des Wahlrechts der Charakter der zweiten Kammern als der Vertretung des Volkes noch stärker betont; der moderne Gedanke, daß das Wahlrecht nicht ein korporatives, den Angehörigen eines bestimmten Standes oder Berufes zukommendes, sondern ein individuelles Recht sei und daher jedem Volljährigen und Unbescholtenen zustehen müsse, wurde mit ganz geringen Kautelen (z. B. höheres Alter und Vorschrift der direkten Steuerzahlung) verwirklicht. Auch die ersten Kammern, die ihrer Aufgabe, ein konservatives Element im Staate darzustellen, in dieser ersten großen Krisis des deutschen Verfassungslebens nicht im geringsten gewachsen waren, wurden in diese Reformgesetzgebung hineingezogen, in Sachsen und Hannover aus Vertretungen der privilegierten Geburtsstände in gewählte Körperschaften umgewandelt, während Württemberg seine Kammer der Standesherrn ganz beseitigte. In unmittelbarem Zusammenhang mit diesen Änderungen in der Organisation der Landtage steht die Erweiterung ihrer Kompetenz. Die in den früheren Verfassungen enthaltenen Beschränkungen der ständischen Initiative, die Vorbehalte der Regierungen hinsichtlich der Beantragung neuer Gesetze fielen der Bewegung von 1848 zum Opfer. Noch mehr sollte der Schwerpunkt des Staates von der Regierung auf die Volksvertretung dadurch verlegt werden, daß die gesetzliche Feststellung der Ministerverantwortlichkeit gefordert wurde; ein solches Gesetz, das einen besonderen Staatsgerichtshof schuf, ist z. B. für Bayern erlassen worden (4. Juni 1848). Die Rechtssicherheit des Einzelnen wurde durch die Trennung der Justiz von der Verwaltung und durch Sicherung der Unabhängigkeit der Richter, durch Öffentlichkeit und Mündlichkeit des gerichtlichen Verfahrens, durch die Errichtung von Schwurgerichten, endlich durch die Eröffnung des Rechtsweges gegenüber den Verfügungen der Verwaltungsbehörden erhöht. Und hier, auf dem Gebiete der Verwaltungsgerichtsbarkeit drang auch ein neuer politischer Gedanke in die Mittelstaaten ein, die Beteiligung der Laien an der Verwaltung neben den Beamten; er wurde zuerst in Hessen nach dem belgisch-französischen Vorbild in der Form von Bezirksräten verwirklicht. Aber auch der germanische Gedanke der kommunalen Selbstverwaltung der Gemeinden, den Stein in der preußischen Städteordnung von 1808 zu neuem Leben erweckt hatte, fand jetzt Eingang in das politische Leben der Mittelstaaten; überall wurde eine Neuordnung der Gemeindeverwaltung im Geiste der Autonomie gefordert.

Die Fülle von neuen Ideen und Gesetzen ließ sich natürlich nicht von heute auf morgen in die Wirklichkeit umsetzen, und das wurde dieser Reformbewegung zum Verhängnis. Es war die innere Schwäche der Märzministerien und der hinter ihnen stehenden Kreise des liberalen Bürgertums, daß die von ihnen erkämpfte Erweiterung der politischen Rechte radikalen Schichten das Übergewicht verschaffte. In den auf Grund der neuen Wahlgesetze gewählten Kammern saß die liberale Partei als Minderheit auf der rechten Seite, die Mehrheit besaß die radikale Linke, eine Demokratie, die zum guten Teil aus Kleinbürgern ohne politische Bildung und ohne parlamentarische Erfahrung bestand und durch die Maßlosigkeit ihrer Forderungen den Märzministerien das Regieren unmöglich machte. Und eine weitere Schwäche war es, daß die alten Regierungen, die Fürsten, das Beamtentum, doch innerlich sehr viel mehr Kraft und Halt hatten, als die Märzereignisse hatten vermuten lassen. Im Zusammenhang mit der großen europäischen Reaktionsbewegung, mit der seit der Pariser Junischlacht des Jahres 1848 beginnenden, allmählichen Kräftigung der Staaten faßten sie wieder Mut. Daß die größeren Mittelstaaten die Anerkennung der Reichsverfassung des Frankfurter Parlamentes verweigerten, war die erste Tat der auch hier erwachenden Reaktion gegen die Revolution. Sie führte zwar in einzelnen Ländern, in Sachsen, Baden und der Pfalz, zur offenen Revolution, zum Abfall des Militärs, zur Erklärung der Republik. Aber Preußen warf mit geringer Anstrengung alle diese Aufstände während des Sommers 1849 nieder.

Damit war für alle diese Staaten die revolutionäre Periode beendet. Mochten auch in einzelnen Staaten die demokratischen Kammern weiter tagen und gerade jetzt ihre Gesetzgebung abschließen, die Reaktion war nicht mehr aufzuhalten. Ihre Träger waren die Dynastien, die die Selbständigkeit ihrer Staaten und damit die eigene Souveränität nicht zugunsten der deutschen Einheit aufgeben wollten, die Bureaukratie, die an der altgewohnten obrigkeitlichen Regelung des Lebens und an der eigenen Unabhängigkeit von den Parlamenten festhielt, endlich der Adel, der den Verlust seiner Sonderrechte nicht ohne Kampf hinnehmen wollte. Der Verlauf der Reaktion ist natürlich in den einzelnen Staaten je nach dem Kräfteverhältnis dieser Faktoren verschieden gewesen. Während in Baden die alte Ordnung unter dem Schutz der preußischen Truppen wiederhergestellt wurde, konnte sich in Bayern, wo die ultramontane Partei stets ein Gegengewicht gegen die Liberalen und Demokraten gebildet hatte, der Übergang ruhig und ohne Bruch der Gesetzgebung von 1848 vollziehen. Dagegen wurden in Sachsen, Württemberg und Hessen im Laufe des Jahres 1850 durch landesherrliche Verordnungen die neuen Kammern aufgelöst und die radikalen Wahlgesetze aufgehoben, an ihre Stelle traten die alten, 1848 beseitigten Einrichtungen; die Regierungen waren überall stark genug, um ihre rechtlich sehr anfechtbaren Verordnungen durchzuführen. Nur in Kurhessen kam es zu Unruhen, als im Herbst 1850 das Ministerium Hassenpflug die freilich besonders radikale Verfassung in dem der Allgemeinheit sehr fühlbaren Punkte der Steuererhebung verletzte und zur Durchführung seiner Absichten unter Berufung auf die im Jahre 1848 vom Bundestag selbst aufgehobenen Ausnahmegesetze des deutschen Bundes den Kriegszustand über das Land verhängte. Da sich die Zivilbehörden und das auf die Verfassung vereidigte Militär weigerten, die verfassungswidrigen Anordnungen zu vollziehen, rief das Ministerium den inzwischen von Österreich wiederhergestellten Bundestag an. Nachdem die politischen Schwierigkeiten dieser Aufgabe durch die Olmützer Konvention zwischen Österreich und Preußen behoben waren, schufen Kommissare des Bundes Ordnung; durch Beschluß des Bundestags vom 27. März 1852 wurde die Verfassung des Jahres 1831 außer Kraft gesetzt und eine neue[1]) erlassen, die den monarchischen Charakter

1) Vom 13. April 1852, bei Altmann, Urk. z. d. Vfg., Bd. 1, S. 290f.

des Staates ausdrücklich betonte, das Zweikammersystem einführte und der die Regierung zu sehr einengenden Bestimmungen der früheren Verfassung entbehrte, aber keinen Teil, weder den absolutistisch gesinnten Kurfürsten und seinen Minister Hassenpflug noch das Land, befriedigte und noch weniger das Grundübel des kurhessischen Verfassungslebens, das Mißtrauen zwischen Fürst und Volk, beseitigte, so daß die Verfassungskämpfe hier erst mit dem Aufhören des kurhessischen Staates ein Ende fanden.

Die Kleinstaaten warteten ausdrückliche Beschlüsse des Bundestags ab, bis sie zu Beginn der fünfziger Jahre erst die Grundrechte des deutschen Volkes aufhoben, dann auf gesetzlichem Wege oder durch einseitige landesherrliche Verordnungen die Gesetze der Jahre 1848—1850 abänderten. Besonderes Gewicht wurde überall darauf gelegt, die Domänen wieder in das ausschließliche Eigentum des Fürsten zurückzuverwandeln und die Zivillisten abzuschaffen, ferner den Einfluß der breiten Masse durch Wiederherstellung der alten ständischen Vertretungen oder durch Einrichtung besonderer Kurien der Höchstbesteuerten (in Braunschweig, Weimar, Nassau, Schwarzburg-Sondershausen) abzuschwächen.

Während in allen diesen Staaten die Reaktion eine Erhebung der Monarchie und des Beamtentums gegen das Bürgertum bedeutete, ging sie in Hannover und Mecklenburg, den klassischen Ländern der Adelsherrschaft, vom Adel aus. Die in ihren Rechten gekränkten Ritterschaften wendeten sich beschwerdeführend an den Bundestag und erhielten recht. Durch den Spruch eines Schiedsgerichtes vom 11. September 1850 wurde die allein für Schwerin erlassene mecklenburgische Verfassung vom 10. Oktober 1849 wieder aufgehoben, und der alte landesgrundgesetzliche Erbvergleich von 1755 wurde mit allen seinen Anomalien, selbst der, daß er nicht die beiden Bundesstaaten Schwerin und Strelitz, sondern nur die Herzogtümer Schwerin und Güstrow und den Stargardischen Kreis kannte, wieder in Kraft gesetzt. Auch die neue hannoversche Verfassung vom 5. September 1848 wurde vom Bundestag in einzelnen Punkten als bundeswidrig bezeichnet; aber die Krone war hier doch mächtig genug, um die Änderungen von sich aus zu verfügen. In der Hauptsache wurde auch hier die alte Verfassung in der Form, die sie nach dem Staatsstreich vom Jahre 1837 durch das Landesverfassungsgesetz vom 6. August 1840 erhalten hatte, wiederhergestellt. Sie war zwar moderner als die mecklenburgische, stand aber grundsätzlich, in der Ablehnung des modernen einheitlichen Staatsbegriffs, in der Erhaltung des Dualismus von Fürst und Land, die auch jetzt durch die Rückverwandlung der Staatsdiener und der Staatsanwälte in königliche Diener und Kronanwälte und durch die Erneuerung der Kassentrennung noch besonders betont wurde, auf dem gleichen altständischen Boden wie jene.

Trotz dieser allgemeinen Herrschaft der Reaktion in den deutschen Staaten, die in den einzelnen Handlungen der Verwaltungen natürlich noch deutlicher zum Ausdruck kam als in der Gesetzgebung, waren die „vormärzlichen“ Zustände doch endgültig vorbei. Die soziale Befreiung und die Gleichheit aller Staatsbürger vor dem Gesetz ist in den maßgebenden Staaten nicht mehr angetastet worden, auch die Patrimonialgerichte blieben aufgehoben; der moderne Staat hatte gesiegt. Ein dauerndes Ergebnis der Revolutionsjahre ist auch der größere Zuschnitt des politischen Lebens; die Zensur wurde nicht mehr eingeführt. Und vor allen Dingen: Preußen war seit 1848 Verfassungsstaat, und damit war das unnatürliche Übergewicht, das der süddeutsche Liberalismus in den letzten Jahrzehnten erlangt hatte, gebrochen. Das politische Leben der Mittel- und Kleinstaaten war, wie die Jahre der Reaktion von neuem bewiesen, abhängig nicht von der Kraft ihrer Regierungen und Parteien, sondern vom Bunde und seinen Großmächten. Nur Preußen besaß die Macht, seine innere und äußere Politik selbständig zu bestimmen; die Entwicklung Preußens in den fünfziger und sechziger Jahren ist der entscheidende Faktor auch für die innere Geschichte der Mittel- und Kleinstaaten geworden.

## Dreizehnter Abschnitt: Preußen von 1806 bis 1871

Die für das 17. und 18. Jh. reichlich fließenden Veröffentlichungen von Akten hören spätestens mit dem Jahre 1806 auf. Abgesehen von gelegentlichen Mitteilungen sind wir daher in der Hauptsache auf die Gesetze angewiesen, die seit 1810 in der Gesetzsammlung für die kgl. preußischen Staaten (seit 1907: Preußische Gesetzsammlung) amtlich veröffentlicht werden. Die Gesetze der Jahre 1806—1810 finden sich sowohl in einem Nachtragsbande zum Novum Corpus Constitutionum wie in einem Einleitungsbande zur Gesetzsammlung. Eine Auswahl des Wichtigsten bieten W. Altmann, Ausgewählte Urkunden z. brandenb.-preuß. Vfg. u. Verwaltungsg. Teil 2 (1897, die 1. Hälfte in 2. Aufl. 1915), das neunzehnte Jahrhundert, und W. Schücking, Quellensammlung z. preuß. Staatsrecht (1906).

An Gesamtdarstellungen kommen die oben S. 1 genannten zusammenfassenden Arbeiten von Bornhak, Hintze, Loening und Stölzel in Betracht, ferner die auf Aktenstudium aufgebauten grundlegenden Darstellungen bei H. v. Treitschke, Deutsche G. im 19. Jh. (bis 1848) und A. Stern, Geschichte Europas seit den Verträgen von 1815 bis zum Frankfurter Frieden von 1871 (9 Bde., 1894/1923, zum Teil in 2. Aufl.). Einzeluntersuchungen bieten: J. Hansen, Preußen und Rheinland von 1815—1915 (1918). O. Hintze, D. preuß. Staatsministerium im 19. Jh. (Festschrift zu G. Schmollers 70. Geburtstag, Beitr. zur brandenb. u. preuß. G., hrsg. vom Ver. f. G. der Mark Brandenburg 1908, und Die Entstehung der modernen Staatsministerien HZ., Bd. 100, 1908). H. O. Meisner, Zur neueren Geschichte des preuß. Kabinetts (FBPrG., Bd. 36, 1923). G. Schmoller, Die Epochen der preußischen Finanzpolitik bis zur Gründung des Deutschen Reiches (Umrisse und Untersuchungen).

Übersichten über die Verfassungsentwicklung enthalten auch die einleitenden Abschnitte der Bearbeitungen des preußischen Staatsrechts, z. B. C. Bornhak, Preuß. Staatsrecht (2. Aufl. 1911), L. v. Rönne, Staatsrecht d. preuß. Monarchie (5. Aufl. von Th. Zorn 1899/1906), Graf Hue de Grais, Hb. der Verfassung und Verwaltung in Preußen und im Deutschen Reich (sehr oft aufgelegt).

### § 46. Die Stein-Hardenbergischen Reformen

Als Quellen sind neben den Gesetzen an erster Stelle die Papiere der leitenden Staatsmänner zu nennen; die des Freiherrn vom Stein sind aufgenommen in die etwas ungefüge Biographie von G. H. Pertz, Das Leben des Ministers Frhrn. vom Stein (6 Bde., 1849/55), Die Denkwürdigkeiten Hardenbergs (nur bis 1806), hrsg. von L. v. Ranke, die Rigaer Denkschrift ist außerdem auch in Rankes Hardenberg, Bd. 3 (sämtl. Werke, Bd. 48) abgedruckt (vgl. dazu E. Spranger, Altensteins Denkschrift von 1807 und ihre Beziehungen zur Philosophie, FBPrG., Bd. 18, 1905). Ferner sind zu nennen: W. v. Humboldt, Politische Denkschriften, hrsg. von B. Gebhardt (in den Gesammelten Schriften hrsg. von der Ak. Berlin, Bd. 10—12, 1903/04). Aus den Papieren des Ministers und Burggrafen von Marienburg Th. v. Schön (7 Bde., 1877/83; über die Glaubwürdigkeit vgl. M. Lehmann, Knesebeck und Schön 1875, ferner die neueren, für Schön wesentlich günstigeren Arbeiten von M. Baumann, Th. v. Schön, seine Geschichtsschreibung und seine Glaubwürdigkeit, 1910, und Schöns Urteil über Stein als Finanzmann, HVSchr., Bd. 16, 1913). Briefe und Aktenstücke z. G. Preußens unter Friedrich Wilhelm III., vorzugsweise aus dem Nachlaß von F. A. Stägemann, hrsg. von F. Rühl (3 Bde., 1899/1902). Für die Gegner der Reformen ist der Wortführer F. A. L. v. d. Marwitz, hrsg. von F. Meusel (Bd. 1, Lebensbeschreibung 1908; Bd. 2, Tagebücher, politische Schriften und Briefe 1913).

Allgemeine Darstellungen: G. Cavaignac, La formation de la Prusse contemporaine (2 Bde. bis 1813; 1891/98. G. S. Ford, Stein and the era of reform in Prussia 1807—1815 (1922). R. Koser, Die preuß. Reformgesetzgebung in ihrem Verhältnis z. franz. Revolution (HZ., Bd. 73, 1894; auch in den Aufs. u. Vortr. 1921). E. v. Meier, Franz. Einflüsse auf die Staats- und Rechtsentwicklung Preußens im XIX. Jh. (2 Bd., 1907/8) [vgl. dazu M. Lehmanns Kritik, PrJbb. 1908, Bd. 132; ferner Meiers Erwiderung, Der Minister vom Stein, die franz. Revolution und der preuß. Adel, eine Streitschrift gegen M. Lehmann, 1908; vgl. dazu die Besprechungen FBPrG., Bd. 21, 1908, S. 313ff. und 625ff. (O. Hintze). Int. Wochenschrift f. Wiss., Kunst und Technik, Bd. 3, 1909, S. 253ff. und S. 308ff. (G. Kaufmann), HZ., Bd. 103, 1909, S. 359ff. (A. Wahl), JbGesVV., Bd. 34, 1910, S. 69ff. (G. Küntzel), PrJb. 1908, Bd. 134, S. 448 (H. Delbrück)]. F. Meinecke, Das Zeitalter der deutschen Erhebung[2] (1913). A. Stern, Abh. und Aktenstücke z. G. d. Preuß. Reformzeit (1885).

Einzelne Gebiete: Bauernbefreiung: I. F. Knapp, Die Bauernbefreiung und der Ursprung der Landarbeiter in den älteren Teilen Preußens (2 Bde., 1887). G. Winter, Entstehungsgeschichte des Oktoberedikts und der Verordnung vom 14. Feb. 1808 (FBPrG., Bd. 40, 1927). Heeresreform: A. Herrmann, Friedrich Wilhelm III. und sein Anteil an der Heeresreform bis 1813 (HVSchr., Bd. 11, 1908), M. Lehmann, Zur G. der preuß. Heeresreform (HZ., Bd. 126, 1922); O. v. d. Osten-Sacken, Preußens Heer von seinen Anfängen bis zur Gegenwart, Bd. 2 (1912); D. preuß. Heer der Befreiungskriege, hrsg. vom Gr. Generalstab, Bd. 1 (1912). Städteordnung: O. v. Gierke, Die Städteordnung von 1808 und die Stadt Berlin (JbGesVV., Bd. 36, 1912); die wichtigste Literatur des Jubiläumsjahrs 1908 s. Dahlmann-Waitz[8], Nr. 12271. Steuern: K. Mamroth, G. d. preuß. Staatsbesteuerung im 19. Jh., 1. (einziger) Teil von 1806—1816 (1890). Verfassung: A. Stern, G. d. preuß. Verfassungsfrage 1807—1815 (in den Abh. u. Akt.). Verwaltung: E. v. Meier, Die Reform der Verwaltungsorganisation unter Stein u. Hardenberg, 2. Aufl. v. F. Thimme 1912.

Biographien (alphabetisch): F. Meinecke, Das Leben des Generalfeldmarschalls H. v. Boyen (2 Bde., 1896/99). H. Delbrück, Das Leben des Feldmarschalls Grafen N. v. Gneisenau (3. Aufl. 1908). L. v. Ranke, Hardenberg und d. G. d. preuß. Staates von 1793—1813 (Sämtl. Werke, Bd. 46—48). B. Gebhardt, W. v. Humboldt als Staatsmann (2 Bde., 1896/99). M. Lehmann, Scharnhorst (2 Bde., 1886/87). M. Lehmann, Frhr. vom Stein (3 Bde., 1902/05); E. Botzenhardt. Staats- u. Reformideen des Frhr. vom Stein (1. Bd. 1927)

Es ist oben (S. 79) darauf hingewiesen worden, wie in Preußen unter Friedrich Wilhelm II. und Friedrich Wilhelm III. die staatliche Energie nachließ und wie der Staat dadurch von seiner Höhe herabsank. Aber bei Jena und Auerstädt wurde doch nicht bloß das System Friedrich Wilhelms III. geschlagen, sondern auch das Friedrichs des Großen. So vernichtend konnten diese Niederlagen nur dadurch werden, daß der aufgeklärte Despotismus grundsätzlich auf die lebendige und freie Anteilnahme seiner Untertanen am Staatsleben verzichtete, daß er vielmehr alles von oben her zu bestimmen unternahm, jedem den Wirkungskreis genau vorschrieb und ihn darin festhielt, daß er auch die Pflichten gegen den Staat nach dem Grundsatz der Arbeitsteilung regulierte und eine aktive Betätigung für den Staat nur vom Beamtentum und vom Heere forderte, die breite Masse aber auf das Steuerzahlen beschränkte und selbst in Kriegszeiten für sie die Ruhe als die erste Bürgerpflicht proklamierte. Aber auch das Beamtentum und die Militärbehörden erwarteten jeden Antrieb von oben her und fielen fast widerstandslos dem Eroberer anheim, als unter dem lähmenden Eindruck der Niederlage die oberste Leitung versagte. Die Festungen kapitulierten, die Zivilbehörden arbeiteten in der gewohnten Weise für die neue Zentralgewalt, die Napoleon organisierte. Auch die Bevölkerung nahm während der ganzen Dauer des Krieges kaum Anteil an dem Schicksal des Staates; so ist er bis zum Ende recht eigentlich ein Krieg des alten Staates gewesen, in dem der friedliche Bürger es gar nicht merken sollte, wenn der Soldat sich schlug.

Dieser alte Staat hatte nun der neuen Zeit gegenüber versagt. Damit war die Notwendigkeit einer gründlichen Reform erwiesen, zugleich waren auch die Hindernisse beseitigt, die bisher einer Reform im Wege gestanden hatten, die Macht der Tradition, die namentlich in dem Generalkontrolleur der Finanzen Grafen Schulenburg-Kehnert verkörpert gewesen war, und die Scheu vor energischen Maßregeln, die dem Könige und seinen Geheimen Kabinettsräten eigentümlich gewesen war.

Um das Wesen der preußischen Reformen ist vor Jahren lebhaft gestritten worden. In seiner Biographie des Freiherrn vom Stein hatte M. Lehmann zunächst ein sehr ungünstiges Bild von den Zuständen des alten Preußen vor 1806, von seiner mangelhaften staatlichen Organisation und seinen unbefriedigenden sozialen Verhältnissen, der ungerechten Bevorzugung des Junkertums gezeichnet und nachzuweisen versucht, daß die Reform ein vollständiger Neubau gewesen sei und daß Stein bei diesem Neubau sich bewußt nach dem Vorbild des revolutionären Frankreich gerichtet habe. Diese Darstellung focht E. v. Meier in dem Buch über die französischen Einflüsse auf die Staats- und Rechtsentwicklung Preußens in allen ihren Punkten an. Er bestritt, daß die preußischen Zustände vor 1806 unhaltbar gewesen seien, es habe eine allgemeine Zufriedenheit geherrscht, er bestritt ferner, daß Stein eine Vorliebe für die Ideen der französischen Revolution gehabt habe, und er bestritt endlich jeden fremden Einfluß auf die Reform; man habe in Preußen „nicht vom Gegner gelernt“, Steins Reform sei „aus dem ureigenen deutschen Geiste“ hervorgegangen, Preußen habe „sich gleich dem Großen Kurfürsten im Prinzen von Homburg auf märkische Weise fassen“ wollen.

Meiers Einspruch scheint mir (im Einklang mit den meisten Kritikern) in zwei Punkten berechtigt zu sein, nämlich in der hier nicht näher zu erörternden Frage nach der persönlichen Stellung Steins zur französischen Revolution, ferner in der Beurteilung des alten Preußen vor 1806 (vgl. auch oben S. 78). Nicht an seiner sozialen Ungerechtigkeit, an der Aufrechterhaltung der ständischen Gliederung der Gesellschaft ist das alte Preußen zugrunde gegangen, sondern an seiner militärisch-politischen Schwäche; die Reform ist deshalb auch nicht ein Werk der bisher unterdrückten Klassen, sondern findet ihre Träger in der bisher herrschenden Schicht, im König und im hohen Beamtentum.

Aber für das Wesen der eigentlichen Reform ist damit noch gar nichts bewiesen. Hier ist Meier mit seiner schroffen Ablehnung aller fremden Einflüsse sicher im Irrtum. Freilich geht auch Lehmann zu weit, indem er, verleitet durch die unbestreit baren und sehr fruchtbaren Ergebnisse seiner vergleichenden Betrachtung der Gesetze der französischen Revolution und der preußischen Reform, einseitig den französischen Einschlag betont hat. Auch diese Streitfrage ist im Kampf der Meinungen viel zu schroff formuliert worden, es handelt sich nicht um ein Entweder-Oder, sondern um eine Synthese von Altpreußischem und Neuem. Das Neue sind nicht schlechthin die Ideen von 1789, sondern allgemeiner die Ideen des 18. Jhs., der Individualismus der Zeit, die Kraft der auf sich selbst gestellten Persönlichkeit. Es ist nach 1807 etwas Unpreußisches, Deutsches, ja Weltbürgerliches in den preußischen Staat aufgenommen worden, das sich ihm so wenig assimiliert hat, daß man sagen möchte, an dieser Spannung sei der preußische Staat zugrunde gegangen; es ist kein Zufall, daß die führenden Männer der Reformzeit, Stein und Hardenberg, Scharnhorst und Gneisenau nicht geborene Preußen waren. Aber neben diesem Neuen bestand doch trotz allen Niederlagen der altpreußische Staat noch weiter, mit seiner Organisation, die auch für die Reformen die Grundlage gebildet hat, mit seinen starken persönlichen und allgemeinen Kräften, mit Königtum, Beamtentum, Heer und mit seinem Adel, der — mag man das billigen oder nicht — eine starke reale Gewalt war, endlich auch mit einem lebendigen Staatsbewußtsein. Daraus erklärt sich das Besondere der preußischen Reform im Gegensatz zu den Rheinbundstaaten und zur französischen Revolution: hier ist nicht ein Staat künstlich geschaffen, sondern das historisch gewordene alte Preußen, der Staat Friedrichs des Großen, ist durch neue Kräfte belebt und verstärkt, ist fort-, aber nicht eigentlich umgebildet worden; und dieser Staat war zugleich das Ziel und die Schranke der Reform; trotz allem Individualismus ist die Freiheit der Persönlichkeit niemals Selbstzweck geworden, die Reform hat sich nie gegen den Staat gerichtet, sondern ist stets darauf ausgegangen, dessen Macht zu steigern.

Die Reform begann mit dem trotz seinem unscheinbaren Titel berühmten Edikt vom 9. Oktober 1807 betreffend den erleichterten Besitz des Grundeigentums, sowie die persönlichen Verhältnisse der Landbewohner. Dieses änderte freilich an den Zuständen in Preußen nicht allzuviel, da es die Eigentumsverhältnisse und die dinglichen Lasten der Bauerngüter überhaupt nicht berührte. Seine Bedeutung liegt vielmehr darin, daß es ein neues Prinzip für die gesamte Tätigkeit des Staates aufstellte: es bricht mit der polizeistaatlichen Fürsorge für das Wohl und Wehe des einzelnen, es stellt diesen auf sich selbst und überläßt es ihm, sich durchzusetzen; der Staat begnügt sich damit, „alles zu entfernen, was den einzelnen bisher hinderte, den Wohlstand zu erlangen, den er nach dem Maße seiner Kräfte zu erreichen fähig war". Darum hebt das Edikt zwei Schranken auf, erstens die Erbuntertänigkeit der Bauern, d. h. die persönliche Abhängigkeit der Bauern von den Gutsherrn, vor allem Gesindezwangsdienst und Schollenpflichtigkeit, zweitens die Gebundenheit des Grundstücksverkehrs und der Berufswahl; auch dem Adligen werden die bürgerlichen Berufe eröffnet, wie andererseits der Bürgerliche nun auch adligen Grundbesitz sollte erwerben können. Die alte Gliederung der Gesellschaft nach Geburtsständen war damit gefallen.

Die Aufhebung der Vorrechte der Geburtsstände wirkte unmittelbar auf die Heeresverfassung ein. Das Vorrecht des Adels auf die Offizierstellen — denn als solches wurde die von Friedrich Wilhelm I. einst mit Mühe durchgesetzte Pflicht seit Friedrich dem Großen empfunden — fiel mit der rechtlichen Gleichstellung der Stände. Statt adliger Geburt war seit dem Reglement vom 6. August 1808 in Friedenszeiten ein durch Prüfungen festzustellendes Maß von Kenntnissen die Vorbedingung für die Ernennung zum Offizier. Auch für die Mannschaften die Konsequenz der Rechtsgleichheit zu ziehen und die Wehrpflicht allen gleichmäßig aufzulegen, hinderten sowohl die Bedenken des Königs und der an den alten Traditionen festhaltenden Offiziere wie die praktische Unmöglichkeit, alle Wehrfähigen in das seit der Konvention vom 8. September

1808 auf 42 000 Mann beschränkte Heer einzustellen. So blieb das alte Kantonreglement mit seinen vielen Befreiungen namentlich aller Gebildeten und Besitzenden — die sich auch in Frankreich und in den Rheinbundstaaten infolge der Stellvertretung dem Dienst entzogen — zunächst in Kraft; erst zu Beginn des Befreiungskrieges, am 9. Februar 1813, wurde vorläufig für die Dauer des Krieges der Grundsatz der allgemeinen Wehrpflicht ausgesprochen. Dagegen hat auf dem Gebiete der militärischen Disziplin, in der Neuordnung der militärischen Strafen der Geist der Reform, die neue Schätzung auch des gemeinen Mannes als einer Persönlichkeit sich gleich im Jahre 1808 durchgesetzt.

Von der hier nicht weiter zu besprechenden Reorganisation des Heeres abgesehen, waren der Reform drei Aufgaben gestellt: Verbesserung der Organisation der Staatsbehörden, Befreiung der individuellen Kräfte im Staate, endlich Verbindung von Staat und Individuum. Die organisatorischen Veränderungen betrafen vor allem die Zentrale, suchten hier eine größere Einheitlichkeit und Straffheit durchzuführen. An die Stelle der drei tatsächlich ohne Fühlung unabhängig nebeneinander stehenden Kollegialbehörden, des Kabinettsministeriums (Auswärt. Depart.), des Geistlichen und Justizdepartements und des Generaldirektoriums mit seiner unorganischen Verbindung von Fach- und Provinzialdepartements trat durch die Verordnung vom 24. November 1808 ein einheitliches Ministerium, das lediglich Fachministerien, und zwar zunächst nach französischem Muster fünf (Inneres, Finanzen, Auswärtiges, Krieg und Justiz) zählte. Diese Fachministerien sind, wenn auch ihre Zahl und ihre Abgrenzung oft gewechselt hat, eine dauernde Einrichtung geworden. Dagegen ist es lange Zeit nicht gelungen, für das Zusammenwirken der Minister untereinander und mit dem Könige eine geeignete Form zu finden. Der von Stein geplante und in dem Publikandum betreffend die veränderte Verfassung der obersten Staatsbehörden vom 16. Dezember 1808 auch angekündigte Staatsrat, in dem unter dem Vorsitz des Königs gemeinsame Sitzungen der Minister und besonderer Geheimer Staatsräte stattfinden sollten, ist nicht zustande gekommen, vor allem weil der König seiner Natur nach nicht für die Leitung solcher Sitzungen geeignet war. 1810 schuf dann Hardenberg in dem Amt des Staatskanzlers, der den Fachministern vorgesetzt war und deren Verkehr mit dem König vermittelte oder doch kontrollierte, für eine Reihe von Jahren einen festen Mittelpunkt für die gesamte Staatsverwaltung. Die Provinzialverwaltung beharrte in der Hauptsache in den gewohnten Bahnen. Unter dem neuen Namen der Regierungen führten die alten Kriegs- und Domänenkammern die Verwaltung weiter; soweit es nicht schon früher geschehen war (vgl. oben S. 77), gaben sie ihre Befugnisse in der Verwaltungsgerichtsbarkeit an die Justizkollegien, die jetzt als Oberlandesgerichte bezeichneten ehemaligen Regierungen ab. Ihre kollegiale Verfassung widerstand sowohl den Versuchen Steins, neben die Beamten gewählte Repräsentanten zu stellen, wie Hardenbergs Experimenten mit dem französisch-westfälischen Präfektensystem. Auch das Landratsamt behielt seinen alten Charakter einer Verbindung von Staatsamt und kreisständischer Selbstverwaltung; auch hier scheiterte Hardenberg, als er das französisch-westfälische Beispiel befolgen und im Gendarmerieedikt vom 30. Juli 1812 den Landrat zu einem lediglich von der vorgesetzten Behörde abhängigen Beamten machen wollte.

Die mit dem Edikt vom 9. Oktober 1807 eingeleitete wirtschaftliche Befreiung der Individuen wurde unter den Nachfolgern Steins in einer Weise weitergeführt, die zwar dem Wortlaut des Edikts entsprach, aber mit Steins Absichten in Widerspruch stand. Denn Stein war, so sehr er auch für die sittliche Selbstverantwortung des einzelnen eintrat, doch ein Gegner der schrankenlosen Freiheit der Individuen; wie er überhaupt von dem etwas unklaren romantischen Ideale einer altgermanischen, korporativ gebundenen Freiheit erfüllt war, so wollte er auch auf diesem Gebiete zwar die staatliche Bevormundung preisgeben, aber an einer Beschränkung durch autonome, von freien Mitgliedern gebildeten Körperschaften festhalten. Aber schon sein Mitarbeiter Schön, der jenes Edikt zum größten Teil verfaßt hat, und nach ihm Altenstein und Hardenberg standen grundsätzlich auf dem Boden der unbedingten individuellen Freiheit, huldigten den Theorien von Adam Smith. In fast wörtlichem Anklang an dessen Buch über den Reichtum der Nationen bezeichnete die Regierungsinstruktion vom 26. Dezember 1808[1]) als die Aufgabe der staatlichen Behörden, alles dem natürlichen Gange zu überlassen und überall die volle Freiheit herzustellen. Die Gesetzgebung Hardenbergs führte diese Grundzüge im einzelnen durch. Sie hob die gesamte Zunftverfassung auf und verlieh nach dem Vorbild von Frankreich und Westfalen am 28. Oktober 1810 unbeschränkte Gewerbefreiheit für Stadt und Land; sie beseitigte damit zugleich die seit der Einführung der Akzise in den Städten bestehende wirtschaftliche Trennung von Stadt und Land in Preußen und versuchte konsequent auch eine einheitliche Steuerverfassung durchzuführen, ohne damit zu bleibenden Ergebnissen zu kommen. Auch die agrarischen Verhältnisse wurden im Geiste der vollen Freiheit umgestaltet. Der Aufhebung der Erbuntertänigkeit durch das Edikt vom 9. Oktober 1807 folgte am 14. September 1811 die Regulierung der Besitzrechte; je nach dem Grade seines bisherigen Besitzrechtes erlangte der Bauer gegen Abtretung eines Drittels oder der Hälfte seines Landes das volle Eigentumsrecht an seinem Besitz mit unbeschränkter Verfügungsfreiheit, aber er verlor damit auch den Anspruch auf Unterstützung durch den Gutsherrn, und voll Vertrauen auf den Segen der freien Konkurrenz gab der Staat auch den Bauernschutz auf. Und diese Maßregel, die ganz im Geiste von A. Smith war und nicht bloß aus Nachgiebigkeit gegen den Adel verfügt wurde, hat mehr noch als die anfechtbaren Einzelbestimmungen und die am 29. Mai 1816 erfolgte Beschränkung der Regulierung auf die spannfähigen Güter den ostelbischen Bauernstand dem Auskauf durch den kapitalkräftigeren Adel preisgegeben.

Die verschiedene Stellung Steins und Hardenbergs zum Individuum hat auch die Gestaltung des Verhältnisses von Staat und Individuum entscheidend beeinflußt. Stein ging auch hier von der Korporation als der natürlichen Grundlage des Gemeinwesens, nicht vom Individuum aus; er wollte den einzelnen nicht unmittelbar mit dem höchsten Verbande, dem Staate, in Beziehung setzen, sondern ihn durch die abgestufte Selbstverwaltung von den lokalen Verbänden an über die Kreise und Provinzen hinaus zur Mitarbeit am Staate heranziehen. Nur ein Teil dieser Absichten ist von Stein selbst verwirklicht worden, die Neuordnung der Stadtverwaltung durch die Städteordnung vom 19. November 1808. Die Städteordnung hebt die alte patrimoniale Stadtverfassung auf und nimmt die staatlichen Funktionen der Rechtsprechung und der Polizei den städtischen Behörden ab, dafür aber überträgt sie die gesamte kommunale Verwaltung ohne die stete Beaufsichtigung durch einen Steuerrat der Stadtgemeinde. Zur praktischen Durchführung dieser Selbstverwaltung wählt die Bürgerschaft eine Stadtverordnetenversammlung, die ihrerseits wieder einen Magistrat als ausführendes Organ wählt. Ein weiterer Ausbau der Selbstverwaltung durch Erlaß entsprechender Ordnungen für das platte Land war geplant, ist aber weder Stein noch Hardenberg geglückt. Deshalb blieb die patrimoniale Gerichtsbarkeit und Polizei der Gutsherrn bestehen; die eben erst aus der Erbuntertänigkeit befreiten Bauern waren auch — das hat Stein, dem der preußische Osten fremd war, verkannt — zur Selbstverwaltung noch nicht geeignet. Auch die regelmäßige Zuziehung von ständischen De-

1) Vgl. die §§ 34 und 50; vgl. dazu A. Zimmermann, G. der preußisch-deutschen Handelspolitik (1892), S. 3f.

putierten zu den Regierungskollegien und die in der Verordnung vom 27. Oktober 1810 in Aussicht gestellte Errichtung von Reichsständen ist unterblieben. Hardenberg ging von ganz andern Gesichtspunkten aus als Stein; er kannte nur den Staat und das Individuum und glaubte nicht an die altgermanische Freiheit, er war aller korporativen Selbstverwaltung und jeder Beschränkung der Bureaukratie durch Deputierte abhold, sein Vorbild war die von der Zentrale unbedingt beherrschte, nach unten ebenso unbedingt herrschende Verwaltungsordnung, wie sie von Napoleon in der Präfekturverfassung in Frankreich eingeführt und dann in Westfalen und den süddeutschen Rheinbundstaaten nachgeahmt worden war. Auch er war freilich davon überzeugt, daß eine engere Verbindung zwischen dem Staat und der Bevölkerung geschaffen werden müßte, und verhieß daher gleich in seinen ersten Reformgesetzen vom Oktober 1810 die Errichtung einer Repräsentation. Aber er beschränkte ihre Aufgabe auf die Beratung, denn er verstand unter der Repräsentation nicht ein unabhängiges, die Regierung kontrollierendes Organ, sondern eine die öffentliche Meinung günstig beeinflussende Stütze der Regierung. Deshalb versuchte er es im Jahre 1811 mit einer Versammlung von ernannten „Notabeln". Deren Verlauf war freilich nicht geeignet, ihn einer unabhängigen reichsständischen Versammlung günstig zu stimmen. Denn seine Reformgesetze stießen auf eine überaus lebhafte Opposition seitens des gutsherrlichen Adels; und zwar richtete sich diese Opposition nicht bloß gegen Einzelheiten, sondern gegen die gesamte Tendenz der Stein-Hardenbergischen Reformen, ja gegen den seit den Tagen des Großen Kurfürsten vordringenden modernen Staat überhaupt, gegen den monarchischen Absolutismus, gegen den die Rezesse von 1540 und 1653 ausgespielt wurden, gegen den Einheitsstaat, demgegenüber die Sonderrechte der Provinzen verteidigt wurden, gegen die Rechtsgleichheit der Stände, gegen die neue, vorwiegend bürgerliche Volkswirtschaft.[1]) Trotzdem wurde im Jahre 1812 eine sogenannte „interimistische Nationalrepräsentation" eingerichtet, die bis 1815 tagte; aber sie erlangte keinerlei Einfluß auf den Fortgang der Reformen; alle großen Reformgesetze sind ohne Befragung der Notabeln oder der Nationalrepräsentation erlassen worden. Und man wird sagen dürfen: es war unbedingt notwendig, daß der König und sein Beamtentum die Reform des Staates allein durchführten; jede Heranziehung der Bevölkerung, deren stärkster Teil damals immer noch der Adel war, mußte die Reform und damit die Wiedererhebung des Staates gefährden. Nicht darum konnte es sich handeln, die Träger der bisherigen staatlichen Organisation zu ersetzen, sondern sie zu verstärken. Auch aus dem Verlauf des Befreiungskrieges sind diese organisierten Gewalten des Staates nicht hinwegzudenken; so groß auch die freiwilligen Leistungen der Bevölkerung waren, es bedurfte der festen Organisation, wie sie der alte Staat in Königtum, Beamtentum und stehendem Heer geschaffen hatte, um alle die einzelnen Kräfte zusammenzufassen und zum Siege zu führen.

## § 47. Die Neuorganisation des Staates nach 1815

Literatur: M. Bär, Die Behördenverfassung der Rheinprovinz seit 1815 (1919). W. E. Lindner, Das Zollgesetz von 1818 und Handel und Industrie am Niederrhein (WZ., Bd. 30, 1911). G. Schmoller, D. preuß. Handels- und Zollgesetz vom 26. Mai 1818 im Zusammenhange mit d. G. der Zeit (Berliner Rektoratsrede 1898). Im übrigen ist auf die oben S. 141 angegebene Literatur, namentlich auf Treitschke zu verweisen. Für die hier nicht zu behandelnde Tätigkeit der Verwaltung sei wenigstens H. v. Petersdorff, Friedrich v. Motz (2 Bde., 1913) genannt.

In dem großen Ringen des Befreiungskrieges hatten sich die Stein-Hardenbergischen Reformen bewährt. Die Neuorganisation des Staates nach 1815 bedeutet darum nicht eine Änderung, sondern den Abschluß der Reformen und zugleich ihre Ausdehnung auf die wiedergewonnenen oder neu erworbenen Landesteile.

1) Wegen der Einzelheiten vgl. W. Steffens, Hardenberg und die ständische Opposition 1810/1811 (1907).

Nicht nur zeitlich, sondern auch sachlich ist hier an erster Stelle das von dem neuen Kriegsminister H. v. Boyen verfaßte Wehrgesetz vom 3. September 1814 zu nennen. Indem es die allgemeine Wehrpflicht ohne jede Ausnahme und ohne Stellvertretung für alle Zeiten grundsätzlich festlegt, hält es den Grundgedanken der Stein-Hardenbergischen Reform fest, daß jeder Bewohner des Staates diesem mit allen Kräften, auch dem Leben zu dienen habe. Auf dieser festen Grundlage ruhte von nun an die europäische Stellung des Staates, die auch jetzt noch bei dessen relativer Kleinheit und bei der ungünstigen geographischen Gestaltung besondere Anstrengungen erforderte. Aber auch für die innere Verfassung des Staates war damit der Kern der Reformzeit, der Bruch mit der ständischen Gliederung und mit der polizeistaatlichen Bevormundung gesichert.

An den Grundzügen der in den Jahren 1808—1812 geschaffenen Organisation der Behörden wurde nichts geändert. Die Ministerialverfassung blieb bestehen; die Abgrenzung der einzelnen Ministerien wechselte freilich noch sehr häufig, weniger aus sachlichen als aus persönlichen Rücksichten. Über den Ministern stand bis zu seinem Tode im November 1822 Hardenberg als Staatskanzler. Nach dem raschen Tode seiner in Aussicht genommenen Nachfolger Voß und Kleist wurde die Stelle nicht mehr besetzt, den Verkehr zwischen dem Könige und den einzelnen Ministern vermittelten ein oder zwei Kabinettsminister. Wenn trotzdem die Einheitlichkeit der obersten Staatsregierung besser gewahrt wurde als in den Zeiten der Kabinettsregierung vor 1806, so lag das zum Teil daran, daß auf die großen Reformen nun eine ruhigere Periode folgte, die neue grundsätzliche Entscheidungen nicht erforderte, vor allen Dingen aber daran, daß die neue Behördenverfassung nicht wie die frühere vor 1806 auf die stete, unmittelbare Einwirkung des Königs aufgebaut war. An die Stelle des monarchischen Absolutismus war ein bureaukratischer Absolutismus getreten; er fand seine Spitze in dem schon von Stein geplanten und am 20. März 1817 freilich in etwas anderer Form endgültig eingerichteten Staatsrat. Zu diesem gehörten die Prinzen des königlichen Hauses, die Minister und die Chefs der obersten Staatsbehörden, die Feldmarschälle, ferner eine nicht begrenzte Zahl von Staatsräten, die aus besonderem Vertrauen berufen waren, endlich, jedoch nur auf ausdrückliche Berufung, die kommandierenden Generale und Oberpräsidenten der Provinzen. Er hatte mit der laufenden Verwaltung nichts zu tun, sondern war zuständig für die Gesetzgebung, für die Feststellung allgemeiner Grundsätze für die Verwaltung, für die Schlichtung von Kompetenzstreitigkeiten zwischen den Ministerien und für die Entscheidung von Beschwerden über die Minister. Er hat, bis er durch die Parlamente des Verfassungsstaates in den Hintergrund gedrängt worden ist, eine segensreiche, der Öffentlichkeit freilich nicht bekannte Tätigkeit entfaltet.

Unter den Ministerien standen als Provinzialverwaltungsbehörden nach wie vor die Regierungen; sie wurden nach dem bewährten altpreußischen Muster auch in den neuen Landesteilen eingerichtet, auch da, wo bisher das französisch-westfälische Präfektensystem geherrscht hatte. Auch die Kreisverfassung, der jetzt auch die Städte mit Ausnahme der großen untergeordnet waren, wurde auf ganz Preußen ausgedehnt. Dagegen war die lokale Verwaltung je nach den einzelnen Landschaften verschieden; auch die Städteordnung von 1808 galt nur in den Landesteilen, die zur Zeit des Erlasses zu Preußen gehört hatten.

Nicht eingegliedert in diesen Instanzenzug waren die Oberpräsidenten, ein Posten, der nach gelegentlichen Anläufen in der Reformzeit im Jahre 1817 endgültig geschaffen wurde. In ihnen lebten die früheren Provinzialminister des Generaldirektoriums wieder auf, nur daß die Oberpräsidenten ihren Wohnsitz nicht in Berlin, sondern in den ihnen anvertrauten Provinzen, die 1815 unter möglichster Anlehnung an alte landschaftliche Zusammenhänge eingerichtet worden waren, zu nehmen hatten. Sie sollten als beständige Kommissare eine Art Gegengewicht gegen den schleppenden Geschäftsgang der Regierungskollegien bilden und vor allem kontrollierend und anregend wirken. Durch die Einrichtung der Provinzialstände und die Ausgestaltung des kommunalen Lebens der Provinzen wurde ihr Wirkungskreis wesentlich erweitert.

Der Einheitlichkeit der Verwaltungsorganisation, die nur in der Gerichtsverfassung wegen der Besonderheit des materiellen Rechts und der Prozeßordnungen in den Rheinlanden eine Ausnahme erfuhr, entsprach auch die neue Ordnung der Steuerverfassung des Staates. Sie erhielt eine feste Grundlage in dem Zollgesetz vom 26. Mai 1818. Dieses bestimmte die volle wirtschaftliche Einheit des Staates, hob alle Binnenzölle und die gesamte Akzise auf und schuf als Ersatz ein Grenzzollsystem. Nicht bloß wegen der erleichterten Durchführung des Gesetzes wurde die bisherige Schutzzollpolitik aufgegeben und wurden an Stelle der verwickelten Wertzölle mäßige Gewichtszölle gesetzt, die seit dem Jahre 1821 in beiden Hälften des Staates gleich waren; vielmehr wirkte dabei auch die schon während der Reformzeit hervorgetretene Tendenz des hohen Beamtentums mit, im Sinne der Doktrin von A. Smith jede unmittelbare Beeinflussung des Wirtschaftslebens durch den Staat aufzugeben und alles dem freien Spiel der individuellen Kräfte zu überlassen. Eine Ausnahme wurde nur mit der Durchfuhr gemacht, mit deren hoher Belastung ein Druck auf die innerhalb der preußischen Zollinie liegenden Staaten ausgeübt werden sollte, damit sie sich dem preußischen System anschließen sollten. Eine Folge des Zollgesetzes war es, daß 1819 die indirekten Steuern auf einheimische Erzeugnisse (Salz, Branntwein, Bier usw.) gleichfalls einheitlich für den Staat neu geordnet wurden. Durch das Gesetz vom 30. Mai 1820 wurden auch die direkten Steuern endgültig festgesetzt; auch hier herrschte, abgesehen von der Grundsteuer, die in den alten Formen und mit den alten Privilegien weiter bestand, Einheitlichkeit im ganzen Staat, und nur insofern lebte die alte Trennung von Stadt und Land noch fort, als in einer Anzahl von größeren Städten statt der sonst üblichen direkten Klassensteuer eine indirekte Mahl- und Schlachtsteuer erhoben wurde. Diese Besonderheiten waren aber nicht erheblich, zumal da sie nicht eine besondere Klasse der Bevölkerung oder eine ganze Provinz betrafen. In der Hauptsache waren durch die Neuorganisationen seit 1815 die beiden großen Ergebnisse der Reformzeit gesichert worden: die Einheit des Staates in politischer und wirtschaftlicher Beziehung und die rechtliche und wirtschaftliche Befreiung des Individuums; und sie bewährten sich in den folgenden Jahrzehnten in der raschen Assimilierung der neuen Landesteile und in der günstigen wirtschaftlichen Entwicklung.

## § 48. Die Verfassungsfrage bis 1847

Von Quellen sind außer den Gesetzen und Verordnungen vor allem die Verhandlungen des ersten Vereinigten Landtags zu nennen, die E. Bleich unter dem Titel „Der erste Vereinigte Landtag in Berlin 1847" in 4 Bdn. (1847) herausgegeben hat. Von den vielen Broschüren seien nur die wichtigsten erwähnt: Für die Hardenbergischen Versuche: J. F. Benzenbergs anonym erschienene Schrift: Die Verwaltung des Staatskanzlers Fürsten v. Hardenberg (Sonderabdruck aus den „Zeitgenossen", 1820) und die Gegenschriften von Grävell: Anti-B-z-b-g oder Beurteilung der Schrift: Die Verwaltung usw. (1820) und E. v. Bülow-Cummerow: Punkt auf's I und Über die Verwaltung usw. (1821). Für die Zeit Friedrich Wilhelms IV.: (J. Jacoby) Vier Fragen beantwortet von einem Ostpreußen (1841). Th. v. Schön, Woher und wohin? (1841). G. G. Gervinus, D. preuß. Verfassung und das Patent vom 3. Februar 1847 (1847). H. Simon, Annehmen oder ablehnen? (1847).

Darstellungen: Zu der Verordnung vom 22. April 1815 vgl. E. Richter, F. A. v. Staegemann und das kgl. Verfassungsversprechen vom 22. Mai 1815 (Greifswalder Diss. 1913). Für die Hardenbergschen Pläne: P. Haake, Der preuß. Verfassungskampf vor 100 Jahren (1920; vgl. auch die Aufsätze FBPrG., Bd. 26, 28—30 und 32, 1913/20). H. v. Treitschke, Der erste Verfassungskampf in Preußen 1815—1823 (PrJbb., Bd. 29, 1872; vgl. auch Deutsche G., Bd. 2 u. 3). Zur G. der Provinziallandtage: G. Croon, Der rheinische Provinziallandtag bis zum Jahre 1874 (1918). W. Klawitter, Der erste schlesische Provinziallandtag (Breslauer Diss., 1909). J. Roebers, Die Errichtung der westfälischen Provinzialstände und der erste westfälische Provinziallandtag (1915). W. J. Stephan, Die Entstehung der Provinzialstände in Preußen 1823, mit besonderer Beziehung auf die Provinz Brandenburg (Berliner Diss., 1914). Für Friedrich Wilhelm IV.: P. Devinat, Le mouvement constitutionel en Prusse de 1840 à 1847, Frédéric-Guillaume IV et les diètes provinciales (RH., Bd. 108 und 109, 1911/12). Für den Vereinigten Landtag: K. Biedermann, G. des ersten Preuß. Reichstags (1847); E. Hemmerle, Die Rheinländer und d. preuß. Verfassungsfrage auf dem ersten Vereinigten Landtag 1847 (1912); R. Koser, Zur Charakteristik des Vereinigten Landtags von 1847 (Festschrift zu G. Schmollers 70. Geburtstag, Beitr. z. brandenb. und preuß. G., hrsg. vom Ver. G. der Mark Brandenburg, 1908); L. Kulenkampff, Der erste Vereinigte preuß. Landtag 1847 und die öffentliche Meinung Südwestdeutschlands (1912/13); ferner die Biographien: E. Marcks, Bismarck, Bd. 1 (1909), S. 391 ff.; A. Caspary, Ludolf Camphausens Leben (1902); A. Bergengrün, David Hansemann (1901); J. Hansen, G. v. Mevissen (2 Bde., 1906).

Wie während der Reformzeit, so bestand auch während der Neuorganisation nach 1815 die Absicht, den Neubau des Staates durch eine Verfassung, durch die Einführung einer die Verbindung von Staat und Volk befestigenden Repräsentation abzuschließen. Auf dem Wiener Kongreß trat die preußische Regierung mit Nachdruck für die Gewährung gewisser konstitutioneller Mindestrechte in allen Staaten des deutschen Bundes ein, bei der Besitzergreifung der neuen Landesteile versprach König Friedrich Wilhelm III. überall, daß eine ständische Vertretung geschaffen werden solle, und in einer Verordnung vom 22. Mai 1815 verhieß er der „preußischen Nation“, es solle ihr als ein Pfand seines Vertrauens eine schriftliche Verfassungsurkunde verliehen und aus den wiederherzustellenden oder neu zu errichtenden Provinzialständen eine Repräsentation des Volkes mit beratenden Befugnissen gebildet werden. Dieses Versprechen wurde erneuert in dem Staatsschuldenedikt vom 17. Januar 1820, in dem die Staatsschuld für geschlossen erklärt, die Aufnahme neuer Schulden von der Zuziehung und der Mitgarantie der künftigen reichsständischen Versammlung abhängig gemacht und die Verwaltung der Staatsschulden zu jährlicher Rechnungsablegung vor den Ständen verpflichtet wurde. Es ist auch ernsthaft an der Verfassung gearbeitet worden; kurze Zeit hindurch hat sogar ein besonderes Ministerium für ständische Angelegenheiten unter der Leitung W. v. Humboldts bestanden. Aber die Gründlichkeit, die zunächst einmal alles geschichtliche Material sammeln zu müssen meinte, wurde dem Verfassungsplan zum Verderben. Denn inzwischen erstarkten im Zusammenhang mit der gesamten europäischen Reaktionsbewegung, die mit den Karlsbader Beschlüssen zum erstenmal verhängnisvoll in die deutsche Entwicklung eingriff, die Widerstände gegen die Verfassung, und der alternde Hardenberg war zu schwach, um trotzdem die Erfüllung der königlichen Versprechungen durchzusetzen. In diesen Widerständen vereinigten sich das aller Öffentlichkeit abgeneigte Wesen des Königs, die absolutistische Tradition des Beamtentums, der Einfluß Metternichs, der im Interesse Österreichs die Einführung von Reichsständen in Preußen zu verhindern suchte, endlich seit den Attentaten des Frühjahrs 1819 die Furcht vor revolutionären Umtrieben mit einer altständischen Partei, die im Kronprinzen ihr Haupt hatte. Diese Partei hat zwei Wurzeln. Die eine ist das Interesse des grundbesitzenden Adels an der Erhaltung seiner wirtschaftlichen und politischen Stellung, soweit sie ihm noch verblieben war, an einer Verhinderung weiterer, auf die völlige Verwischung der Standesunterschiede ausgehender Reformen; die Opposition gegen die Stein-Hardenbergischen Reformen lebt hier fort. Die andere ist die Hallersche Doktrin[1]) von dem natürlichen Recht des Mächtigen zur Herrschaft, von dem Grundbesitz als der Grundlage aller Herrschaft, freilich in romantisch-idealisierter Form, die sich mit dem Steinschen Ideal der altgermanischen Freiheit berührte. Aus eigenem Interesse und aus romantischer Schwärmerei für die bunte Vielgestaltigkeit der früheren Zeit bekämpfte diese altständische Partei die nivellierende Gesetzgebung und die moderne Staatseinheit und Staatsallmacht überhaupt. Indem sie sich die von F. Gentz[2]) aufgestellte Unterscheidung von landständischen und repräsentativen Ver-

1) C. L. von Haller, Restauration der Staatswissenschaften (6 Bde., 1816/25); vgl. außer Meinecke, Weltbürgertum und Nationalstaat, auch W. Roscher, Die romantische Schule der Nationalökonomik (Z. f. d. ges. Staatswissenschaft, Bd. 26, 1870).

2) F. Gentz, Über den Unterschied zwischen den landständischen und repräsentativen Verfassungen (den Karlsbader Konferenzen vorgelegt, gedruckt bei Klüber-Welcker, Wichtige Urk. für den Rechtszustand der Deutschen Nation [1844], S. 220 ff.). Vgl. dazu F. Rachfahl, Alte und neue Landesvertretung in Deutschland (JbGesVV., Bd. 33, 1909).

fassungen zu eigen machte und die alten nur die eigenen Interessen vertretenden und auf den eigenen Wirkungskreis sich beschränkenden Landstände den modernen auf der Volkssouveränität beruhenden und auf die Teilung der Gewalt mit der Regierung ausgehenden Repräsentationen gegenüber ausspielte, gewann sie auch den von aller Romantik freien König und das den Ständen im Grunde durchaus abgeneigte, absolutistische Beamtentum. So gelang es ihr, den Erlaß der Verfassung zu verzögern und schließlich durch die Kabinettsordre vom 11. Juni 1821 auf unbestimmte Zeit zu vertagen.

Der Sieg der altständischen Partei schien vollständig, als der König am 5. Juni 1823 die Errichtung von Provinzialständen „im Geiste der älteren deutschen Verfassungen" befahl. Eine Wiederherstellung der alten Stände war mit ihnen freilich weder erreicht noch auch ernstlich versucht worden. Fast überall waren die neuen Provinzen, nicht die alten Territorien, zur Grundlage genommen worden. Auch waren nicht die alten Geburtsstände, sondern die verschiedenen Klassen des Grundbesitzes in ihnen vertreten, der Großgrundbesitz der Rittergüter ohne Rücksicht auf adlige oder unadlige Herkunft, die Städte und in bescheidenem Maße auch die Bauern. Diesen Provinzialständen wurde die Beratung der Gesetze, die allein eine Provinz angingen, das Recht, in Angelegenheiten der einzelnen Provinzen Bitten und Beschwerden an den König zu richten und die Verwaltung der Kommunalangelegenheiten überwiesen, ferner bis zur Errichtung einer reichsständischen Versammlung auch die Beratung allgemeiner Gesetze über Personen- und Eigentumsrechte und Steuern. Aber da diese Befugnisse an sich schon eng begrenzt waren und der König die gesamte Reformgesetzgebung für unantastbar erklärte, so konnten die Provinzialstände keinen Einfluß auf den Gang der Verwaltung und die Gesetzgebung erlangen; und die einseitig den Grundbesitz bevorzugende Zusammensetzung und der Ausschluß der Öffentlichkeit bei ihren Beratungen verhinderte sie auch, Mittelpunkte für eine Erweckung von provinzialen Sonderbestrebungen zu werden.

Die Frage, ob die Verzögerung der Verfassung für Preußen notwendig gewesen ist oder nicht, ob eine wie auch immer gestaltete Repräsentation des Volkes den Ausbau des Staates und die Verschmelzung der alten und neuen, östlichen und westlichen Provinzen analog den süddeutschen Staaten erleichtert oder im Gegenteil erschwert und die gesamten wirtschaftlichen und sozialen Errungenschaften der Reformzeit gefährdet und ob sie Preußen verfrüht zur Aufrollung der deutschen Frage gezwungen hätte[1]), wird sich kaum jemals fest entscheiden lassen. So wie die Dinge seit dem Staatsschuldengesetz vom 17. Januar 1820 lagen, bedeutete das Ausbleiben der Verfassung — ganz abgesehen von dem ungünstigen Eindruck, den die Nichterfüllung des königlichen Versprechens bei der eigenen Bevölkerung und die Rückständigkeit Preußens bei den süddeutschen konstitutionellen Staaten erweckte — auf alle Fälle eine bedenkliche Lähmung der auswärtigen Politik des Staates. Möglich war dieses lange Beharren in der Reaktion, der Verzicht auf neue Staatsanleihen nur dadurch, daß die europäische Lage in der Zeit der Abspannung nach den großen Kriegen, in der Periode der heiligen Allianz verhältnismäßig ruhig war und Preußen nicht aus seiner stillen Zurückhaltung herausdrängte. Auch die Erschütterung der Julirevolution und die ihr folgenden Aufstände in Belgien und Polen ließen nicht bloß die inneren Zustände Preußens so gut wie unberührt, sondern sie gingen auch vorüber, ohne daß der Staat zu großen militärischen Vorkehrungen gezwungen worden wäre, die eine Anleihe und damit die Berufung von Reichsständen notwendig gemacht hätten.

Erst nach dem Tode Friedrich Wilhelms III. (7. Juni 1840) kam die Verfassungsbewegung in Preußen wieder in Gang. Ihr wichtigster Träger war das von Männern wie Beckerath, Camphausen und Hansemann geführte rheinische Bürgertum, das in jenen Jahren dank der liberalen wirtschaftlichen Gesetzgebung der Reformzeit immer mehr erstarkte und den Gegensatz zwischen seiner wirtschaftlichen und seiner politischen Bedeutung und das politische Übergewicht des Adels um so lebhafter empfand, als in Frankreich die Bourgeoisie seit 1830 politisch und wirtschaftlich fast ungehindert herrschte und auch in den benachbarten deutschen Ländern der bürgerliche Liberalismus im Vordringen war. Neben diesem vorwiegend wirtschaftlichen Liberalismus

---

1) Vgl. dazu M. Lenz, G. Bismarcks[3] (1911), S. 11.

der Rheinländer vertrat den Verfassungsgedanken auch der ethisch gerichtete ostpreußische Liberalismus, der wie in der Reformzeit von dem Kantischen Gedanken der Autonomie der Persönlichkeit und von den durch den Königsberger Professor Kraus vermittelten Ideen des Adam Smith ausging; in seinen Reihen standen auch viele Adlige, sein Wortführer war der alte Mitarbeiter Steins, Theodor v. Schön. Die Hoffnungen, die in diesen liberalen Kreisen auf den Thronwechsel gesetzt worden waren und die Schön zur Abfassung einer für den neuen König bestimmten Broschüre veranlaßt hatten, wurden freilich bald enttäuscht. König Friedrich Wilhelm IV. war zwar ein Gegner des Absolutismus und der Bureaukratie und war zur Weiterentwicklung der provinzialständischen Verfassung entschlossen; aber er beeinträchtigte die Wirkung seiner Reformen, indem er sie stückweise und unvollständig gewährte und im Gegensatz zu den konstitutionellen Tendenzen der Zeit an dem altständischen Charakter festhielt. So genügten weder die ersten Neuerungen, die Verleihung einer beschränkten Öffentlichkeit an die Provinziallandtage, die Errichtung von Ausschüssen und die Berufung der vereinigten Ausschüsse der Provinziallandtage, noch auch die Zugeständnisse des Patentes vom 3. Februar 1847, in denen der Prinz von Preußen bereits den Tod des alten Preußen sehen wollte. Denn auch dieses Patent, das die Provinziallandtage zu einem Vereinigten Landtage nach Berlin berief, war keine Erfüllung der früheren Verheißungen; es erwähnte mit Absicht die Verordnung vom 22. Mai 1815 überhaupt nicht und blieb hinter den Anforderungen des Gesetzes vom 17. Januar 1820 zurück, indem es weder eine jährliche noch auch überhaupt eine regelmäßige Wiederkehr des Landtags in Aussicht stellte. Daß es durch die Verleihung des Rechtes der Steuerbewilligung über die Versprechungen Friedrich Wilhelms III. hinausging, machte keinen Eindruck gegenüber diesen Mängeln und dem schon in der ständischen Zusammensetzung des Landtags erkennbaren und in der Thronrede des Königs bei dessen Eröffnung noch ausdrücklich betonten Widerstand gegen jede konstitutionelle Entwicklung, gegen jede geschriebene Verfassung. Zwar fand die von den Radikalen wie H. Simon in der Broschüre: Annehmen oder Ablehnen? vertretene Ansicht, daß das preußische Volk den Vereinigten Landtag überhaupt nicht anerkennen solle, keinen Widerhall; aber darin stimmte die Mehrheit des Landtags doch überein, daß der Vereinigte Landtag ohne vollständige Erfüllung der Vorschriften des Staatsschuldengesetzes, zumal der Forderung der Periodizität, nicht die Befugnisse einer reichsständischen Versammlung ausüben könne, und lehnte deshalb die Genehmigung zur Aufnahme einer Anleihe für den Bau der Ostbahn aus Rechtsbedenken ab. Auch in Preußen war der Zwiespalt zwischen dem Könige und der Mehrheit der Bevölkerung offen am Tage.

## § 49. Der Übergang zum Verfassungsstaat 1848 bis 1850

Ausgaben der Verfassungsurkunde für den preußischen Staat: K. Binding, Deutsche Staatsgrundgesetze, Heft 4 (3. Aufl. 1908), ferner mit Kommentar und Einleitung von G. Anschütz (Bd. 1 bis Art. 42, 1912), A. Arndt (7. Aufl. 1911), E. Schwartz (2. Aufl. 1898). Für die Entstehungsgeschichte der Verfassung in den Jahren von 1848—1850 bilden die wichtigste Quelle die Parlamentsverhandlungen, nämlich: E. Bleich, Die Verhandlungen des zum 2. April 1848 zusammenberufenen Vereinigten Landtags (1848) und Verhandlungen der Versammlung zur Vereinbarung der preußischen Staatsverfassung (2 Bde., 1848/49); K. G. Rauer, Protokolle der von der Versammlung zur Vereinbarung der preußischen Verfassung ernannt gewesenen Verfassungs-Kommission (1849). Für die Haltung des Königs: Friedrich Wilhelms IV. Briefwechsel mit Ludolf Camphausen 1848—1850, hrsg. von E. Brandenburg (1906) und die Denkwürdigkeiten aus dem Leben Leopolds v. Gerlach (Bd. 1, 1891). Viele Flugschriften usw. finden sich in der Berliner Revolutionschronik von A. Wolff (nur in der 1. Ausgabe, 1849/54).

Darstellungen: Im allgemeinen sind E. Brandenburg, Die Reichsgründung, Bd. 1, und die andern „Deutschen Geschichten“, ferner die S. 149 genannten Biographien, zu denen noch F. Meinecke, Radowitz und die deutsche Revolution (1913) hinzutritt, zu benutzen. Außerdem für die Zeit von 1848—1850: J. Hansen, König Friedrich Wilhelm IV. und das liberale Märzministerium der Rheinländer Camphausen und Hansemann im Jahre 1848 (WZ., Bd. 32, 1913); E. JORDAN, Die Entstehung der konservat. Partei und die preuß. Agrarverhältnisse von 1848 (1914); B. KETTNER, Anerkennung der Revolution, ein Beitr. z. G. d. preuß. Nationalversammlung im Jahre 1848 (Greifswalder Diss. 1912); H. MÄHL, Die Überleitung Preußens in das konstitutionelle System durch den zweiten vereinigten Landtag (1909); F. MEINECKE, Weltbürgertum und Nationalstaat[5], 1919; Zur Verfassung: A. HUGEMANN, Die Entwicklung der ersten Kammer in der preuß. Verfassung (Greifswalder Diss. 1912); J. SEITZ, Entstehung und Entwicklung d. preuß. Verfassungsurkunde im Jahr 1848 mit dem bisher ungedruckten Urentwurf (Greifswalder Diss. 1909); R. SMEND, D. preuß. Verfassungsurkunde im Vergleich mit d. belg. (Göttinger jur. Diss. 1904).

Die Nachricht von der Pariser Februarrevolution des Jahres 1848 traf Preußen in ähnlicher Lage wie die andern deutschen Staaten. Die Bevölkerung, in erster Linie das Bürgertum, war verbittert durch den hartnäckigen Widerstand der Regierung gegen eine zeitgemäße Ausgestaltung der Verfassung, und die Regierung war von der Unhaltbarkeit der bestehenden Zustände innerlich überzeugt. Es mag hier dahingestellt bleiben, inwiefern Friedrich Wilhelms IV. Haltung in der preußischen Verfassungsfrage während des Jahres 1848 durch den latenten deutschen Gedanken seiner auswärtigen Politik beeinflußt worden ist. Tatsache ist, daß er trotz der entschiedenen Absage gegen den modernen Konstitutionalismus und trotz der Nichtgewährung der Periodizität schon während des ersten Vereinigten Landtags von der Unerläßlichkeit weiterer Zugeständnisse überzeugt gewesen ist und sie nur deshalb nicht gemacht hat, weil er sie sich nicht abtrotzen lassen wollte. Der Verlauf der Ereignisse war daher in Preußen ähnlich wie in den Mittel- und Kleinstaaten. Auf die Nachricht von dem Siege der Revolution in Frankreich fanden in Berlin Volksversammlungen statt, die Regierung suchte die steigende Aufregung durch Konzessionen zu beschwichtigen und ließ sich auf der schiefen Bahn der Nachgiebigkeit allmählich immer weiter drängen. Schon vor dem 18. März gestand der König die Einberufung eines neuen Vereinigten Landtags, ferner den Erlaß einer Konstitution und die Einsetzung eines populären „Märzministeriums" zu. Der Straßenkampf des 18. März hat zu diesem Ergebnis nichts beigetragen. Aber den weiteren Verlauf auch der Verfassungsfrage hat er doch stark beeinflußt. Die persönliche Demütigung des Königs am 19. März war zugleich eine Demütigung des Königtums überhaupt und führte zunächst zu einer fast vollständigen Ausschaltung des Königs und der altständischen Partei. Die liberale Opposition vom ersten Vereinigten Landtage trat mit ihren Führern L. Camphausen und D. Hansemann an die Spitze der Regierung. Der zweite Vereinigte Landtag war bei seinem Zusammentritt am 2. April 1848 schon so sehr von den Ereignissen überholt, daß er sich auf die Berufung einer konstituierenden Nationalversammlung beschränkte. Die ständischen Ideale des Königs schienen aufgegeben zu sein; die Nationalversammlung sollte nur aus einer Kammer bestehen, und das Wahlrecht sollte ohne jeden Zensus allgemein, gleich und geheim sein.

Die Aufgabe, eine den modernen Wünschen und Bedürfnissen gemäße Verfassung festzustellen, schien für die am 22. Mai eröffnete „zur Vereinbarung der Verfassung berufene Versammlung" leichter zu sein als für das Frankfurter Parlament, da für den konstitutionellen Einheitsstaat in der belgischen Verfassung vom 7. Februar 1831 bereits ein von der liberalen Welt für unübertrefflich gehaltenes Vorbild bestand. Auch das Ministerium, in dem wohl Hansemann den entscheidenden Einfluß ausübte, hatte seinem Verfassungsentwurf die belgische Verfassung zugrunde gelegt, sie aber in einzelnen Punkten, z. T. auf ausdrückliches Verlangen des Königs, im monarchischen Sinne geändert. Damit war aber die Versammlung so wenig einverstanden, daß sie den Entwurf einer zeitraubenden Umarbeitung in radikal-demokratischer Richtung unterzog. Das wurde ihr zum Verhängnis. Denn wie für die Stein-Hardenbergischen Reformen, so gilt es auch für diese Nationalversammlung: sie hatte nicht einen neuen Staat künstlich zu schaffen, sondern einen alten Staat zu reformieren, dessen künftige Verfassung, wie in ihrer amtlichen Bezeichnung zum Ausdruck kam, mit den alten Gewalten zu vereinbaren. Die Dinge lagen also in Preußen im Jahre 1848 wesentlich anders als in Belgien 1831. Königtum, Beamtentum, Armee und Adel, das waren auch jetzt noch Faktoren, die sich nicht ignorieren ließen, und sie erholten sich rasch von der betäubenden Niederlage der Märztage. Ende Mai wurde der Prinz von Preußen, der als einer der bekanntesten Gegner der Verfassung nach dem 18. März hatte außer Landes gehen müssen, zurückberufen, seit dem Juni, der auch den Wendepunkt der französischen Revolution brachte, drang die Reaktion langsam, aber sicher vor. Der von der Bürgerwehr nicht ausreichend bekämpften Anarchie in Berlin wurde durch die Errichtung einer königlichen Schutzmannschaft ein Ende gemacht. In der konservativen Partei sammelten sich die Anhänger des Königtums, des Preußentums und der alten feudal-patrimonialen Ordnung im Gegensatz zu den vom Ausland her entlehnten liberalen und demokratischen Idealen einer parlamentarischen Herrschaft, die zugleich den letzten Rest der adligen Vorzugsstellung auf dem Lande bedrohten; seit dem 1. Juli 1848 besaßen sie in der Neuen Preußischen (Kreuz-) Zeitung ein eigenes Organ. Die Verbindung zwischen dem König und der konservativen Partei wurde durch die „Kamarilla" hergestellt, durch die zu der persönlichen Umgebung des Königs gehörenden Mitglieder der Partei, zumal den Generaladjutanten Leopold v. Gerlach. Die Kamarilla bildete ein Gegengewicht gegen die konstitutionellen Minister, mit denen sich der König notgedrungen umgeben hatte, ein notwendiges, wie sie selbst sagte und wie man ihr zugeben kann, denn sie rettete den König vor seiner eigenen Schwäche; freilich hat sie auch schädlich gewirkt, besonders auf dem Gebiete der auswärtigen Politik, da sie die Einheitlichkeit der staatlichen Politik oft durchkreuzte. Die Armee brauchte in diesen Kampf der Parteien nicht hineingezogen zu werden, denn der König war ihrer Treue unbedingt sicher; ein Versuch der Nationalversammlung, auch die Armee für die „Verwirklichung eines konstitutionellen Rechtszustandes" zu gewinnen und alle ihr feindlich gesinnten Offiziere zum Ausscheiden zu veranlassen, schlug ihr selbst zum Verderben aus. Denn er vertiefte die Kluft zwischen ihr und dem König, der sich die Verfügung über das Heer nicht entziehen lassen wollte. Nach mehreren Ministerwechseln erfolgte am 9. November 1848, wenige Tage, nachdem in Wien die Revolution niedergeschlagen worden war, durch das Ministerium Brandenburg die „rettende Tat", die Vertagung und Verlegung der Versammlung, am 5. Dezember folgte die Auflösung.

Aber auch für Preußen war die vormärzliche Zeit endgültig vorbei. Die Versammlung war aufgelöst worden, weil sie in doktrinärer Überhebung einen Staat konstruieren zu können glaubte, ohne auf die bestehenden Gewalten Rücksicht zu nehmen, weil sie vermeinte, die historisch gewordene Stellung des Königtums in Preußen durch einen Mehrheitsbeschluß wie über die Streichung der Worte „von Gottes Gnaden" zu ändern. Aber der Gedanke, das absolute Königtum durch eine geschriebene Verfassung zu beschränken, auch der breiten Masse der Bevölkerung Einfluß auf die Leitung des Staates zu geben, blieb siegreich; seine Notwendigkeit wurde auch von den Ministern der „rettenden Tat", zeitweise sogar von der Kamarilla anerkannt. Deshalb wurde am Tage der Auflösung eine Verfassung oktroyiert, die in der Hauptsache mit dem von der Nationalversammlung aufgestellten Entwurf übereinstimmte. Sie entsprach zwar nicht den Wünschen des Königs, aber er erließ sie trotzdem, weil eine solche Erfüllung der Verheißungen der Märztage als das geeignetste Mittel erschien, um nach den Erschütterungen der vergangenen Monate wieder zu ruhigen Zuständen zu gelangen und damit dem preußischen Staat die innere Kraft zu geben, ohne die er den mit dem bevorstehenden Abschluß der Frankfurter Verfassungsberatungen ihm gestellten politischen Aufgaben nicht gewachsen sein konnte.

In der oktroyierten Verfassung vom 5. Dezember 1848 war vorbehalten worden, daß sie sofort nach dem ersten Zusammentritt der neu geschaffenen Kammern revidiert werden solle. Von den daraufhin berufenen Kammern wurde die zweite am 27. April 1849 aufgelöst, als sie versuchte, die Regierung zur Anerkennung der Frankfurter Reichsversammlung zu verpflichten. Um für die Zukunft den besitzenden Klassen einen stärkeren Anteil als der breiten Masse zu gewähren, wurde durch königliche Verordnung vom 30. Mai 1849 das allgemeine gleiche geheime Wahlrecht, das seit April 1848 auch in Preußen galt, aufgehoben und durch das bereits in der oktroyierten Verfassung als der Erwägung wert bezeichnete Wahlgesetz ersetzt, das die Wähler je nach ihrer Steuerleistung in drei Klassen einteilt und die öffentliche Stimmabgabe anordnet. Die nach diesem Wahlrecht neu gewählte Kammer hatte eine Mehrheit der konservativen Partei, zumal da die Demokraten die Rechtsgültigkeit der Verordnung anfochten und sich der Wahl enthielten. Demgemäß fand die Wahlrechtsverordnung die auf Grund des Artikels 105 der oktroyierten Verfassung erforderliche nachträgliche Genehmigung der Kammern. Auch nahmen diese die Revision der Verfassung durchaus im konservativen Sinne vor. Trotzdem hat die Revision an der oktroyierten Verfassung nicht viel verändert. Die Märzerrungenschaften wie die Bürgerwehr und die unbedingte Preßfreiheit wurden gestrichen, das neue Wahlrecht für die zweite Kammer wurde berücksichtigt. Die Vereidigung des Heeres auf die Verfassung, noch im Patent vom 5. Dezember 1848 betreffs Zusammenberufung der Volksvertreter verheißen, wurde jetzt grundsätzlich abgelehnt. Wesentlich umgestaltet wurde die erste Kammer. Während die oktroyierte Verfassung hier, wenn auch mit innerem Widerstreben des Königs und dem ausdrücklichen Wunsch nach Abänderung, dem belgischen Muster folgte und sie aus 180 von den Provinzial-, Bezirks- und Kreisvertretungen zu wählenden Mitgliedern zusammensetzen wollte, erinnerte die neue Ordnung schon mehr an die ersten Kammern der süddeutschen Verfassungen und an das ständische Ideal des Königs: sie machte die Prinzen des königlichen Hauses, die Standesherren und die Häupter besonders zu bestimmender Familien des Großgrundbesitzes zu geborenen Mitgliedern und gestand dem Könige das Recht zu, eine kleine Anzahl von Mitgliedern auf Lebenszeit zu ernennen; aber neben diese von jeder Wahl unabhängige Gruppe stellte sie eine mindestens ebenso starke Gruppe von gewählten Mitgliedern, Vertretern der Höchstbesteuerten und der großen Städte. Neben solchen, den Wünschen des Königs nachgebenden Änderungen finden sich aber auch Verbesserungen im konstitutionellen Sinne. So wurde das Notverordnungsrecht, mit dessen Hilfe der König das neue Wahlrecht geschaffen hatte, durch den Zusatz beschränkt, die auf diese Weise erlassenen Verordnungen dürften der Verfassung nicht zuwiderlauten. Im ganzen betrachtet entsprach die preußische Verfassung auch in ihrer endgültigen Gestalt vom 31. Januar 1850 noch durchaus dem belgischen Vorbild. So behandelte sie nach der Festlegung des Staatsgebietes zunächst die individuellen Rechte, die Gleichheit vor dem Gesetz, die Freiheit der Personen, der Kirchen und der Wissenschaft, und ging erst dann auf die Regierungsform des Staates ein. Die den preußischen Verhältnissen widersprechenden belgischen Bestimmungen, daß alle Gewalt vom Volke ausgehe und der König nur die ihm ausdrücklich übertragenen Befugnisse besitze, waren zwar in die preußische Verfassung nicht übergegangen, vielmehr war das Königtum von Gottes Gnaden nachdrücklich an den Anfang gestellt worden, aber es fehlte doch die in den süd- und mitteldeutschen Verfassungen übliche Hervorhebung des monarchischen Charakters der Regierung, die Ablehnung der Gewaltenteilung. Seine Rechte übte der König in der überall gewöhnlichen konstitutionellen Form unter der Mitwirkung verantwortlicher Minister aus; die gesetzgebende Gewalt stand ihm und den Kammern gemeinschaftlich zu, das Recht der

Ausgabenbewilligung war den Kammern beigelegt, da nach Artikel 99 der Staatshaushalt, der alle Einnahmen und Ausgaben enthalten mußte, durch Gesetz festzustellen war, also der Zustimmung des Landtags bedurfte.

## § 50. Die Ausbildung des konstitutionellen Systems 1850 bis 1866

Als Quellen sind neben den Landtagsverhandlungen die Reden und Schriften der handelnden Persönlichkeiten zu nennen, und zwar für die Reaktionszeit bis 1858: Denkwürdigkeiten aus dem Leben Leopolds von Gerlach (2 Bde., 1891/2) und Unter Friedrich Wilhelm IV., Denkwürdigkeiten des Ministers O. von Manteuffel, hrsg. von H. v. Poschinger (3 Bde., 1900/01).

Aus der Zeit der neuen Ära und des Verfassungskonflikts kann nur das Wichtigste genannt werden (eine ausführliche Bibliographie gibt F. Löwenthal in dem unten anzuführenden Buch), nämlich für Wilhem I.: Militärische Schriften Kaiser Wilhelms d. Gr., hrsg. vom Kriegsministerium (2 Bde. für 1821—1865; 1897); Wilhelms d. Gr. Briefe, Reden und Schriften, hrsg. von E. Berner (2 Bde., 1906); Briefe Kaiser Wilhelms I. nebst Denkschriften und anderen Aufzeichnungen in Auswahl hrsg. von E. Brandenburg (1911). Für Bismarck: Gedanken u. Erinnerungen (Bd. 1 u. 2, 1898; Volksausg. zuletzt 1919), Politische Reden, historisch-kritische Gesamtausg. von H. Kohl (14 Bde., 1892/1904; davon für 1862—1866 Bd. 2 u. 3). Für Roon: Denkwürdigkeiten aus dem Leben (zuerst 1892, 5. Aufl. in 3 Bdn., 1905); Kriegsminister v. Roon als Redner (3 Bde., 1895/96). Die wichtigsten Parteierklärungen bei F. Salomon, Die deutschen Parteiprogramme, Bd. 1³ (1924).

Allgemeine Darstellungen bei Brandenburg, Hintze, Sybel und I. Ziekursch, Politische G. des neuen Deutschen Kaiserreichs (Bd. I, 1925), ferner in den Biographien von E. Marcks, Kaiser Wilhelm I. (1897; 8. Aufl. 1918); M. Lenz, G. Bismarcks (1902; 4. Aufl. 1914); D. Schäfer, Bismarck (1916); H. Oncken, Lassalle (1904; 3. Aufl. 1920).

Einzelliteratur zur Reaktionszeit: E. Jordan, Friedrich Wilhelm IV. und d. preuß. Adel bei Umwandlung der ersten Kammer in das Herrenhaus 1850—1854 (1909). W. Schmidt, Die Partei Bethmann Hollweg und die Reaktion in Preußen 1850—1858 (1910). H. Walter, Die innere Politik des Ministers v. Manteuffel und der Ursprung der Reaktion in Preußen (Berliner Diss. 1910).

Zur Heeresreform: H. Witte, Die Reorganisation des preuß. Heeres durch Wilhelm I. (1910).

Zum Verfassungskonflikt: O. Nirrnheim, Das erste Jahr des Ministeriums Bismarck und die öffentliche Meinung (1908). F. Löwenthal, Der preußische Verfassungsstreit 1862—1866 (1914). H. Oncken, Bismarck, Lassalle und die Oktroyierung des gleichen und direkten Wahlrechts in Preußen während des Verfassungskonflikts (PrJbb., Bd. 146, 1911). G. Ritter, Die Entstehung der Indemnitätsvorlage von 1866 (HZ., Bd. 114, 1915). A. Wahl, Beitr. zur G. der Konfliktszeit (1914; vgl. dazu L. Bergsträsser, HVSchr., Bd. 19, 1920).

Obwohl die preußische Verfassungsurkunde auch in ihrer revidierten Fassung sich eng an die belgische anlehnte, hat die preußische Verfassungsgeschichte eine ganz andere Entwicklung genommen als die belgische. Denn das konstitutionelle Leben eines Staates wird, wie F. Lassalle gerade auf Grund der preußischen Erfahrungen in einem Vortrag über Verfassungswesen (1862) ausgesprochen hat, nicht sowohl durch den Wortlaut seiner Verfassungsurkunde als vielmehr durch seine Geschichte, seine innere Struktur, seine realen Gewalten bestimmt. Während Belgien das Musterland für die liberale konstitutionelle Doktrin geworden ist, während sich hier wie in England, Frankreich und vielen andern Staaten ein parlamentarisches Regierungssystem entwickelt hat, hat sich in Preußen trotz der ähnlichen Verfassungsurkunde eine eigentümliche Form des Verfassungsstaates, die konstitutionelle Monarchie ausgebildet. Das ist freilich erst das Ergebnis langer Kämpfe gewesen. Unter dem Druck der Bewegung von 1848 hatte die preußische Regierung begonnen, auch die Struktur des Staates im Sinne der liberalen Forderungen umzugestalten. Wie in den andern deutschen Staaten mit Einschluß Österreichs waren teils durch besondere Gesetze, teils durch Bestimmungen der Verfassung die letzten Reste der feudalen und gutsherrlichen Rechte, die Lehen und Fideikommisse, das Jagdrecht auf fremdem Grund und Boden, vor allem die Patrimonialgerichtsbarkeit und die gutsherrliche Polizei aufgehoben worden; die seit 1816 stockende Regulierung der bäuerlichen Verhältnisse war durch Gesetze vom 2. März 1850 beendet worden. Endlich aber war die Regierung mit den Gesetzen vom 11. März 1850 dazu übergegangen, die Stellung der Bureaukratie in der allgemeinen Verwaltung, die des Adels in der ländlichen Verwaltung durch eine gründliche Umgestaltung der Provinzial-, Kreis- und Gemeindeorganisation zu brechen.

Bevor diese Gesetze jedoch wirklich durchgeführt werden konnten, setzte in

Preußen der von der Regierung offen angekündigte Bruch mit der Revolution, die Reaktion ein. Seinen Hauptwunsch, die ganze konstitutionelle Verfassung aufzuheben und durch einen königlichen Freibrief zu ersetzen, konnte Friedrich Wilhelm IV. freilich nicht durchführen; denn die Minister weigerten sich, ihn bei einem Vorgehen zu unterstützen, das zu einem Bruch des auf die Verfassung geleisteten Eides führen mußte; nur in einem Punkte konnte er seine altständischen Ideale verwirklichen, in der Umwandlung der ersten Kammer in ein Herrenhaus, dessen Zusammensetzung er auf Grund gesetzlicher Ermächtigung (Gesetz vom 7. Mai 1853) durch königliche Verordnung vom 12. Oktober 1854 regelte: danach schieden alle gewählten Mitglieder aus, und das Herrenhaus bestand nur aus Mitgliedern, die ihm durch Geburt oder durch königliche Berufung angehörten; auch die großen Städte hatten bloß ein Präsentations-, kein Wahlrecht. Aber wenn auch die Verfassung unverletzt blieb, so ging doch das gemeinsame Bestreben der Regierung und der die Landtage beherrschenden konservativen Partei dahin, durch Nichtausführung ihrer Verheißungen oder auch durch ausdrückliche Aufhebung einzelner Bestimmungen die alte Ordnung, die die Bewegung von 1848 hatte zerstören wollen, möglichst aufrechtzuerhalten. Ein Gesetz über die Verantwortlichkeit der Minister wurde nicht erlassen. Die alten, auf dem Übergewicht der Rittergutsbesitzer beruhenden Kreis- und Provinzialordnungen blieben entgegen den Gesetzen vom 11. März 1850 in Kraft, die gutsherrliche Polizei wurde wiederhergestellt, die Fideikommisse wieder zugelassen, die politischen Verbrechen und die Preßvergehen von der Zuständigkeit der Schwurgerichte ausgenommen, das in der Verfassung gewährte Vereins- und Versammlungsrecht durch ein besonderes Vereinsgesetz wesentlich beschränkt. Und der Gesetzgebung entsprach die Tätigkeit der Verwaltung, die einseitig im Interesse der altständischen Partei, im bewußten Gegensatz gegen die liberalen und konstitutionellen Bestrebungen geführt wurde und sich namentlich auf dem Gebiet von Kirche und Schule das Ziel setzte, die durch die Revolution erschütterte Autorität der Obrigkeit zu stärken.

So versuchte die Reaktion unter Friedrich Wilhelm IV. von 1850—1858 die Ergebnisse des Jahres 1848 für Preußen wieder rückgängig zu machen, und hat das auch in vielen Einzelheiten vollbracht. Aber wie sie das bezeichnendste Ergebnis der Revolution, die konstitutionelle Verfassung trotz allem inneren Widerstreben hat anerkennen müssen, so hat sie auch die Entwicklung nicht unterbinden können, aus der die Bewegung von 1848 und die Verfassung hervorgegangen waren, das unaufhaltsame Vordringen des Bürgertums, das einst aus wirtschaftspolitischen Rücksichten vom Absolutismus gepflegt, jetzt einen seiner wirtschaftlichen und sozialen Unabhängigkeit entsprechenden Anteil am Staate forderte. Und dieses Bürgertum war dem Adel an Zahl ungeheuer überlegen, die Zahl aber bedeutete für den modernen Staat mit seinen Massenheeren, für das moderne Wirtschaftsleben weit mehr als für den alten ständisch gegliederten Staat. Mochte auch die Regierung in den Kammern dank der starken Beeinflussung der Wahlen stets die Mehrheit besitzen, das änderte an der Tatsache nichts, daß die Reaktion nur von einer „kleinen aber mächtigen Partei" getragen wurde.

Diese brach denn auch zusammen, als der 1858 eingetretene Regierungswechsel ihr die Unterstützung der staatlichen Behörden entzog, als der Prinzregent das Ministerium Manteuffel entließ und mit der Berufung des zum Teil aus liberalen Parteimännern bestehenden Ministeriums Hohenzollern-Auerswald die „Neue Ära" einleitete. Nach der Absicht des Regenten sollte das nicht einen Wechsel der herrschenden Partei bedeuten, sondern einen Wechsel des Regierungssystems; nicht die Parteigesinnung, vielmehr der Staatsgedanke gab bei ihm den Ausschlag.

Aufgewachsen im alten absolutistischen Preußen, als Offizier den Traditionen Friedrichs des Großen nahestehend, war Prinz Wilhelm lange Zeit ein Gegner jeder konstitutionellen Entwicklung in Preußen, ein Gegner auch der ständischen Pläne Friedrich Wilhelms IV. gewesen. Nach den Märztagen des Jahres 1848 hatte er sich aber ehrlich auf den Boden des konstitutionellen Staates gestellt; er blieb sich auch dabei treu in seinem vorwiegend militärischen Empfinden, der Staat und seine Macht standen ihm höher als die Frage der Regierungsform. Dadurch war er, zuerst in den Tagen der Olmützer Konvention, dann wieder während des Krimkriegs in Gegensatz zu der Kamarilla geraten, die aus ihrem Parteiinteresse heraus auch die auswärtige Politik bestimmen wollte und die Machtentfaltung des Staates hinderte. Dieser Gegensatz hatte ihn zuzeiten liberalen Einwirkungen, die zumal durch die Gemahlin vermittelt wurden, zugänglich gemacht, aber er war ihnen nicht erlegen. Er wurde auch jetzt nicht Parteimann; die Rücksicht auf die Ehre und die Macht des Staates war die feste Grundlage seiner politischen Anschauungen, die Grenze seines Liberalismus, die er auch am 8. November 1858 in der programmatischen Ansprache an das neue Staatsministerium deutlich betonte.

Darin lag von Anfang an der Keim des Gegensatzes zwischen dem König und der liberalen Partei, der aus der „Neuen Ära" bald die Zeit des Verfassungskonflikts heraufbeschwor. Denn die Liberalen erhofften von der neuen Ära, daß sie die Ersetzung der konservativen durch eine liberale Parteiherrschaft sein werde. Darin wurden sie freilich von Anfang an enttäuscht; sie trösteten sich damit, daß nur ein schroffer Bruch vermieden werden solle, daß sie aber durch eine Politik des Abwartens, des „Nur-nicht-drängens" doch noch zum Ziele gelangen würden, wie sie ja auch nach mehreren vergeblichen Anläufen im Jahre 1861 die Regierung zu einem Pairsschub im Herrenhause bewogen und damit die Aufhebung der Grundsteuerfreiheit der Rittergüter durchsetzten. Daß es sich jedoch nicht um eine verschiedene Beurteilung des Zeitmaßes, sondern um einen grundsätzlichen Gegensatz handelte, wurde durch die Frage der Heeresreform klargestellt. Die Grundlage der preußischen Heeresverfassung, das Wehrgesetz von 1814 (vgl. oben S. 147) war um das Jahr 1860 insofern durch die Entwicklung der Zeit überholt worden, als die jährliche Rekrutenzahl nicht gestiegen war, während sich die Bevölkerung fast verdoppelt hatte; die allgemeine Wehrpflicht war praktisch dadurch bereits beseitigt worden, und das wurde besonders deshalb als ungerecht empfunden, weil im Kriege das erste Aufgebot der Landwehr, die Leute vom 26. bis zum 32. Jahr, zur Feldarmee herangezogen wurden. Auch hatten die Mobilmachungen der Jahre 1849, 1850 und 1859 Mängel in der militärischen Ausbildung der Landwehren ergeben. Der Regent schlug nun eine gründliche Umgestaltung des Heeres vor, eine der Zunahme der Bevölkerung entsprechende Steigerung der jährlichen Rekrutenzahl von 40 000 auf 63 000 Mann und zur Unterbringung dieser Mannschaften eine Vermehrung des stehenden Heeres, die fast zur Verdopplung der Zahl der Regimenter führte, für den Kriegsfall ferner eine Verstärkung der Reserve durch die Heranziehung der drei jüngeren Jahrgänge der Landwehr, während die älteren Jahresklassen der Landwehr ersten Aufgebots aus der Feldarmee ausscheiden sollten.

Diese Vorlage, an der neben dem Regenten vor allem der neue Kriegsminister Albrecht v. Roon beteiligt war, ging dem preußischen Landtag zu Beginn des Jahres 1860 zu. Sie widersprach allen Anschauungen des Liberalismus, der seit Rotteck gegen die stehenden Heere kämpfte und eine Ausbildung der wehrkräftigen Mannschaften in Turn- und Schützenvereinen für ausreichend hielt. Die auswärtige Politik Preußens während der letzten Jahrzehnte hatte ja auch nichts geleistet, um diese kleinstaatliche Auffassung zu überwinden und die Unentbehrlichkeit einer ausreichenden militärischen Macht zu erweisen; auch das Programm des Regenten bekannte sich zu der Politik der „moralischen Eroberungen". Die Vorlage stieß um so mehr auf den Widerstand der Liberalen, als nicht bloß der militärisch-technische Teil, die Zurücksetzung der populären Landwehr, die Vermehrung des stehenden Heeres, seines Berufsoffizier- und Unteroffizierkorps und der besonderen militärischen Bildungsanstalten, das Festhalten an der dreijährigen Dienstzeit, die über die bloße äußere Abrichtung hinaus auf die militärische Erziehung, auf die Erfüllung des Soldaten mit militärischem Geist abzielte, ihnen mißfiel, sondern auch politische Absichten damit verknüpft waren[1]); Roon gab offen zu, daß für die Trennung der Landwehren von der Feldarmee auch politische Rücksichten sprächen, daß die Feldarmee von den politisch berechtigten bürgerlichen Wählern entlastet werden sollte. Der Landtag nahm die Vorlage deshalb nicht an. Daß er die Kosten für die Reorganisation zweimal provisorisch auf je ein Jahr bewilligte und die Regierung die ihr notwendig erscheinenden Änderungen der Organisation des Heeres und der Wehrpflicht auf Grund des dem König in der Verfassung (Art. 46) ausdrücklich belassenen Oberbefehls verfügte, bildete nicht den Übergang zu einem Kompromiß, sondern ließ je länger desto deutlicher die grundsätzliche Verschiedenheit der Auffassungen hervortreten. Der König (seit 2. Januar 1861) wollte das, was er als unerläßlich für die Machtstellung des Staates ansah, nicht von dem Belieben wechselnder parlamentarischer Mehrheiten abhängig werden lassen. Die liberale Partei dagegen und zumal ihr seit dem 9. Juni 1861 als „Fortschrittspartei" selbständig gewordener linker Flügel hielt nicht allein an der Forderung der zweijährigen Dienstzeit und einer gesetzlichen, also in dem Verfassungsstaat auch der Zustimmung des Parlaments bedürfenden Regelung der Wehrpflicht fest, sondern versuchte überhaupt, die Heeresreform als Mittel zu benutzen, um die „konsequente Verwirklichung des verfassungsmäßigen Rechtsstaats", wie es in dem Programm der Fortschrittspartei hieß, im Sinne der Parteidoktrin durchzusetzen. Um die Freiheit der Regierung in der Verfügung der ihr bewilligten Gelder zu beschränken, um ihr vor allem die Durchführung der Heeresreform gegen den Willen des Landtags unmöglich zu machen, beantragte sie eine über das bisherige Maß hinausgehende Spezialisierung der Ausgabeetats. Die Annahme des Antrags führte am 11. März 1862 zur Auflösung des Abgeordnetenhauses, am 17. März zum Rücktritt des Ministeriums der „Neuen Ära". Aber das neue, ebenfalls überwiegend fortschrittliche Abgeordnetenhaus und das neue, aus Konservativen zusammengesetzte Ministerium Hohenlohe-Ingelfingen konnten sich erst recht nicht verständigen, da der König zu keinen Zugeständnissen in der Heeresfrage, nicht einmal zur zweijährigen Dienstzeit, zu haben war. Deshalb ließ es die Fortschrittspartei auf eine Kraftprobe ankommen und strich am 23. September 1862 die gesamten Ausgaben für die Neuorganisation des Heeres aus dem Etat.

Damit war die entscheidende Frage gestellt, ob in Preußen wie in den parlamentarisch regierten Staaten die jeweilige Mehrheit des Abgeordnetenhauses die Macht haben solle, den König zu zwingen, daß er nach ihrem Willen regiere, oder ob Königtum und Regierung, die alten Gewalten des Staates, auch fernerhin gegenüber dem Parlament, der Vertretung des erst neuerdings zum selbständigen Faktor gewordenen Volkes, ihre Unabhängigkeit behaupten würden. König Wilhelm war entschlossen, nicht nachzugeben; aber er fühlte sich nicht stark genug, den Kampf gegen die Mehrheit des Abgeordnetenhauses, hinter dem die überwiegende Mehrheit des preußischen Volkes stand, durchzuführen, und hätte abgedankt, wenn nicht, von Roon gerufen, Bismarck sich bereit erklärt hätte, die Sache des Königtums zu verfechten.

So bedeutsam auch die Persönlichkeit Bismarcks in die verfassungsgeschichtliche Entwicklung Preußens und Deutschlands eingegriffen hat, so ist doch hier nicht der Ort, auf ihr Wesen und ihre Entwicklung einzugehen. Nur darauf sei kurz hingewiesen: Bismarck hat seine politische Laufbahn als Parteimann, als Anhänger Gerlachs und seines altständischen Kreises begonnen, und als einer der Führer der Kreuzzeitungspartei ist er 1851 an den wiederhergestellten Bundestag entsandt worden, um sich als Vertreter Preußens an der Beseitigung der revolutionären Gesetzgebung des Jahres 1848 zu beteiligen. Aber hier in Frankfurt hat sich die große Wandlung vom Parteimann zum Staatsmann vollzogen, die Berührung mit der auswärtigen Politik der großen Mächte hat die Enge des Parteiprogramms gesprengt. Im Kampf mit Österreich und den Mittelstaaten hat

---

1) Die politische Seite der Heeresreform hat A. Wahl (Die preuß. Heeresreorganisation vom Jahre 1860, Neue Jbb. für das klass. Altertum, G. u. Literatur, Bd. 15, 1905) zu bestreiten versucht, meines Erachtens aber ohne Erfolg.

Bismarck erkannt, daß Preußen seine Machtstellung in Deutschland und in Europa nur dann verbessern könne, wenn es alle lebendigen Kräfte in der inneren und in der äußeren Politik in den Dienst seiner Interessen stellte. Darin liegt das Neue der Bismarckischen Politik; für sie ist nicht die Parteidoktrin maßgebend, sondern das reale Interesse des Staates, sie ist Realpolitik im Gegensatz zu der Ideologie, die sowohl die liberalen wie die konservativen Politiker beherrschte. In der Ablehnung des Parteiinteresses, in der starken Betonung des Staates berührt sich Bismarcks Staatsauffassung mit der König Wilhelms; sie unterscheidet sich von ihr in dem Ausgangspunkt, den für den König das Recht, für Bismarck das durch die damalige Lage nicht befriedigte Interesse Preußens bildete.

Die Rücksicht auf die Bedürfnisse der staatlichen Machtpolitik bestimmte Bismarcks Haltung in dem Streit zwischen Krone und Parlament über die Heeresreform. Er trat unbedingt für die Verstärkung des Heeres in der vom König geforderten Form ein, aber er war weit entfernt, sie zur Parteisache zu machen. Im Gegenteil, er war ernstlich bemüht, die in der liberalen Partei verkörperte lebendige Kraft des preußischen Bürgertums für den Staat und seine Machtpolitik zu gewinnen, und verhandelte nach seiner Ernennung zum Ministerpräsidenten mit den Führern der Liberalen über ihren Eintritt ins Ministerium. Aber als sie ablehnten und die alten Forderungen, die auf eine Unterwerfung der Regierung unter die parlamentarische Mehrheit hinausliefen, erneuerten, nahm er den Kampf entschlossen auf. Nachdem das Herrenhaus den vom Abgeordnetenhaus verstümmelten Etat abgelehnt hatte, regierte er ohne Etat und hielt die neue Heeresorganisation uneingeschränkt aufrecht. Er rechtfertigte dieses Verfahren mit der sogenannten Lückentheorie, mit der Behauptung, daß der Artikel 99 der preußischen Verfassung zwar bestimme, der Etat müsse jährlich durch ein Gesetz festgestellt werden, aber nichts darüber besage, was geschehen solle, wenn ein solches Gesetz, zu dem nach dem Artikel 62 die Übereinstimmung des Königs und beider Kammern erforderlich sei, nicht zustande komme. Die Anwendbarkeit ausländischer Analogien, daß in einem solchen Fall das Ministerium zurückzutreten habe und ein neues, mit der Parlamentsmehrheit übereinstimmendes gebildet werden müsse, wies er nachdrücklich zurück; das preußische Königtum habe eine andere Stellung als das englische und besitze noch alle die Regierungsrechte, die ihm nicht durch die Verfassung oder seither erlassene Gesetze entzogen seien. Daß es sich dabei nicht um eine Rechtsfrage handle, sondern um einen Kampf um die vorherrschende Macht im Staate, gab er offen zu.

Es ist kein Zufall, daß von allen konstitutionellen deutschen Staaten Preußen der erste gewesen ist, der einen ernsthaften Verfassungskonflikt auszukämpfen hatte. In den Mittel- und Kleinstaaten tauchten die großen Fragen der europäischen Politik nicht auf, für sie war das stehende Heer kein unentbehrliches Organ der Politik. Auch war für ihre Regierungen Nachgiebigkeit gegen die Landtage unbedenklich, weil sie bei dem reaktionären Deutschen Bund stets Rückhalt fanden und ihre Landtage zur Erfüllung der Bundespflichten anhalten konnten. Preußen dagegen war auf sich allein gestellt und mußte den Kampf austragen.

Da die Gegensätze seit dem Scheitern der ersten Vermittlungsversuche Bismarcks auf die Spitze getrieben waren, hat der Konflikt eine Entwicklung im eigentlichen Sinne des Wortes nicht gehabt. Bismarck nahm den Kampf mit der Freudigkeit auf, die seiner Kämpfernatur entsprach, und führte ihn mit rücksichtsloser Energie, die sich aller Mittel, der kleinlichen Schikane wie bei den Preßverordnungen vom 1. Juni 1863 der unverhüllten Gesetzesverletzung, bediente. Außerhalb des Parlaments stieß er kaum auf Widerstand; er hatte die Macht in Händen, den wohlorganisierten Verwaltungsapparat des Staates, und durfte sich auch auf die trotz allen Parteidoktrinen noch lebendige monarchische Tradition des Beamtentums und der Bevölkerung überhaupt verlassen. Deshalb konnte er die Regierung auch ohne gesetzlichen Etat weiterführen, auch die Steuern konnten auf Grund des Art. 109 der Verfassung ruhig weitererhoben werden. So brauchte er den gelegentlich erwogenen Gedanken, durch die Oktroyierung eines allgemeinen gleichen Wahlrechts an Stelle des das besitzende Bürgertum begünstigenden Dreiklassenwahlrechts die Vorherrschaft des Liberalismus zu brechen, nicht auszuführen. Die Wahlen, die von Zeit zu Zeit vorgenommen wurden, ergaben freilich immer wieder eine starke Mehrheit der Fortschrittspartei. Auch diese wendete in ihrem Kampf gegen die Regierung alle ihr zur Verfügung stehenden Mittel an, aber das waren nur Reden und Majoritätsbeschlüsse, Broschüren und Zeitungsartikel. Die Macht fehlte ihr; die Sympathie fast der gesamten öffentlichen Meinung Deutschlands half ihr nichts. Zu einem revolutionären Umsturz waren aber die Dinge in Preußen nicht reif; auch war das besitzende Bürgertum seit den Erfahrungen von 1848/49 und seit dem Aufkommen eines vierten Standes keine revolutionäre Partei mehr. Und die in dem hohen Alter des Königs und in der liberalen, offen kundgegebenen Gesinnung des Kronprinzen begründete Aussicht auf einen späteren Umschwung trug auch zum friedlichen Verlauf der Dinge bei. Unter diesen Umständen aber versumpfte der Konflikt; die weiteren parlamentarischen Verhandlungen boten nichts Neues, eine Lösung des Konflikts auf verfassungsmäßigem Wege war nicht möglich.

Sie wurde vielmehr durch die Erfolge der auswärtigen Politik Bismarcks, die die Verfassungsgeschichte nicht zu betrachten, deren Ergebnis sie lediglich hinzunehmen hat, gebracht. Ihre Wirkung war zunächst sowohl durch ihren Widerspruch gegen alle bisherigen Anschauungen von der sieghaften Kraft moralischer Eroberungen wie durch die Verbitterung des Verfassungskonflikts beeinträchtigt worden; die Siege des dänischen Krieges blieben auf die Mehrzahl der preußischen Wähler ohne Einfluß. Aber mit den ersten Schlachten des österreichischen Krieges begann der Umschwung; die Macht des Staates, sein Ansehen in der Welt trug den Sieg davon über die Fragen der inneren Verfassung, am Tage von Königgrätz, am 3. Juli 1866 erlitt die Fortschrittspartei bei den Neuwahlen zum Abgeordnetenhaus eine vernichtende Niederlage. Bismarck hatte gesiegt. Aber er verzichtete auf eine Reaktion, selbst auf einen zeitweise geplanten Zusatz zur Verfassung, der die „Lücke“ des Artikels 99 zugunsten der Regierung schließen sollte. Er wußte eben, daß das konstitutionelle Leben nicht durch die Paragraphen der geschriebenen Verfassung, sondern durch die realen Faktoren des Staates bestimmt wird. Und als einen solchen Faktor hatte er das Bürgertum stets anerkannt; nicht nur seine wirtschaftliche Stellung hatte er ihm nie bestritten, sondern er gestand ihm auch den seit 1848 bestehenden Anspruch auf Mitwirkung am Staate zu; gerade jetzt, wo er die liberalen Sympathien für seine deutsche Politik brauchte, mußte er diesen anerkennen. Nur dagegen hatte er gekämpft, daß das Bürgertum allein herrsche, die alten Gewalten des preußischen Staates, Königtum, Beamtentum und Heer, von sich abhängig mache. Nachdem er in diesem Kampf gesiegt hatte, bot er dem bürgerlichen Liberalismus die Hand zur Versöhnung und ersuchte den Landtag um Gewährung der Indemnität für die seit 1862 ohne gesetzlichen Etat geleisteten Ausgaben. Diese Indemnität bedeutete keineswegs eine Preisgabe des bisher vertretenen Standpunktes, daß die Regierung unter allen Umständen für die Existenz des Staates zu sorgen habe, sondern eher die nachträgliche Billigung der Haltung der Regierung seitens des Landtags. Deshalb lehnte auch ein Teil der Fortschrittspartei die Regierungsvorlage ab und verharrte in unentwegter Opposition gegen die Regierung, gegen die ganze neue staatliche Entwicklung, die über das alte demokratische Programm hinausging. Auf der andern Seite waren die hochkonservativen Gegner des Verfassungslebens damit unzufrieden, daß die Regierung überhaupt um Indemnität nachsuchte und damit die Grundlagen des parlamentarischen Budgetrechts anerkannte. Mit diesem starren Festhalten an den Doktrinen der vergangenen Zeit stießen aber beide Parteien einen Teil ihrer Anhänger ab. Unter der Führung von Lasker und Twesten traten zahlreiche Abgeordnete aus der Fortschrittspartei aus und bildeten die nationalliberale Partei. Diese erkannte die Macht der Tatsachen an, nicht nur den einmaligen Sieg der Regierung, sondern allgemein die Notwendigkeit, die Strenge der Parteidoktrin zu mildern, die Realitäten zu beachten, Kompromisse zu schließen; sie machte Frieden mit der Regierung und nahm die Indemnität an. Gleichzeitig löste sich von der konservativen Partei eine freikonservative Fraktion los, die sich ähnlich wie die Nationalliberalen mit den Tatsachen abfand und die Notwendigkeit des Verfassungsstaates anerkannte.

Mit diesem Ausgang des Verfassungskonflikts war zugleich der besondere Charakter des preußischen Staates als konstitutioneller Monarchie festgelegt worden, der bis zum Zusammenbruch der Monarchie überhaupt bestanden hat. Das Königtum hatte seine Stellung über den Parteien gewahrt, das parlamentarische Regierungssystem West- und Südeuropas und des Musterlandes der preußischen Verfassung, Belgiens, welches die Regierung aus der Mehrheit des Parlaments hervorgehen läßt, hat in Preußen keine Nachahmung gefunden. Es war damit Wirklichkeit geworden, was die Staatslehre der Restaurationszeit als die dem Wesen der deutschen Monarchie allein angepaßte Staatsform unter dem Schlagwort des monarchischen Prinzips theoretisch festgestellt, was vor allem F. J. Stahl[1]) zum System erhoben hatte. Die konstitutionelle Monarchie war in Deutschland möglich, weil hier die Träger der alten staatlichen Ordnung aus der Zeit des Absolutismus, Monarchie, Beamtentum und Offizierkorps, sich in ihrer Selbständigkeit behauptet und den Erschütterungen des Jahres 1848 standgehalten hatten. So konnte durch die Verfassungen und die Parlamente die monarchische Vollgewalt wohl beschränkt, nicht aber als der im Staate bestimmende Faktor durch einen andern ersetzt werden. Der weitergehende Anspruch des preußischen Abgeordnetenhauses war durch den Abschluß des Verfassungskonflikts abgewiesen worden; als Vertretung des Volkes neben der Regierung hatte es sich aber durchgesetzt. Das Ergebnis stellt also ein Gleichgewichtssystem dar, das in mancher Beziehung an den alten landständischen Dualismus erinnert und wie dieser zu einer Trennung zwischen Regierung und Regierten, Fürst und Land geführt hat. Seine praktische Auswirkung hing von der weiteren Entwicklung der beiden Gewichte ab. Der Schwerpunkt dieser Entwicklung ruhte aber seit 1867 in dem weiteren Rahmen des Norddeutschen Bundes, seit 1871 im Deutschen Reiche.

## Vierzehnter Abschnitt: Das deutsche Kaiserreich von 1871 bis 1918

Quellen: Bundesgesetzblatt des Norddeutschen Bundes, seit 1871 Reichsgesetzblatt; eine Auswahl bei H. Triepel, Quellensammlung zum Deutschen Reichsstaatsrecht (2. Aufl. 1907, mit Ergbd. 1911, für den Historiker neben der 4., 1926, unentbehrlich) und K. v. Stengel, Quellensammlung zum Verwaltungsrecht des Deutschen Reichs (1902). I. Hohlfeld, Deutsche Reichsg. 1849—1927 in Dokumenten (2 Bde. 1927).

Übersichten über die einzelnen Jahre bieten der Europäische Geschichtskalender (seit 1860 erscheinend), für die Jahre nach 1885 auch der Deutsche Geschichtskalender, für die Entwicklung des öffentlichen Rechts seit 1907 das Jb. des öffentlichen Rechts, begr. von G. Jellinek, P. Laband und R. Piloty.

Darstellungen: F. Hartung, Deutsche G. von 1871—1919 (1924). I. Hohlfeld, G. des deutschen Reichs 1781—1924 (2. Aufl. 1926). K. Lamprecht, Zur jüngsten deutschen Vergangenheit, Bd. 2, 2 (1906; neue Ausg. unter dem Titel „Deutsche Geschichte der jüngsten Vergangen-

1) Vgl. F. J. Stahl, Das monarchische Prinzip (1845; wieder abgedruckt in seiner Philosophie des Rechts³. Bd. 2, 1847). Zur Lehre vom monarchischen Prinzip ist weiter zu vergleichen: O. Hintze, Das monarchische Prinzip und die konstitutionelle Verfassung (PrJbb., Bd. 144, 1911). E. Kaufmann, Studien zur Staatslehre des monarchischen Prinzips (Hallische jur. Diss. 1906). H. O. Meisner, Die Lehre vom monarchischen Prinzip im Zeitalter der Restauration und des Deutschen Bundes (1913). H. Rehm, Das politische Ween der deutschen Monarchie (Festgabe für O. Mayer, 1916).

heit und Gegenwart, Bd. 2 [Innere und äußere Politik], 1913). E. ROSENTHAL, Die Reichsregierung (1911). H. v. TREITSCHKE, Bund und Reich „Zehn Jahre deutscher Kämpfe", Bd. 2³, 1897); Unser Reich (1886; Hist. u. pol. Aufs., Bd. 2⁶, 1903). A. WAHL, Deutsche G. 1871—1914 (1. Bd. bis 1879; 1926). I. ZIEKURSCH, Pol. G. des neuen deutschen Kaiserreichs (2 Bd., 1871—1890; 1927).

Zu erwähnen sind ferner die freilich die Zustände mehr beschreibenden als historisch entwickelnden Bearbeitungen des Staatsrechts, für das Reich vor allem P. LABAND, Das Staatsrecht des Deutschen Reichs (5. Aufl., 4 Bde., 1911—14); Deutsches Reichsstaatsrecht (7. Aufl. 1919). G. MEYER, Lehrbuch des deutschen Staatsrechts (7. Aufl., hrsg. von G. ANSCHÜTZ, in 3 Bdn. 1914/19), für die Einzelstaaten s. die Nachweise oben S. 122. Zur ersten Orientierung sind auch die einschlägigen Artikel im Wb. des deutschen Staats- und Verwaltungsrechts (2. Aufl. hrsg. von M. FLEISCHMANN, 1911/14) geeignet.

## § 51. Die Verfassung des Norddeutschen Bundes und des Deutschen Reiches

Ausgabe von K. BINDING, Deutsche Staatsgrundgesetze, Heft 1 (in der größeren Ausgabe mit vielen Anlagen, darunter den vorhergehenden Entwürfen).

Quelle: E. BEZOLD, Materialien der deutschen Reichsverfassung (3 Bde. und Register, 1873).

Darstellungen für den Norddeutschen Bund (außer den allgemeinen Werken von E. BRANDENBURG, Die Reichsgründung, Bd. 2, und O. LORENZ, Kaiser Wilhelm u. die Begründung des Deutschen Reichs 1866/71, 1902): K. BINDING, Die Gründung des Norddeutschen Bundes (1889, wieder abgedr. in der Sammlung „Zum Leben u. Werden der Staaten", 1920). H. TRIEPEL, Zur Vorgeschichte der norddeutschen Bundesverfassung (Festschrift für Gierke, 1911). Für die Reichsverfassung: E. BRANDENBURG, Der Eintritt der süddeutschen Staaten in den Norddeutschen Bund (1910). W. BUSCH, Die Kämpfe um Reichsverfassung und Kaisertum 1870/71 (1905). M. v. SEYDEL, Kommentar zur Verfassungsurkunde für das Deutsche Reich (1897).

Zum Vergleich mit den früheren Entwürfen: O. v. VÖLDERNDORFF, Deutsche Verfassungen und Verfassungsentwürfe (Ann. des Deutschen Reichs 1890). O. FREDERICH, Die staatsrechtliche Stellung des heutigen deutschen Kaisertums verglichen mit den beiden Verfassungsentwürfen von 1848, 1849 und mit der Unionsverfassung von 1850 (Würzburger jur. Diss. 1912). F. SCHMIDT, Die Verfassungen der Jahre 1849 und 1850 und ihre Bedeutung im Verhältnis zur Verfassung des Deutschen Reichs (Erlanger jur. Diss. 1913). Über das Verhältnis zum alten Reiche vgl. H. REINCKE, Der alte Reichstag und der neue Bundestag (1906) und K. VOIGT, Die Verfassung des alten u. des neuen Deutschen Reichs (Vergangenheit u. Gegenwart, Bd. 2, 1912).

Die Gründung des Norddeutschen Bundes und des neuen Deutschen Reiches knüpft zwar an die im elften Abschnitt behandelten Bestrebungen nach einer befriedigenden Gesamtverfassung Deutschlands an, durfte aber trotzdem nicht im unmittelbaren Anschluß an sie behandelt werden. Denn sie hat nicht nur diese unitarischen Tendenzen zur Voraussetzung, sondern ebensosehr die Entwicklung der Einzelstaaten und zumal die Preußens. Ja, diese ist sogar das Wichtigere: die Einigung Deutschlands ist nicht aus der Einheitsbewegung, die die Geschichte des Deutschen Bundes beherrscht, hervorgegangen, sondern sie ist im Gegensatz gegen sie durch das Machtstreben des preußischen Staates vollbracht worden.

Als ein Vorspiel dieser Einigung kann die Gründung des deutschen Zollvereins in den dreißiger Jahren des 19. Jhs. angesehen werden. Auch sie ist im Gegensatz zu den Wünschen der öffentlichen Meinung und wenn auch nicht gerade gegen, so doch ohne den Deutschen Bund erfolgt, lediglich aus dem besonderen Interesse des preußischen Staates heraus. Sie ist ferner insofern ein Vorspiel, als sie Preußen und die meisten deutschen Staaten außer Österreich zu einem einheitlichen Verbande, zu einer Lebensgemeinschaft, wenigstens im Wirtschaftlichen, zusammenschloß. Aber mehr als ein Vorspiel bedeutet der Zollverein nicht. Denn eine politische Gemeinschaft ist aus der wirtschaftlichen nicht erwachsen, die Mittelstaaten sind vielmehr nach wie vor die politischen Gegner Preußens geblieben, und der Zollverein hat weder 1850 noch 1866 ihr Kriegsbündnis mit Österreich hindern können.

Nicht durch die wirtschaftlichen Interessen Gesamtdeutschlands, sondern durch die politischen Bedürfnisse des preußischen Staates ist die Lösung der deutschen Frage bestimmt worden. Damit ist zugleich gesagt, daß die Geschichte dieser Lösung vom Standpunkt der Verfassungsgeschichte aus nicht geschrieben werden kann. Es darf nur kurz daran erinnert werden, wie Bismarck das gegenseitige Verhältnis von Österreich und Preußen unter möglichster Ausschaltung der Bundesverfassung und der Mittelstaaten zu regeln gedachte, wie dann Österreich im Gegensatz dazu die schleswig-holsteinische Frage durch Zuziehung des Bundestages, auf dem es der Mehrheit sicher war, in seinem Sinne zu entscheiden suchte, wie endlich Preußen den Kampf gegen die Vormachtstellung Österreichs offen aufnahm.

Als Bundesgenossen für diesen Kampf rief Bismarck die deutsche Einheitsbewegung auf. Am 9. April 1866 ließ er am Bundestage den dringlichen Antrag auf eine Bundesreform stellen, die mit einer „aus direkten Wahlen und allgemeinem Stimmrechte der ganzen Nation hervorgehenden Versammlung" vereinbart werden sollte. Und die „Grundzüge zu einer neuen Bundesverfassung", die Preußen unmittelbar vor dem Ausbruch des Krieges am 10. Juni den Regierungen unterbreitete, beriefen sich nicht nur ausdrücklich auf das vom Frankfurter Parlament hergestellte Reichswahlgesetz vom 12. April 1849, sondern gingen darauf aus, ein deutsches Parlament als ständiges Organ neben den Bundestag zu stellen. Aber diese Anknüpfung an das Werk von 1848/49, an die erste große Einheitsbewegung der Nation, blieb ohne Wirkung; die Vorschläge des Mannes, der mit dem preußischen Parlamente seit Jahren in schwerstem Konflikt lag, wurden nicht ernst genommen, erweckten höchstens Mißtrauen. Auch Treitschke sah darin eine Mißachtung der sittlichen Kräfte des Völkerlebens, ein befremdendes und fast unheimliches Schauspiel; sie erschienen ihm wie ein Fechterstreich in einem diplomatischen Turnier.[1])

Und doch waren sie ehrlich gemeint. Wie Bismarck den preußischen Konflikt nach dem Siege durch Entgegenkommen gegen den bürgerlichen Liberalismus beendete, weil er in diesem eine wirtschaftlich und politisch bedeutende Macht des Staatslebens erblickte, so war auch seine Verbindung mit der deutschen Einheitsbewegung keineswegs ein Notbehelf während des „diplomatischen Turniers", sondern die Anerkennung des Einheitsverlangens der Nation als eines berechtigten Faktors in der deutschen Geschichte. Freilich, wie er den preußischen Liberalen gegenüber auch bei den Beratungen über das Indemnitätsgesetz das Recht der Krone betonte, so blieb er sich auch bei der neuen Gestaltung der deutschen Dinge treu; er zwang die deutschen Liberalen, auch die fürstlichen Standes, wie den preußischen Kronprinzen und den Herzog Ernst von Coburg-Gotha, zur Anerkennung der staatlichen Macht, zum Verzicht auf die Starrheit der Parteigrundsätze, zur Realpolitik.

Die neue Verfassung Deutschlands, die sich aus politischen Gründen freilich einstweilen nur auf die im Norddeutschen Bunde geeinigten Staaten Norddeutschlands mit Einschluß Oberhessens erstreckte, ist ganz Bismarcks Werk, mag auch mit Recht durch die neuere Forschung (vor allem TRIEPEL) der Anteil der Minister und Räte stärker herausgearbeitet werden als in SYBELS bekannter Darstellung. Der vom 15. Dezember 1866 datierte Entwurf der preußischen Regierung trägt den Stempel seines Wesens schon darin, daß er sich aller doktrinären Sätze über Souveränität und Staatsgewalt und über Grundrechte der Individuen enthält und sich ganz auf die organisatorischen Bestimmungen beschränkt, vor allem aber in der Art, wie diese Organisation geschaffen wird. Er ist ein Versuch, die Bundesakte und die Frankfurter Reichsverfassung miteinander zu verschmelzen, alle lebendigen Kräfte Deutschlands, den preußischen Staat, die Mittel- und Kleinstaaten und die deutsche Nation, zu einem einheitlichen Ganzen zusammenzufügen. Er vermeidet den Fehler des Frankfurter Parlaments, eine über den Staaten schwebende Zentralgewalt künstlich zu konstruieren, überträgt vielmehr die Souveränität der Gesamtheit der „Verbündeten Regierungen", ohne sich darüber auszusprechen, ob auch jeder Staat für sich noch souverän

1) Der Krieg und die Bundesreform (geschrieben Mai 1866, zuerst PrJbb., Bd. 19; wieder abgedruckt Zehn Jahre deutscher Kämpfe, Bd. $1^3$, 1897, S. 88).

bleiben solle. Sowohl für die Gesetzgebung wie für die Durchführung der Bundesbeschlüsse wird das alte Organ der Gesamtheit, der Bundestag, beibehalten; freilich ist nicht bloß der unpopuläre Name des Bundestags durch die Bezeichnung Bundesrat ersetzt, sondern auch die schweren Gebrechen seiner Organisation sind beseitigt worden. Der engere Rat ist verschwunden, alle Funktionen des Bundesrats werden vom Plenum, das infolge des Ausscheidens Österreichs und der süddeutschen Staaten noch 43 Stimmen, darunter 17 preußische, zählt, erledigt. Seine Arbeitsfähigkeit ist gewährleistet durch die unbedingte Geltung der einfachen Stimmenmehrheit, die nur bei Verfassungsänderungen durch die Vorschrift einer Zweidrittelmehrheit ersetzt wird, und durch die Bestimmung, daß nicht vertretene oder nicht instruierte Stimmen nicht gezählt werden. Am meisten ist aber der Charakter des alten Bundestags als einer Konferenz von Gesandten gleichberechtigter Staaten durch die Stellung des Bundespräsidiums geändert worden. Dieses Präsidium ist nicht ein bloßer Ehrenvorsitz mit dem Recht zur formalen Leitung der Geschäfte, sondern es hat materielle Vorrechte vor den andern Bundesstaaten, die völkerrechtliche Vertretung des Bundes nach außen, das Recht, über Krieg und Frieden zu entscheiden, das Recht und die Pflicht, die Ausführung der Bundesbeschlüsse in den einzelnen Bundesstaaten zu überwachen, endlich das Recht, widerspenstige Bundesstaaten durch Exekution zur Erfüllung der Bundespflichten anzuhalten; ihm steht ferner der Oberbefehl über die gesamte Kriegsmacht des Bundes zu Lande und zu Wasser in Kriegs- und Friedenszeiten zu. Und das Präsidium ist anders als das Kaisertum der Frankfurter Verfassung eng verbunden nicht nur mit der Dynastie, sondern mit dem Staate Preußen, es besitzt daher die nötige Macht, um seine Befugnisse wirksam auszuüben, und zugleich ist Preußen dadurch vor einem Zwang seitens des Bundes, vor einer rechtlich möglichen Majorisierung in Lebensfragen gesichert.

Aber neben den Staaten und Preußen als dem größten Staate kommt in dem Bismarckischen Verfassungsentwurf auch die deutsche Nation zu ihrem Rechte. Sie erhält den gleichen Anteil an der Gesetzgebung des Bundes wie die Staaten; diesen Anteil auszuüben ist die Aufgabe des Reichstags, des Volkshauses, wie die Frankfurter Verfassung gesagt hatte. Er verkörpert gegenüber dem Partikularismus die Einheit, er vertritt im Gegensatz zum Bundesrat, in dem nur die Regierungen der Einzelstaaten vertreten sind, das deutsche Volk. Denn ein solches kennt zum Unterschied von der Bundesakte der neue Verfassungsentwurf, wenn es auch eine einheitliche Reichsangehörigkeit für das Inland bis heute noch nicht gibt; er wendet sich in seinen Bestimmungen, zumal in der Feststellung der Wehrpflicht, unmittelbar an „jeden Norddeutschen", ohne nach der Staatsangehörigkeit zu fragen, er setzt ein einheitliches Indigenat fest.

Die Kompetenzen wurden zwischen dem Bund und den Einzelstaaten zum Teil im Anschluß an die Frankfurter Verfassung so verteilt, daß die Einheit der Nation sowohl nach außen wie im Innern gesichert und durchgeführt wurde. Deshalb wurde zur Bundessache nicht allein die Vertretung des Bundes nach außen mit Einschluß der Zoll- und Handelspolitik und die gesamte Wehrkraft — die allerdings durch besondere Militärkonventionen überall mit Ausnahme von Sachsen mit dem preußischen Heere verbunden wurde — erklärt, sondern auch die Gesetzgebung über den Verkehr innerhalb des Bundesgebiets, über die Freizügigkeit und Gewerbebetrieb, über Münze, Maß- und Gewichtssystem, über Eisenbahnen, Schiffahrt, Post und Telegraphie, über Zivilprozeß, Konkurs-, Wechsel- und Handelsrecht.

Dieser Entwurf wurde zunächst einer Konferenz der einzelstaatlichen Regierungen vorgelegt, aber trotz zahlreichen Änderungsvorschlägen in allen wesentlichen Punkten angenommen, da Bismarck alle den Grundzügen seines Entwurfs widersprechenden Anträge und Anregungen, namentlich auf Umgestaltung des von ihm bewußt den besonderen deutschen Verhältnissen angepaßten Bundesrats in ein den üblichen europäischen Verfassungen entsprechendes Oberhaus ablehnte. Der darauf neu redigierte Entwurf vom 7. Februar 1867 wurde am 24. Februar in Erfüllung des am 9. April 1866 gegebenen Versprechens einem verfassungberatenden norddeutschen Reichstage vorgelegt. Auch hier wurde allerhand Widerspruch laut; denn zu wenig stimmte der Entwurf mit den alten konstitutionellen Doktrinen überein. Vor allem wurde das mit der eigenartigen Konstruktion der Bundesgewalt zusammenhängende Fehlen eines verantwortlichen konstitutionellen Reichsministeriums bemängelt, daneben auch — hier wirkte auf beiden Seiten der preußische Verfassungskonflikt nach — die Einschränkung des Budgetrechts des Reichstags durch die in dem Verfassungsentwurf ein für allemal ausgesprochene Festlegung der Ausgabensumme für das Heer. Gemäß dem stärkeren Gewicht, das der Reichstag als Vertretung der deutschen Nation besaß, kam Bismarck ihm stärker entgegen als den Regierungen, deren Bedeutung im Norddeutschen Bunde gegenüber Preußen nur gering sein konnte. So erklärte er sich mit der Erweiterung der Zuständigkeit des Bundes auf das gesamte Obligationenrecht und auf das Strafrecht einverstanden, gab die Beschränkung des Bundes auf Matrikularbeiträge und indirekte Steuern preis, gestand auch dem Reichstag außer dem aus dem Reichswahlgesetz von 1849 übernommenen allgemeinen, gleichen und direkten Wahlrecht die geheime Stimmabgabe zu. An der Grundlage seines Werkes ließ er freilich nicht rütteln. Die Errichtung eines dem Reichstage verantwortlichen Reichsministeriums lehnte er mit der Begründung ab, daß ein solches das Wesen des Bundesstaates nach dem Einheitsstaat hin verändere und die einzelstaatlichen Regierungen mediatisiere; den Ausschlag gab freilich doch wohl seine Abneigung gegen alles konstitutionelle Wesen. Und doch konnte er sich ihm nicht ganz entziehen, denn der Reichstag setzte durch, daß auf Antrag Bennigsens, des Führers der Nationalliberalen, der Bundeskanzler, der dem Bundespräsidium zur Ausübung seiner Befugnisse beigeordnet war, in einer freilich sehr unklaren Form für verantwortlich erklärt wurde (Artikel 17). Diese Bestimmung hat praktisch zur Folge gehabt, daß der Kanzler nicht bloß ein ausführendes Organ der preußischen Regierung in Bundesangelegenheiten, sondern der alleinige verantwortliche Leiter der Bundes- und später der Reichspolitik geworden ist. Auch hinsichtlich des letzten Streitpunkts, der Frage des Budgetrechts des Reichstags, mußte Bismarck diesem wesentliche Zugeständnisse machen. Nicht nur waren sämtliche Einnahmen und Ausgaben jährlich im Etat aufzuführen, sondern sie mußten durch Gesetz, also mit Zustimmung des Reichstags, festgestellt werden. Auch die Matrikularbeiträge, deren Ausschreibung der Entwurf dem Präsidium unbegrenzt anheimstellte, wurden auf den budgetmäßigen Betrag beschränkt. Nur für eine Übergangsfrist, bis Ende 1871, nicht wie Bismarck gewünscht hatte, für immer, wurde das Budgetrecht des Reichstags dadurch beseitigt, daß für die Militärausgaben ein Pauschquantum festgesetzt wurde; für die spätere Zeit sollte das Budgetrecht des Reichstags in Kraft treten ohne weitere Beschränkung, als daß eine Änderung der bestehenden Präsenzstärke nur durch ein Gesetz, bei dem Preußen ein unbedingtes Veto gegen jede Herabminderung des Heeres besaß, möglich sei.

Die nach diesen Modifikationen endgültig festgestellte Verfassung des Norddeutschen Bundes vom 17. April 1867 trat, nachdem die Landtage der einzelnen Staaten zugestimmt hatten, am 1. Juli 1867 in Kraft und lebte sich rasch ein. Sie stellte eine glückliche Lösung der besonderen Aufgabe dar, die durch die geschichtliche Entwicklung Deutschlands gegeben war: monarchische Einzelstaaten zu einer Einheit zusammenzufügen, ohne sie zu zerstören. Sie gab — das hat der Krieg von 1870/71 bewiesen — dem Ganzen genug Kraft, daß es sich als Macht behaupten konnte, und ließ doch den Einzelstaaten genug Raum zur Pflege ihrer Besonderheit, so daß die süddeutschen Staaten in den Novemberverträgen 1870 (Baden und Hessen gemeinsam am 15., Bayern am 23., Württemberg am 25.)[1]) dem Norddeutschen Bunde beitreten konnten, ohne grundsätzliche Verfassungsänderungen zu beanspruchen. Sie behielten sich einige „Reservatrechte" vor, die besondere Besteuerung von Bier und Branntwein, Bayern und Württemberg auch ihre eigene Postverwaltung und ihre besondere Heeresverwaltung, Bayern beschränkte auch die Zuständigkeit des Bundes im Eisenbahnwesen. Ferner wurden einzelne Artikel der Verfassung in einem den Einzelstaaten günstigen Sinne geändert; die Exekution gegen einen Bundesstaat (Art. 19), die bisher bei Nichterfüllung militärischer Pflichten, wenn Gefahr im Verzuge war, vom Bundesfeldherrn, dem König von Preußen, ohne weiteres vollstreckt werden konnte, sollte in Zukunft in allen Fällen vom Bundesrat beschlossen und erst dann vollstreckt werden; ebenso wurde dessen Zustimmung zur Erklärung eines Krieges für erforderlich erklärt, soweit nicht ein Angriff auf das Bundesgebiet erfolgte (Art. 11); es wurde im Bundesrat ein besonderer Ausschuß für auswärtige Angelegenheiten unter dem Vorsitz Bayerns und unter dauernder Beteiligung Sachsens und Württembergs gebildet (Art. 8). Endlich wurde die Bestimmung über Verfassungsänderungen (Art. 78) dahin modifiziert, daß im Bundesrat 14 Stimmen zur Ablehnung einer Verfassungsänderung genügen sollten; dadurch hatte nicht nur Preußen ebenso wie im Norddeutschen Bund ein Veto gegen jede Verfassungsänderung, sondern auch die drei mittelstaatlichen Königreiche konnten mit ihren 14 Stimmen jede ihnen nicht genehme Entwicklung der Reichsverfassung verhindern. Die Organisation des Bundes blieb dagegen unverändert, abgesehen von der dem Eintritt neuer Bundesstaaten entsprechenden Vermehrung der Mitgliederzahl im Bundesrat von 43 auf 58, im Reichstag von 297 auf 382; den Reservatrechten glaubte man dadurch Rechnung tragen zu sollen, daß im Bundesrat und Reichstag bei der Beschlußfassung über nicht allen Staaten gemeinsame Angelegenheiten nur die Vertreter und Abgeordneten der zu der Gemeinschaft gehörenden Bundesstaaten abstimmen dürften (Art. 7 und 28). Aber auch die einigenden Momente der Verfassung wurden durch die Novemberverträge verstärkt; die Zuständigkeit des Bundes wurde auf die Gesetzgebung über Presse und Vereinswesen ausgedehnt, und indem die farblosen Bezeichnungen Präsidium und Bund durch die altehrwürdigen Titel Kaiser und Reich ersetzt wurden, erhielt die deutsche Einheit ihre lebendige Verkörperung. Der Bundesrat dagegen, die Vertretung des bündischen Elements im Reiche, behielt seinen Namen. Am 1. Januar 1871 trat das neue Reich ins Leben, am 18. Januar erfolgte die Kaiserproklamation, am 16. April 1871 wurde die Verfassung des Deutschen Reiches in ihrer endgültigen Form erlassen.

Das auf diese Weise begründete Deutsche Reich stellte ein sehr kompliziertes Gebilde dar, das sich nur schwer in die Kategorien der Staatsrechtslehre eingliedern ließ. Im allgemeinen herrschte wohl die Ansicht vor, daß das Reich ein Bundesstaat sei. Der staatliche Charakter des Reichs erhellt vor allem daraus, daß die Reichsgewalt, die nach außen hin durch den Kaiser und den allein von ihm ernannten Reichskanzler vertreten wurde, in dem Bereich ihrer Zuständigkeit unmittelbar über die einzelnen Reichsangehörigen herrschte, daß die Reichsgesetze von Reichs wegen verkündet wurden und damit ohne Mitwirkung der Einzelstaaten verbindliche Kraft erlangten, daß die Einzelstaaten sich auch ohne ihre Zustimmung Beschränkungen ihrer Hoheitsrechte und Erweiterungen der Reichskompetenz gefallen lassen mußten, wofern nicht ein vertragsmäßig gesichertes Reservatrecht berührt wurde oder im

---

1) Oft gedruckt, z. B. bei BINDING a. a O. S. 149ff.

Bundesrat die zur Ablehnung von Verfassungsänderungen ausreichende Zahl von 14 Stimmen zusammenkam. Das Reich war freilich ein Bundesstaat besonderer Art, sowohl durch die bevorzugte Stellung Preußens, das außer dem durch seine 17 Bundesratsstimmen begründeten absoluten Veto gegen Verfassungsänderungen auch nach Artikel 5 Absatz 2 ein gleiches Veto gegen jede Änderung der Gesetzgebung über Militärwesen, die Kriegsmarine, die Zölle und die Verbrauchssteuern besaß und mit dem überdies alle Rechte des Kaisers verbunden waren, sondern auch durch die monarchische Verfassung der meisten Einzelstaaten, die jede Vergleichung der Reichsverfassung mit andern Bundesstaaten, etwa den Vereinigten Staaten von Amerika oder der Schweiz, unmöglich macht. Auch darüber sind die namhaftesten Staatsrechtslehrer einig, daß die Einzelstaaten wohl Teilhaber an der Reichssouveränität waren, ihre besondere Souveränität aber mit der Begründung des Norddeutschen Bundes oder des Deutschen Reiches verloren hatten. Die gegenteilige Ansicht, die vor allem von M. v. Seydel vertreten worden ist, braucht hier nicht auseinandergesetzt und kritisiert zu werden. Der Historiker wird sich in den Streit, der von den Juristen mit viel Scharfsinn geführt worden ist und ohne eingehende Definitionen der grundlegenden Begriffe unfruchtbar bleiben muß, nicht einmischen und statt die Frage zu beantworten, in welche staatsrechtliche Kategorie die geschichtliche Erscheinung des Deutschen Reichs einzuordnen sei, lieber dessen lebendige Wirksamkeit schildern.

## § 52. Die Entwicklung der Reichsverfassung von 1871 bis 1914

Literatur: C. Bornhak, Wandlungen der Reichsverfassung (A. f. öff. Recht, Bd. 26,1910). L. Frede, Die an der Reichsverfassung vorgenommenen Änderungen (Jenaer jur. Diss. 1912). H. Gerloff, Die Finanz- u. Zollpolitik des Deutschen Reichs (1913). A. Hänel, Studien zum deutschen Staatsrecht, Bd. 2, 1: Die organisatorische Entwicklung der deutschen Reichsverfassung (1888). P. Laband, Die geschichtliche Entwicklung der Reichsverfassung seit der Reichsgründung (Jb. d. öff. Rechts der Gegenwart, Bd. 1, 1907). H. Rehm, Das polit. Wesen der deutschen Monarchie (Festgabe für O. Mayer 1916). H. Triepel, Unitarismus und Föderalismus im Deutschen Reich (1907); die Reichsaufsicht (1916).

Die Verfassung des Deutschen Reiches hat sich in den 43 Jahren, die ihr zu friedlichem Ausbau gegönnt waren, als durchaus lebens- und trotz ihren Reservatrechten entwicklungsfähig erwiesen. Die Verteilung der Rechte und Pflichten zwischen dem Reiche und den Einzelstaaten hat sich bewährt und ist unverändert geblieben. Diese haben sich willig in den größeren Verband des Reiches gefügt; die Bestimmung des Artikels 19 über die Exekution hat nicht angewendet werden müssen.

Die formellen Änderungen der Reichsverfassung[1]) haben, soweit sie überhaupt das Wesen des Reiches berührten, stets die Einheit befördert. Gleich die erste Änderung der Verfassung, das Gesetz vom 24. Februar 1873, hob für den Reichstag die 1871 eingeführte Itio in partes bei nicht allen Staaten gemeinsamen Angelegenheiten wieder auf und stellte damit den ursprünglichen Charakter des Reichstags als der Vertretung der ganzen Nation, nicht der Staaten und ihrer Angehörigen wieder her. Noch im gleichen Jahre wurde durch die dritte Verfassungsänderung (vom 30. Dezember 1873) die Zuständigkeit des Reiches auf das gesamte bürgerliche Recht ausgedehnt.

Einen sehr viel tieferen Einfluß als diese formellen Änderungen übten auf das Wesen der Reichsverfassung zahlreiche materielle Änderungen aus, d. h. Gesetze,

1) Außer den im Text genannten Gesetzen sind folgende verfassungändernde Gesetze im Reich erlassen worden: vom 3. März 1873 betr. Seeschiffahrtszeichen (Art. 4, Abs. 9), vom 11. Februar 1888 betr. Ausdehnung der Landwehrpflicht bis zum 39. Lebensjahr (Art. 59, Abs. 1), vom 19. März 1888 betr. Verlängerung der Legislaturperiode auf 5 Jahre (Art. 24), vom 26. Mai 1893 betr. die Ersatzverteilung (Art. 53, Abs. 5), vom 14. Mai 1904 betr. die Überweisungen an die Bundesstaaten (Art. 70), vom 15. April 1905 betr. die zweijährige Dienstzeit (Art. 59, Abs. 1), vom 21. Mai 1906 betr. Diäten der Reichstagsabgeordneten (Art. 32), vom 3. Juni 1906 betr. Vergütung von Verwaltungskosten (Art. 38, Abs. 3d), vom 31. Mai 1911 betr. die elsaß-lothringischen Bundesratsstimmen (neuer Art. 6a), vom 24. Dezember 1911 betr. Schiffahrtsabgaben (Art. 54, Abs. 3 und 4).

die über die Bestimmungen der Verfassung hinausgingen und sie tatsächlich abänderten, die auch im Bundesrate mit der für Verfassungsänderungen vorgeschriebenen besonderen Stimmenmehrheit angenommen worden waren, aber ohne alle Rücksicht auf die Forderungen der Jurisprudenz das nicht ausdrücklich erwähnten und den Wortlaut der Verfassung unverändert ließen; von der Erwerbung des Reichslands Elsaß-Lothringen nahm die Reichsverfassung bis 1911 so wenig Notiz, daß nicht einmal die Zahl der Reichstagsabgeordneten in Artikel 20 dem Eintreten von 15 elsaß-lothringischen Mitgliedern entsprechend geändert wurde. Auch die durch die Entwicklung längst überholten Artikel 34 (Ausschluß Hamburgs und Bremens aus der Zollinie) und 75 (Bestellung des Oberlandesgerichts Lübeck zur Spruchbehörde bei Hoch- oder Landesverrat) wurden nicht aufgehoben. Noch stärker beförderte wohl die allmähliche Wandlung der Verfassung die Entwicklung zur Einheit. Das liegt zum Teil daran, daß Persönlichkeiten stärker wirken als die Institutionen. Die Einheit des Reiches wurde lebendig verkörpert im Kaiser; so unberechtigt es auch nach dem Buchstaben der Verfassung war, seine Stellung als oberster Kriegsherr, als Vertreter des Reiches nach außen, als die oberste Spitze der kaiserlichen Behörden, wurde im Volke durchaus als monarchische empfunden; daß sein Anteil an der Gesetzgebung des Reiches, die lediglich dem Bundesrat und Reichstag zustand, wesentlich anders war als an der Preußens, bei der er als König von Preußen ein unbedingtes Veto besaß, verschwand vor der Tatsache, daß er im Reiche wie in Preußen die Gesetze verkündete. Das föderative Element der Reichsverfassung, der Bundesrat, trat nicht nur vor dem Kaiser und dem Reichskanzler in den Hintergrund, sondern auch vor dem Reichstag, der durch die Öffentlichkeit seiner Verhandlungen und durch die seit dem Gesetz vom 19. März 1888 alle fünf Jahre erfolgenden Wahlen das Interesse des Volkes weit stärker erregte als der Bundesrat mit seinen geheimen Beratungen und seinen der großen Menge selbst dem Namen nach unbekannten Mitgliedern. Und selbst der Bundesrat unterlag der unitarischen Entwicklung des ganzen Reiches; das zeigte sich darin, daß das Bundespräsidium, das formell im Bundesrat gar keine Stimme hatte, ohne Ermächtigung der Verfassung die wichtigen Gesetze als Präsidialanträge einzubringen pflegte, und daß derartige Präsidialanträge allmählich den Hauptteil der bundesrätlichen Geschäfte ausmachten.

Aber auch sachliche Kräfte, die ganze moderne Entwicklung des Staats- und Völkerlebens, kamen der Reichseinheit zugute. Der Kaiser vertrat das Reich nach außen hin als Monarch, ohne Zuziehung der Bundesfürsten oder des Bundesrats, der auswärtige Ausschuß ist ganz bedeutungslos geblieben. Seit 1871 besaß das Reich ein besonderes Reichsland, in dem der Kaiser die Staatsgewalt ausübte. Die 1884 eingeleitete Kolonialpolitik war Sache des Kaisers, nicht des Bundesrats; der Kaiser war in den Kolonien der alleinige Inhaber der Regierungsrechte. Auch die innere Entwicklung des Reiches war unitarisch. In Ausführung und teilweise in Erweiterung der Verfassungsbestimmungen wurde die Rechtseinheit allmählich geschaffen; seit 1869 gab es für das Reich ein einheitliches Wechsel und Handelsrecht und ein Bundesoberhandelsgericht in Leipzig, seit 1870 auch ein gemeinsames Strafgesetzbuch, seit 1879 ferner eine einheitliche Gerichtsverfassung, die im Reichsgericht ihre höchste Spitze findet, und einheitliche Zivil- und Strafprozeßordnungen, seit 1900 endlich ein gemeinsames Bürgerliches Gesetzbuch; ergänzend kam die Vereinheitlichung der Militärgerichtsbarkeit hinzu, die im Reichsmilitärgericht zu Berlin gipfelte. Damit war eine Einheitlichkeit auf rechtlichem Gebiet gegeben, wie sie in Deutschland nie zuvor bestanden hatte. Die wirtschaftliche Einheit, äußerlich vollendet durch den Eintritt Hamburgs und Bremens in das Zollvereinsgebiet am 1. Oktober 1888, war schon durch die ausgedehnte, ganz im Geiste des Liberalismus auf Beseitigung aller Beschränkungen der individuellen Freiheit ausgehende Gesetzgebung des Norddeutschen Bundes fest begründet worden; das Gesetz vom 1. November 1867 gewährte, nachdem der Paßzwang bereits unterm 12. Oktober 1867 beseitigt worden war, allenthalben die Freizügigkeit, die polizeilichen Beschränkungen der Eheschließung waren am 4. Mai 1868 aufgehoben worden, das Gesetz vom 3. Juli 1869 sprach die Gleichberechtigung aller Konfessionen in bürgerlichen und staatsbürgerlichen Beziehungen aus; die Gewerbeordnung vom 21. Juni 1869 beruhte auf dem Grundsatz der Gewerbefreiheit. Durch das Gesetz vom 6. Juni 1870 über den Unterstützungswohnsitz, das die Armenunterstützung vom Wohnsitz statt von der Staatsangehörigkeit und dem Geburtsort abhängig machte, waren die bundesstaatlichen Grenzen für das Wirtschaftsleben tatsächlich aufgehoben und der Grundsatz des einheitlichen Indigenats praktisch durchgeführt worden; auch Bayern, das lange Zeit seine besondere Heimatsgesetzgebung behalten hatte, verzichtete 1913 auf sein Reservatrecht und schloß sich dem Reichsgesetz (in der neuen Fassung vom 30. Mai 1908) an. Die Reichsgesetzgebung der ersten Jahre bewegte sich in den gleichen Bahnen und schuf z. B. als Ergänzung zu der bereits 1868 beschlossenen Vereinheitlichung der Maße und Gewichte ein einheitliches Münz- und Bankwesen. So hat der wirtschaftliche Liberalismus, vor allem von Rudolf Delbrück, dem Präsidenten des Reichskanzleramts, vertreten, indem er das Individuum vom Staate — und das war bisher der Einzelstaat gewesen — befreit hat, einigend gewirkt. Diese Wirkung wurde durch den 1879 einsetzenden Umschwung der wirtschaftlichen Politik des Reiches nicht etwa aufgehoben, sondern vielmehr verstärkt. Wenn jetzt die individuelle Auffassung des Wirtschaftslebens durch eine staatliche überwunden wurde, wenn nicht mehr der größtmögliche Gewinn des einzelnen, sondern der Schutz der nationalen Arbeit das Ziel der staatlichen Wirtschaftspolitik sein sollte, so konnte nach der Entwicklung des letzten Jahrzehnts nur noch das Reich als der Staat in Betracht kommen, der im Interesse der Gesamtheit sich Eingriffe in das Wirtschaftsleben erlaubte, der die durch die moderne Entwicklung von Welthandel und Industrie gefährdeten, aber für den Staat und für die allgemeine Volkswirtschaft unentbehrlichen Klassen der Bevölkerung durch eine Zoll- und Sozialpolitik zu schützen suchte. Darin fand das Reich seit 1879 ein großes und wenigstens in der Sozialpolitik ein neues Gebiet für seine Gesetzgebung.

Die Ausdehnung der Reichsgesetzgebung führte aber zu einer wachsenden Ausdehnung der Reichsverwaltung. Zwar war die Zahl der unmittelbaren Reichsbetriebe und Reichsverwaltungen nicht groß (Marine, Post, Eisenbahn nur in Elsaß-Lothringen; Kolonien seit 1884). Im übrigen übertrug das Reich wie einst der Zollverein die Ausführung der Gesetze in der Regel den Einzelstaaten. Aber es hatte nicht bloß in dem Erlaß der Ausführungsbestimmungen und in der Aufsicht über die Ausführung eine gewaltige Arbeit selbst zu leisten, sondern es sah sich von Anfang an gezwungen, im Interesse der Einheitlichkeit für gewisse Verwaltungszweige die oberste Instanz selbst zu errichten (zuerst das Bundesamt für Heimatwesen, später Patentamt, Reichsversicherungsamt u. a.). Denn für solche laufenden Verwaltungsaufgaben war der Bundesrat, obwohl er seit 1883 ununterbrochen tagte, nicht das geeignete Organ. So bildete sich, ohne daß die Reichsverfassung selbst davon Kunde gegeben hätte, ein umfassender Reichsverwaltungsapparat. Neben die von Anfang an bestehenden Reichs- (Bundes-) Ämter, das Auswärtige Amt, das seit 1879 als Reichsamt des Innern bezeichnete Bundeskanzleramt und die seit 1889 zum Reichsmarineamt erhobene Marineverwaltung traten, um nur die wichtigsten zu nennen, teils durch selbständige Gründung, teils durch Herauslösung aus den alten Ämtern, das Reichseisenbahnamt, das Reichspostamt, das Reichsjustizamt, das Reichsschatzamt und endlich das Reichskolonialamt. Die Folge davon war, daß der Reichskanzler die Verantwortlichkeit, die ihm die Reichsverfassung auflegte, nicht mehr allein tragen konnte; durch das Stellvertretungsgesetz vom 17. März 1878 wurde deshalb der Kaiser ermächtigt, den Staatssekretären auf Vorschlag des Reichskanzlers für den ihnen übertragenen Wirkungskreis auch die Verantwortlichkeit beizulegen. Verantwortliche Minister im konstitutionellen Sinne sind die Staatssekretäre dadurch aber nicht geworden; sie waren nicht selbständig, sondern dem Reichskanzler untergeordnet, der jederzeit befugt war, Amtshandlungen, die in ihren Wirkungskreis fielen, selbständig vorzunehmen. Die Persönlichkeit Bismarcks, der Herr der ganzen Verwaltung bleiben wollte, wirkte darin nach.

Diese Entwicklung zur Einheit hat sich natürlich nicht ohne Widerstände vollzogen. Bismarcks Plan eines einheitlichen Reichseisenbahnwesens ist am Partikularismus der Regierungen gescheitert, und auch bei der Bevölkerung und infolgedessen auch bei den Parteien des Reichstags lebte und lebt der Partikularismus fort. Dadurch ist die finanzielle Sicherstellung des Reiches lange Zeit erschwert worden. Die großen Monopole, die Bismarck einführen wollte, wurden abgelehnt, und die seit 1879 neu erschlossenen Einnahmen aus den Zöllen und Verbrauchs- und andern Steuern wurden zunächst nicht dem Reiche, sondern durch die Franckensteinsche Klausel den Einzelstaaten überwiesen, die ihrerseits wieder das Reich durch Matrikularbeiträge, deren Höhe von Reichstag und Bundesrat gemeinsam im Etatgesetz bestimmt wurde, zu alimentieren hatten. Auf die Dauer setzten sich aber auch auf diesen Gebieten die Forderungen der Einheitlichkeit gebieterisch durch. Im Eisenbahnwesen war freilich nicht mehr gutzumachen, was in den siebziger Jahren versäumt worden war. Denn seither hatte Preußen seine Eisenbahnen verstaatlicht und einen eigenen Eisenbahnpartikularismus ausgebildet, der von Überlassung an das Reich nichts mehr wissen wollte, sondern wie einst mit dem Zollverein durch Angliederung der einzelstaatlichen Eisenbahnnetze die Einheit zu seinen Gunsten zu schaffen gedachte. Aber dieser Weg, der 1896 durch die Begründung der preußisch-hessischen Eisenbahngemeinschaft beschritten wurde, führte nicht zum Ziel, weil die andern Staaten sich nicht anschlossen. Die 1908 errichtete Betriebsmittelgemeinschaft war nur ein bescheidener Ausdruck der Einheit im deutschen Eisenbahnwesen. Bei den Reichsfinanzen dagegen erzwang das Schwergewicht der rasch wachsenden Ansprüche des Reichs zuletzt doch ein Zurückweichen der partikularistischen und parteipolitischen Bedenken gegen ein ausreichendes Reichssteuersystem. Denn die durch diese Bedenken verursachte Verschleppung der Reichsfinanzreform führte in den Jahren 1903/08 zu einer Finanznot im Reich, die auch die einzelstaatlichen Finanzen zu ruinieren drohte. Andererseits nahm auch das Interesse der Parteien an der Ausgestaltung der Reichssteuern zu, weil sie im Reichstag des allgemeinen gleichen Wahlrechts eine Berücksichtigung sozialer Forderungen bei den Steuern leichter durchsetzen konnten als in den teilweise aus plutokratischen Wahlrechten hervorgehenden Einzellandtagen. So konnte von 1909 bis 1913 eine energische Reichsfinanzreform durchgeführt werden. Die Franckensteinsche Klausel wurde bis auf einen geringen Rest — Überweisung der Branntweinsteuer — beseitigt. Und indem durch die Gesetze vom 3. Juli 1913 neben einem einmaligen Wehrbeitrag, einer direkten Abgabe vom Vermögen, auch eine dauernde direkte Vermögenszuwachssteuer im Reiche eingeführt wurde, hatte auch auf diesem Gebiete der unitarische Gedanke einen entscheidenden Sieg errungen.

## § 53. Die parlamentarische Geschichte des Reichs bis 1914

Von den gesetzgebenden Körperschaften des Reichs hat der Bundesrat seine Verhandlungen nicht veröffentlicht; die des Reichstags liegen in einer langen Reihe von Bänden stenographischer Berichte vor. Auszüge aus den wichtigsten Reichstagsverhandlungen geben die oben S. 161 genannten Geschichtskalender. Außerdem sind die Reden einiger hervorragender Staatsmänner in besonderen Ausgaben erschienen, und zwar für Bismarck (von H. Kohl s. oben S. 155), Bülow (von J. Penzler und O. Hötzsch 1903/09), Caprivi (von R. Arndt, 1894), Posadowsky (von J. Penzler und R. Ehrenberg 1907/11).

Auch die Reden einiger Parlamentarier sind durch selbständige Sammlungen zugänglich gemacht worden, nämlich die Bennigsens (hrsg. von W. Schultze und F. Thimme, 2 Bde., 1911/22), Miquels (hrsg. von W. Schultze und F. Thimme, 4 Bde., 1911/14), des Frhrn. v. Stumm-Halberg (hrsg. von A. Tille, 7 Bde., 1906/12), Treitschkes (Reden im Deutschen Reichstage 1871/84, hrsg. von O. Mittlstädt, 1896) und Windthorsts (Ausgewählte Reden, 3 Bde., 1901/02).

Eine vollständige Darstellung der parlamentarischen Geschichte gibt es nicht. Sie ist entweder aus den allgemeinen Werken herauszulösen oder aus der parteigeschichtlichen Literatur zusammenzustellen. Die wichtigsten Quellensammlungen (Salomon) und Gesamtdarstellungen (Bergsträsser und Rehm, beide mit vielen Literaturangaben) sind schon oben S. 107 angeführt worden

An Bearbeitungen der ganzen Zeit oder einzelner Abschnitte brauchen daher hier nur noch genannt zu werden: L. BERGSTRÄSSER, G. des Parlamentarismus in Deutschland; Die politischen Parteien in Deutschland vor dem Kriege (Hab. der Politik, Bd. 1[3], 1920). F. MEHRING, G. der deutschen Sozialdemokratie[7] (1919; reicht nur bis 1890, ist sehr einseitig, aber stoffreich). H. ONCKEN, Rudolf von Bennigsen, Bd. 2 (1910); Bennigsen und die Epochen des parlamentarischen Liberalismus in Deutschland und Preußen (HZ. Bd. 104, 1910). F. RACHFAHL, Windthorst und der Kulturkampf (PrJb. Bd. 135/6, 1909); Eugen Richter und der Linksliberalismus (Z. für Politik, Bd. 5, 1912). G. RITTER, Die preußischen Konservativen und Bismarcks deutsche Politik 1858/76 (1913). M. SPAHN, Das deutsche Zentrum (1907).

Dem Doppelwesen des Bundesstaats, der Gliedstaaten, aber zugleich unmittelbare Angehörige, ein eigenes Staatsvolk, besitzt, entspricht die Doppelheit seiner Verfassungsentwicklung. Diese besteht einmal in der Wandlung des Verhältnisses zwischen Gesamtstaat und Einzelstaaten, dann aber in der Gestaltung der Beziehungen von Regierung und Regierten, in der eigentlich konstitutionellen Entwicklung. Auch für das Reich hat diese Frage von Anfang an große Bedeutung gehabt und sich immer stärker in den Vordergrund geschoben, bis zuletzt in der Revolution von unten her die Reichsverfassung und mit ihr auch die einzelstaatlichen Verfassungen gesprengt worden sind.

Theoretisch betrachtet hätte diese Seite der Reichsverfassungsentwicklung einen ganz besonderen Charakter annehmen müssen, weil die Reichsregierung ein kompliziertes und eigenartiges Gebilde war. Träger der Souveränität war die Gesamtheit der verbündeten Regierungen, wie sie im Bundesrat verkörpert wurde. Mit Rücksicht auf diese bündische Zusammensetzung des Reichs hat Bismarck daher die Bildung eines im Sinne der konstitutionellen Doktrin verantwortlichen Reichsministeriums ständig abgelehnt. Und bis zuletzt ist die Bezeichnung „Reichsregierung“ von föderativer Seite angefochten worden. Tatsächlich aber hat eine einheitliche geschlossene, und zwar monarchische Reichsregierung von Anfang an bestanden. Freilich war der Kaiser nicht Monarch des Reiches, weder im Sinne der konstitutionellen Monarchie, wie sie in deutschen Einzelstaaten bestand, noch in dem der parlamentarischen Monarchien Englands, Belgiens, Italiens. Er war aber auch nicht Präsident einer Republik. Wenn auch seine Befugnisse wesentlich geringer waren als die eines amerikanischen Präsidenten, er z. B. von einigen fest bestimmten Gegenständen abgesehen kein Veto in der Gesetzgebung besaß, so übte er sie doch nicht durch Übertragung, sondern aus eigenem Recht und ohne Verantwortlichkeit aus.

Die Grundlage der kaiserlichen Stellung waren die Präsidialrechte der Reichsverfassung. Hinter ihr stand die starke Macht des preußischen Königtums. Und vor ihr stand zwei Jahrzehnte hindurch als einziger Reichsbeamter, der die Handlungen der Reichsregierung verantwortlich im Reichstag zu vertreten hatte, der Reichskanzler Otto von Bismarck. Das hat die Verfassungsentwicklung des Reichs stärker bestimmt als alle Doktrinen und hat ihr den monarchisch-konstitutionellen Charakter gegeben, den sie bis in die Zeiten des Weltkriegs getragen hat.

Die Anfänge der konstitutionellen Geschichte des Reiches standen unter dem Eindruck des preußischen Verfassungskonfliktes und seines Ausgangs. Mit seiner Absicht, den Konfliktgegenstand, das Budgetrecht des Parlaments in bezug auf die Heeresausgaben, dauernd auszuschalten, war Bismarck im konstituierenden Reichstag des Norddeutschen Bundes nicht durchgedrungen (vgl. oben S. 165). Die in ihm und in den folgenden Parlamenten bis 1878 ausschlaggebende nationalliberale Partei hatte sich zwar im Interesse der nationalen Einheit auf die Grundlage gestellt, die Bismarck geboten hatte, und hatte das Programm von 1848 fallen lassen. Aber sie war doch liberal geblieben und hatte den Anspruch auf parlamentarische Kontrolle aufrechterhalten, als deren wichtigste Waffe sie das Budgetrecht betrachtete. Deshalb war dieses in der Norddeutschen Bundes- und dann in der Reichsverfassung für den Reichstag zum Teil im wörtlichen Anklang an die preußische Verfassung gesichert worden. Nur für die Übergangszeit war der Militäretat festgelegt und der Kampf um den vorwaltenden Einfluß auf die Politik zunächst ausgeschaltet. Dieses Kompromiß hatte den Raum für die ganz im liberalen Sinne gehaltene wirtschaftliche Gesetzgebung des Norddeutschen Bundes und der ersten Jahre des Reiches freigemacht.

Ende 1874 lief die 1871 noch einmal verlängerte Übergangsfrist ab, und sofort wurde die alte Streitfrage wieder akut, um die sich einst der Verfassungskonflikt in Preußen gedreht hatte, ob das Parlament das Recht haben solle, den Heeresetat alljährlich festzulegen. Es handelte sich dabei weniger um das Heer, wenngleich ein Teil der Liberalen noch immer von der alten Feindseligkeit gegen stehende Heere erfüllt war und sein Etatrecht zur Verminderung der Heereslasten benutzen wollte, als vielmehr um die gesamte Politik, in der das Parlament um so eher Zugeständnisse von der Regierung erzwingen konnte, je größer seine finanzielle Macht war. Gerade deshalb wollte sich Bismarck auf die jährliche Bewilligung nicht einlassen; sie hätte den monarchischen Charakter des deutschen Verfassungslebens zu schwer beeinträchtigt. Daß ein so ausgedehntes Budgetrecht den damaligen Machtverhältnissen zwischen Krone und Parlament, wie sie sich aus dem Ende des Verfassungskonflikts und den großen außenpolitischen Erfolgen der Regierung ergeben hatte, nicht entsprach, daß andererseits ein erneuter Kampf um die Macht den ruhigen Ausbau des jungen Reiches empfindlich gestört hätte, das erkannten aber auch die meisten Nationalliberalen. Deshalb nahmen sie das Kompromiß an, das Bismarck ihnen bot: die Heeresstärke und die sich aus ihr ergebenden ordentlichen Ausgaben sollten nicht auf ewige Zeit, sondern auf 7 Jahre festgelegt werden; nach deren Ablauf konnte dann in neuer Machtprobe bestimmt werden, wer der stärkere Teil im Reiche wäre.

Diese Regelung hat bis zum Weltkrieg Bestand gehabt. Zwar ist die Verlängerung des sogenannten Septennats von 1874 nicht immer ohne innere Krisen möglich gewesen und hat zweimal (1887 und 1893) zu Reichstagsauflösungen geführt; auch die Dauer der Vereinbarung ist 1893 auf fünf Jahre, die Legislaturperiode des Reichstags, herabgesetzt worden; aber am Wesen des Kompromisses hat sich nichts geändert. Denn es entsprach doch nicht nur der Kräfteverteilung von 1874, dem durch Bismarck neubegründeten und von ihm kraftvoll vertretenen Übergewicht der Regierung, sondern der innersten Natur des deutschen Liberalismus, allgemeiner der unpolitischen Schwäche des Deutschen überhaupt. Der altständische Dualismus, der in Regierung und Land zwei getrennte Rechtssubjekte sah und die Hauptaufgabe der Landesvertretung nicht in Einfluß auf die Regierung, sondern in Abwehr von politischen Ansprüchen der Regierung erblickte, war recht im Gegensatz zu der konstitutionellen Entwicklung der ausländischen Staaten, die allenthalben auf das parlamentarische Regierungssystem hinauslief, in Deutschland mit der Neubegründung der Volksvertretungen während des 19. Jhs. zu neuem Leben erwacht. Er steckt in Stahls Theorie vom monarchischen Prinzip, von der selbständigen Rechtssphäre des Monarchen, in die das Parlament nicht eingreifen dürfe, er ist von Bismarck mit um so stärkerem Nachdruck in die Praxis übertragen worden, als seinem durch die Außenpolitik bestimmten Denken die Auffassung des parlamentarischen Lebens als eines Kampfes zweier feindlicher, einander ausschließender und höchstens durch Kompromisse auf Zeit zu versöhnender Mächte besonders nahelag; und der Liberalismus hat sich auf den gleichen Standpunkt gestellt, weil er sich mehr als Abwehr von Übergriffen der Regierung nicht mehr zutraute und den politischen Ehrgeiz zur Macht im Staate je länger je weniger aufbrachte.

Denn bald nach dem Septennat begann der große Umschwung der Bismarckschen Politik, der auf unser Parteileben den nachhaltigsten Einfluß ausüben sollte. Für den parlamentarischen Kampf im allgemeinen, für die Durchsetzung seines neuen wirtschaftlichen und finanziellen Programms, suchte Bismarck Bundesgenossen. Unter seiner Mitwirkung wurde 1876 die preußische konservative Partei, die sich im Kampf gegen seine deutsche und liberale Politik zerrieben hatte, als deutschkonservative Partei reorganisiert. Gleichzeitig versuchte Bismarck den rechten Flügel der Nationalliberalen dadurch enger mit sich zu verbinden, daß er ihrem Führer Bennigsen eine führende Stellung in der Regierung des Reichs und Preußens anbot. Aber dieser erste Versuch einer konservativ-liberalen Paarung scheiterte daran, daß Bennigsen sich allein nicht die Kraft zutraute, im Ministerium Bismarcks die liberalen Interessen ausreichend zu vertreten, vielmehr höhere Ansprüche auf Berücksichtigung seiner Partei stellte. Damit stieß er Bismarck zurück, der von keiner Partei abhängig sein, sondern nur die seiner Politik innerlich nahestehenden Parteien benutzen wollte, und gab den entscheidenden Anstoß, daß Bismarck mit den Nationalliberalen brach und sich nach andern Bundesgenossen umsah.

Sein negatives Ziel, die Zerschlagung der nationalliberalen Partei, hat Bismarck nur zu gut erreicht. Der Liberalismus ist seither kein politisch bedeutsamer Faktor mehr im deutschen Leben. Aber eine ausreichende parlamentarische Gefolgschaft fand Bismarck nicht. Der Konservatismus blieb auch mit seinem neuen Programm die Partei des ostelbischen Preußens. In den sozial und wirtschaftlich anders zusammengesetzten Gebieten Preußens und Deutschlands vermochte er nie rechten Boden zu gewinnen; seine Stärke im Reichstag war darum immer nur gering. Vom Liberalismus aber war gerade der zu positiver Mitarbeit bereite rechte Flügel zerschmettert, während es die unentwegte Opposition des Linksliberalismus, der unter wechselnder Firma die Traditionen der alten preußischen Fortschrittspartei festhielt, zeitweise zu erheblicher Abgeordnetenzahl brachte.

Dadurch rückte das Zentrum 1879 zum erstenmal in die ausschlaggebende Stellung, die es seither auf die Dauer überhaupt nicht mehr verloren hat. Es ist eine Partei, wie sie nur in Deutschland aus den besonderen konfessionellen und staatlichen Verhältnissen in Verbindung mit dem deutschen Hang zur Eigenbrötelei entstehen konnte. Der Kern der Partei ist der Katholizismus, der sich durch die Verdrängung Österreichs aus dem Deutschen Bunde im neuen Reiche in bedrohter Minderheit glaubte und deshalb zu einheitlicher politischer Vertretung zusammenschloß. Um ihn sammelten sich partikularistische Gruppen, die Welfen, die Elsässer, ferner in lockerer Verbindung die Polen. Ihnen allen war die Abneigung gegen Preußen und die von Preußen bestimmte Form der deutschen Einheit gemeinsam. Deshalb unternahm Bismarck von 1872 an den Kulturkampf gegen das Zentrum. Aber statt diese Organisation der „Reichsfeinde", wie Bismarck sich ausdrückte, zu zerstören, schmiedete der Kampf sie nur um so fester zusammen; er kam bereits 1876 zum Stillstand, dem in den achtziger Jahren der Abbau folgte.

Inzwischen war nämlich das Zentrum für Bismarcks Wirtschaftspolitik unentbehrlich geworden. Es bewilligte ihm 1879 nicht allein den neuen Zolltarif, sondern auch die neuen Reichseinnahmen, die er für notwendig hielt. Er mußte diese Unterstützung freilich mit einem Zugeständnis an den Föderalismus, der Franckensteinschen Klausel (S. 170), bezahlen; nicht das Reich, sondern die Einzelstaaten bekamen die neuen Einnahmen, und das Reich blieb von ihnen abhängig. Überhaupt war das Zentrum auch nach 1879 weit davon entfernt, Bismarcks Reichspolitik immer zu unterstützen. Eine zuverlässige Mehrheit besaß Bismarck während der achtziger Jahre im Reichstage weniger denn je; von 1881—1887 sah er sich sogar einer in allen politischen Fragen geschlossenen Mehrheit gegenüber, die er mit allen Mitteln, auch dem schweren Geschütz kaiserlicher Botschaften, gelegentlich selbst mit föderalistischen Drohungen bekämpfte, ohne ihren Widerstand, z. B. gegen die Steuerforderungen, brechen zu können. Und doch konnte er auch in diesen Jahren seiner inneren und äußeren Politik neue Wege weisen, Sozialpolitik und Kolonialpolitik begannen gerade damals. Zuletzt gelang es ihm auch, freilich erst nach einer Reichstagsauflösung, die ihm durch das Kartell der Konservativen und der Nationalliberalen eine überwältigende Mehrheit brachte, die großen Wehrvorlagen der Jahre 1887 und 1888 durchzubringen. So hat Bismarck bis zu seiner Entlassung sich die Zügel nicht aus der Hand nehmen lassen und sich die Mehrheiten für seine Politik geschaffen. Auch als die Kartellmehrheit bei den Neuwahlen von 1890 zerbrach, war er entschlossen, die Führung zu behalten, vielleicht das Steuer so umzulegen, daß das Zentrum ihm folgen konnte, wenn es sein mußte, aber auch für seine Politik zu kämpfen. Doch da ließ ihn die Krone im Stich.

Nicht die Parteien haben Bismarck gestürzt, sondern der Kaiser. Wohl aber sind sie und nicht die Monarchie die Sieger geblieben. Darüber darf die äußere Form, daß der Kaiser persönlich vor der Öffentlichkeit einen Teil der Stellung einzunehmen bestrebt war, die Bismarck ausgefüllt hatte, nicht hinwegtäuschen. Mit dem Jahre 1890 beginnt die allmähliche Umwandlung der monarchisch-konstitutionellen in eine parlamentarische Regierungsform. Der neue Kurs hatte von Anfang an weder die Autorität noch die innere Sicherheit Bismarcks und lavierte, wo dieser geführt und um seine Ziele gerungen hatte. Er betrat wohl neue Wege in der Wirtschafts- und Sozialpolitik, verließ sie aber bald wieder, als er — und zwar zuerst in Preußen — auf Widerstand stieß, und kam erst allmählich nach der Reichstagsauflösung des Jahres 1893 und einem erneuten Kanzlerwechsel zu einem festen Regierungssystem, das dann für mehr als ein Jahrzehnt der inneren Reichspolitik das Gepräge gab: die Reichsregierung entbehrte wie in Bismarcks Zeit der organischen Verbindung mit dem Parlament, Beamte, nicht Parlamentarier wurden mit den leitenden Stellungen betraut, ihre Ernennung erfolgte regelmäßig ohne jedes Einvernehmen mit dem Parlament oder den Parteien; aber die Tätigkeit der Regierung wurde in ganz anderer Weise als früher durch die Rücksicht auf die Parteien bestimmt, die zur Erlangung einer Mehrheit im Reichstage nötig waren.

Die Partei, die im Reiche am meisten Rücksicht beanspruchen konnte, war das Zentrum. Es hatte in den katholischen Gegenden seine sicheren Wahlkreise, seine Mitgliederzahl blieb daher seit 1874 fast unverändert, hielt selbst unter den schwierigsten Umständen, wie sie Bismarcks, den Papst gegen die Parteileitung ausspielende Taktik 1887 und die unmittelbar gegen das Zentrum gerichtete Reichstagsauflösung von 1906 herbeiführten, fast unerschüttert stand, war freilich auch bei den günstigsten Konjunkturen nicht wesentlich steigerungsfähig.

Die Stellung des Zentrums im Reichstag beruhte darauf, daß die Mittelparteien rechts und links dauernd zu schwach waren, um eine unabhängige Regierungsmehrheit zu bilden. Die konservative Partei blieb, obwohl sie mit der Aufnahme der agrarischen und der antisemitischen Bewegung ihren Anhang in den bäuerlichen und in den kleinbürgerlich-städtischen Kreisen zu erweitern strebte, doch im wesentlichen auf die ostelbischen Bezirke des alten Preußentums und des vorwiegenden Großgrundbesitzes beschränkt. Die Reichspartei, wie sich die schon 1867 auf den deutschen und konstitutionellen Boden der Bismarckschen Politik getretene freikonservative Partei nannte, gelangte überhaupt niemals zu nennenswerter Bedeutung. Aber auch für die Nationalliberalen kam, abgesehen von der besonderen Konstellation der Kartellwahlen des Jahres 1887, die große Zeit der siebziger Jahre mit 120—150 Abgeordneten nicht wieder. Sie haben den Schlag, den Bismarck ihnen mit seiner Abkehr 1878/79 versetzte, nie verwunden. Die in den achtziger Jahren rekonstruierte Partei war, obwohl sie den Namen und eine Reihe von führenden Persönlichkeiten behielt, etwas ganz anderes als die alte. Diese war, wenn auch Meinungsverschiedenheiten über Tempo und Ziel von Anfang an in ihr bestanden hatten, die Partei der freiheitlichen politischen Ausgestaltung des jungen Reiches gewesen. Das neue nationalliberale Programm (aus Heidelberg, 23. März 1884) sprach mehr von Erhaltung als vom weiteren Ausbau des Bestehenden. Man kann sagen: die Nationalliberalen waren seither die konservative Partei für das westelbische Deutschland, das weder die einseitig auf die Bedürfnisse des Großgrundbesitzes zugeschnittene Wirtschaftspolitik der konservativen Fraktion noch auch, zumal in konfessionell gemischten Gegenden, deren Kirchen- und Schulpolitik noch den schroff ausgeprägten konservativen Obrigkeitsgedanken vertrug.

Diesen Mittelparteien gegenüber vertraten die linksliberalen Parteien noch immer das alte Fortschrittsprogramm. Ihre Aktionskraft war freilich dadurch sehr geschwächt, daß die 1884 mühsam zustandegebrachte Einigung in der deutschfreisinnigen Partei nicht einmal ein Jahrzehnt Bestand hatte. 1893 brach die Partei in ihre beiden alten Gruppen auseinander, die eine war die freisinnige Vereinigung, die Männer, die sich 1880 von der alten nationalliberalen Partei getrennt hatten, teils weil sie entschiedeneren und energischeren politischen Liberalismus forderten, teils weil sie am Freihandel festhielten. Sie bekämpften auch jetzt noch alle staatlichen Eingriffe in das Wirtschaftsleben, blieben lange Zeit Gegner der Sozialpolitik, strebten nach dem parlamentarischen Regierungssystem, näherten sich aber der Regierung insofern, als sie, die Vertreter des Handels und Verkehrs, für die Weltpolitik und ihre Machtbedürfnisse wachsendes Verständnis zeigten. Recht im Gegensatz dazu verfocht die freisinnige Volkspartei ihren Liberalismus die längste Zeit hindurch in unentwegter Opposition; in ihr lebte der vormärzliche Liberalismus fort, der allem, was von der Regierung ausging, grundsätzlich voll Mißtrauen gegenübertrat und dem Sicherung der individuellen Freiheit im Sinne des konstitutionellen Rechtsstaats durch Errichtung gerichtlicher Schranken der Verwaltungsbehörden wichtiger war als parlamentarische Mitregierung. So war dieser Liberalismus lange Zeit das Sammelbecken aller Unzufriedenheit mit der Regierung; zum guten Teil darauf beruhten seine Wahlerfolge von 1881, 1884 und 1890.

Aber je länger je mehr stieß er mit seiner negativen Politik auf die überlegene Konkurrenz der Sozialdemokratie. Sie ist die Partei der industriellen Arbeiterschaft und mit dieser groß geworden. Ihre Stellung zum Staat wurde von vornherein dadurch ungünstig beeinflußt, daß ihr Programm — das hier nicht besprochen werden kann — letzten Endes auf Männer zurückgeht, die durch den Polizeidruck des Staates vor 1848 oder in der Zeit der Reaktion aus ihrer deutschen Heimat vertrieben worden sind und im Exil die Bedeutung des Staates und der nationalen Gemeinschaft niemals mehr zu würdigen gelernt haben. Lassalle, der den Zusammenhang der Stellung der Arbeiterschaft mit der Macht des Staates klar erkannt hat, ist durch seinen frühen Tod verhindert worden, das soziale und nationale Moment in der deutschen Arbeiterbewegung zu verbinden. Die von vornherein gegebene Feindschaft der Sozialdemokratie gegen den Staat wurde verhängnisvoll dadurch gefördert, daß ihr das Reich gleich zu Anfang mit den schärfsten Mitteln entgegentrat und, als sich die gesetzlichen Befugnisse zur Unterdrückung der Sozialdemokratie als nicht ausreichend zeigten, 1878 ein besonderes Gesetz gegen die Partei erließ. Aber alle Machtbefugnisse der Polizei waren nicht imstande, die Organisation der Partei zu zerstören, die Agitation zu unterbinden, den sozialdemokratischen Geist zu ertöten. Im Gegenteil schweißte die staatliche Verfolgung die Partei erst recht fest zusammen. Die in den achtziger Jahren eingeleitete Sozialpolitik konnte unter diesen Umständen ihre eigentliche Aufgabe, versöhnend zu wirken, nicht erfüllen; ihre zweifellos segensreichen Wirkungen traten ja auch nur allmählich zutage.

Im Jahre 1890 lief die (mehrfach verlängerte) Geltungsdauer des Sozialistengesetzes ab. Ein Ausnahmegesetz gegen die Sozialdemokratie wurde trotz einigen Anläufen (Umsturz- und Zuchthausvorlage) nicht wieder eingeführt. Unter der damit gegebenen Freiheit der Agitation in Verbindung mit dem raschen Wachstum der Industrie schwoll die Zahl der sozialdemokratischen Wähler gewaltig an und führte zu einer immer stärkeren Vertretung der Sozialdemokratie im Reichstag; 1887 gab es 12, 1890 35, 1898 schon 56, 1903 sogar 81 sozialdemokratische Abgeordnete im Reichstag. Ihre Bedeutung für die praktische Politik war freilich nur negativ. Denn der Mangel an politischem Willen, der den Deutschen auf praktische Mitarbeit am Staatsleben nur allzu leicht verzichten läßt und ihn auf Abwehr und Kritik beschränkt, war bei der Sozialdemokratie unter dem Einfluß der Lehre vom Klassenkampf zu grundsätzlicher Ablehnung jeder Beteiligung gesteigert; demgemäß stimmte die Partei gegen alle irgendwie wichtigen Regierungsvorlagen, auch gegen alle sozialpolitischen Gesetze.

Infolgedessen bedeutete die Zunahme der Sozialdemokratie lediglich eine Steigerung des politischen Einflusses des Zentrums. Ohne seine Stimmen konnte die Regierung überhaupt keine Mehrheit mehr finden; nach den Reichstagswahlen von 1903 war das Zentrum sogar in der Lage, mit Hilfe der Polen, Elsässer und Sozialdemokraten jeden Beschluß zu verhindern. Aber auch das Zentrum war deutsch genug, um sich mit dieser negativen Macht zu begnügen; es unternahm keinen Versuch, ein parlamentarisches Regierungssystem zu begründen. Als Vertretung einer Minderheit scheute es sich wohl, die Verantwortung zu übernehmen, weil seine offene Herrschaft leicht Opposition hervorrufen konnte. So entstand damals nur ein Kryptoparlamentarismus. Nicht auf die Besetzung der leitenden Stellen, wohl aber auf die der nachgeordneten Posten in den Reichsämtern übte das Zentrum auf Grund von Paritätsforderungen Einfluß aus; wichtige Beschlüsse ließ es sich auch durch besondere, ganz heterogene Zugeständnisse bezahlen, wie z. B. 1904 die Vermehrung der Unteroffiziersstellen durch die Aufhebung des § 2 des Jesuitengesetzes. Dem ganzen Reichstag kam die 1906 erfolgte Bewilligung von Diäten zugute, gegen die sich Bismarck stets gesträubt hatte, weil er — freilich ohne Grund — in der Diätenlosigkeit der Abgeordneten ein Gegengewicht gegen das gleiche Wahlrecht sah.

Die Überspannung dieser Form der parlamentarischen Machtausübung veranlaßte den Reichskanzler Fürsten Bülow Ende 1906 zu dem Versuch, sich vom Einfluß des Zentrums freizumachen. Aber schon waren, teils durch die Schwäche der Regierung, teils auch durch das natürliche Gewicht, das im modernen Staat die Volksvertretung durch das Recht der Geldbewilligung besitzt, die Dinge so weit gediehen, daß eine Rückkehr zu den Regierungsmethoden Bismarcks nicht mehr möglich war. Die Befreiung vom Zentrum mußte erkauft werden durch engere Verbindung mit andern Parteien, durch eine weitere Annäherung an das parlamentarische System. Dazu kam es freilich noch nicht, daß die Minister aus den Parteien entnommen worden wären; aber die den Regierungsparteien mißliebigen Minister wurden entlassen und bei der Wahl der Nachfolger wenigstens negative Rücksichten auf die Parteien genommen, indem farblose Männer oder gar Anhänger des neuesten Regierungskurses ernannt wurden. Außerdem gab die Regierung das System der wechselnden Mehrheiten, die gesucht wurden, wo sie sich eben boten, auf und stellte ein festes Programm auf, das sie allein mit ihrer neuen Mehrheit durchführen wollte. Das Programm wurde natürlich dadurch bestimmt, daß zur Mehrheitsbildung außer den Konservativen und Nationalliberalen auch die freisinnigen Parteien herangezogen werden mußten. Diese waren beide, auch die freisinnige Volkspartei, der unfruchtbaren Negation müde und erklärten sich zur Mitarbeit bereit gegen liberale Zugeständnisse. Auf dieser Grundlage kam der sogenannte Block zustande, die erste feste Verbindung zwischen der deutschen Reichsregierung und den Mehrheitsparteien des Reichstags. Von Dauer war sie freilich nicht. Der Liberalismus wollte den Block dazu benutzen, auch in Preußen liberale Reformen zu erzwingen; war doch die Kulturpolitik vor allem Sache der Einzelstaaten. Und das Zwangsmittel sollte die Reform des Wahlrechts sein, das den Konservativen in Preußen ein großes Übergewicht gab. Diese aber waren nicht bereit, ihre Stellung in Preußen der Reichspolitik Bülows zu opfern, und gaben den Block um so lieber preis, als ihnen das Zentrum wirtschafts- und kulturpolitisch näher stand als der Liberalismus. An der Reichsfinanzreform zerbrach der Block im Jahre 1909.

Die halbparlamentarische Regierungsform der Blockzeit stellt also nur eine kurze Episode in der konstitutionellen Geschichte des Reichs dar. Bülow selbst war mit ihr freilich so verwachsen, daß er das Auseinanderfallen seiner Mehrheit mit seinem Rücktritt beantwortete; mit der neuen Mehrheit, die die Finanzreform durchführte, konnte er nicht arbeiten. Aber über diesen negativen Erfolg kam die neue Mehrheit des Zentrums und der Konservativen einstweilen nicht hinaus. Der Nachfolger Bülows wurde ohne alle Rücksicht auf sie ernannt; er war gerade der Mann (Bethmann Hollweg), der als Staatssekretär des Innern und Stellvertreter des Reichskanzlers die innere Politik der Blockzeit wesentlich mitbestimmt und im Reichstag verfochten hatte. Es war eine Rückkehr zu dem 1906 verlassenen Regierungssystem, das ohne feste Grundsätze mit wechselnden Mehrheiten arbeitete, dabei freilich auf das Zentrum als unentbehrliches Glied dieser Mehrheit angewiesen war. Unter diesem Zeichen des ausschlaggebenden Einflusses des Zentrums stand nun die Reichspolitik bis zum Kriege. Den wachsenden Ansprüchen des demokratischen Flügels des Zentrums mußte auch die Regierung sich fügen und wichtige Gesetze, z. B. die elsaß-lothringische Verfassung und die Steuergesetze von 1913 gegen die konservative Partei durchbringen, wenn auch in der Hauptsache Zentrum und Konservative den Ton angaben.

Möglich war dieses Hindurchwinden zwischen den Parteien auf die Dauer nur dadurch, daß es eine führende Regierung mit politischen Zielen überhaupt nicht gab, sondern nur eine Verwaltung durch Beamte, die die laufenden Geschäfte mit der dem preußisch-deutschen Beamtentum eigentümlichen Pflichttreue und Gewissenhaftigkeit erledigten, aber des staatsmännischen Blicks für die Aufgaben und Bedürfnisse der Zukunft vollkommen entbehrten. Nur die Stagnation jener Jahre verdeckte äußerlich die Tatsache, daß die von Bismarck begründete Form des konstitutionellen Regiments, die Regierung durch den Monarchen und die von ihm ernannten Minister, inhaltlos geworden war, weil der Monarch weder selbst zu regieren, noch die geeigneten Staatsmänner zu finden verstand.

Mit der Stagnation allein hätte sich aber dieses Regierungssystem nicht halten können, wenn in den Parteien der politische Wille stärker ausgeprägt gewesen wäre. Das Zentrum begnügte sich mit dem unsichtbaren Einfluß, den es ausübte. Die Sozialdemokratie verharrte in grundsätzlicher Verneinung, auch als sie 1912 mit 110 Abgeordneten in den Reichstag einzog; nur vereinzelt siegten praktisch-nüchterne Erwägungen über die starre Theorie, so als sie den Wehrbeitrag annahm, um andere drückendere Steuern von der Arbeiterschaft fernzuhalten. Die Konservativen, die ihren Machtwillen in Preußen betätigen konnten, waren im Reiche nicht stark genug, um eine Rolle zu spielen. Auch der Liberalismus konnte sich im Reichstag nicht mehr zur Geltung bringen.

So war der Kreis verhängnisvoll geschlossen, an dessen Anfang die von Bismarck gewollte und herbeigeführte Schwächung des Liberalismus und des parlamentarischen Einflusses überhaupt gestanden hatte. Mit der Bedeutung des Parlaments war auch sein geistiges Niveau rasch gesunken. Für die großen Führernaturen, die in allen Parteien während der Zeit ihrer Kämpfe um die Macht erwachsen waren, fehlte es allenthalben an Nachfolgern. Die besten Köpfe Deutschlands gingen nicht ins Parlament; so machte sich hier bald die parteibureaukratische Mittelmäßigkeit breit, die nicht imstande war, Persönlichkeiten hervorzubringen, die die seit Bismarcks Entlassung verwaiste Stelle des leitenden Staatsmanns hätten einnehmen können. Statt der großen politischen Fragen beherrschten wirtschaftliche Interessenkämpfe das Parteigetriebe. Nur das Zentrum stand nicht auf wirtschaftlichem Boden; aber es war mehr eine konfessionelle als eine politische Partei. Für die politische Führung Deutschlands war es um so weniger zu haben, als es seiner Natur nach Minderheitspartei war. Das gilt auch von der Sozialdemokratie. Beide Parteien stellen charakteristische Bildungen des eigenbrötlerischen Sondertriebs der Deutschen dar; hatte dieser früher zu landschaftlichen und dynastischen Absplitterungen vom Reichsganzen geführt, so wirkte er sich nunmehr im Fraktionswesen aus. Dabei soll nicht verkannt werden, daß vor dem Kriege auch Ansätze zu einer Besserung zu finden waren. Die großen Wehrvorlagen, um die einst der parlamentarische Kampf gegen die Regierung am schärfsten entbrannt war, wurden 1911, 1912 und 1913 von allen bürgerlichen Parteien ohne parteipolitische Gegenforderungen aus Einsicht in die Lebensnotwendigkeiten des Reichs bewilligt.

## § 54. Preußen bis 1914

Abgesehen von den großen amtlichen Sammlungen (Gesetzsammlungen, Verhandlungen des Herrenhauses und des Hauses der Abgeordneten) sind die Quellen zur preußischen Verfassung kaum von denen zur Verfassung des Reichs zu trennen. In den Ausgaben der Reden von Staatsmännern und Parlamentariern (vgl. oben S. 170) ist die Tätigkeit im Landtag von der im Reichstag nicht geschieden. Doch hat der deutsche Geschichtskalender eine eigene Abteilung für Preußen. Auch an Darstellungen, die sich besonders mit der preußischen Geschichte der letzten Jahrzehnte befassen, fehlt es; in den Gesamtgeschichten der Zeit wird die preußische Geschichte nur so weit berührt, als sie unmittelbar auf die Reichspolitik einwirkt. Doch führen Bornhak, Giese, Hintze ihre S. 1 genannten Werke jeweils bis zur Gegenwart. Auch aus den staatsrechtlichen Werken (oben S. 141) ist für die neueste Zeit viel zu entnehmen. Den Anfang zu geschichtlicher Einzeluntersuchung macht P. Schmitz, Die Entstehung der preuß. Kreisordnung vom 13. Dezember 1872 (Berliner Diss. 1910). Zur Wahlrechtsbewegung von 1910 vgl. F. Schneider im Jb. d. öffentl. Rechts, Bd. 5, 1911. Über das preußisch-deutsche Verhältnis vgl. F. Meinecke, Preußen und Deutschland im 19. Jh. (HZ., Bd. 97, 1906; wieder abgedr. in Preußen und Deutschland im 19. und 20. Jh. [1917]).

Die Staatsrechtslehre trennt die Funktionen, die der König von Preußen in seiner Eigenschaft als deutscher Kaiser ausübte, von denjenigen, die ihm als Inhaber der preußischen Staatsgewalt zustanden. Aber wer die Wirksamkeit dieser Funktionen zu betrachten hat, kann an der Tatsache nicht vorbeigehen, daß Kaiser und König — und zwar notwendig — die gleiche Persönlichkeit waren. Das bestimmt auch die preußische Verfassungsgeschichte seit der Begründung des Deutschen Reichs zum guten Teil; sie hat seither zwei Seiten: Preußen war einmal ein Staat innerhalb des Reichsverbands wie alle andern Bundesstaaten mit selbständiger Verfassung, eigener Verwaltung und dem ganzen, vom Reiche nicht ausdrücklich in Anspruch genommenen Wirkungsbereich des modernen Staats; es war zweitens aber in bezug auf das Reich nicht einfacher Bundesstaat, dessen Anteil sich auf die Vertretung im Bundesrat beschränkte, sondern ein bevorzugter Staat. Es hatte ein Veto nicht nur gegen alle Verfassungsänderungen, sondern auch durch Art. 5 Abs. 2 der Reichsverfassung gegen Änderung der Reichsgesetzgebung in gewissen Fällen, und vor allem verfügte der König von Preußen als Kaiser über die gesamte Exekutive im Reich. Diesen Vorrechten, die Preußen vor jedem Zwang seitens des Reiches unbedingt schützten, weil eine Exekution gegen Preußen undenkbar war, entsprachen freilich auch besondere Pflichten Preußen hatte nicht nur wie die andern Staaten auf seine staatliche Souveränität verzichtet, sondern mußte auch in seiner inneren Politik auf das Reich viel größere Rücksicht nehmen als die andern. Der vom Kaiser ernannte Reichskanzler, der den Vorsitz im Bundesrat zu führen hatte, war notwendig auch zugleich Führer der preußischen Stimme; denn die Präsidialstimme, die in der Reichsverfassung gelegentlich genannt wird, war ja nichts anderes als die preußische Stimme. Deshalb mußte der Reichskanzler preußischer Minister, ja sogar, wie die gelegentlich versuchte, aber nie recht geglückte Trennung der Posten bewies, preußischer Ministerpräsident sein. Nun war er aber auch der verantwortliche Leiter der Reichspolitik und mußte also das preußische Votum so abfassen, daß er die dadurch bestimmte Politik auch im Reichstag vertreten konnte. Die Folge davon war, daß es je länger je mehr üblich wurde, den Reichsinteressen innerhalb des preußischen Staatsministeriums durch Ernennung von Staatssekretären des Reichs, also von Reichsbeamten und Untergebenen des Reichskanzlers, noch eine besondere Vertretung zu gewähren, eine Beeinflussung der einzelstaatlichen Politik, die sich kein anderer Bundesstaat hätte gefallen lassen. die aber auch bei keinem andern in Frage kam.

Deshalb hat das Altpreußentum von Anfang an gegen die Verquickung von preußischen und deutschen Interessen Einspruch erhoben. Darauf beruht der zähe Widerstand König Wilhelms I. gegen den Kaisertitel, den ihm Bismarck um des Reiches willen aufzwang, beruht auch der massivere Kampf, den der ostelbische Konservatismus von 1868 bis in die Mitte der siebziger Jahre gegen Bismarck führte. In der Tat führte die Rücksicht, die Bismarck in der Reichspolitik auf die Liberalen nehmen mußte, auch zu einer neuen liberalen Ära in Preußen. Damals begann die große Verwaltungsreform, die das unvollendete Werk der Stein-Hardenbergischen Reformzeit nun zum Abschluß bringen sollte, die Erweiterung der Selbstverwaltung der Provinzen, deren Begründung in dem neu annektierten Hannover 1868 der erste Anstoß zum Bruch Bismarcks mit den Konservativen war (Provinzialordnung vom 29. Juni 1875), die Beseitigung der gutsherrlichen Polizei und des Übergewichts der Rittergutsbesitzer in der Kreisverwaltung durch die Kreisordnung für die sechs östlichen Provinzen vom 13. Dezember 1872, die angesichts des Widerstands des Landadels im Herrenhause nur mit Hilfe eines Pairsschubs durchgebracht werden konnte, der Ausbau der Verwaltungsgerichtsbarkeit als einer Rechtsschranke für die Willkür der Verwaltungsbehörden (abgeschlossen mit dem Gesetz über die allgemeine Landesverwaltung vom 30. Juli 1883 und dem Gesetz über die Zuständigkeit der Verwaltungs- und Verwaltungsgerichtsbehörden vom 1. August 1883).

Die Bedeutung dieser Reformen die mit der Landgemeindeordnung vom 3. Juli 1891 auch die untersten Instanzen erreichten, liegt vom Standpunkt des Staatsbürgers aus gesehen vor allem in der Verwirklichung des Rechtsstaatsgedankens durch die Errichtung selbständiger Verwaltungsgerichte. Die Betrachtung vom Staate aus wird aber die Selbstverwaltung für wichtiger halten; was die Steinsche Städteordnung von 1808 einst für die Städte gebracht hatte, die Übertragung eines großen Wirkungskreises zu selbständiger Erfüllung mit eigenen Kräften, das war jetzt für die Provinzen, die Kreise, die Landgemeinden geschehen. Eine Selbstverwaltung nach englischem Muster mit ehrenamtlich tätigen Beamten, wie sie R. von Gneist, dem gründlichen Kenner der englischen Verfassungs- und Verwaltungsgeschichte und unermüdlichen Vorkämpfer des Selbstverwaltungsgedankens in Preußen, wohl vorschwebte, ließ sich in Preußen freilich nicht durchführen. Dazu fehlten die geeigneten Kräfte, da die preußische Aristokratie nicht wohlhabend genug war. Auch nahmen, wie selbst England, das klassische Land des selfgovernment erfuhr, die mannigfaltigen Aufgaben der modernen Verwaltung die Kräfte der Beamten so sehr in Anspruch und setzten so viele Fachkenntnisse voraus, daß das Berufsbeamtentum nicht zu entbehren war. Es gab daher auch nach der Reform in der Selbstverwaltung der Provinzen, Kreise und Städte den Ton an.

Den staatlichen Verwaltungsbehörden (Oberpräsidium, Regierung, Landrat) blieb auch jetzt noch ein ausgedehntes Feld obrigkeitlicher Verwaltung. Sie waren Polizeibehörden im weitesten Sinn des Worts und übten außerdem die Aufsicht über die Selbstverwaltungsverbände aus. Nachdem das Sonderleben der Provinzen und Kreise in der Selbstverwaltung seine eigene Vertretung erlangt hatte, fühlten sich die staatlichen Behörden vor allem, ja, fast ausschließlich als Vertreter der Staatsgewalt gegenüber den Regierten. Im Gegensatz zu den Absichten der Verwaltungsreform prägte sich der bureaukratisch-zentralistische Geist bei ihnen jetzt viel stärker aus als früher, wo sie vielfach die Anwälte ihrer Bezirke gegenüber der Zentrale gewesen waren.

Und der Geist, der von der Zentrale ausging, war seit den achtziger Jahren nicht mehr der vom Reichsgedanken beherrschte Liberalismus, sondern der altpreußische Konservatismus, der zum guten Teil die Gewohnheiten des absoluten Staates noch nicht abgelegt hatte. Denn der Umschwung der Reichspolitik in den Jahren 1877 bis 1879 wirkte auch auf Preußen ein; die liberalen Minister traten zurück, R. v. Puttkamer schmiedete als Minister des Innern von 1881—1888 die preußischen Verwaltungsbeamten zu einer einheitlichen, der Zentrale zu unbedingtem Gehorsam verpflichteten Klasse um. Bismarck ließ es geschehen, so wenig er von der Bureaukratie hielt. Denn er benutzte den wiedererwachenden altpreußischen Konservatismus gelegentlich als Waffe gegen die Reichstagsmehrheit. Der Schwerpunkt seiner Politik lag freilich dauernd im Reich.

So kam der konservative Charakter Preußens erst nach Bismarcks Entlassung zur vollen Geltung. Auch hier trat nicht der Träger der Krone, sondern die stärkste Partei das Erbe Bismarcks an. Das Dreiklassenwahlrecht und die den dünn bevölkerten Osten gegenüber den rasch wachsenden Städten und Industriegegenden bevorzugende Wahlkreiseinteilung kam den Konservativen noch besonders zustatten. Neben den äußeren Momenten wird man aber auch die geistige Bewegung nicht unterschätzen dürfen. Wenn das Dreiklassenwahlrecht, das in den sechziger Jahren trotz dem schärfsten Druck der Regierung auch im östlichen Preußen der Fortschrittspartei die meisten Mandate brachte, seit den achtziger Jahren für die Konservativen entschied, so muß eben die Stimmung zum mindesten in den oberen Wählerklassen umgeschlagen sein; auch beim höheren Beamtentum stirbt der Typus des liberalen Geheimrats um die gleiche Zeit aus. Gegen diesen erstarkten Konservatismus kam die Regierung, wenn auch die Unabhängigkeit vom Parlament formell gewahrt blieb, nicht mehr auf. Der neue Kurs wurde in Preußen schon nach zwei Jahren lahmgelegt; ein Konflikt wurde durch das Nachgeben des Königs vermieden. Seither gab der preußische Konservatismus auch für die Reichspolitik den Ton an, im Umschwung der Handelspolitik, im Stillstand der Sozialpolitik, in den Versuchen zu erneuten Gesetzen gegen die Sozialdemokratie. Positiv wurde freilich nur da etwas erreicht, wo das Zentrum mitging. Aber negativ war der Einfluß stark. Preußen war das Gegengewicht gegen die demokratischen Strömungen, die im Reichstag durch das gleiche Wahlrecht und durch die Abgeordneten des in seiner ganzen sozialen Gliederung und im Wesen der Bevölkerung demokratischer gestalteten Süddeutschlands herrschten.

Damit aber tat sich ein Gegensatz auf zwischen Preußen und dem Reich, oder genauer gesagt: ein Gegensatz zwischen der in Preußen vorherrschenden konservativen Partei des Ostens und allen nicht konservativen Kreisen Preußens und des Reichs. Preußen galt als Hemmnis eines zeitgemäßen Fortschritts gerade auch in den Kreisen Süddeutschlands, die am treuesten zum Reich hielten, bei denen die alte Verbindung von Einheitsgedanke und Liberalismus noch nicht gelöst war. Dieser Gegensatz wurde verschärft, als die süddeutschen Staaten von 1904 bis 1906 zum allgemeinen gleichen und direkten Wahlrecht für ihre Landtage übergingen, während sich Preußen auf die Abänderung der ganz unhaltbar oder praktisch einfach undurchführbar gewordenen Vorschriften des Wahlgesetzes von 1849 beschränkte und für die ganz großen Städte insgesamt zehn neue Wahlkreise errichtete, im übrigen aber alles beim alten ließ (Gesetz vom 28. Juni 1906). Daraus erklärt es sich, daß der Liberalismus die durch die Blockpolitik im Reiche gegebene Möglichkeit benutzte, um eine gründliche Wahlreform in Preußen zu fordern. Andererseits war es nur konsequent, wenn die preußischen Konservativen jetzt so wenig wie in der Zeit der Reichsgründung bereit waren, ihr Parteiinteresse hinter das des Reichs zu stellen.

Der Kaiser und König war zuerst bereit gewesen, die Reichspolitik seines Reichskanzlers durch eine entsprechende Politik in Preußen zu unterstützen, und hatte zugegeben, daß die Thronrede vom 20. Oktober 1908 dem preußischen Landtag eine organische Fortentwicklung des Wahlrechts verhieß. Eine Anpassung des Wahlrechts von 1849 an die veränderten Verhältnisse lag ja auch im wohlverstandenen Interesse des preußischen Staats, war nicht bloß eine Rücksicht auf vorübergehende Parteikonstellationen im Reiche. Aber als es im Sommer 1909 zur Entscheidung kam, ob die Reichspolitik auf die Gefahr des Bruchs mit den Konservativen durchgeführt werden solle, trat Wilhelm II. aus Gründen, die zum guten Teil noch nicht bekannt sind und hier nicht erörtert oder gar kombiniert werden können, auf die Seite der Konservativen. Die Folgen für die Reichsgeschichte sind im vorhergehenden (S. 177) dargestellt worden. Für Preußen bedeutete der Entschluß des Herrschers die Unterwerfung der Regierung unter die Mehrheit des Parlaments.

Das trat äußerlich nicht so sehr hervor, weil ein reines parlamentarisches System auch jetzt nicht eingeführt wurde. Die Minister wurden weder aus den Mehrheitsparteien des Landtags noch auch nur im Einvernehmen mit ihnen ernannt, sondern nach wie vor allein durch den König und fast ausnahmslos aus den Reihen des höheren Beamtentums. So behielten denn auch die Fachverwaltungen die dem altpreußischen Beamtentum eigentümlichen Vorzüge der Gewissenhaftigkeit, Pflichttreue und Sachlichkeit. Das preußische Eisenbahnwesen war vorbildlich. Die Schattenseiten jeder Bureaukratie fehlten gewiß nicht, Schwerfälligkeit und mangelnde Voraussicht; der Durchschnittsbeamte erledigt eben das Vorliegende nach bewährtem Schema, statt für das Kommende neue Wege auszudenken.

Im Politischen dagegen gab die konservative Partei den Ausschlag. Ihre Macht war sehr viel größer als die des Zentrums im Reiche; sie vertrat eine alte Herrenschicht, die das Regieren gewohnt war und im Parlament eine neue Grundlage dafür fand, nicht wie alle andern deutschen Parteien unpolitische Spießbürger, die vor der Verantwortlichkeit des Regierens zurückschreckten. Deshalb begnügte sie sich nicht mit der Besetzung der untergeordneten Posten in der Verwaltung, sondern beherrschte auch die Regierung. Im preußischen Ministerium saßen — abgesehen von den ganz unpolitischen Fachministerien — nur Männer von ausgesprochen konservativer Richtung, wenn sie auch nicht gerade zur Partei gehörten. Und die Regierung wurde so geführt, wie es die konservative Partei für richtig hielt. Eine Wahlreform kam nicht zustande, weil sie selbst bei der größten Behutsamkeit das Übergewicht der ostelbischen ländlichen Wahlkreise und des großen Besitzes schwächen mußte. Damit aber war Preußen ebenso wie das Reich zur Stagnation verurteilt. Es fehlte der Mut zur Tat. Die Verwaltungsreform, die der Umständlichkeit des Geschäftsgangs durch die vielerlei Instanzen in Kreis, Regierungsbezirk und Provinz und dem Übermaß von unfruchtbarer Schreib- und Kontrollarbeit ein Ende machen sollte, kam nicht zustande. Die mit ihrer Vorbereitung betraute Immediatkommission blieb so unfruchtbar wie die Kommissionen, mit denen einst Friedrich Wilhelm III. in den Jahren vor der Schlacht bei Jena die Organisation des friderizianischen Preußens den Bedürfnissen der neuen Zeit hatte anpassen wollen.

## § 55. Die Entwicklung der Einzelstaaten

**Das Wesentlichste aus der Geschichte der Einzelstaaten ist in den einzelnen Jahrgängen des Deutschen Geschichtskalenders enthalten. Über die Ausgaben der Verfassungen vgl. oben S. 106.**

Die bei Ausbruch des Krieges geltenden Wahlgesetze sind zusammengestellt von F. W. v. Rauchhaupt, Hb. der deutschen Wahlgesetze (1916). Eine kurze Übersicht über den damaligen Rechtszustand bietet F. Stier-Somlo, Vom parlamentarischen Wahlrecht in den Kulturstaaten der Welt (1918), S. 193ff. Die Literatur über die Entwicklung des Wahlrechts s. oben S. 107. Über die Verfassungsreformen nach 1900 vgl. die Berichte im Jb. d. öffentl. Rechts, besonders von J. Grassmann über das bayr. Landtagswahlgesetz von 1906, von K. v. Göz über d. württemb. Verfassungsrevision von 1906 und die Verwaltungsreform und von E. Walz über die bad. Verfassungsreform von 1904 (sämtlich Bd. 1, 1907) und von E. Oppe über d. sächs. Wahlreform von 1909 (Bd. 4, 1910), vgl. ferner W. v. Blume, Staatsverfassung (in dem Sammelwerk Württemberg unter der Regierung König Wilhelms II., hrsg. von V. Bruns, 1916).

Über die elsaß-lothr. Verfassung vgl. F. Bronner, Die Verfassungsbestrebungen des Landesausschusses für Elsaß-Lothr. (1926). O. Fischbach, Das öff. Recht des Reichslandes Elsaß-Lothr. (öff. Recht der Gegenwart, Bd. 26, 1914); W. Schoenborn, Die elsaß-lothr. Verfassungsreform vom 31. Mai 1911 (Jb. d. öff. Rechts, Bd. 6, 1912). G. Wolfram, Oberpräs. E. v. Möller und die elsaß-lothr. Verfassungsfrage (1925).

Die Reichsverfassung ließ das konstitutionelle Leben der Einzelstaaten unberührt; selbst in Verfassungsstreitigkeiten durfte sich das Reich auf Grund des Artikels 76 nur dann einmischen, wenn es von einer der Parteien darum ersucht wurde. Nur wo ein das Sonderinteresse und Sonderrecht des Einzelstaats überragendes Reichsinteresse vorwaltete, war das Reich zum Einschreiten berechtigt und machte davon 1884 Gebrauch, als das Herzogtum Braunschweig durch Erbgang an das Haus Cumberland fiel, das den Länderbestand des preußischen Staates nicht anerkannte.

Im übrigen blieben die Einzelstaaten in allen den Gebieten, die das Reich nicht für sich beansprucht hatte, selbständig. Sie waren nicht nur im Rechtssinne Staaten, sondern ihre Aufgaben waren tatsächlich groß genug, um staatliches Leben zu entfalten. Sie hatten den ausgedehnten Staatsbesitz an Domänen und Eisenbahnen zu verwalten, die direkten Steuern zu ordnen, das geistige Leben, das gesamte Schulwesen zu pflegen. Und wenn ihnen auch die Verfügung über die äußere Wirtschaftspolitik entzogen war, so lag ihnen doch auch jetzt noch die Förderung des materiellen Lebens im Lande ob. Das Wachstum der Ausgaben zeigte, wieviel auf allen Gebieten zu tun blieb und getan wurde. Dazu kam die in der Regel den Einzelstaaten übertragene Ausführung der Reichsgesetze. Das alles belastete die Staaten so sehr, daß auch sie sich vor die Aufgabe einer Vereinfachung der Behördenorganisation gestellt sahen, ohne sie vor dem Kriege durchgreifend zu lösen. Auch die Ausgestaltung der direkten Steuern, die namentlich im letzten Jahrzehnt vor dem Kriege fast überall erfolgte, hängt mit dem ausgedehnten Wirkungskreis der Staaten zusammen und läßt es vom Standpunkte der Einzelstaaten aus begreiflich erscheinen, daß sie sich gegen jede Einschränkung des direkten Steuerrechts zugunsten des Reichs ablehnend verhielten.

Selbstverständlich führte die Gleichartigkeit der Verhältnisse und die Wucht der allgemeinen geistigen Strömungen zu einer gewissen Gleichartigkeit auch in der Gesetzgebung der Einzelstaaten. So liefen die Steuerreformen überall darauf hinaus, die alten Ertragssteuern durch eine Einkommens- und Vermögensbesteuerung nach preußischem Muster zu ersetzen; eine allgemeine Einkommensteuer fehlte 1914 nur noch in Mecklenburg und Elsaß-Lothringen. Die althergebrachten, zum Teil aus der sozialen und wirtschaftlichen Gliederung, zum Teil auch aus der Verschiedenheit der geschichtlichen Entwicklung erklärlichen Unterschiede zwischen der norddeutschen und süddeutschen Staatenwelt wurden aber doch noch nicht verwischt. Nicht nur Preußen hielt an der stärkeren Betonung des obrigkeitlichen und des ständisch-aristokratischen Charakters seines Staatswesens, wie er sich im Zeitalter des Absolutismus entwickelt hatte, fest, auch die andern norddeutschen Staaten widersetzten sich der demokratischen Strömung der neuen Zeit, die auf das gleiche Wahlrecht hinauslief. Mecklenburg blieb sogar im 18. Jh. stecken und ließ die altständische Verfassung, den Erbvergleich von 1755, trotz manchen Reformanläufen bestehen. Sachsen versuchte das bei der großen Zahl der Industriearbeiter besonders gefährliche Übergewicht der großen Masse durch ein abgestuftes Wahlrecht zu vermeiden, kam aber bei der Willkürlichkeit der Stufen nur unter Schwierigkeiten zu einem einigermaßen befriedigenden System, dem Pluralwahlrecht des Gesetzes vom 5. Mai 1909, das bis zu vier Stimmen verlieh. Einfacher waren die Verhältnisse in Oldenburg und Hessen, hier kam man infolgedessen mit einer Alterszusatzstimme aus. Die Kleinstaaten mit dem Einkammersystem halfen sich in der Regel damit, daß sie neben den aus allgemeinen Wahlen hervorgehenden Abgeordneten besondere Vertreter der Höchstbesteuerten oder vom Landesherrn ernannte Mitglieder beibehielten. In den süddeutschen Staaten dagegen wurde in den Jahren 1904—1906 mit geringen Abschwächungen, wie Forderung der Staatsangehörigkeit, in Bayern auch einer direkten Steuerzahlung, in Württemberg mit der Einführung des auch die Minderheiten berücksichtigenden Verhältniswahlrechts für einen Teil der Abgeordneten, das allgemeine, gleiche, geheime und direkte Wahlrecht für die zweite Kammer, die nunmehr auch in Württemberg ihre bisherigen ritterschaftlichen und andern privilegierten Mitglieder verlor, angenommen. Zum bescheidenen Ausgleich dieser Verstärkung des demokratischen Elements der Verfassung wurde bei dieser Gelegenheit in Württemberg und Baden das Budgetrecht der ersten Kammer etwas erweitert, diese selbst, um ihr mehr Gewicht zu verleihen, durch Aufnahme von Vertretern der bürgerlichen Berufe (Handel und Industrie, Landwirtschaft, Handwerk) einigermaßen modernisiert. Der Schwerpunkt des parlamentarischen Lebens ruhte aber ausschließlich bei den zweiten Kammern. In Bayern machte sich deren Gewicht so sehr bemerkbar, daß hier 1912 das parlamentarische System fast völlig verwirklicht wurde und die Mehrheit des Landtags das Ministerium bestimmte.

Eine Sonderstellung nahm Elsaß-Lothringen ein. Eine geschichtliche Einheit bildeten diese 1871 zurückgewonnenen Länder bekanntlich nicht. In den Zeiten des alten Reiches zerfielen sie in eine bunte Menge von Territorien und kleinen Herrschaften, in französischer Zeit waren sie seit der Revolution drei Departements, die von Paris her gleich zentralistisch regiert wurden wie alle andern französischen Departements. Die dieser Entwicklung am besten entsprechende Lösung, die Eingliederung in den großen Verband des preußischen Staats, wurde 1871 aus Rücksicht auf den bündischen Charakter des Reichs, auf den Anteil der nichtpreußischen Staaten an der Eroberung unterlassen. Statt dessen wurde die Zwitterbildung eines Reichslands geschaffen. Vom 1. Januar 1874 ab galt auch hier die Reichsverfassung. Seither hatte die Bevölkerung die gleichen Rechte und Pflichten, die nach der Reichsverfassung jeder Deutsche besaß; sie war auch seit 1874 im Reichstage mit 15 Abgeordneten vertreten, so daß die Gesamtzahl der Reichstagsabgeordneten 397 betrug. Aber die sonst den Bundesstaaten vorbehaltenen Rechte der Regierung und Verwaltung wurden durch die Organe des Reichs, Kaiser, Bundesrat und Reichstag, ausgeübt. Leitende Behörde war das Reichskanzleramt für Elsaß-Lothringen in Berlin, dem ein im Lande wohnender Oberpräsident unterstellt war. Mit der Errichtung eines aus den Bezirksvertretungen (den Generalräten der französischen Zeit) hervorgehenden Landesausschusses, der 1874 dem Oberpräsidenten mit beratenden Befugnissen beigegeben wurde, begann die Entwicklung des Reichslandes zum Bundesstaat. Die beratende Befugnis wurde 1877 zu einer beschließenden in der Form erweitert, daß Landesgesetze einschließlich des Etats entweder vom Reichstag oder vom Landesausschuß angenommen werden konnten. Die gesetzgebende Körperschaft in Straßburg zog bald auch die Verwaltungsbehörden nach sich. Durch das Gesetz vom 4. Juli 1879 wurden das Reichskanzleramt für Elsaß-Lothringen in Berlin und das Oberpräsidium in Straßburg aufgehoben; an ihre Stelle traten ein vom Kaiser ernannter und ihm verantwortlicher Statthalter und ein Ministerium für Elsaß-Lothringen, beide mit dem Amtssitz in Straßburg. An der Ordnung der gesetzgebenden Gewalt wurde aber nichts geändert. Zwar blieb die Zuständigkeit des Reichstags in elsaß-lothringischen Landesgesetzen praktisch bedeutungslos, da diese stets dem Landesausschuß vorgelegt wurden; aber schon die Möglichkeit der Gesetzgebung durch den Reichstag behinderte den Landesausschuß in seiner Bewegungsfreiheit, und der Bundesrat hatte nach wie vor zu allen Gesetzen, auch zum Landesetat seine Zustimmung zu geben.

Diese Abhängigkeit des Landes von der Reichsgewalt wurde als Abhängigkeit von Preußen und als Minderung der rechtlichen Stellung der Elsaß-Lothringer im Vergleich zu den andern Deutschen empfunden. Das Streben nach Autonomie wurde immer lebhafter, ließ sich auch durch die Beseitigung der Ausnahmebestimmungen wie des Diktaturparagraphen nicht beschwichtigen. In der Hoffnung, das Land durch Versöhnlichkeit beruhigen zu können, gab die Reichsregierung diesem Verlangen nach, und durch Reichsgesetz vom 31. Mai 1911 erhielt Elsaß-Lothringen eine Verfassung, die ihm die wesentlichen Rechte eines selbständigen Bundesstaats in bezug auf das Reich verlieh und ihm demgemäß drei Vertreter im Bundesrat gewährte. Freilich war es kein wirklicher Bundesstaat, sondern es „galt" nur als solcher, denn die Konstruktion der Staatsgewalt bot besondere Schwierigkeiten; für eine monarchische Staatsgewalt, wie sie in den deutschen Bundesstaaten die Regel bildet, fehlten hier die Voraussetzungen, und eine auf dem Prinzip der Volkssouveränität beruhende Republik, wie sie das Reich in den Hansestädten leicht ertrug, hätte in diesem gefährdeten Grenzland dem Interesse Gesamtdeutschlands widersprochen. So war der besondere Charakter Elsaß-Lothringens als eines Reichslandes doch gewahrt worden. Die elsaß-lothringische Verfassung war Reichsgesetz und konnte nur durch das Reich, durch Übereinstimmung von Reichstag und Bundesrat abgeändert werden. Und die Staatsgewalt übte nach wie vor der Kaiser im Namen des Reiches aus; seine Organe waren der Statthalter und das elsaß-lothringische Ministerium. Daraus ergab sich aber eine neue Schwierigkeit für die Vertretung im Bundesrat. Auch die Instruierung der elsaß-lothringischen Bundesratsbevollmächtigten durch den Statthalter, nicht durch den Kaiser als den unmittelbaren Träger der Staatsgewalt änderte nichts an der Tatsache, daß diese Stimmen in politisch wichtigen Fragen nicht gegen den Kaiser und damit gegen Preußen abgegeben werden konnten, daß sie deshalb in vielen Fällen lediglich eine Vermehrung der preußischen Stimmenzahl bedeutet hätten. Praktisch hätte das freilich nichts ausgemacht, denn es war nicht üblich, wichtige Reichsangelegenheiten durch Majorisierung zu erledigen; nicht nur geringe Mehrheiten, bei denen drei Stimmen die Entscheidung geben könnten, wurden vermieden, sondern es herrschte ganz allgemein das Bestreben, die Bundesratsbeschlüsse durch Einvernehmen der wichtigsten Staaten zustande zu bringen. Um aber auch den Anschein einer Verstärkung Preußens im Bundesrat zu vermeiden, wurde festgesetzt, daß die elsaß-lothringischen Bundesratsstimmen dann nicht gezählt werden sollten, wenn nur durch sie Preußen die Mehrheit erhielte, andererseits aber auch dann nicht, wenn die zur Verhinderung einer Verfassungsänderung notwendige Zahl von vierzehn Stimmen nur durch sie zustande käme. Im übrigen aber war Elsaß-Lothringen ein autonomer Staat. Bundesrat und Reichstag wurden als gesetzgebende Organe ganz ausgeschaltet; an ihre Stelle und die des aufgehobenen Landesausschusses traten zwei Kammern. Die zweite Kammer entsprach durch das allgemeine gleiche direkte und geheime Wahlrecht ganz den übrigen süddeutschen Kammern; statt der in Süddeutschland geforderten Staatsangehörigkeit war hier dreijähriger Wohnsitz in Elsaß-Lothringen zur Bedingung des Wahlrechts gemacht; doch genügte für Beamte, Geistliche und Lehrer öffentlicher Schulen schon der einjährige Wohnsitz. Die erste Kammer dagegen wich wegen des Fehlens eines altangesessenen Grundadels beträchtlich auch von den modernisierten ersten Kammern Württembergs und Badens ab. Sie setzte sich zusammen aus Vertretern der Kirchen, des Richterstandes, der Universität und der großen Städte, die teils kraft ihres Amtes, teils durch Wahl Mitglieder waren; dazu kamen Abgeordnete der Berufsorganisationen, der Handelskammern, des Landwirtschaftsrats und der Handwerkskammern; eine Vertretung der Arbeiter wurde in Aussicht genommen. Außerdem konnte der Kaiser eine die Zahl dieser Mitglieder nicht übersteigende Anzahl von Mitgliedern ernennen. Besonders erwähnt sei endlich, daß die während des preußischen Verfassungskonflikts viel berufene „Lücke" der preußischen Verfassung hier ausgefüllt war: die Regierung war ausdrücklich ermächtigt, die bestehenden Steuern und Abgaben auch dann, wenn ein Etat nicht zustande käme, weiter zu erheben und die rechtlich begründeten Ausgaben nötigenfalls durch Schatzanweisungen zu bestreiten. Die deutsche Sprache war als Amts- und Unterrichtssprache durch die Verfassung festgesetzt worden; eine Änderung durch Landesgesetz war also unmöglich. Die erhoffte Beruhigung ist auch mit dieser Verfassung nicht erreicht worden. Freilich trug daran weniger die Verfassung selbst als die außenpolitische Weltlage Schuld, aus der 1914 die große, die gesamte staatliche Ordnung des deutschen Kaiserreichs zerstörende Krisis herauswuchs.

## § 56. Der Weltkrieg und der Zusammenbruch des Kaiserreichs

Bei den Angaben von Quellen und Literatur ist natürlich strengste Beschränkung auf das eigentlich Verfassungsgeschichtliche unerläßlich. Für dieses Gebiet ist aber nicht viel zu nennen. Am wichtigsten sind die Verhandlungen des Verfassungsausschusses des Reichstags von 1917, die preußischen Wahlreformberatungen und die kurzlebigen Verfassungsänderungen von 1918. Neben den stenographischen Berichten und den Sonderausgaben von Bethmann-Hollwegs Kriegsreden (hrsg. v. F. Thimme, 1919), Cl. v. Delbrücks Reden 1906/16 (1917) und Helfferichs Reden und Aufsätzen aus dem Kriege (1917) sind Hauptquelle die Veröffentlichungen des Untersuchungsausschusses, 4. Reihe, Ursachen des deutschen Zusammenbruchs im Jahre 1918; 2. Abt., Der innere Zusammenbruch, 4 Bde., 1926), die auch ausführliche Mitteilungen aus den geheimen Protokollen der Ausschüsse, zumal des Hauptausschusses, bringen. Auszüge aus dem allgem. zugänglichen Material enthält der Deutsche Geschichtskalender (für die Kriegszeit erschienen unter der Bezeichnung: Der europäische Krieg in aktenmäßiger Darstellung). Die heutzutage im wesentlichen überholte Publizistik zur Verfassungsfrage ist, in Broschüren und Zeitschriften zerstreut, schwer zu übersehen. Ich nenne wenigstens einige Sammlungen: Die deutsche Freiheit (5 Vorträge, hrsg. durch den Bund deutscher Gelehrter und Künstler, 1917). A. Grabowsky, Wege ins neue Deutschland (1918). F. Meinecke, Probleme des Weltkriegs (1917). F. Thimme, Vom inneren Frieden des deutschen Volkes (1916). M. Weber, Ges. polit. Schriften (1920). Als Verteidiger der alten Ordnung sind E. Kaufmann, Bismarcks Erbe in der Reichsverfassung (1917) und G. Schmoller, Wäre der Parlamentarismus für Deutschland oder Preußen richtig? (JbGesVV. 1917, S. 1123ff., wieder abgedr. in den 20 Jahren deutscher Politik, 1920) aufgetreten.

In der Memoirenliteratur wird die innere Entwicklung besonders berücksichtigt von M. Erzberger, Erlebnisse im Weltkrieg (1920); K. Haussmann, Schlaglichter, Reichstagsbriefe und Aufzeichnungen (1924); K. Helfferich, Der Weltkrieg (1919; vor allem Bd. 3); Graf Hertling, Ein Jahr in der Reichskanzlei (1919); Prinz Max von Baden, Erinnerungen und Dokumente (1927); G. Michaelis, Für Staat und Volk (1922); F. Payer, Von Bethmann Hollweg bis Ebert (1923); Ph. Scheidemann, Der Zusammenbruch (1921).

Von den Darstellungen können, da jede Geschichte des Weltkrieges die innere Entwicklung des Krieges mitbehandelt, nur einige Sonderuntersuchungen genannt werden, zunächst die kurze Übersicht über die „staatsrechtlichen Reformen und Reformbestrebungen während der Kriegszeit" im Nachtrag zu G. Meyer-Anschütz, Lehrbuch des deutschen Staatsrechts[7] (1919), S. 1023ff. (mit Literaturangaben, zumal für die Publizistik) ferner H. Herzfeld, Die deutsche Sozialdemokratie und die Auflösung der nationalen Einheitsfront im Weltkriege (1928) und E. O. Volkmann, Der Marxismus und das deutsche Heer im Weltkriege (1925). Zur Revolution vgl. F. Meinecke, Die geschichtlichen Ursachen der Revolution (Deutsche Rundschau, Mai 1919, abgedruckt: Nach der Revolution, 1919); H. Oncken, Die inneren Ursachen der Revolution (Ann. f. soziale Pol. u. Gesetzgebung Bd. 6, 1918).

Der im August 1914 ausgebrochene Weltkrieg bedeutete für Deutschland eine Kraftprobe, wie sie schwerer einem Volke wohl noch nie gestellt gewesen ist. Die Nation hat sie glänzend bestanden. Die deutsche Einheit, die Bismarck in den Jahren von 1866—1871 durchgesetzt hatte, hielt bis zuletzt stand. Es war seit Jahrhunderten der erste Krieg, an dem alle Deutschen, auch die Deutschösterreicher, auf einer Seite gefochten haben; und kein Abfall, kein Sonderfriede hat diese Einheitlichkeit zerbrochen.

Die Staatsform dagegen war dem gewaltigen Druck nicht gewachsen. Wohl hat das Reich glänzende Leistungen aufzuweisen, nicht nur dank der Hingabe der Bevölkerung, sondern auch dank seiner staatlichen Organisation, der Tüchtigkeit von Offizierkorps und Beamtentum; die militärische Vorbereitung war, nach den Maßen eines normalen Krieges berechnet, ausgezeichnet gewesen. Die Fähigkeit, sich rechtzeitig auf Neues einzustellen, die den Staatsmann vom Bureaukraten unterscheidet, hatte freilich allenthalben gefehlt: eine wirtschaftliche Vorbereitung auf den Krieg gab es gar nicht, und die militärische Verwendung der unausgebildeten und mindertauglichen Wehrpflichtigen war nicht geregelt. Und die Führung versagte während des ganzen Krieges und auf allen Gebieten, hinkte in ihren Maßnahmen den Ereignissen nach, statt sich vorher auf den ungeheuern und immer zunehmenden Maßstab des Krieges einzurichten. Daß seit dem Herbst 1916 eine einheitliche und tatkräftige militärische Oberleitung bestand, konnte den Mangel an einer politischen Führung nicht ersetzen.

Einer solchen Führung, die es verstanden hätte, alle Kräfte einheitlich zusammenzuhalten und zu verwenden, hätte es um so eher bedurft, als der Krieg alle vorherigen Berechnungen über den Haufen warf. Wenn auch der alte Grundsatz des 18. Jhs., daß der Krieg lediglich die Regierung und die Armee, nicht aber die friedlichen Bürger angehe, seit der Einführung der allgemeinen Wehrpflicht undurchführbar war, so hatte doch auch und gerade die jüngste Zeit in den Friedens- und Seerechtskonferenzen im Haag und in London 1899, 1907 und 1909 sich bemüht, die Kriegführung auf die organisierten Streitkräfte zu beschränken, die Zivilbevölkerung möglichst unberührt zu lassen. Aber diese vernünftigen Bestrebungen scheiterten an den elementaren Leidenschaften der Nationen. Von Anfang an war der Weltkrieg nicht ein Kampf der militärischen Organisation allein, sondern ein Ringen der gesamten Staaten, all ihrer Volkskraft, all ihrer politischen Energie.

Die Reichsregierung war sich dessen bewußt. Auch sie wollte das ganze Volk um sich sammeln ohne Unterschied der Partei — das ist der Sinn des bekannten Kaiserworts; und in dem Schlagwort der Neuorientierung versprach sie, diese engere Verbindung von Nation und Staat auch in gesetzlicher Form und dauernd zum Ausdruck zu bringen. Es war zuerst beabsichtigt, mit den Reformen bis zum Frieden zu warten. Aber als sich der Krieg über alles Erwarten in die Länge zog und als immer größere Opfer von der Bevölkerung gefordert werden mußten, wurde die Erfüllung der Verheißungen dringlich. Einzelnes geschah auch, wie die Aufhebung der den Gewerkschaften und den fremdsprachlichen Reichsangehörigen im Reichsvereinsgesetz von 1908 auferlegten Beschränkungen (Gesetz vom 26. Juni 1916). Aber schon eine zweckmäßige Ordnung der Finanzen, eine Deckung der durch den Krieg gewaltig ansteigenden Reichsausgaben durch angemessene Heranziehung der Wohlhabenden, zumal der durch den Krieg reich gewordenen Schichten gelang nicht, weil die Einzelstaaten selbst in diesen kritischen Zeiten ihre Finanzhoheit ängstlich wahrten. Vor allem geschah das Entscheidende nicht: die Wahlreform in Preußen.

Nach dem, was in § 54 über die Stellung Preußens im Reiche gesagt worden ist, kann es keinem Zweifel unterliegen, daß die preußische Wahlrechtsfrage eine gesamtdeutsche Angelegenheit war. Die Wahlrechtsreformen, die in den andern deutschen Staaten während des Krieges erwogen oder auch beschlossen worden sind, haben dagegen nur lokale Bedeutung. Es muß anerkannt werden, daß dem preußischen Staate, so wie er seine Eigenart in den letzten Jahrzehnten ausgeprägt hatte, ein Opfer zugemutet wurde, indem im deutschen Interesse eine Änderung des Wahlrechts verlangt wurde. Es war eine Fortführung dessen, was im Zeitalter der Stein-Hardenbergischen Reform begonnen, durch die Reaktion nach 1815 aber unterbunden worden war, die Eröffnung des preußischen Staates für den jetzt freilich nicht mehr idealistischen und individualistischen, sondern politischen und demokratischen deutschen Geist. Unvereinbar war dieser Geist auch — damals wie jetzt — nur mit den politischen, wirtschaftlichen und sozialen Interessen des ostelbischen Grundadels. Für den preußischen Staat aber bestand die Möglichkeit, auf breiterer Grundlage — die er geographisch und wirtschaftlich bereits seit 1815 besaß — weiter zu bestehen. Und er mußte diese Reform vornehmen, wenn er fähig bleiben wollte, seinen deutschen Beruf, seine Vormachtstellung im Reich zu erfüllen. Denn für das Reich war es eine Lebensfrage, daß die Grundlagen des Staates möglichst erweitert wurden; es brauchte die überzeugte und willige Hingabe der Massen in dem Daseinskampf gegen die Welt. Deshalb wäre es Pflicht des Reichskanzlers Bethmann Hollweg gewesen, im Interesse des Reiches die rechtzeitige Einleitung der Wahlreform in Preußen zu bewirken; da er zugleich preußischer Ministerpräsident war, hatte er die Möglichkeit, in Preußen die notwendige Rücksicht auf das Reich durchzusetzen.

Aber das Notwendige rechtzeitig und vollständig zu tun, war Bethmann Hollweg trotz richtigen Einsichten nicht der Mann. Erst als ein harter Winter und schwierige Ernährungsverhältnisse die Stimmung der Massen sehr verschlechtert, der Eintritt Amerikas in den Krieg den Druck vermehrt und die Revolution in Rußland die innere Gefahr warnend gezeigt hatten, wurde mit der Osterbotschaft des Kaisers vom 7. April 1917 die schiefe Ebene der halben, nicht aus Überzeugung, sondern aus Furcht gemachten Zugeständnisse betreten, das Klassenwahlrecht in Preußen preisgegeben, das geheime und unmittelbare Wahlrecht und eine Reform des Herrenhauses verheißen. Aber vom gleichen Wahlrecht war nicht die Rede, und die Reform sollte bis zum Frieden verschoben werden. Deshalb waren die Gegner des alten Systems nicht befriedigt und seine Anhänger trotzdem verärgert.

Das offenbare Versagen der Reichsregierung in der wichtigen Frage der inneren Neugestaltung Deutschlands rief nicht nur eine umfangreiche, heute natürlich überholte Publizistik hervor, die sich mit Vorliebe auf die freieren und gerade deshalb eine straffere Zusammenfassung in einer Hand ermöglichenden Verfassungen der westlichen Demokratien stützte und von der Einführung des parlamentarischen Regierungssystems nach englisch-französischem Muster sich alle Rettung versprach, sondern ermutigte auch die Reichstagsparteien zu dem Versuch, ihrerseits die notwendige Reform vorzubereiten. Seit dem Frühjahr 1917 tagte ein Verfassungsausschuß des Reichstags, um die zur Verstärkung der Stellung des Reichstags und zur Vorbereitung der parlamentarischen Regierungsweise erforderlichen Verfassungsänderungen zu beraten.

In der Tat war das deutsche Regierungssystem reformbedürftig. Es fehlte an Männern, die wie Bismarck die gewaltige Maschine hätten in Ordnung halten können; wenigstens wurden sie bei der Art, wie Wilhelm II. seine Minister ernannte, nicht entdeckt. Vor allem aber schwächte der im Wesen des monarchisch-konstitutionellen Regimes begründete Dualismus von Regierung und Parlament die innere Einheit von Staat und Nation. In normalen Zeiten war dieses Regime wohl durchführbar gewesen, auch nachdem der Mann, der es sich auf den Leib zugeschnitten hatte, Bismarck, nicht mehr im Amte war. Aber schon damals entfremdete es die Nation ihrem Staate. Da sie und ihre Vertretung, das Parlament, von verantwortlicher Mitarbeit am Staate ferngehalten wurde, war ihr der Staat etwas Fremdes, fast Feindseliges geworden, mit dem sie möglichst wenig zu tun haben wollte. Die riesigen Lasten, die ihr nun während des Krieges auferlegt wurden, erschienen ihr deshalb nicht als der Preis, den sie für die Erhaltung des eigenen Daseins zu zahlen hatte, sondern als Opfer, die sie einer herrschenden Kaste bringen mußte. Deshalb steigerte die wachsende Gefahr der Lage mit ihren zunehmenden Anforderungen das Gefühl der Einheit nicht, das sich bei Ausbruch des Krieges gezeigt hatte, sondern schwächte es und mit ihm die Energie des Widerstandes ab. Man wird der breiten Masse dieses Streben nach Freiheit vom Staat statt Anteil am Staat nicht allzusehr verargen dürfen, wenn man bedenkt, daß sogar die einzelstaatlichen Regierungen ihr Verhältnis zum Reich selbst während des Weltkriegs unter dem gleichen Gesichtspunkt betrachtet haben.

Daß auch die deutschen Parteien von diesen Stimmungen beherrscht waren, ist schon früher (§ 53) bemerkt worden. Der Weltkrieg änderte daran nur so viel, daß er eine gewisse Begehrlichkeit nach politischem Einfluß bei ihnen weckte. Die fehlende Fähigkeit zur Regierung stellte sich aber damit noch nicht ein. Einen großen politischen Führer hatte keine Partei aufzuweisen. Nicht einmal über die innere Reform kam es zu einer Einigung. Vor allem versagten die Parteien in der dringendsten Aufgabe, der Außenpolitik, weil sie auch diese unter innerpolitischen Gesichtspunkten betrachteten.

So zeigt sich also seit 1917 auf beiden Seiten ein offenkundiges Versagen, an dem das Reich zugrunde gegangen ist. Im Juli 1917 machte die aus dem Zentrum, der Fortschrittlichen Volkspartei und der Sozialdemokratie gebildete Reichstagsmehrheit einen energischen Versuch, die Reichsregierung auf eine bestimmte Linie der Außenpolitik, die Friedensresolution, festzulegen. Aber den Kanzler, der am ehesten bereit war, diese Politik zu vertreten, und der jetzt sogar das Zugeständnis des gleichen Wahlrechts für Preußen durchgesetzt hatte, Bethmann Hollweg, ließ sie im selben Augenblick fallen. Damit gab sie noch einmal das Heft aus der Hand. Denn die Ernennung des neuen Kanzlers Michaelis vollzog sich ganz in der alten Weise ausschließlich durch die den unkontrollierbaren und unverantwortlichen Einflüssen der Kabinette unterliegende Initiative der Krone; die Parteien wurden nicht befragt. Und doch waren die Dinge schon zu weit gediehen, als daß eine Disharmonie zwischen Reichsregierung und Reichstag noch erträglich gewesen wäre. Michaelis wirtschaftete deshalb rasch ab. Die Mehrheitsparteien, denen sich in dieser Frage auch die Nationalliberalen anschlossen, forderten in verhüllter Form die Entlassung des Kanzlers und in unverhüllter Form ihre Zuziehung bei der Berufung seines Nachfolgers. Da die Zustimmung des Reichstags für die Kriegskredite unerläßlich war, wagte die Reichsregierung keinen Widerstand. Michaelis, wenige Tage später auch der Vizekanzler Helfferich, wurden den Parteien geopfert. An ihre Stelle traten Graf Hertling, seit langen Jahren Mitglied der Zentrumspartei, den die Wahlerfolge des bayrischen Zentrums 1912 an die Spitze des bayrischen Ministeriums gebracht hatten, und der fortschrittliche Abgeordnete v. Payer. Ihrer Ernennung war die von den Parteien gewünschte Besprechung der Richtlinien der Politik vorhergegangen.

Trotzdem war auch jetzt noch kein klares parlamentarisches System, noch weniger eine einheitliche Politik geschaffen. Hertling geriet immer mehr unter den Einfluß der Obersten Heeresleitung, ohne die Kraft zu besitzen, deren Politik energisch zu vertreten; Payer war zu alt und kränklich, um ein Gegengewicht zu bilden. Vor allem aber fehlte den Mehrheitsparteien die Geschlossenheit, ohne die ein parlamentarisches System undenkbar ist. Sie setzten sich zusammen aus den alten „Reichsfeinden" im Bismarckschen Sinne, den Parteien, die aus den verschiedensten Gründen mit der auf Preußens Übergewicht beruhenden Reichsverfassung und mit der Art der Reichsregierung unzufrieden waren; positiv einig waren sie allenfalls in dem rein formalen Gedanken des parlamentarischen Systems, einen gemeinsamen Inhalt für diese Form hatten sie nicht. Auch außenpolitisch waren sie nicht ganz einig. Infolgedessen bestand die neue Ära im Reiche ähnlich wie 1859—1861 in Preußen aus „perennierenden Krisen". Auch in Preußen ging der innere Streit weiter. Zwar hatte die Ernennung des dem preußischen Staat innerlich ganz ablehnend gegenüberstehenden Grafen Hertling zum preußischen Ministerpräsidenten gezeigt, daß die starre Negation der konservativen Partei nicht nur für sie unfruchtbar wäre, sondern auch den preußischen Staat als aktiven Faktor aus der Reichspolitik überhaupt auszuschalten drohte. Trotzdem änderten die Konservativen, die im Landtag gemeinsam mit den Freikonservativen fast die absolute Mehrheit hatten und vom rechten Flügel der Nationalliberalen in dieser Frage unterstützt wurden, ihre Haltung nicht. Die im November 1917 eingebrachte Wahlrechtsvorlage wurde zunächst verschleppt, dann im Mai 1918, in einer Zeit, da die militärische Lage günstig schien, das Kernstück, das gleiche Wahlrecht, abgelehnt. Der Verdacht wurde rege, daß die innerpolitische Reform, wenn der Friede erst gesichert sei, unterbleiben werde, wie einst die Erfüllung des Verfassungsversprechens von 1815 zunächst verschoben und dann ganz aufgegeben worden war. Der Streit um die Kriegsziele kam hinzu, um den Zwiespalt im deutschen Volk zu schüren angesichts einer Welt von Feinden.

In dieser gespannten politischen Lage traf uns der militärische Rückschlag seit Mitte Juli 1918, der nach dem 8. August als unwiderruflich erkannt werden mußte. Nun auf einmal überstürzten sich die Reformen. Ein Gesetz vom 24. August 1918 vermehrte die seit der Reichsgründung unverändert gebliebene Zahl der Reichstagsabgeordneten um 44, um damit wenigstens einigermaßen dem Bevölkerungswachstum der großstädtischen und industriellen Wahlkreise Rechnung zu tragen; um auch die Minderheiten zu Wort kommen zu lassen, wurden diese großstädtischen Wahlkreise zu großen Bezirken zusammengelegt, die mehrere (bis zu 10) Abgeordnete nach dem Verhältniswahlrecht zu wählen hatten. Im Oktober wurde im preußischen Herrenhaus nach einigem Schwanken das gleiche Wahlrecht angenommen. Schon vorher war im Reiche das parlamentarische System rückhaltlos angenommen worden. Prinz Max von Baden wurde am 3. Oktober zum Reichskanzler und, da er nicht gut parlamentarischer Ministerpräsident Preußens werden konnte, aber im Bundesrat die preußischen Stimmen zu seiner Verfügung haben mußte, zum preußischen Minister des Auswärtigen ernannt. Als Staatssekretäre wurden die Führer der Mehrheitsparteien berufen. Die Grundsätze des parlamentarischen Systems, Ausschaltung der Initiative des Monarchen zugunsten der verantwortlichen Regierung, Abhängigkeit dieser Regierung vom Vertrauen der Parlamentsmehrheit, ferner, um dem feindlichen Ausland, zumal dem Staatstheoretiker und damaligen amerikanischen Präsidenten Wilson unsern guten Willen zu beweisen, Zuziehung des Parlaments bei der Kriegserklärung, wurden in den Gesetzen vom 28. Oktober 1918 in der Reichsverfassung verankert, wie das damals allgemein auftauchende Modewort lautet. Politisch hatte damit der Kaiser bereits abgedankt zugunsten einer Reichsregierung, deren Schwerpunkt im Reichstag lag. Die Bundesstaaten aber wollten noch nicht abdanken und brauchten es auch nicht, weil im Zentrum der Partikularismus immer eine Stütze gefunden hatte und auch damals noch fand. Der Artikel 9 der Reichsverfassung, der den Reichstagsabgeordneten den Eintritt in den Bundesrat wehrte, wurde nicht geändert; der Bundesrat sollte seinen föderalistischen Charakter als einer Vertretung der einzelstaatlichen Regierungen, nicht parlamentarischer Fraktionen, behalten.

Alle diese Reformen kamen zu spät. Verfassungsformen lassen sich nicht beliebig übertragen. Das parlamentarische Regierungssystem, das in England und Frankreich die stärksten Männer an die Spitze gebracht und durch die Unterdrückung jeder Opposition die Einigkeit der Nationen selbst in kritischen Zeiten aufrechterhalten hatte, trug bei uns nur noch das Kaiserreich zu Grabe. Nur an Opposition gewöhnt, konnten die Parteien auch jetzt, wo sie die Verantwortung trugen, sich nicht zu positiver und gemeinsamer Arbeit entschließen. Ohne einheitliches Ziel und in gänzlicher Verkennung der Absichten des Feindes war die neue Regierung nicht geeignet, zum Teil auch nicht gewillt, alle vorhandenen Kräfte zu sammeln, um das Reich zu retten. So trieben die Dinge, statt daß eine Leitung bestanden hätte, bis die längst tätige Agitation der unabhängigen Sozialdemokraten das Heer zur Meuterei reif gemacht hatte. Anfang November begann die Revolution in Kiel und breitete sich rasch aus. Die einzige Gegenwehr der Regierung war der Versuch, durch den Thronverzicht des Kaisers und des Kronprinzen die Bewegung zu beschwören. Auch dazu war es zu spät. Über die vom Prinzen Max am 9. November 1918 voreilig und eigenmächtig verkündigte Abdankung ging die Welle der Revolution hinweg; noch am gleichen Tage rief Scheidemann, Staatssekretär und Mitglied der Regierung des Prinzen Max, die Republik aus. Ohne nennenswerten Kampf — denn ein von der Regierung erlassenes Schießverbot hatte auch zuverlässigen Truppen den Widerstand unmöglich gemacht — hatte die Revolution gesiegt. Kaiser Wilhelm begab sich nach Holland und dankte am 28. November förmlich ab. Auch die Bundesfürsten ohne Ausnahme wurden vertrieben. Das deutsche Kaiserreich war vernichtet.

In diesem erschütternden Zusammenbruch des Reiches rächten sich die Unterlassungen und Fehler der Vergangenheit. Das Kanzleramt, das Bismarck für sich geschaffen hatte, war für seine schwächeren Nachfolger eine erdrückende Last geworden. Weder aus dem Beamtentum noch aus den Parteien wuchs ein Mann heraus, der ihn hätte ersetzen können. Unter diesen Umständen aber wurde das monarchische System zu einer Gefahr. Es war für Bismark eine Fiktion gewesen, mit der er die parlamentarischen Ansprüche bekämpfte. Daß Wilhelm II. daraus eine Wahrheit machen wollte und auf die selbst in der stärksten Monarchie der modernen Zeit unentbehrliche ministerielle Deckung verzichtete, wurde ihm selbst und dem Reiche zum Verhängnis. So wird man sagen müssen, daß die Revolution von 1918 so gut eine Katastrophe des Bismarckschen Regierungssystems gewesen ist wie die Schlacht von Jena eine Niederlage des Staates Friedrichs des Großen.

Selbstverständlich entlastet diese Feststellung die Epigonen von der Verantwortung für ihre Fehler und Versäumnisse nicht. Bedenken wir freilich, wie Großes das Reich in diesen schweren Kriegsjahren geleistet und wie willig das Volk lange Zeit die harten Entbehrungen des englischen Hungerkriegs getragen hat, so erhebt sich die Frage, ob überhaupt eine Verfassung denkbar sei, die einen Staat von der Größe des Deutschen Reiches zum Widerstand gegen die Koalition der stärksten Weltmächte befähigen könnte, ob nicht vielmehr das Verschulden der Epigonen statt auf dem Boden der Verfassung in der auswärtigen Politik zu suchen sei. Mit der Aufwerfung dieser Frage endet die Aufgabe der Verfassungsgeschichte. Zu ihrer Beantwortung ist sie von ihrem begrenzten Standpunkt aus nicht imstande.

## Fünfzehnter Abschnitt: Das Deutsche Reich als Republik

Quellen: I. Hohlfeld, Deutsche Reichsgeschichte in Dokumenten 1849/1926 (2. Halbband, 1927); F. Salomon, Die deutschen Parteiprogramme, Bd. 3[4] (1926); H. Triepel, Quellensammlung zum deutschen Reichsstaatsrecht (4. Aufl. 1926).

Darstellungen: Sehr brauchbare Übersichten bietet das Jb. des öffentlichen Rechts in Bd. 9 (1920; W. Jellinek, Revolution und Reichsverfassung), 13 (1925, F. Poetzsch, Vom Staatsleben unter der Weimarer Verfassung) und 14 (1926; G. Lassar, Reichseigene Verwaltung unter der Weimarer Verfassung). M. Fleischmann, Verfassungserbgut von Reich zu Reich (1928). O. Koellreutter, Der deutsche Staat als Bundesstaat und als Parteienstaat (1927). L. Wittmayer, Rückblicke auf acht Jahre Weimarer Verfassung (Z. öffentl. Recht, Bd. 6, 1927).

### § 57. Die Revolution und die Nationalversammlung

Quellen zur Revolution finden sich zusammengestellt in dem Sonderheft des Deutschen Geschichtskalendes „Die deutsche Revolution“ (1919) und bei H. Marx, Hb. der Revolution in Deutschland 1918/19 (nur Bd. 1 bis 15. Nov. 1918; 1919).

Quellen zur Geschichte der Nationalversammlung: Stenograph. Berichte und Bericht und Protokolle des 8. Ausschusses über den Entwurf einer Verfassung des Deutschen Reichs (1920).

Darstellungen: Handbuch der Politik, Bd. 2 und 3 (3. Aufl. 1920/21); F. HARTUNG, Die geschichtlichen Grundlagen der Weimarer Reichsverfassung (Neue Jbb. für Wissenschaft und Jugendbildung, Bd. 1, 1925); JELLINECK a. a. O.; K. SCHUMACHER, Die Redaktionskommission des Verfassungsausschusses (1927).

Während die deutsche Verteidigung im Westen unter den Schlägen eines übermächtigen Feindes zusammenbrach, hatte sich in Deutschland in gesetzlichen Formen eine gewaltige Umwälzung der Verfassung vollzogen: die konstitutionelle Monarchie, die eigentümliche deutsche Staatsform, die nicht allein wegen der geschichtlichen Tradition, sondern auch wegen der Schwierigkeit der außenpolitischen Aufgaben Deutschlands als die geeignetste Staatsform erschienen und gern mit Seeleys Satz von dem notwendigen Zusammenhang zwischen auswärtigem Druck und innerpolitischer Verfassung gerechtfertigt worden war, war in eine parlamentarische umgewandelt worden; nicht der Kaiser, sondern der Reichstag sollte von nun an regieren.

Aber die Niederlage war so schwer, daß sie die alten Autoritäten, die weder den Sieg noch den Frieden hatten schaffen können, vernichtete. Ohne ernsthaften Kampf setzten sich revolutionäre Gewalten an die Stelle der alten, beseitigten die Dynastien und bisherigen Ministerien sowohl wie die Volksvertretungen, ohne bei diesen darauf Rücksicht zu nehmen, ob sie aus gleichem oder abgestuftem Wahlrecht hervorgegangen waren. Auch der Reichstag hatte seine Rolle ausgespielt.

Denn diejenigen, die die Revolution gemacht hatten, die meuternden Soldaten und die Arbeiter, fühlten sich als die alleinigen Sieger. Nach russischem Muster gaben sie sich in Arbeiter- und Soldatenräten eine lockere Organisation. An ihnen scheiterte auch der vom Prinzen Max von Baden in letzter Stunde gemachte Versuch, die Bewegung in halbwegs geregelten Bahnen zu halten, durch Ernennung des sozialdemokratischen Parteiführers Ebert zum Reichskanzler wenigstens äußerlich die Kontinuität zu wahren und die endgültige Neuordnung einer aus allgemeinen Wahlen hervorgehenden verfassunggebenden Nationalversammlung zu übertragen. Denn nicht als Reichskanzler konnte Ebert die Regierung übernehmen, sondern nur indem er mit zwei Parteigenossen und drei unabhängigen Sozialisten einen Rat der Volksbeauftragten bildete. Nachdem dieser Rat von den Berliner Arbeiter- und Soldatenräten anerkannt worden war, trat er mit einem Aufruf vom 12. November an die Öffentlichkeit; hier wurde er allenthalben anerkannt, auch die Behörden fügten sich der neuen revolutionären Regierung.

Der Aufruf verhieß Verwirklichung des sozialistischen Programms. Über die Nationalversammlung sprach er sich nur sehr unbestimmt aus, weil die unabhängige Sozialdemokratie an der Diktatur des Proletariats festhielt und von der Souveränität des ganzen Volkes nichts wissen wollte. Auch der von den Berliner Arbeiter- und Soldatenräten gewählte Vollzugsrat erklärte, daß die politische Gewalt in den Händen der Räte liege, und beanspruchte mit Berufung darauf ein Kontrollrecht über die Handhabung der Exekutivgewalt durch den Rat der Volksbeauftragten, womit diese sich einverstanden erklärten.

Es ist bezeichnend für die deutschen Verhältnisse, daß der erste Widerspruch gegen diese vom Berliner Proletariat über ganz Deutschland beanspruchte Diktatur nicht von den Gegnern des Proletariats ausging, sondern vom Partikularismus. Neben der deutschen Revolution hatten in allen Einzelstaaten lokale Revolutionen stattgefunden, die von den gleichen Gedanken getragen auch die gleichen Ergebnisse gehabt hatten: Vertreibung der Dynastien, Bildung von revolutionären Regierungen. Aber diese hatten keine Neigung, sich von Berlin kommandieren zu lassen, zeigten vielmehr bedenkliche Absichten selbständiger Politik, so daß zeitweise die Gefahr des Auseinanderbrechens der deutschen Einheit drohte. Um sie zu beschwören, berief der Berliner Vollzugsrat am 23. November einen Delegiertenkongreß aller Arbeiter- und Soldatenräte zum 16. Dezember nach Berlin und ergänzte sich vorläufig durch Aufnahme von Mitgliedern aus dem Reiche.

Die Volksbeauftragten, dem Berliner Vollzugsrat an politischer Erfahrung weit überlegen, schlugen einen andern Weg ein, um die deutsche Einheit zu sichern, indem sie auf den 25. November Vertreter der neuen einzelstaatlichen Regierungen zu einer Konferenz einluden. Diese kam zu dem Ergebnis, daß möglichst bald eine konstituierende Nationalversammlung einberufen werden solle: das wurde nicht nur durch die innere Lage gefordert, sondern mindestens ebensosehr durch die äußere, die für die Friedensverhandlungen eine allgemein anerkannte Regierung dringend brauchte.

Auf Grund dieser Beschlüsse setzten die Volksbeauftragten am 30. November die Wahlen auf den 16. Februar 1919 fest und erließen gleichzeitig ein Wahlgesetz und eine Wahlordnung. Das allgemeine, gleiche, geheime und unmittelbare Wahlrecht, wie es seit 1867 für den Reichstag bestanden hatte, wurde darin beibehalten, aber durch Herabsetzung der Altersgrenze auf 20 Jahre und durch Ausdehnung auf die Frauen sowie durch Beseitigung einiger Ausschließungsgründe (Soldaten, Konkurs, Armenunterstützung) wesentlich erweitert. Die für einige Reichstagswahlkreise 1918 eingeführte, aber noch nicht praktisch erprobte Verhältniswahl wurde für das ganze Reich vorgeschrieben, das in 37 Wahlkreise eingeteilt wurde. Unter Abweichung von dem früheren Brauch waren bei deren Abgrenzung die bundesstaatlichen Grenzen nicht durchweg beachtet worden. Auf je 150 000 Einwohner sollte ein Abgeordneter entfallen.

Zu dem Gedanken der Nationalversammlung bekannte sich auch der Rätekongreß. Er entsetzte den Berliner Vollzugsrat seiner angemaßten Befugnisse über das ganze Reich, bestellte statt dessen einen Zentralrat und bestätigte den Rat der Volksbeauftragten; doch sollte die ganze Regelung nur bis zur Nationalversammlung dauern, zu deren rascheren Herbeiführung die Wahlen auf den 19. Januar 1919 angesetzt wurden. Das Rätesystem schon jetzt unter allen Umständen als Grundlage der künftigen Verfassung Deutschlands anzuerkennen, lehnte der Rätekongreß ausdrücklich ab. Damit war der Gedanke einer fortdauernden Diktatur des Proletariats begraben. Putsche, die ihn gegen den Willen der überwiegenden Mehrheit selbst der Räte durchsetzen wollten, wurden mit Waffengewalt niedergeschlagen.

Zu den Wahlen marschierten im wesentlichen die alten Parteien, wenn auch meist unter anderem Namen und mit teilweise neuen Programmen auf. Sie fanden am 19. Januar ohne Störung statt; nur in Elsaß-Lothringen verhinderte Frankreich ihre Vornahme. Das Ergebnis war ein starkes Anschwellen der sozialistischen Mandate, aber doch keine sozialistische Mehrheit. Am 6. Februar 1919 trat die verfassunggebende deutsche Nationalversammlung in Weimar zusammen. Wie die erste deutsche Nationalversammlung vom Jahre 1848 hatte sie als erste Aufgabe die Bestellung einer provisorischen Zentralgewalt. Diese wurde ganz in den Formen des parlamentarischen Regierungssystems gebildet, das im Oktober 1918 bereits für das Reich übernommen worden war. Nur trat an die Stelle des Kaisers ein von der Versammlung zu wählender Reichspräsident; die Führung der Geschäfte kam an ein von ihm zu ernennendes, der Versammlung verantwortliches Reichsministerium. Ein Veto oder ein Auflösungsrecht besaß der Präsident nicht, da die Versammlung allein die Souveränität des deutschen Volkes zu vertreten beanspruchen durfte. Aber mochte auch die Revolution von 1918 die Dynastien, die bisherigen Träger der Souveränität, beseitigt und damit die Stellung der Nationalversammlung weit über die des Frankfurter Parlaments erhoben haben, unbegrenzt war die Souveränität der Vertretung des deutschen Volkes auch jetzt nicht. Mit dem Partikularismus war die Revolution nicht fertig geworden. Im Gegenteil forderten die Regierungen der Einzelstaaten gerade als Vertreter des souveränen Volkes der Staaten Anteil auch an der provisorischen Reichsregierung. Auf ihr Verlangen wurde der alte Bundesrat in der Form eines Staatenhauses wiederhergestellt; Gesetze sollten nur durch übereinstimmende Beschlüsse der Nationalversammlung und des Staatenhauses zustande kommen, Meinungsverschiedenheiten durch Volksabstimmung entschieden werden. Nur für die Verfassung war die Nationalversammlung allein zuständig; hier galt für ihre Souveränität nur die eine Grenze, daß der Gebietsbestand der Einzelstaaten nur mit deren Zustimmung geändert werden durfte. In dieser Form wurde die Notverfassung am 10. Februar angenommen und trat sofort in Kraft; tags darauf wurde der Reichspräsident gewählt, im Anschluß daran das Reichsministerium gebildet. Der Rat der Volksbeauftragten trat zurück, nachdem der Zentralrat bereits beim Zusammentritt der Nationalversammlung abgedankt hatte. Die revolutionäre Periode war zum ersten Abschluß gekommen, die Reichsregierung beruhte wieder auf Gesetz.

In dieser Gestaltung der Notverfassung war das schwerste Problem der Verfassungsberatung, das Verhältnis des Gesamtstaats zu den Einzelstaaten, angedeutet. Bereits der erste Entwurf einer Reichsverfassung, der der Nationalversammlung vorgelegt wurde, stellte ein Kompromiß dar. Unmittelbar nachdem die Monarchien in Deutschland zusammengebrochen waren, hatte wohl die Anschauung aufkommen können, daß damit das letzte Hindernis der deutschen Einheit aus dem Wege geräumt sei. Sie beherrschte vor allem den Verfassungsentwurf, den der zum Staatssekretär des Innern ernannte Professor H. Preuß im Namen des Rates der Volksbeauftragten bearbeitete und am 20. Januar 1919 veröffentlichte.[1])

Preuß war darin von der Voraussetzung ausgegangen, daß das Kaiserreich durch die Mängel der Bismarckschen Verfassungskonstruktion zugrunde gerichtet worden sei, und wollte deshalb den Neubau „ganz bewußt auf den Boden stellen, den Bismarck bei seiner Reichsgründung ganz bewußt nicht betreten" hatte, nämlich auf das „nationale Selbstbewußtsein eines sich selbst organisierenden Staatsvolkes". Als ein solches Staatsvolk erkannte er lediglich die deutsche Nation in ihrer Gesamtheit an; ihre Abneigung gegen die Zentralisation bestritt er zwar nicht, wollte aber das Sonderleben der Landschaften und Stämme nur als „autonome Selbstverwaltung" gelten lassen. Daß dahinter mehr steckte, daß die „Zufallsbildungen rein dynastischer Hauspolitik", als die er die Staaten, und zwar vom historischen Standpunkt aus mit Recht, bezeichnete, längst Staaten geworden waren, die von lebendigem Staatsbewußtsein der Bevölkerung getragen wurden, wollte er nicht zugeben. Daß Preußen freilich nicht einfach als Selbstverwaltungsbezirk aufgefaßt werden konnte, darüber war er sich wohl klar; aber daraus zog er die Folgerung, daß es in seine Bestandteile aufgelöst werden müsse, während er anderseits die Kleinstaaten zu leistungsfähigen Selbstverwaltungskörpern zusammenlegen wollte. Diesen beiden Zwecken diente § 11 seines Entwurfs. § 12 unterstellte das Verfassungsleben der Gliedstaaten bis herab zu den Gemeindewahlen der Ordnung durch das Reich.

Nachdem auf diese Weise die Gliedstaaten auf „die Funktionen höchstpotenzierter Selbstverwaltung" beschränkt worden waren, war die Bahn frei für die Organisation des Reichs. Auch bei ihr war jede Anknüpfung an das Werk Bismarcks vermieden; wohl aber finden sich Anklänge an die Verfassung der Paulskirche, der Vereinigten Staaten von Amerika, der Schweiz, der französischen Republik. Doch haben alle diese Verfassungen nur Einzelheiten geliefert; als Ganzes betrachtet stellt das Reich im Entwurf von Preuß die theoretische Konstruktion eines dezentralisierten Einheitsstaates dar, der nach dem parlamentarischen System regiert werden sollte. Ein vom Volk gewählter Reichspräsident sollte die ausführende Gewalt haben, aber sie nur durch Minister handhaben, die dem Volkshause des Reichstags verantwortlich sein sollten. Der Reichstag zerfiel wie in der Reichsverfassung von 1849 in ein aus unmittelbaren Wahlen hervorgehendes Volkshaus und ein von den Landtagen gewähltes Staatenhaus. Bei Meinungsverschiedenheiten zwischen den beiden Häusern oder zwischen dem Reichstag und dem Reichspräsidenten gab Volksabstimmung den Ausschlag. Die Regierungen der Gliedstaaten waren an der Gesetzgebung des Reichs nicht beteiligt, an der Verwaltung nur durch Reichsräte mit gutachtlicher Befugnis, die aus Vertretern der Staaten bei den Reichsministerien gebildet werden sollten. Die Zuständigkeit des Reichs war gegenüber der Vergangenheit, auch der Verfassung von 1849, sehr erweitert worden, vor allem durch die Befugnis der Reichsregierung, in die einzelstaatliche Verwaltung durch Beauftragte — bei denen Preuß wohl an die Kommissare des französischen Konvents gedacht haben mag — unmittelbar einzugreifen.

Der Entwurf von Preuß zeichnet sich, was auch seine politischen Gegner zugeben, durch logische Klarheit und Folgerichtigkeit aus. Er hat darum auch bei den Theoretikern vielen Beifall gefunden. Aber das politische Leben erkennt in der Logik nicht den obersten Regulator an; die Wirklichkeit ist oft unlogisch. Und so stieß auch dieser Entwurf auf die historisch gegebene Wirklichkeit des deutschen Partikularismus. Nicht allein die parteipolitischen Gegner von Preuß erhoben energischen

---

1) Im Reichsanzeiger Nr. 15, auch als Broschüre (1919) erschienen, wieder abgedruckt in dem Ergänzungsheft des Geschichtskalenders „Die deutsche Reichsverfassung". Der ursprüngliche Entwurf von Preuß ist zuerst von H. Triepel (Quellensammlung[3], 1922) veröffentlicht worden. Bei der Beurteilung des Entwurfs und der Denkschrift ist zu beachten, daß es sich um eine nicht ganz vollständige, zum Teil auch nicht ganz ausgefeilte Arbeit handelt. Daraus, daß manche Dinge nicht erwähnt sind, wird man keine Schlüsse ziehen dürfen und sich nur an das halten, was von Preuß gesagt worden ist.

Widerspruch gegen seine Grundgedanken[1]), sondern vor allem die berufenen Vertreter des Partikularismus, die einzelstaatlichen Regierungen.

Preußen freilich, der am meisten bedrohte Staat, dessen Fortbestand der Entwurf leichthin als „staatsrechtliche, politische und wirtschaftliche Unmöglichkeit" bezeichnete, schien gewillt zu sein, in dem republikanischen Reiche aufzugehen. Die erste Erklärung seiner revolutionären Regierung vom 13. November 1918 hatte es als deren Aufgabe bezeichnet, „das alte, von Grund auf reaktionäre Preußen so rasch wie möglich in einen völlig demokratischen Bestandteil der einheitlichen Volksrepublik zu verwandeln"; und noch im Dezember 1919 war die preußische verfassunggebende Landesversammlung bereit, zugunsten des deutschen Einheitsstaates auf eine besondere Verfassung Preußens zu verzichten. In dieser Stellung bekundet sich einmal die Schwierigkeit des preußisch-deutschen Verhältnisses, die der Wegfall der Dynastie eher gesteigert als gemildert hat, dann aber auch, als Rückschlag gegen die Starrheit und Einseitigkeit des früheren Systems, die Feindseligkeit, mit der ein großer Teil der Sozialdemokratie nicht allein der bisherigen Regierung, sondern sogar dem Staate gegenüberstand. Erst langsam erwachte das Bewußtsein der Macht, die im preußischen Staate verkörpert war, und die Einsicht in die Gefahr der Zerschlagung Preußens in ohnmächtige Kleinstaaten. Sehr viel rascher waren die Mittelstaaten mit ihrem Einspruch gegen den Entwurf bereit; selbst die schärfsten Preußenfeinde kamen zu der Überzeugung, daß die Aufteilung Preußens mit der Herabdrückung der Einzelstaaten zu Provinzen eines Einheitsstaates zu teuer bezahlt sei. Wohl war der eine Teil der Bismarckschen Verfassung, die auf der preußischen Macht beruhende Monarchie, zusammengebrochen. Aber das föderative Element, das Bismarck in psychologisch zutreffender Beurteilung des deutschen Volkscharakters in seine Verfassung aufgenommen und im Bundesrat zum gleichberechtigten Träger des Reichs neben dem Kaiser und dem Reichstag gemacht hatte, das lebte fort und setzte sich gegen die zentralisierenden Tendenzen der Revolution energisch zur Wehr. Eine Konferenz der Regierungsvertreter vom 25. Januar lehnte den Preußschen Entwurf ab und erweckte den von den Volksbeauftragten zur Verwaltungsbehörde herabgedrückten Bundesrat zu neuem Leben. Ihr Werk ist die Einfügung des Staatenausschusses in die Notverfassung. Der endgültige Verfassungsentwurf, der am 21. Februar der Nationalversammlung vorgelegt wurde, ging gemäß der Notverfassung aus Beratungen der Reichsregierung mit dem Staatenausschuß hervor und trug den Bedenken und Wünschen der Staaten in sehr weitgehendem Maße Rechnung, indem er die zentralistischen Befugnisse der Reichsgewalt des Preußschen Entwurfs stark beschnitt, die alten Reservatrechte der Versailler Verträge von 1871 beibehielt und in einem Reichsrat eine dem alten Bundesrat entsprechende Vertretung der Einzelstaaten „bei der Gesetzgebung und Verwaltung des Reichs" schuf. Eine volle Übereinstimmung zwischen der Reichsregierung und den Staaten war freilich gerade in einigen entscheidenden Punkten nicht erzielt worden; über die Neugliederung des Reichs und über die Zusammensetzung des Reichsrats wurden getrennte Vorschläge eingebracht.

Die gleichen Fragen spielten auch bei den Verhandlungen der Nationalversammlung und des von ihr eingesetzten Verfassungsausschusses die Hauptrolle. Die Stimmung der Versammlung als der Vertretung des deutschen Volkes war im ganzen zentralistischer als die der Vertreter der Einzelregierungen, deshalb wurde der Entwurf im Sinne der Reichseinheit wesentlich umgestaltet, ohne dabei bis zu dem Extrem der Preußschen Fassung zurückzukehren. Die Reservatrechte verschwanden bis auf bescheidene Reste in den Übergangsbestimmungen; damit wurde die Bahn

---

1) Die Urteile der Presse im Auszug im Geschichtskalender S. 31ff., die wichtigsten Broschüren verzeichnet Triepel in Schmollers Jb. GesVV., Bd. 43, 1919, S. 462 Anm. 2; über die Beratungen der Staatenvertreter und des Staatenausschusses vgl. Hartung, a. a. O., S. 502ff.

frei für eine einheitliche Organisation der Heeres- und Zollverwaltung. Die Zuständigkeit der Reichsgesetzgebung wurde namhaft ausgedehnt und durch die neue Befugnis, Grundsätze aufzustellen, auch auf eine Reihe von Gebieten wie Kirche, Schule, Landessteuern, erstreckt, die bisher den Einzelstaaten ausschließlich vorbehalten gewesen waren. Auch wurde versucht, den Einzelstaaten durch die Umbenennung in Länder, die freilich nicht ganz einheitlich durchgeführt worden ist (vgl. Art. 5, 110, 131, 133, 144, 147, 149, 155), den Staatscharakter zu nehmen. Der Anteil an der Gesetzgebung und Verwaltung des Reichs, den ihnen der endgültige Entwurf zugebilligt hatte, blieb dagegen erhalten. Der auf die Kleinstaaten zugunsten der Zusammenlegung ausgeübte Druck der Bestimmung, daß nach Ablauf von drei Jahren nur Staaten mit mehr als einer halben — oder wie die Reichsregierung vorgeschlagen hatte: einer vollen — Million Einwohner eine Stimme im Reichsrat haben sollten, wurde sogar aufgehoben und selbst dem kleinsten Staat eine Stimme gesichert. Der Gedanke der Neugliederung des Reichs war damit freilich nicht beseitigt, so schwer es auch war, eine allen Interessen gerecht werdende Fassung dafür zu finden. Es handelte sich dabei ja nicht allein um die Vereinigung von Kleinstaaten, sondern noch mehr um das Schicksal Preußens, um die Frage, ob die Abtrennung einzelner Landesteile lediglich von ihren Bewohnern oder zugleich vom Willen des Gesamtstaats abhängen solle. Die Verfassung selbst hielt an der Einheit Preußens fest, zerschlug aber doch seine Vertretung im Reichsrat, indem die Hälfte der Stimmen den Provinzen zugewiesen wurde, und schuf im Art. 18 die Möglichkeit einer Loslösung einzelner Landesteile. Neben dieser unitarischen Tendenz machte sich in der Versammlung auch eine demokratische geltend, die sich vor allem in der Ausgestaltung der Grundrechte des deutschen Volks aus einem einfachen Abschnitt zum zweiten Hauptteil der ganzen Verfassung, ferner in der Erweiterung des unmittelbaren Anteils des Volks am politischen Leben durch Volksabstimmung und Volksbegehren zeigte.

Am schärfsten umstritten und mit sehr verschieden zusammengesetzten Mehrheiten erst in der dritten Lesung endgültig entschieden wurden der Artikel 18 über die Gliederung des Reichs, der Abschnitt über das Kirchen- und Schulwesen und der zuletzt wieder beseitigte Ausschluß der Mitglieder der früher regierenden Fürstenhäuser von der Wählbarkeit zum Reichspräsidenten. Die großen Gegensätze des deutschen Staatslebens traten hier lebendig zutage: der älteste, das Verhältnis zwischen Einheitsgedanke und Partikularismus, dann als Nachwirkung des Reformationszeitalters der kirchliche, nicht mehr in der alten Form des Streites zwischen den Konfessionen, sondern in der moderneren des Kampfes zwischen Kirchentum und Unkirchlichkeit, endlich die jüngste, erst durch die Revolution von 1918 brennend gewordene Frage der monarchischen oder republikanischen Staatsform.

Trotz allen diesen Gegensätzen war der Nationalversammlung zu Weimar ein besseres Los beschieden als dem ersten deutschen Parlament zu Frankfurt; sie vermochte ihr Werk durchzuführen und ihm Geltung zu verschaffen. Freilich ist dieses bessere Los untrennbar verbunden mit dem schweren Druck des Feindes, unter dem die Beratungen standen. Sie mußten zu einem positiven Ergebnis führen, wenn nicht Deutschland überhaupt als Staat aufhören sollte. Nur deshalb gelang es, die scharfen Gegensätze durch Kompromisse zu überbrücken und am 31. Juli 1919 mit 262 gegen 75 Stimmen die Annahme der Verfassung durchzusetzen. Der Staatenausschuß hatte kein Recht, über die Verfassung mitzubestimmen; aber es verdient hervorgehoben zu werden, daß alle einzelstaatlichen Regierungen zugestimmt und auf ihre Reservatrechte verzichtet haben. Am 11. August vollzog der Reichspräsident die neue Verfassung, am 14. wurde sie durch das Reichsgesetzblatt verkündet.

## § 58. Die Verfassung des Deutschen Reichs vom 11. August 1919

Von den kommentierten Ausgaben der Verfassung sind die verbreitetsten die von G. Anschütz (6. Aufl. 1927) und von F. Giese (7. Aufl. 1926).

Von den systematischen Darstellungen seien genannt: G. Anschütz, Drei Leitgedanken der Weimarer Reichsverfassung (1923); F. Giese, Grundriß des neuen Reichsstaatsrechts (4. Aufl. 1926); J. Hatschek, Deutsches und preußisches Staatsrecht (1922/23); W. Jellinek, Verfassung und Verwaltung des Reichs und der Länder (1925); H. Nawiasky, Die Grundgedanken der Reichsverfassung (1920); H. Preuss, Reich und Länder (hrsg. von G. Anschütz, 1928); E. Vermeil, La constitution de Weimar et le principe de la démocratie allemande (1923); L. Wittmayer, Die Weimarer Reichsverfassung (1922).

Die Grundlage der neuen Verfassung des Deutschen Reichs wird durch das Selbstbestimmungsrecht des deutschen Volks gebildet. Diesem sind freilich durch den Versailler Friedensvertrag vom 28. Juni 1919 enge Grenzen gezogen worden. Im Westen und im Osten hat das Deutsche Reich große Gebietsteile mit überwiegend deutscher Bevölkerung abtreten müssen, ohne daß die Bewohner Gelegenheit gehabt hätten, ihren Willen kundzutun; die nördlichste Zone von Schleswig ist auf Grund einer Volksabstimmung an Dänemark gelangt, Oberschlesien ist, obwohl die überwiegende Mehrheit der Bevölkerung sich für Deutschland ausgesprochen hat, geteilt worden. Andererseits ist den Deutschen im ehemaligen Österreich, selbst der rein deutschen Republik Deutschösterreich, das Recht, sich mit dem Reiche zu vereinigen, genommen worden, und das Reich hat das Verbot des Anschlusses anerkennen müssen.[1]) Aber auch innerhalb des ihm verbliebenen Gebiets ist das deutsche Volk nicht Herr im Hause; im besetzten Rheinland übt noch heute, fast zehn Jahre seit der Niederlegung der Waffen, ein interalliierter Ausschuß einen Teil der staatlichen Rechte, selbst das Recht, Verordnungen mit Gesetzeskraft zu erlassen, aus.

Diese offenkundigen Verletzungen des Selbstbestimmungsrechts hindern das deutsche Volk aber nicht, „die allgemein anerkannten Regeln des Völkerrechts“ als bindende Bestandteile des Reichsrechts in der Verfassung (Art. 3) ausdrücklich zu verkünden und den Gedanken der Völkerversöhnung von Amts wegen in den Schulen lehren zu lassen (Art. 148); der Völkerbund konnte freilich nicht Bestandteil der Verfassung werden, weil uns der Eintritt in ihn zunächst versagt war.

Von diesen Beschränkungen abgesehen aber kann das deutsche Volk als souverän gelten: kein Monarch macht ihm wie 1848/49 die Souveränität streitig. Und doch stößt sie, wie die ganze Verfassungsberatung gezeigt hat, wie die Abschwächung des von Preuß vorgeschlagenen Satzes: alle Staatsgewalt liegt beim deutschen Volk, in die endgültige Fassung (Art. 1): die Staatsgewalt geht vom Volke aus, dauernd festlegt, auf ein Hindernis: die besonderen Staatsgewalten der Einzelstaaten. Vor diesen geschichtlichen Bildungen hat die Revolution haltmachen müssen. Die alten dynastischen Staatsbildungen, die der Reichsverfassungsgeschichte seit dem 13. Jh. das Gepräge gegeben haben, bestehen in der Hauptsache noch fort. Wenn die Reichsverfassung von Stämmen spricht, so ist das eine geschichtswidrige Konstruktion, die im Volksbewußtsein keine Stütze findet. Und diese einzelstaatlichen Gewalten fühlen sich auch jetzt noch in gewissem Gegensatz gegen das Reich und seine Zentralgewalt. Zwar gehen auch sie seit der Revolution ausnahmslos vom Volke aus, und die einzelstaatlichen Völker zusammengenommen sind, da es kein Reichsland mehr gibt, mit dem deutschen Volke identisch. Aber die Summe der einzelnen stimmt allem Rationalismus, aller arithmetischen Zählung zum Trotz mit der Gesamtheit doch nicht überein. Die zwei Seelen, die in der Brust des normalen deutschen Politikers wohnen, lassen sich eben durch Mehrheitsbeschlüsse nicht verschmelzen.

Mit dem selbständigen Dasein der Länder, wie die Staaten nunmehr heißen, muß auch die neue Reichsverfassung rechnen. Die staatlichen Aufgaben stehen nicht dem Reiche ausschließlich zu, sondern teils dem Reich, teils den Ländern. Eine grundsätzliche Scheidung der Reichs- und der Länderkompetenz ist so wenig wie in der Frankfurter Verfassung oder der von 1871 vorgenommen worden; vielmehr werden die einzelnen Gebiete, die das Reich für sich beanspruchen darf, aufgezählt (Art. 6ff.) in Gruppen, die nach dem Mitbestimmungsrecht der Länder abgeteilt sind; völlig aus-

1) Trotzdem ist im folgenden stets das deutsche Volk gesagt worden, wo korrekt nur vom deutschen Staatsvolk die Rede sein sollte.

geschlossen ist die Mitbestimmung der Länder nur da, wo sich das Reich die alleinige Verfügung vorbehalten hat. Wie im Kaiserreiche hat die Reichsregierung die Aufsicht über alle Gebiete, die der Reichsgesetzgebung unterstellt sind; die Ausführung ist in der Regel den Landesbehörden belassen worden. Allerdings ist die unmittelbare Reichsverwaltung durch Reichsbeamte gegen früher wesentlich erweitert worden; auswärtige Politik, Heerwesen und Flotte, die Verwaltung der Zölle und Verbrauchssteuern und das Postwesen sind dem Reich ausschließlich auch zur Verwaltung übertragen worden.

Das wichtigste Organ des souveränen deutschen Volks ist der Reichstag. Er besteht wie seit 1867 nur aus einer Kammer. Die Wahlen sind allgemein, gleich, unmittelbar und geheim und werden nach dem System der Verhältniswahl vorgenommen; die Wahlberechtigung tritt mit dem vollendeten 20. Lebensjahr, also ein Jahr vor der privatrechtlichen Mündigkeit ein; die Regelung der Einzelheiten des Wahlverfahrens ist wie in den Verfassungen von 1849 und 1867/1871 der einfachen Gesetzgebung überlassen. Die Wahl erfolgt auf vier Jahre. Als Vertreter des souveränen Volks hat der Reichstag das Recht, sich selbst zu versammeln; auch kann er durch Einsetzung von Untersuchungsausschüssen sich über alle Dinge informieren, deren Kenntnis ihm notwendig erscheint. Dagegen scheinen die ständigen Ausschüsse, die er zur Überwachung der auswärtigen Politik und zur Wahrung der Rechte der Volksvertretung gegenüber der Regierung zu bilden hat, in den modernen Aufbau des deutschen Volksstaats nicht recht hineinzupassen und vielmehr ein Rest altständischen Mißtrauens gegen die vom Volke scharf getrennte Regierung zu sein.

Denn die Exekutive ruht auf der gleichen Grundlage wie der Reichstag, auf der Volkssouveränität. An ihrer Spitze steht der Reichspräsident. Er wird wie der amerikanische Präsident vom ganzen Volk gewählt, und zwar, wie das Gesetz vom 4. Mai 1920 anordnet, in unmittelbarer, nicht wie in Amerika in mittelbarer Wahl; die Amtsdauer ist abweichend vom amerikanischen Vorbild, vielmehr nach dem Muster Frankreichs auf sieben Jahre festgesetzt. Auch in der Bestimmung der Befugnisse des Präsidenten folgt die Reichsverfassung dem französischen, nicht dem amerikanischen Beispiel. Der Präsident hat zwar das Reich völkerrechtlich zu vertreten, die Reichsbeamten und Offiziere zu ernennen, den Oberbefehl über die gesamte Wehrmacht des Reichs zu führen und darf sowohl gegen Länder, die ihre Pflichten gegen das Reich verletzen, wie bei inneren Unruhen mit der bewaffneten Macht vorgehen; aber er ist bei der Ausübung aller seiner Befugnisse an die Mitwirkung verantwortlicher Minister gebunden. Er ernennt wohl den Reichskanzler und auf dessen Vorschlag auch die übrigen Reichsminister; aber er ist in seiner Wahl dadurch beschränkt, daß die Minister des Vertrauens des Reichstags bedürfen und auf ein Mißtrauensvotum zurückzutreten verpflichtet sind. Recht im Gegensatz zu der amerikanischen Verfassung, die auf dem Gedanken der Gewaltentrennung beruht, legt die deutsche das parlamentarische Regierungssystem fest; an ihm, das nach langen Kämpfen im Oktober 1918 endlich errungen war, hat die Mehrheit der Nationalversammlung mit einer gewissen Selbstverständlichkeit festgehalten.

Ein unbedingtes Übergewicht des Reichstags über den Präsidenten ist damit freilich nicht geschaffen worden. Jede der beiden Gewalten kann gegen die andere an die gemeinsame Grundlage der Macht, an das Volk, appellieren. Der Reichspräsident kann den Reichstag auflösen; aber da er auch in diesem Fall von der Gegenzeichnung eines vom Vertrauen des Reichstags abhängigen Reichsministers abhängig ist, wird er von diesem Recht schwerlich gegen den Reichstag Gebrauch machen können; die bisherige Praxis läßt das bereits deutlich erkennen. Trotz der Bindung des Präsidenten an die Gegenzeichnung kann der Reichstag durch Volksabstimmung den Präsidenten vor Ablauf seiner Amtszeit absetzen lassen. Auch für die Gesetzgebung ist der Volksentscheid die letzte Instanz, und zwar ist das Volk nicht nur dann zur Entscheidung berufen, wenn sich die gesetzgebenden Faktoren nicht zu einigen vermögen, sondern es kann auch durch das Volksbegehren die Vorlegung neuer Gesetze erzwungen werden.

In diesen klar gegliederten Aufbau ist nun neben dem bloß beratenden Reichswirtschaftsrat einigermaßen unorganisch das bündische Element der Reichsverfassung, der Reichsrat, eingeschoben worden. In ihm lebt der alte Bundesrat weiter, die Vertretung der Einzelstaaten in der Reichsverwaltung und Reichsgesetzgebung. Im einzelnen ist freilich vieles geändert worden: die Stimmen sind neu, nicht auf historischer Grundlage, sondern nach der Bevölkerungszahl verteilt worden; Preußen hat aber auch jetzt noch nicht die ihm nach seiner Bevölkerungszahl zukommende Anzahl der Stimmen, sondern höchstens zwei Fünftel, und muß die Hälfte seiner Vertreter durch die Provinzen bestellen lassen. Denn die bindende Vorschrift, daß die Stimmen eines Landes einheitlich abgegeben werden müssen, fehlt, wenn auch die Bestimmung, daß die Länder durch Mitglieder ihrer Regierung vertreten sein müssen, in der Regel zu einheitlicher Stimmabgabe führen wird. Die Befugnisse des Reichsrats sind wesentlich geringer als die des Bundesrats. Er ist nicht mehr der Repräsentant der „Verbündeten Regierungen", sondern nur noch beratendes Organ der Reichsregierung. Er hat Anspruch darauf, daß diese ihn über die Führung der Reichsgeschäfte auf dem laufenden halte, daß seine Ausschüsse zu wichtigen Beratungen hinzugezogen werden. Auch für die Gesetzgebung ist er nur noch beratendes, nicht mehr beschließendes Organ. Die Reichsregierung soll zwar Gesetzesvorlagen nur mit seiner Zustimmung an den Reichstag bringen, aber wenn er mit ihr nicht einig wird, so kann er die Vorlage nicht zu Fall bringen, sondern nur seine abweichende Meinung an den Reichstag gelangen lassen. Auch gegen die vom Reichstag beschlossenen Gesetze hat er kein unbedingtes Veto, sondern nur ein Einspruchsrecht. Der Reichstag kann sich darüber mit Zweidrittelmehrheit hinwegsetzen. Kommt diese Mehrheit oder eine andere Einigung nicht zustande, so hat der Reichspräsident die Wahl, ob er auf das Gesetz verzichten oder es dem Volke zur Entscheidung unterbreiten will.

So ist das Volk auch auf diesem Gebiete in der aus der Schweiz entlehnten Form des sogenannten Referendums zum letzten Endes entscheidenden Faktor der gesamten Gesetzgebung geworden. Allerdings ist, wohl mit Rücksicht auf die Umständlichkeit des Verfahrens zumal im Großstaat, der Volksentscheid nur als letztes Mittel zur Ausgleichung von Gegensätzen in die Verfassung aufgenommen, in keinem Punkte als erforderlich vorgeschrieben worden. Auch Verfassungsänderungen können ohne Volksabstimmung im Wege der Gesetzgebung erfolgen; sie müssen jedoch im Reichstag in Anwesenheit von zwei Dritteln der gesetzlichen Mitgliederzahl mit Zweidrittelmehrheit beschlossen werden. Damit wäre dem Reichsrat die Möglichkeit des Einspruchs genommen; er hat aber trotz der qualifizierten Reichstagsmehrheit das Recht, den Volksentscheid zu verlangen. Weitere Schranken gibt es aber gegen Verfassungsänderungen nicht; die alten Reservatrechte der Länder sind aufgehoben, das souveräne deutsche Volk kann die Verfassung, die es sich selbst gegeben, auch beliebig ändern.

Der großen Bedeutung, die das Volk seit der Revolution für das gesamte Staatsleben besitzt, entspricht es, daß der bisher besprochene erste Teil der Verfassung, der vom Aufbau und den Aufgaben des Reichs handelt, durch einen zweiten Teil über die Grundrechte und Grundpflichten der Deutschen ergänzt wird. Es ist ein bunter Strauß, den die Verfassung bietet. Ihre Aufnahme ist zum Teil, wie Reichsminister Preuß offen zugegeben hat, ein Akt der Pietät gegen das Werk der Paulskirche; eine ganze Reihe der Grundrechte von 1848 ist in die neue Verfassung übergegangen, unbekümmert darum, daß sie längst in unserem öffentlichen Recht anerkannt und durchgeführt worden sind. Von anderen gilt das Urteil des Mehrheitssozialisten KRANOLD (Soz. Monatshefte, Bd. 53, 1919, S. 853), daß die Verfassung ein Katalog guter Vorsätze sei, in besonders hohem Maße, z. B. von den Artikeln über Ehe, Jugenderziehung, das Eigentum usw. Einige sind von unmittelbar gesetzlicher Wirkung, so die Anerkennung der staatsbürgerlichen Gleichberechtigung der Frauen (Art. 109), die Aufhebung der staatsbürgerlichen Unterschiede zwischen Staatsangehörigen und andern Deutschen in den Ländern (Art. 110) u. a. Wieder andere sollen die künftige Gesetzgebung des Reiches in bestimmte Bahnen lenken; es sind vor allem die viel umstrittenen Abschnitte über Kirche, Schule und Wirtschaftsleben. In diesem letzten ist der Rätegedanke, der politisch durch die Verfassung ausgeschaltet worden ist, für die Wirtschaftsorganisation „verankert" worden (Art. 165). Wieweit diese Bestimmungen Leben gewinnen werden, ist freilich weniger eine Frage der Verfassung als der politischen Machtverteilung der nächsten Jahre und, soweit es sich um die Grundpflichten handelt, eine Frage der sittlichen Erneuerung des Volks.

So weit sich auch die Verfassung von dem ersten Preußschen Entwurf entfernt hat, in einem ist sie ihm treu geblieben: sie ist trotz eifriger Benutzung fremder Vorbilder, der amerikanischen, französischen, schweizerischen Verfassung und der Reichsverfassung der Paulskirche, doch ein selbständiges und eigenartiges Werk. Sie ist es vor allem dadurch geworden, daß sie trotz aller Abneigung gegen das Bismarcksche Werk den einen Träger des Kaiserreichs, den bündischen Gedanken in der Form des Reichsrats, hat beibehalten müssen. Im übrigen weicht sie natürlich von der Verfassung des Jahres 1871 weit ab. Schon die einleitenden Worte charakterisieren den ganzen Unterschied: damals stifteten die deutschen Fürsten einen Bund, jetzt gibt sich das deutsche Volk seine Verfassung selbst. Und doch bleibt ein Zusammenhang erhalten; es wird kein neues Reich gegründet, sondern das alte Reich wird fortgesetzt. Seine äußeren Formen und der Geist, der es beherrscht, werden freilich gründlich geändert. Zum Zeichen der Erneuerung, der Abkehr vom alten Reich werden sogar die Farben geändert. Der neue Geist tut sich am stärksten kund in den Grundrechten, die neue Form in dem ganzen Aufbau, in der Ausdehnung der Reichskompetenz, in der Erweiterung der Reichsverwaltung, in der stärkeren Einschränkung der Länder, für deren Verfassungsleben das Reich eingehende, sowohl die Monarchie wie die Rätediktatur ausschließende Vorschriften gibt, deren territorialen Bestand es unter Umständen von sich aus zu regeln sich vorbehält, deren Einfluß auf die Gesamtregierung wesentlich verkürzt wird; die Vorzugsstellung Preußens ist bis auf den letzten Rest beseitigt. Trotz allem ist das Reich auch heute noch ein Bundesstaat. Diese Ansicht ist freilich ebenso bestritten wie der Bundesstaatscharakter des Kaiserreichs; aber während damals die Frage war: Bundesstaat oder Staatenbund?, lautet sie jetzt: Bundesstaat oder Einheitsstaat? Zu ihr wird die geschichtliche Betrachtung Stellung zu nehmen haben nicht aus dem juristischen Begriff heraus, sondern aus der Entwicklung der Reichsverfassung seit 1919.

## § 59. Die Entwicklung der Reichsverfassung seit 1919

Das wichtigste Material im Auszug im Europäischen Geschichtskalender.

Literatur: G. ANSCHÜTZ, Das preußisch-deutsche Problem (1928); Der deutsche Föderalismus in Vergangenheit, Gegenwart und Zukunft (Veröffentlichungen der Vereinigung der deutschen Staatsrechtslehrer Heft 1, 1924); O. KOELLREUTTER, Der deutsche Staat als Bundesstaat und Parteienstaat (1927); R. PILOTY, Der Streit zwischen Bayern und dem Reich über die Republikschutzgesetze und seine Lösung (Arch. f. öff. Recht, Bd. 43, 1923); R. SCHMIDT, Der preußische Einheitsstaat und der deutsche Bundesstaat (Z. für Politik, Bd. 16, 1926); H. TRIEPEL, Der Föderalismus und die Revision der Weimarer Reichsverfassung (Z. für Politik, Bd. 14, 1925).

Wer der Entwicklung der Weimarer Verfassung in ihren ersten Jahren gerecht werden will, hat nicht allein ihre Entstehungsgeschichte zu beachten, die Belastung mit den Folgen eines verlorenen Krieges und einer mehr negativ als positiv gerichteten Revolution, sondern vor allem den fortdauernden Druck der bisher feindlichen Mächte, der auch nach der Unterzeichnung des Versailler Diktats noch auf Deutschland lastete, der mit erniedrigenden Noten und drohenden Ultimaten jeder Regierung in Deutschland das Leben schwer machte und sich 1923 noch einmal in unverhülltem Kriegszustand entlud. Aus diesen außenpolitischen Nöten sind die schweren Erschütterungen herausgewachsen, denen die Verfassung 1920/3 ausgesetzt gewesen ist, der Kapp-Putsch, die Mordtaten gegen Erzberger und Rathenau und als Abschluß des Ruhrkampfes der Hitlerputsch.

Alle diese inneren Bewegungen sind verebbt, ohne die verfassungsmäßige Regierung oder gar die Staatsform ernsthaft zu gefährden oder den Gang der Verfassungsentwicklung ändern zu können. Seitdem durch die Londoner Konferenz von 1924 und die Annahme des Dawesplans der außenpolitische Kampf zu einem gewissen Stillstand gelangt ist, den das Reich freilich mit neuen Opfern, vor allem dem Verzicht auf die kaum gewonnene Reichsbahn und der Verpfändung eines Teils seiner Steuereinnahmen, hat erkaufen müssen, ist auch innerpolitisch eine Beruhigung eingetreten. Es ist also möglich, die Verfassungsentwicklung seit 1919 einheitlich zu überblicken.

Der Grundzug dieser Entwicklung ist unitarisch. Der Verfassungstext freilich läßt wenig davon erkennen. Von den sieben förmlichen Verfassungsänderungen berühren vier nur die Übergangsbestimmungen und sind heute belanglos[1]), die andern, der Zusatz zu Art. 35 betr. die Dauer des ständigen Überwachungsausschusses nach einer Reichstagsauflösung, Art. 40a betr. die Rechte der Reichstags- und Landtagspräsidien in der Zeit zwischen zwei Wahlperioden und die Abänderung der in Art. 61 ursprünglich festgesetzten Verteilungszahl für die Reichsratssitze, haben keine grundsätzliche Bedeutung. Sehr viel wichtiger sind die zahlreichen Gesetze, die seit 1919 zur Ausführung der Verheißungen und Ermächtigungen der Verfassung ergangen sind, und die ebenfalls zahlreichen Gesetze, die, ohne die Verfassung ausdrücklich zu ändern, sie doch erweitern. Sehr viel rascher und durchgreifender als das Kaiserreich hat das neue Reich von seinen Befugnissen Gebrauch gemacht.

Es hat gleich nach dem Erlaß der Verfassung die bayrische und die württembergische Post, die gesamten Staatseisenbahnen und die Wasserstraßen in sein Eigentum und seine Verwaltung übernommen. Wenn inzwischen auf Grund des Dawesplans die Reichsbahn in eine unter internationaler Kontrolle stehende Gesellschaft umgewandelt worden ist, so bedeutet das wohl eine schwere Einbuße des Reichs; aber die Länder haben keinen Vorteil davon; ihnen wird im Gegenteil die Vertretung der eigenen Verkehrsinteressen eher noch schwerer gemacht als bei einer dem Reich gehörenden Bahn.

Besonders tief schneidet die bereits 1919 beschlossene und unverzüglich durchgeführte Errichtung einer eigenen Reichsfinanzverwaltung in die Selbständigkeit der Länder ein. Das alte Verhältnis ist nunmehr gerade umgekehrt: während früher Landesbehörden die Reichssteuern einzogen, erheben jetzt die Reichsbehörden die bescheidenen Reste der einzelstaatlichen Steuern. Reichsbehörden haben die umfassende, sich bis an den einzelnen wendende Aufgabe der Versorgung der Kriegsbeschädigten und Kriegshinterbliebenen auf sich genommen. Noch gefährlicher als die behördentechnische Seite droht die materielle Seite der Reichsfinanzen für die Selbständigkeit der Länder zu werden; der gewaltige Finanzbedarf des Reiches zwingt dieses dazu, den Ländern ihre Hauptsteuerquellen, zumal die früher ängstlich gehü-

---

1) Vgl. das Gesetz für Oberschlesien (zu Art. 167) vom 27. Nov. 1920, die Fristverlängerung zu Art. 168 durch das Gesetz vom 6. Aug. 1920, den Zusatz zu Art. 178 Abs. 2 betr. Helgoland (Gesetz vom 6. Aug. 1920) und das Gesetz vom 27. Okt. 1922 betr. die Amtsdauer des ersten Reichspräsidenten (Art. 180).

teten direkten Steuern vom Einkommen und Vermögen, wegzunehmen und auch hier, in völliger Umkehrung der einstigen Matrikularbeiträge der Staaten, die Länder auf einen Anteil an den Reichseinnahmen zu beschränken. Auch das Wirtschaftsleben wird vom Reiche beherrscht. Nicht nur die Beziehungen zum Ausland werden durch Reichsgesetzgebung geregelt; auch das innere Wirtschaftsleben ist schon dadurch vom Reich abhängig, daß Kohle und Kali von Reichsorganisationen verwaltet und verteilt werden. Seit 1927 hat das Reich auch die Arbeitslosenversicherung durchgeführt. Sie ist zwar wie die andern Zweige der Sozialversicherung selbständigen Selbstverwaltungskörpern übertragen; aber diese sind unabhängig von den Ländern und zum guten Teil sogar losgelöst von den hergebrachten Ländergrenzen. Auf diesem Gebiet ist der Preußsche Gedanke einer Neugliederung des Reichs nach wirtschaftlichen Zusammenhängen lebendig geworden.

Einen weiteren Antrieb hat der Unitarismus durch die Abwehr erhalten, die der politischen Agitation und Geheimbündelei vom Reiche entgegengesetzt worden ist. Unmittelbar nach der Ermordung Erzbergers erging am 29. August 1921 eine Verordnung, die den Reichsminister des Innern ermächtigte, Zeitungen und Zeitschriften auf bestimmte Zeit zu verbieten und die Abhaltung von Versammlungen zu untersagen, falls von ihnen Aufreizung gegen die bestehende Verfassung zu befürchten war. Nach der Ermordung Rathenaus wurde die inzwischen auf Verlangen des Reichstags außer Kraft gesetzte Verordnung erneuert und am 21. Juli 1922 als Gesetz zum Schutz der Republik in erweiterter Fassung vom Reichstag beschlossen. Darin wurde nicht allein ein Staatsgerichtshof als Reichsgericht errichtet, dessen Zuständigkeit auch auf Vergehen gegen Landesbehörden erstreckt war, sondern es wurde auch der Reichsminister des Innern ermächtigt, die Landesbehörden um Vornahme bestimmter polizeilicher Maßnahmen wie Verbot von Versammlungen usw. und Beschlagnahme von Zeitungen zu ersuchen. Noch weiter griff das am gleichen Tage erlassene Reichskriminalpolizeigesetz in die bisher unbestrittene Verwaltungssphäre der Einzelstaaten ein; es schuf eine neue Reichsbehörde, ein Reichskriminalpolizeiamt, um von dieser Zentralstelle aus das über mehrere Länder sich verbreitende Verbrechertum einheitlich bekämpfen zu können. Das neue Amt sollte nicht allein für die Gleichmäßigkeit der Geschäftsführung bei den Landeskriminalämtern sorgen, sondern hatte das Recht, diesen bestimmte Aufträge zu erteilen; ja es konnte sogar, sofern mehrere Länder bei einer Untersuchung beteiligt waren, durch eigene Vollzugsbeamte in den Ländern neben und über deren eigenen Behörden Ermittlungen anstellen lassen.

Dieses Gesetz ist aber nie in Kraft getreten. Denn dieser ganze rasch wachsende, in vielem doktrinär übereilte und in den letzten Gesetzen politisch einseitige Zentralismus stieß auf die alten Hindernisse jeder starken deutschen Reichsgewalt, auf den Partikularismus. Sein Wortführer war Bayern. Nur widerstrebend hatten die Bayern auf ihre Reservatrechte von 1871 verzichtet, die man gern mit einer besonderen Eigenart Bayerns als „eines der ältesten europäischen, des ältesten deutschen Staates" begründete und die eine wissenschaftlich freilich nicht begründete Auffassung über das Jahr 1870 hinaus bis in die Zeiten der deutschen Stammesherzogtümer zurückzuführen versuchte. Noch mehr als diese Vorzugsrechte von 1870 zu opfern, immer weitere Rechte dem Reiche zu überlassen, konnte man sich in Bayern um so weniger entschließen, als man mit der politischen Richtung in Berlin durchaus nicht übereinstimmte. Schon gegen die Verordnung von 1921 hatte man Einspruch erhoben, vor allem gegen die unmittelbare Zuständigkeit des Reichsministeriums in Landesangelegenheiten; und man hatte Erfolg gehabt, indem der Reichskanzler sich auf Verhandlungen einließ und die Verordnung in ihren den Bayern am bedenklichsten

Teilen abänderte. Das hier gezeigte Entgegenkommen der Reichsregierung stärkte den Mut der bayrischen Partikularisten so sehr, daß sie im Sommer 1922 dem korrekt nach den Bestimmungen der Reichsverfassung beschlossenen Gesetz zum Schutz der Republik den Gehorsam verweigerten. Unter Berufung auf die in diesem Gesetze angeblich enthaltene Verletzung der Grundrechte der Staatsbürger wie der Grundsätze echter Demokratie erklärte die bayrische Regierung, daß das Gesetz ohne Gefährdung der Ruhe und Ordnung in Bayern nicht durchgeführt werden könne, und erließ am 24. Juli eine Verordnung, die an Stelle des Reichsgesetzes vom 21. Juli besondere, zum Teil wohl mit dem Gesetz übereinstimmende, aber auf bayrischem Recht beruhende Vorschriften enthielt. Seitdem das Deutsche Reich gegründet worden war, war es das erste Mal, daß ein Einzelstaat sich der Befolgung der Reichsgesetze entzog. Dem Reich stand die Möglichkeit der Exekution gegen den widerspenstigen Staat zu; aber ihre Durchführung hätte eine Verschärfung, nicht eine Beilegung des Gegensatzes bedeutet. So legte sich die Reichsregierung auch jetzt lieber auf das Verhandeln. Sie machte hinsichtlich der Vollziehung der Gesetze gewisse Zugeständnisse, dafür zog die bayrische Regierung am 24. August ihre Verordnung zurück und erkannte das Gesetz zum Schutz der Republik als gültig an; das Reichskriminalpolizeigesetz aber, dessen Inkrafttreten von einem neuen Beschluß der Reichsregierung abhängig war, wurde stillschweigend fallen gelassen.

Ernster noch wurde der Konflikt des Jahres 1923. Während die Reichsregierung in Sachsen mit Hilfe der Reichswehr die Versuche der unter kommunistischem Einfluß stehenden Landesregierung zur Gehorsamsverweigerung ohne große Schwierigkeiten vereiteln konnte, kam es zwischen dem Reich und Bayern aus verhältnismäßig unbedeutendem Anlaß zu einem neuen Streit, der sowohl durch die besonders gefährliche außenpolitische Lage Deutschlands in der Zeit des zu Ende gehenden Ruhrkriegs wie durch die Einbeziehung der Reichswehr in den politischen Kampf bedenkliche Ausmaße erhielt. Statt in der kritischen Zeit des völligen Verfalls der deutschen Währung und des Zusammenbruchs der deutschen Widerstandskraft gegenüber Frankreich sich eng an die Reichsregierung anzuschließen, hielt die bayrische Regierung die Gelegenheit für günstig, ihre Ansprüche auf selbständige Politik zu verwirklichen, verhängte am 26. September 1923 den Ausnahmezustand und übertrug die vollziehende Gewalt einem Generalstaatskommissar. Um in ganz Deutschland einheitlich vorgehen zu können, verfügte die Reichsregierung ihrerseits für das ganze Reichsgebiet den Ausnahmezustand und ernannte den Reichswehrminister, später den Chef der Heeresleitung zum Inhaber der vollziehenden Gewalt. Zwischen den beiden Kommissaren kam es zum Konflikt, als der bayrische sich weigerte, dem Wunsch des Reichskommissars auf Verbot einer Zeitung nachzukommen. Um seinen Anordnungen Gehorsam zu verschaffen, beauftragte der Reichswehrminister den General v. Lossow, Kommandeur der in Bayern stehenden Reichswehrdivision, mit dem Verbot. Dieser aber verweigerte seinem Vorgesetzten den Gehorsam. Die selbstverständliche Antwort des Reichswehrministers war die Enthebung des Generals von seinem Posten. Aber die bayrische Regierung nahm sich seiner an, ernannte ihn zum Landeskommandanten von Bayern und legte den Reichswehrtruppen in Bayern eine besondere Verpflichtung für Bayern auf. Bayern versuchte diesen Schritt, der offene Auflehnung gegen das Reich war, zu rechtfertigen mit wahrer Treue gegen Deutschland, mit der Ablehnung der in Berlin vorherrschenden politischen Richtung. Welche Kräfte hinter dem bayrischen Vorgehen steckten, zeigte wenige Tage später der Hitlerputsch. Es war ein Versuch, von Bayern aus die ganze Reichsverfassung und Reichsregierung aus den Angeln zu heben. Der Zusammenbruch des Putschversuchs war aber noch keineswegs der Zusammenbruch des bayrischen Partikularismus. Er wahrte in der Angelegenheit des Generals v. Lossow seine Ansprüche, indem er zwar Lossow persönlich fallen ließ und auf die besondere Verpflichtung der bayrischen Truppen verzichtete, aber nicht allein für die Ernennung, sondern auch für die Entlassung des Landeskommandanten die Berücksichtigung der bayrischen Wünsche sich ausbedang. Er ging sogar jetzt zum Generalangriff gegen die Weimarer Verfassung vor.

Nachdem die bayrische Volkspartei, die sich 1919 vom deutschen Zentrum wegen seiner unitarischen Neigungen getrennt und damit die Traditionen der alten bayrischen Patrioten von 1870 wieder aufgenommen hatte, schon 1920 mit einem föderalistischen Reformprogramm hervorgetreten war, reichte die bayrische Regierung Anfang Januar 1924 eine Denkschrift ein, die offen eine Rückkehr zu den Grundgedanken der Bismarckschen Verfassung, wie man sie jetzt in Bayern verstand, forderte. Zwei Hauptpunkte stellte sie auf, Beschränkung der Zuständigkeit des Reichs auf das Notwendigste und Verstärkung des Anteils der Einzelstaaten an der Leitung der Reichsangelegenheiten; auch einige Sonderrechte für Bayern gehörten zum Programm.

So verbreitet auch das Gefühl war, daß die parlamentarischen Regierungen des Reichs es weniger als Bismarck und seine Nachfolger verstanden hatten, den richtigen Ausgleich zwischen den Bedürfnissen des Reichsganzen und den Rücksichten auf die Einzelstaaten zu finden, so hat die bayrische Denkschrift doch keinen Erfolg gehabt; ihre Wiederaufnahme im Jahre 1926 und die verschiedenen Anträge im Reichstage blieben ebenso wirkungslos. Sie mußten es bleiben, denn ein Eingehen auf sie hätte nicht eine Korrektur der seit 1919 vorgekommenen Übereilungen, sondern einen Rückschritt zu den Zuständen von 1871 bedeutet. Die Bismarcksche Verfassung in ihrer Fassung von 1871 wurde von den Bayern in seltsamer Umbildung ihrer Haltung im alten Reich bis 1918 dogmatisiert, die ganze Entwicklung des Kaiserreichs zum Unitarismus wurde ignoriert. Und wenn man bedenkt, daß mit den Dynastien und den Vorrechten der Krone Preußens wesentliche Grundlagen der Bismarckschen Konstruktion weggefallen waren, so kann man sich kaum des Eindrucks erwehren, daß eine Durchführung der bayrischen Vorschläge das Deutsche Reich um einen wesentlichen Teil der Errungenschaften der Reichsgründung von 1867/71 bringen würde. Das aber widerspricht zu sehr den Lebensbedürfnissen des Reichs, als daß sich dafür eine Mehrheit finden würde. Ja man kann sogar sagen, gerade auf Grund der Erfahrungen des letzten Jahres, daß die finanzielle Not und die wirtschaftlichen Bedürfnisse eher zu einer Verstärkung als zu einer Schwächung der Einheitsidee in Deutschland drängen. Die föderalistische Reaktion gegen den Unitarismus der ersten Jahre, deren Ausdruck die bayrische Denkschrift von 1924 gewesen war, ist zum Stillstand gekommen, mögen auch in Einzelfällen parlamentarische Rücksichten auf die Stimmen der bayrischen Volkspartei zu finanziellen Zugeständnissen an die Länder geführt haben. Im ganzen betrachtet ist die Verfassungsfrage unserer Tage nicht die Vermehrung der einzelstaatlichen Rechte, sondern Stärkung des Reiches, nicht Rückkehr zu früheren Zuständen, sondern Fortschritt zur Klarheit und Einfachheit unseres staatlichen Aufbaus.

Dieser Lage der Dinge entspricht es, daß der Art. 18 der Verfassung toter Buchstabe geblieben ist, zumal in seiner Tendenz gegen Preußen. Weder die Errichtung einer Zentralstelle für die Neugliederung des Reiches noch der Erlaß eines Ausführungsgesetzes im Jahre 1922 haben ihn zu wirklichem Leben erwecken können. Nicht einmal in Einzelfragen, die mehr praktischer als politischer Natur sind, wie die Neuabgrenzung des Groß-Hamburger Hafengebietes, ist er wirksam geworden. Wo er unmittelbar gegen den Bestand Preußens angewendet werden sollte, hat er völlig versagt; Oberschlesien hat sich mit überwältigender Mehrheit für das Verbleiben im preußischen Staate ausgesprochen, und in Hannover konnte die für die Durchführung einer Volksabstimmung erforderliche Stimmenzahl nicht aufgebracht werden. Statt auf Grund des Art. 18 Teile abzugeben, hat Preußen vielmehr damit beginnen können, lebensunfähige Kleinstaaten in sich aufzunehmen. Pyrmont ist 1922 freiwillig in Preußen aufgegangen, der Anschluß Waldecks, das schon seit 1867 von Preußen verwaltet wird, steht unmittelbar bevor. Außerdem ist die deutsche Staatenkarte nur einmal wesentlich verändert worden durch die 1920 erfolgte Vereinigung der thüringischen Staaten zu einem neuen Lande Thüringen; Coburg hat diesen Schritt nicht mitgemacht, sich vielmehr Bayern angeschlossen. Dagegen hat sich Schaumburg-Lippe entgegen dem Vorschlag seiner Landesregierung 1926 für die Fortsetzung seines Landesdaseins ausgesprochen.

Demnach ist die Zahl der Länder, die 1871 noch 25 betrug, auf 17 (Waldeck bereits abgerechnet) zurückgegangen. Selbst diesen Bestand wird man nicht mehr als unantastbar ansehen können. Die historisch überkommenen Sonderbarkeiten wie die Zugehörigkeit Birkenfelds und Eutins zu Oldenburg, die Teilung der beiden Mecklenburgs, die Gemengelage Braunschweigs und viele andere Enklaven scheinen mit einer Zeit nicht mehr vereinbar, die allenthalben nach Vereinfachung strebt und auf politischem Gebiet durch die Finanznot dazu gezwungen wird. Der Gedanke einer durchgreifenden Reichsreform, einer Bereinigung der deutschen Staatenkarte, der Zusammenfassung leistungsunfähiger Staatssplitter zu größeren Einheiten, kurz einer Vollendung dessen, was der Reichsdeputationshauptschluß von 1803 nur halb geleistet hat, hat in den letzten Jahren unzweifelhaft an Anhängerschaft gewonnen. Die Reichsregierung hat sich ihm nicht ganz entziehen können, obwohl sie ihrer Parteistellung nach ihm wenig geneigt war, und hat im Januar 1928 eine Länderkonferenz zur Besprechung dieses Problems einberufen. Deren Ergebnis war freilich kümmerlich, die Einsetzung eines Ausschusses zu weiterer Beratung. Aber die Frage ist damit auf die Tagesordnung der deutschen Politik gesetzt. Die Lösung wird freilich kaum aus einer vielköpfigen „Reichsdeputation" erwachsen, sondern aus dem schöpferischen Willen eines führenden Staatsmannes, der nach Bismarcks unsterblichem Vorbild wenn auch gewiß nicht nach dem Buchstaben der von ihm geschaffenen Verfassung den Ausgleich zwischen dem historisch bedingten und berechtigten Sondertum und den unabweisbaren Lebensbedingungen der Gesamtheit zu finden vermag.

Eine der Hauptschwierigkeiten jeder Reichsreform ist Preußen. Das alte Problem des Aufgehens Preußens in Deutschland ist heute in neuer Form gestellt, seitdem Bismarcks Lösung, die Verbindung der preußischen Macht mit Deutschland durch die besonderen Vorrechte der Krone Preußens im Reiche, hinfällig geworden ist. Die anfangs auch in Preußen selbst verbreitete Neigung, auf eine eigene Verfassung zu verzichten, ist rasch gesunken, seitdem die Gefahr der Auflösung Preußens in leistungsschwache Kleinstaaten erkannt worden ist, auf der anderen Seite aber auch die Bedeutung der starken Exekutive Preußens im Reiche klar geworden ist. Aber gerade die Tatsache, daß Preußen auch heute noch der größte und stärkste Staat im Reiche ist, und daß das Reich in der Ausführung seiner Gesetze trotz der Ausgestaltung der unmittelbaren Reichsverwaltung vom guten Willen der Länder, zumal des größten, abhängt, hat das Problem in seiner ganzen Schärfe hervortreten lassen. Daß heute jede einzelstaatliche Regierung auf parlamentarischer Grundlage ruht, führt zu Gegensätzen, sobald die parteipolitische Zusammensetzung der Reichsregierung wesentlich verschieden ist von der der preußischen Regierung. Die Konflikte, in die Bayern mit dem Reich 1921/23 geraten ist, haben sich wohl zwischen Preußen und dem Reich noch nicht wiederholt: aber das Jahr 1927 hat gezeigt, wie sehr eine konsequent gegnerische preußische Regierung der Reichsregierung das Regieren erschweren kann. So ist das Verhältnis des Reichs zu den Ländern heute mehr als je zuvor im Fluß.

Wie auf diesem Gebiete die kleinstaatliche Zerrissenheit der vergangenen Jahrhunderte noch heute auf Deutschland lastet, so wirkt sie auch in der anderen Frage des Verfassungslebens, dem Verhältnis zwischen Regierung und Volksvertretung, erschwerend nach. Der alte Dualismus der beiden Gewalten ist freilich durch die Revolution beseitigt; keines der Gegengewichte, die die Weimarer Verfassung gegen die Allmacht des Reichstags eingeführt hat, ist wirklich zu voller Selbständigkeit gelangt. Der Reichspräsident, selbst der aus unmittelbarer Volkswahl hervorgegangene, ist durch die Bindung an die Mitwirkung eines vom Reichstag abhängigen Ministeriums um eigene Wirksamkeit gebracht; gewiß gibt die Zerfahrenheit unserer Parteiverhältnisse ihm einen etwas größeren Betätigungsraum als dem französischen Präsidenten, von denen einer einmal gesagt hat, die einzige Befugnis, die er frei ausüben könne, sei der Vorsitz bei nationalen Festlichkeiten; bei der Regierungsbildung kann er, ja muß er als Mahner gegenüber den in Sonderinteressen verstrickten Parteien auftreten. Aber im normalen Lauf der Dinge kann er nur den Willen des Reichskabinetts vollstrecken.

Auch die parlamentarischen Gegengewichte haben keine wesentliche Bedeutung erlangt. Der Reichswirtschaftsrat, auch heute erst einstweilig geordnet, leistet gewiß nützliche Arbeit in sachkundiger Begutachtung der ins wirtschaftliche Leben eingreifenden Gesetzentwürfe, aber ein Gegengewicht gegen das Parteiwesen, ein dem Reichstag gleichgeordnetes berufsständisches Organ hat er wegen des Überwucherns des politischen und parteipolitischen Einflusses auch in Wirtschaftsfragen nicht werden können. Der Reichsrat hat als stabiles Element neben dem Reichstag sich wohl stärker geltend machen können als der Reichswirtschaftsrat, zumal da die Zerfahrenheit der Parteien im Reichstag und die daraus sich ergebende Schwierigkeit einer Zweidrittelmehrheit seinem Einspruch oft Geltung verschafft, aber die Begrenzung seiner Befugnisse bewirkt, daß diese Geltung mehr negativ als positiv ist. Die unmittelbare Demokratie ist nur einmal bisher in Tätigkeit getreten, und zwar in der Frage der Fürstenabfindung. Die Stimmenzahl der Vorabstimmung reichte aus, um ein Volksbegehren durchzusetzen; aber die erforderliche Mehrheit der Stimmberechtigten war nicht in Bewegung zu bringen, so daß das Volksbegehren scheiterte. Diese Erfahrung wird wohl auch für die Zukunft Geltung haben; in einem Staate von der Größe und Bevölkerungszahl des Deutschen Reiches ist die Volksabstimmung nur in Ausnahmefällen ein geeignetes Gegenmittel gegen das Parlament.

Um so größer ist die Verantwortung, die auf dem Reichstag lastet, und um so ernster ist das fast einhellige Urteil gerade der Anhänger der parlamentarischen Regierungsform, auch des Vaters der Reichsverfassung Preuß zu bewerten, daß der Reichstag die Hoffnungen, mit denen der Übergang vom bureaukratischen Obrigkeitsstaat zum parlamentarischen Volksstaat begrüßt worden ist, nicht erfüllt. Die Fülle der alten und neuen politischen, konfessionellen, wirtschaftlichen und sozialen Gegensätze, die unser Volk durchsetzen, verhindert in Verbindung mit dem die Minderheiten begünstigenden Verhältniswahlrecht eine feste Mehrheitsbildung. Koalitionen aus mehreren, in vielen wesentlichen Fragen uneinigen Parteien sind die einzige Möglichkeit der Regierungsbildung, aber es ist auch schon oft genug überhaupt nicht möglich gewesen, eine regierungsfähige Mehrheit zu bilden, und Minderheitsregierungen führten die Geschäfte auf Grund der Tatsache, daß ihnen kein ausdrückliches Mißtrauensvotum erteilt wurde. Da es unter diesen Umständen meist schwierig war, den parteizerklüfteten Reichstag zu raschen Entscheidungen zu bringen — auch die drängenden Entscheidungen der Außenpolitik sind oft erst im letzten Augenblick gefaßt worden — hat dem Art. 48, der dem Reichspräsidenten das Recht der Notverordnung verleiht, eine weit über die ursprüngliche Bedeutung hinausgehende Wirksamkeit verliehen. Die großen wirtschaftlichen Reformen des Winters 1923/24, die Einführung einer neuen festen Währung, die Neuordnung des Reichshaushalts, sind sogar unter freiwilliger Selbstausschaltung des Reichstags auf Grund besonderer Ermächtigungsgesetze erlassen worden. Die Unsicherheit unseres parlamentarischen Lebens zeigt sich auch darin, daß bisher kein Reichstag das verfassungsmäßige Ende seiner Wahlzeit erlebt hat. Wenn man von der Nationalversammlung absieht, deren Mandat zeitlich nicht befristet war und die sich unter dem Eindruck des Kapp-Putsches aufgelöst hat, sind alle Reichstage vorzeitig von der Regierung aufgelöst worden, nicht im Konflikt mit dem Reichstag, sondern im Einvernehmen mit fast allen Parteien, weil die Parteiverwirrung einen so hohen Grad erreicht hatte, daß nur eine Neuwahl Abhilfe bringen zu können schien. Die Schwierigkeiten jeder Regierungsbildung freilich haben gezeigt, daß auch die neuen Wahlen die Aufgabe des Parlaments, den Mehrheitswillen der Nation zum Ausdruck zu bringen, nicht erfüllt haben. Das mag zum Teil an der Verfassungsform liegen; ist doch das Deutsche Reich der einzige Bundesstaat der Welt, der sich in seinem komplizierten Organismus auch noch die schwierige parlamentarische Regierungsform leistet. Aber es ist zugleich auch Folge der politischen Zerrissenheit unseres Volkes und altes deutsches Erbübel, die verfehlte Auffassung der Freiheit als der Freiheit vom Staat, die schon einmal die „teutsche Libertät" zum Gespött der Welt gemacht hat, die auch jetzt schon die ironische Aufmerksamkeit des Auslands auf sich zieht. Noch ist die kleinstaatliche Anschauung, daß die Regierung der Feind sei, der bekämpft, zum mindesten finanziell knapp gehalten werden müsse, nicht überwunden; selbst da, wo dem Staate die wichtigsten und kostspieligsten wirtschaftlichen und sozialen Aufgaben gestellt werden, fehlt es an der entsprechenden Neigung, dem Staate auch die erforderlichen Mittel zu bewilligen.

## § 60. Die neuen Länderverfassungen

Das Jb. des öffentlichen Rechts bringt Berichte, z. T. auch die Verfassungstexte für Preußen (Bd. 10 und 14), Bayern (Bd. 9 und 15), Sachsen (Bd. 9, 10 und 12), Württemberg (Bd. 9, 10 und 13), Baden (Bd. 9 und 12), Hessen (Bd. 9, 10 und 12), Thüringen (Bd. 9, 10 und 12), Mecklenburg (Bd. 9 und 10), Hansestädte und Kleinstaaten (Bd. 10).

Wie die Bewegung des Jahres 1848, so steht auch die deutsche Revolution von 1918 unter dem Zeichen der Spaltung in eine gesamtdeutsche und in viele einzelstaatliche Bewegungen. Auch das Nebeneinandertagen konstituierender Versammlungen hat sich wiederholt. Aber die Verstärkung des unitarischen Zugs im Reiche ist unverkennbar. Dieses Mal war die deutsche Nationalversammlung stark genug, die Reichsverfassung ohne Störung seitens der Staaten zu beschließen und ins Leben zu rufen. Die Staaten hatten wohl zur Wahrung ihrer Selbständigkeit ihre eigenen Versammlungen berufen und in der Regel auch provisorische Verfassungen erlassen; mit den endgültigen Beschlüssen warteten aber die meisten bis nach dem Ende der Weimarer Beratungen.

Das war ja auch schon deshalb erforderlich, weil von der neuen Reichsverfassung eine sehr viel tiefere Beeinflussung des einzelstaatlichen Lebens zu erwarten war, als sie mit der Verfassung von 1871 oder dem Entwurf von 1849 verbunden gewesen war. Es ist bereits erwähnt worden, wie sehr der Bereich der Gesetzgebung und der Verwaltung des Reiches auf Kosten der Einzelstaaten ausgedehnt worden ist, wie selbst für deren Verfassungen bindende Vorschriften in die Reichsverfassung aufgenommen worden sind. Es ist deshalb die Frage aufgeworfen worden, ob die bisherigen Einzelstaaten denn überhaupt noch Staaten im Sinne der allgemeinen Staatslehre seien, ob die in der Reichsverfassung gewählte Bezeichnung „Länder" ihr Wesen nicht besser ausdrücke.

Die Entscheidung hängt natürlich im Grunde davon ab, wie man den Staat definiert, und läßt sich überhaupt nicht treffen, wenn man mit J. Lukas (Die organisatorischen Grundgedanken der neuen Reichsverfassung S. 18) eine scharfe formale Scheidung zwischen Staat und herrschaftlichen Verbänden, die wie die Kommunalverbände nicht mehr als Staaten bezeichnet werden können, für unmöglich erklärt. Daß die Souveränität kein wesentlicher Bestandteil des Staates ist, steht seit G. JELLINEKS Allgemeiner Staatslehre (Bd. 1, 1900, 3. Aufl. 1920) wohl allgemein fest. Aber den deutschen Ländern fehlt auch die selbständige Verfügung über ihr Gebiet, das auf Grund des Art. 18 ohne ihre Einwilligung durch Reichsgesetz geändert werden kann. Auch gibt es für die Ausdehnung der Reichskompetenz keine Grenzen. Es ist also auch eine Aufhebung der Länder möglich, wenn der Reichstag sie mit der für Verfassungsänderungen vorgeschriebenen Mehrheit beschließt und ein Einspruch des Reichsrats durch Volksentscheid abgewiesen wird. Für die Gegenwart gilt aber doch, daß die Länder noch genug Herrschaftsgewalt haben, um als Staaten gelten zu können. Und zwar haben sie anders als Selbstverwaltungsverbände nicht etwa Funktionen, die ihnen von einer übergeordneten Staatsgewalt übertragen wären, sondern sie besitzen aus eigenem staatlichen Recht noch alle die Befugnisse, die ihnen durch die Reichsverfassung nicht ausdrücklich entzogen sind; sie haben auch in den Grenzen des Art. 78 der Verfassung eine völkerrechtliche Handlungsfähigkeit. Auch die Staatsangehörigkeit ist in erster Linie Sache der Länder; nur durch sie wird der Regel nach die Reichsangehörigkeit erworben. Die meisten Staatsrechtslehrer (ANSCHÜTZ, W. JELLINEK, LUCAS, STIER-SOMLO; anderer Ansicht GIESE und E. JACOBI, Einheitsstaat oder Bundesstaat, 1919) erkennen deshalb den Ländern den Staatscharakter zu. Der Historiker wird sich ihnen um so mehr anschließen, als die psychologische Betrachtung zu dem gleichen Ergebnis kommt: die Länder wollen ihre staatliche Selbständigkeit nicht aufgeben; mit vollem Bewußtsein ist im Art. 1 der Reichsverfassung die Staatsgewalt nicht dem deutschen Volke ausschließlich, sondern dem Volke, d. h. in jedem Staat dem betreffenden Staatsvolk zuerkannt worden. Auf die Opposition der Länder gegen den vordringenden Einheitsgedanken ist oben (§ 59) hingewiesen worden.

Deshalb haben sich auch alle Länder neue Verfassungen gegeben. Sie stimmen in wesentlichen Zügen überein, teils weil die Reichsverfassung die Grundlagen in Art. 17 geregelt hat, teils weil das parlamentarische System allenthalben als das sicherste Mittel zur Begründung guter Regierungen angesehen wurde. Der Landtag ist überall der Träger der Souveränität. Das allgemeine, gleiche, unmittelbare, geheime Wahlrecht für alle Reichsdeutschen ohne Unterschied des Geschlechts und der Staatsangehörigkeit beruht auf der Reichsverfassung. Das Einkammersystem ist fast restlos durchgeführt. Für eine auf Standesunterschieden beruhende erste Kammer fehlt im modernen Volksstaat die Grundlage; eine berufsständische Organisation aber bietet zumal in einer Zeit großer sozialer Umwälzungen so viele Schwierigkeiten, daß kein Land einen Versuch damit gemacht hat. Nur Preußen hat in einem Staatsrat eine Art von Oberhaus geschaffen. Seine Stellung und seine Befugnisse entsprechen denen des Reichsrats im Deutschen Reiche. Er vertritt die Provinzen, er wirkt bei der Vorbereitung der Gesetzesvorlagen und bei der Führung der Staatsgeschäfte mit, er hat ein Einspruchsrecht gegen die vom Landtag beschlossenen Gesetze, über das Zweidrittelmehrheit des Landtags oder eine Volksabstimmung endgültig entscheidet, er hat ein unbedingtes Veto gegen Ausgabebewilligungen des Landtags, die über die Vorschläge der Regierung hinausgehen. Eine auf selbständiger Volkswahl beruhende Exekutivgewalt nach Art des Reichspräsidenten gibt es in den Ländern nicht. Vielmehr haben sie alle auf einen eigenen Präsidenten verzichtet. Der Landtag setzt die Exekutive durch seine Wahl; meist wählt er nur den Ministerpräsidenten (der in manchen Ländern die Bezeichnung Staatspräsident hat), in einigen Staaten sogar das ganze Ministerium. Dieses ist dauernd vom Landtag abhängig und muß nach einem Mißtrauensvotum zurücktreten. Infolge der Abhängigkeit vom Landtag ist die Regierung auch nicht berechtigt, diesen aufzulösen. Nur in Preußen kann durch Beschluß der drei Präsidenten des Ministeriums, des Landtags und des Staatsrats eine Auflösung erfolgen. In den andern Ländern ist nur das Volk in der Lage, durch Abstimmung die vorzeitige Auflösung des Landtags auszusprechen. Das Volk ist also in den Ländern wie im Reiche zur unmittelbaren Mitwirkung an der Regierung berufen. Es hat auch das Recht der Initiative im Volksbegehren. Aber da das Volk zumal in den größeren Staaten eine schwer bewegliche Masse ist, sind die Landtage so gut wie allmächtig. Auf ihnen und ihren Parteien ruht also die Verantwortung für die weitere Entwicklung der Länder.

# Register